Bettina Zöller-Stock

Bruno Taut

Bruno Taut

Bettina Zöller-Stock

Bruno Taut

Die Innenraumentwürfe des Berliner Architekten

Deutsche Verlags-Anstalt Stuttgart

Die Deutsche Bibliothek – CIP-Einheitsaufnahme

Zöller-Stock, Bettina:
Bruno Taut:
die Innenraumentwürfe des Berliner Architekten/
Bettina Zöller-Stock. –
Stuttgart: Deutsche Verlags-Anstalt, 1993
ISBN 3-421-03034-0
NE: Taut, Bruno [Ill.]

Lektorat: Renate Jostmann
Typografische Gestaltung: Brigitte Müller
Satz und Druck: Druckerei Wagner GmbH, Nördlingen
Reproduktionen: Reprotechnik Herzog GmbH, Stuttgart
Bindearbeiten: Großbuchbinderei Monheim, Monheim
Printed in Germany

Inhalt

Dank

Diese Studie hätte aufgrund der diffizilen Rechtslage um den Nachlaß Bruno Tauts nicht ohne die Offenheit zahlreicher Privatpersonen geschrieben werden können. Den Bewohnern von Tauts Wohnungen und Einzelhäusern gilt daher mein erster Dank ebenso wie den Damen und Herren in den Genossenschaften, Bauämtern, Archiven und Bibliotheken, die mir großzügig unveröffentlichtes Quellenmaterial zur Verfügung stellten.
Achim Wendschuh gewährte mir weitestgehende Unterstützung mit Materialien aus der Architektursammlung der Akademie der Künste zu Berlin, und Manfred Speidel stellte unbekannte Manuskripte Tauts aus Japan zur Verfügung. Diese Quellen waren eine wichtige Bereicherung.
Stellvertretend für die Taut-begeisterten Wissenschaftler, die sich gesprächsbereit zeigten, danke ich Kurt Junghanns, Heinrich Taut und Kristiana Hartmann.
Mein besonderer Dank gilt meinem akademischen Lehrer Professor Dr. Tilmann Buddensieg, der den Fortgang der Arbeit stets engagiert unterstützte, sowie Professor Dr. Fritz Neumeyer, dem ich wertvolle konstruktive Kritik verdanke.
Die Anfertigung der Studie wurde aus Mitteln des Bundesministeriums für Bildung und Wissenschaft durch ein Graduiertenstipendium des Cusanuswerks gefördert.
Meine lieben Eltern und Geschwister, mein Mann und seine Eltern trugen Wesentliches zum Gelingen bei; ihnen allen ist dieser Band gewidmet.

Abkürzungsverzeichnis

AIZ	= Arbeiter-Illustrierte-Zeitung, Berlin
AdK Berlin	= Akademie der Künste Berlin, Architektursammlung
AdK, 1980	= Bruno Taut 1880–1938 Ausstellungskatalog Berlin 1980
BusB	= Berlin und seine Bauten
Dt. F. u. F.	= Deutsche Frauenkleidung und Frauenkultur
KEO-Archiv	= Karl-Ernst-Osthaus-Archiv, Hagen
NW-FaS	= Bruno Taut: Die Neue Wohnung – Die Frau als Schöpferin. Leipzig 1924
TU Berlin	= Technische Universität Berlin, Plansammlung
TUM	= Technische Universität München, Architektursammlung
[ ]	= Anmerkung der Autorin

Vorwort

Bruno Taut gehört zu den wenigen großen Architekten der Weimarer Zeit, dessen buchstäbliche »Wiedergeburt« in den sechziger Jahren von der Mauer zwischen beiden deutschen Staaten nicht behindert wurde. Sein Emigrantenschicksal, die andauernde Schönheit und Brauchbarkeit seiner Siedlungen und die Überzeugungskraft seiner Schriften hoben ihn ab von den tief im amerikanischen Bauwesen verwurzelten und in dessen vermeintliche Sünden verstrickten Weimarer Kollegen Walter Gropius und Ludwig Mies van der Rohe. Diesseits der Mauer wurde er zur Kultfigur einer sozialen, und das hieß dann sozialistischen Antithese zum herrschenden kapitalistischen Bauwesen stilisiert. Jenseits der Mauer war Bruno Taut der wichtigste Apostel eines »Erbes«, dessen nahtloses Fortleben gesichert schien. Dabei war das kritische Potential seines Werkes im Westen stärker als seine naive Einvernahme in die bestehenden ost-sozialistischen Verhältnisse. Die Megastrukturen der westlichen Satellitenstädte waren von den Tautschen Großsiedlungen nicht weiter entfernt als der östliche Stalin-Klassizismus oder die präfabrizierten Plattenmontagen.
Die vorliegende Arbeit hat schon vor der »Wende« begonnen, das Lebenswerk von Bruno Taut in Bereichen zu untersuchen, die von der geschilderten ideologisch fundierten Taut-Forschung vernachlässigt wurden: Die Frage nach der Innenwelt der Tautschen Architektur, nach der Ausstattung des Lebens ihrer Bewohner statt der öffentlichen Manifeste der Straßenfassaden der Siedlungsgenossenschaften. Mit diesem Ansatz gelang Bettina Zöller-Stock die Erschließung gleich dreier Bereiche: Das umfangreiche Frühwerk Tauts, seine ganz unbekannten Einzelhäuser und die Innenausstattung nach Farbgebung und Möblierung. Das verlangte neben dem architekturhistorischen Rüstzeug archäologischen und demoskopischen Spürsinn. Die Ergebnisse konnten nicht ausbleiben, zeichnen aber auf dem geraden Weg zu einem gesamtdeutschen Bruno Taut in manchen Aspekten ein differenziertes Bild des Berliner Ostpreußen, dessen Größe und Prinzipientreue durchaus noch mit den Vorkriegsidealen eines missionarischen Reformers zusammenhängen. Bruno Taut gebraucht auf der Werkbundtagung 1914 in Köln Nietzsches Begriff von dem Künstler als dem »Diktator« von Geschmacksprinzipien, die der Arbeiterklasse als verordneter Ausdruck ihrer Kultur nur gegen ihren mehrheitlichen Widerstand beigebracht werden konnten. Die Gewaltsamkeit von Prinzipien, die sich mit Beil und Säge, Feder und Pinsel von dem bürgerlichen »Tumult der Stile« (Nietzsche) ebenso wie von der »Kurfürstendamm-Schickeria« distanzierte – so zitiert Heinrich Taut seinen Vater über die neue Raumkultur der Stahlrohrmöbel –, diese Gewaltsamkeit macht seine Innenraumgedanken zeitgebundener und vergangener als seine unerschöpfliche Phantasie in der rhythmischen Gestaltung des großstädtischen Wohnungs- und Straßenraumes.
Eine ernsthafte Auseinandersetzung mit dem Werk von Bruno Taut fand und findet bis heute außerhalb der Bauindustrie und, wie zu fürchten ist, außerhalb der großen Wohnungsbauaufgaben der Gegenwart statt. In Berlin haben Josef Paul Kleihues und Hans Kollhoff die gegenwärtige Brauchbarkeit der Tautschen Wohnbausysteme für die Urbanisierung der Blockbebauung und einen zeitgemäßen großstädtischen Zeilenbau, auch für viel größeren Maßstab, ebenso erwiesen wie die regelrechte Schulbildung von Bruno Taut in Mailand und Bologna.

Tilmann Buddensieg

Einleitung

»Wer in Filzpantoffeln und in Hemdsärmeln durch seine Wohnung latscht, dem ist auch mit einem sauberen Bau nicht geholfen.«[1]

Diese innere Beziehung zwischen Wohnumfeld und geistiger Haltung des Bewohners hat kaum einen anderen Architekten so existentiell beschäftigt wie Bruno Taut. Sein ganzes Schaffen und öffentliches Wirken war ethisch motiviert im Hinblick darauf, durch humane Wohnarchitektur loyale, »gute« Charaktere zu bilden. Mit dem Werk dieses bedeutenden Berliner Baumeisters der Moderne verbinden sich bis heute vornehmlich die Großsiedlungen des Weimarer Sozialwohnungsbaus als städtebauliche Ensembles, die das Gesicht Berlins wesentlich prägen. Entsprechend den Desideraten der ersten deutschen Demokratie, hatte er mit diesen Stadträumen Sinnbilder einer solidarischen Menschengemeinschaft setzen wollen.

Auf jene gesellschaftspolitisch motivierten Architekturleistungen Bruno Tauts gründet sich weitgehend die aktuelle Wertschätzung und seine Vereinnahmung als *der* »sozialistische Arbeiterarchitekt« der zwanziger Jahre. Das malerische Werk zum Beispiel, das etwa 200 Pastelle umfaßt, blieb in der Genesis seiner Architektursprache ebenso unberücksichtigt[2] wie die Leistungen seines architektonischen Frühwerks und jene Besessenheit vom Innenraum als dem Katalysator menschlicher Verhaltensweisen.

Lediglich Wolfgang Pehnt formulierte einige bemerkenswerte Beobachtungen zum Motiv der leeren, runden Mitte, des Zusammenspiels von Kern- und Schalenbau in Bruno Tauts Architekturen.[3] Damit berührte er als bisher einziger das Problem des Innenraums und konstatierte bereits ein vielfach variiertes Wider- und Zusammenspiel von Zentrum und Peripherie.

Das oben zitierte Wort Bruno Tauts beinhaltet in seiner provozierenden Art die Grundzüge des Tautschen Berufsethos: Die geistige Haltung des Nutzers seiner Architektur muß durch deren ästhetische »Sauberkeit« positiv beeinflußt werden. Somit besitzt der Aspekt der Innenraumgestaltung im architektonischen wie im umfangreichen literarischen Werk Bruno Tauts einen hohen Stellenwert, was von der Architektur- und Designgeschichte bislang abgestritten wurde. Zu Unrecht reduzierte man das höchst differenzierte Schaffen und das zugrundeliegende Weltbild des Architekten nahezu ausschließlich auf den unterstellten sozial(istisch)en Ausdruck seines städtebaulichen Vermächtnisses.

Die Ergebnisse der vorliegenden Studie werden die Revision dieses Taut-Bildes in der Kunstwissenschaft erfordern. Denn es gelingt der Nachweis, daß Taut keineswegs nur der Siedlungsarchitekt und Glasphantast war, als welchen man ihn zu charakterisieren gewohnt ist, sondern in vergleichbarem Maße »Innenarchitekt« und Designer. Tatsächlich setzte er sich fortwährend konzeptionell und praktisch mit dem Problem des Innenraums, des »Wohnens an sich«, auseinander. Er nahm prinzipiell persönlich Einfluß auf die Innenraumgestaltung seiner Bauten, da er von der unmittelbaren Wirkung des Raumes als persönlichkeitsbildender und gesellschaftsethischer Kraft überzeugt war. In seiner Konzeption vom Architekten als dem »Diktator der Lebensformen« war dieses erzieherische Moment wesentlich enthalten. Taut erstrebte in und durch den Wohnraum die Kongruenz von Architektur- und Lebensform. Der »innere Reichtum« der Bewohner sollte sich ohne Pomp entfalten können in den von Taut entsprechend ausgeführten Bauten. Der erste nachweisbare Innenraumentwurf Bruno Tauts datiert von 1904, die erste seiner zahllosen schriftlichen Bemerkungen zur Innenraumgestaltung von 1905, während der letzte Beleg für Innenraumdekorationen aus Tauts Feder von 1938 überliefert ist. Der Bogen seiner Beschäftigung mit dem Innenraum spannt sich also von den Anfängen seines Schaffens bis zu seinen letzten Werken.

Zunächst galt Taut der Innenraum als Objekt seiner künstlerischen Sorgfalt mit vergleichbarem Stellenwert wie seine kunstvoll rhythmisierten Fassaden. Noch vor dem Ersten Weltkrieg aber entwickelte er ihn zum Medium seines sozialästhetischen Erziehungsprogramms. Damit partizipierte er am Reformwillen der Jahre zwischen 1900 und 1933, der auf die umfassende Neuordnung des Lebens im Industriezeitalter zielte. Mit erstaunlicher Ausdauer und Intensität konzentrierten sich die Bemühungen von Kunstgewerbebewegung und Jugendstil, von Deutschem Werkbund und Bauhaus mit künstlerischem Anspruch auf die Zuflucht des gehetzten Menschen im technischen Zeitalter: den Wohnraum. In seiner Wohnung sollte er sich regenerieren und auf die ihm innewohnenden Werte besinnen können. In einem ästhetischen Konzept sorgfältig strukturiert, sollten Bruno Tauts Innenräume die Nutzer immer umfassender zu geistig-schöpferischer Aktivität befreien und sie durch die reine Wahrhaftigkeit im täglichen Ambiente zu einem neuen solidarischen Menschentyp erziehen.

Die spezifischen Gestaltungsmittel, die der Architekt in diesem

Sinne einsetzte, werden an bisher unbekannten Objekten des Frühwerks bis hin zu seinem letzten Bau in der Türkei überprüft und nachgezeichnet, so daß sich ein differenziertes Bild dieses Schaffensschwerpunktes ergibt. Alle seine Innenräume haben eins gemeinsam: Sie unterliegen bis ins Detail dem Gestaltungswillen ihres Architekten. Damit werden Fragen nach Tauts Tätigkeit als Designer berührt und sein sicheres Gespür für das größtenteils anonyme, gleichwohl qualitätvolle Angebot des Einrichtungsmarktes aufgedeckt. Ein Verdikt der Taut-Forschung lautet dahingehend, daß sich Bruno Taut überhaupt nicht mit den »Kleinigkeiten« der Wohnungsausstattung abgegeben habe. Bisher blieb es also unbekannt, daß er die innere Gestaltung nahezu aller seiner Bauten und darüber hinaus zahlreiche Einzelstücke selbst entworfen bzw. sehr bewußt persönlich ausgesucht hat. Seine Tätigkeit als Designer seit 1905, soweit sie über das Absägen, Glätten und Streichen überalterten Mobiliars hinausgeht, ist klar belegbar, das Gewicht liegt hierbei auf seiner Schaffensphase in Japan zwischen 1933 und 1936. Der Kern aber der in jedem Falle eigenwillig farbigen, auf das Notwendige reduzierten Innenwohnräume Tauts bleibt der philanthropisch idealisierende, erzieherische Impetus dieses Humanisten der Umbruchzeit. Im Medium der Volkswohnung brachte Bruno Taut dieses missionarische Anliegen der gereinigten, schlichten Wohnkultur extensiv zur Geltung. Es konnte empirisch nachgewiesen werden, daß er fast alle seiner ca. 10000 realisierten Siedlungswohnungen innen farbig streichen ließ und die Ausbauten selbst bestimmte. In den unterschiedlichen Bauaufgaben erstrebte Taut die Harmonisierung zwischen Kostbarkeit und Schlichtheit, Anspruch und Wirklichkeit, Individuum und Gemeinschaft. Zwischen den wesentlichen Aussagen seiner theoretischen Konzeption und den architektonischen Realisationen im Laufe dreier Jahrzehnte wird eine weitgehende Kohärenz offenbar.

Deutlich setzt sich Bruno Tauts Architektur- und Menschenideal von gleichzeitigen Tendenzen der Weimarer Avantgarde ab; der vielfach kolportierte Terminus »Bauhausarchitektur« trifft auf Tauts Ausdrucksformen nicht zu. Doch war er es, der die »alten« Wohnreformgedanken als erster nach dem Weltkrieg wieder aufnahm und in die Öffentlichkeit trug, woraus dann auch die Tätigkeit des Bauhauses resultierte. Als Protagonist der Wohnungsdiskussion in der Weimarer Republik lieferte er den entscheidenden Anstoß für weitreichende Reformansätze, ohne seine höchsteigene Linie einer mondänen Richtung im Wohnungsbau zu unterwerfen. Nach seiner folgenreichen Agitation unmittelbar nach Kriegsende war es dann das Buch »Die neue Wohnung – die Frau als Schöpferin«, das 1924 den Startschuß für die Beteiligung eines breiten Publikums gab. Damit bezog Bruno Taut Hausfrauen aller Gesellschaftsschichten als »Schöpferinnen« mit ein in den künstlerisch-architektonischen und sozialen Prozeß moderner Wohnungsgestaltung. Dieser auf den ersten Blick geradezu emanzipatorisch anmutende Effort ist einer besonderen Betrachtung wert. Dabei erweist sich die Rolle der Frau im Reform- und Emanzipationsprozeß zwar als entscheidend; das Bild des Frauenfreundes Taut wie der modernen Frau der »Goldenen zwanziger Jahre« erfährt jedoch durch intensives Quellenstudium eine überraschende Differenzierung. Auch die Schamlosigkeit, mit der die Nationalsozialisten die Errungenschaften des »Kulturbolschewisten« Bruno Taut für sich verbuchten, ist verblüffend. Die Rezeption des Tautschen Gedankenguts in den zeitgenössischen Medien, bei den Bewohnern seiner Bauten und im Kreise der Kollegen eröffnet einen neuen Blick auf die gesellschaftliche Situation der Kunst in der Weimarer Republik. Bruno Taut gab dem Zeitgeist der zwanziger Jahre ganz offenbar entscheidende Impulse für deren weitreichende architektonische und gestalterische Entwicklungen, ohne als Leitfigur anerkannt zu werden.

Auch die Diskrepanz zwischen propagiertem Leitbild und privater Erfüllungsleistung ergibt sich aus der Quellenanalyse. Die Mieter widersetzten sich zumeist Tauts ästhetischen und moralischen Vorgaben und entzogen sich damit der beabsichtigten »Läuterung«. Die Vergeblichkeit einer positiven Beeinflussung durch Tauts ebenso aufsehenerregendes wie simples Konzept menschlichen Zusammenlebens, das immer auf Gesinnungsläuterung und Lebensfreude zielte, wird auf diesem Hintergrund nachvollziehbar.

Anmerkungen

1 Bruno Taut: Ein Wohnhaus. Stuttgart 1927, S. 115
2 Manfred Speidel, RWTH Aachen, bereitet derzeit die Publikation der Pastelle vor
3 Wolfgang Pehnt: Kern und Schale. In: Pantheon N. S. 40 (1982), S. 16–23

I. »... darum wollen wir wieder an das gute Alte anknüpfen und daraus gutes Neues machen ...«

Die Lehrjahre 1901 bis 1911

Am 4. Mai 1880 in Königsberg/Ostpreußen geboren, verlebte Bruno Julius Florian Taut eine arbeitsreiche Jugend in kleinen Verhältnissen. Trotzdem konnte er das Kneiphöfische Gymnasium besuchen, das er 1897 mit dem Abitur verließ. Bis 1901 nahm er in den Wintermonaten an den Lehrveranstaltungen der Königsberger Baugewerksschule teil. Im Sommer arbeitete er als Lehrling in einem Bauunternehmen, das bereits modernste Eisenbetonverarbeitung praktizierte. Tauts prägende Jugendeindrücke werden von seinem Biographen Kurt Junghanns kurz referiert. Er nennt als die Tugenden, die aus den Erfahrungen im Elternhaus und der humanistischen Gymnasialbildung resultierten, den Hang zum Philosophieren, grenzenlosen Idealismus, Begeisterungsfähigkeit und ein ausgeprägtes soziales Gewissen. Einige Tagebuchnotizen und Briefauszüge aus den Jahren 1904 bis 1909 geben Hinweise auf Schlüsselerlebnisse und Projekte seiner Lehrjahre.
Neuere Untersuchungen beziehen Tauts Erleben der ostpreussischen Landschaft mit ein. Er habe sich zeitlebens als »Norddeutscher« gefühlt. Aus der Sensibilität für regional-klimatisch bedingte Lichtverhältnisse, Wettereinflüsse und daraus erwachsene Bauweisen habe er geradezu eine »klimatologische Architekturtheorie« entwickelt.[1] Er habe »aus der Landschaft architekturräumliche Strukturen« abgeleitet und den Breitengrad für stilprägender als die Nationalität erachtet. Tatsächlich lernte er bei Theodor Fischer, aus der Bautradition der jeweiligen Region heraus Neues zu entwickeln. Später, als vielbeschäftigter Baumeister in Berlin, schrieb er mehrfach seine Überzeugung nieder, daß bei »allen Theorien über architektonische Ästhetik (...) das Klimatische zu wenig beachtet« würde – »Es spielt aber meines Erachtens die Hauptrolle, (...) so scheint es, daß der Breitengrad die verschiedenen Länder in einem Punkte stärker als die Nationalität verbindet, und zwar im Hinblick auf das Klimatische.«[2] Diese dezidiert geäußerte »Klimathese« setzt eine klimatische Prägung Tauts in seiner Heimatstadt Königsberg an der Kurischen Nehrung voraus. Die Ostseeküste soll dort besonders reizvoll gewesen sein, mit ausgedehnten Dünen und Steilküsten, sowohl mit mondänem Badeleben als auch so einsam wie sie Caspar David Friedrich in seinen Gemälden interpretierte. Das Hinterland Königsbergs, das Samland, wird in der Literatur als »sehr abwechslungsreich und eindrucksvoll« beschrieben, was sich aus den verschiedenen eiszeitlichen Formationen, dem Wechsel von fruchtbaren Feldern, Wäldern, Seen, Wüsten und Bergen ergebe. Das Besondere jedoch sind wohl die »verschiedenartigen Wolkengebilde; ihre Farbe und Beleuchtung verleihen der Landschaft erst eine besondere Stimmung, die sich auch auf den Menschen überträgt«.[3] Die Einbeziehung der klimatischen Bedingungen ist spezifisch für Tauts Baukunst, konstitutiv auch für die Gestaltung seiner Innenräume. In seinem Tagebuch notierte er schon früh: »Was will ich schaffen? Ich will meinen Landsleuten zeigen, wie tief die Natur ist und wie sie ihre Häuser so bauen, daß sie die Tiefe der heimatlichen Natur widerspiegeln.«[4]
Die Stadt Königsberg selbst, in der Taut aufwuchs, war von einer jahrhundertelangen hanseatischen Tradition geprägt. Zu ihren beeindruckendsten Bauwerken gehörte zweifellos der

Bruno Taut

gotische Backsteindom, dem sich der junge Taut auf dem Schulweg täglich gegenübersah und dessen er sich später vielfach erinnerte.[5] Die Westfassade des Domes bildete ein schlichtes, in sich jedoch stark rhythmisiertes System von offenen, geschlossenen und hinterfangenen Spitzbögen. Tauts spätere Fassadengestaltungen, zum Beispiel am Kottbuser Damm 2–3 und 90 (1910/11) lassen erahnen, daß zumindest sein Blick für die sensible Gestaltung von Innen und Außen, Positiv- und Negativform dadurch geschärft worden war.

Dem Kneiphöfischen Gymnasium, das Taut besuchte, diente der ehemalige Domfriedhof mit Kants Grabstätte und mächtigen alten Linden als Pausenhof. Es war ein Ort wie geschaffen für einen melancholischen Träumer. Tauts Verehrung für seinen Landsmann Immanuel Kant spiegelte sich noch in seinem japanischen Tagebuch 1935, als er erneut Kant las und dazu bemerkte: »Ja, da atmet in jeder Zeile der Genius, unbeugsam klar, nicht in allem angenehm. Beste ostpreussische Luft.«[6]

Nach erfolgreichem Abschluß einer Maurerlehre und der Baugewerksschule mit dem Prädikat »vorzüglich« verließ Bruno Taut 1901 seine Heimatstadt. Dem Itinerar aus einigen, nur zum Teil veröffentlichten Briefen an seine Familie, später an seine Frau Hedwig Wollgast, begab er sich über Berlin und Hamburg nach Wiesbaden.[7]

Der erste Besuch in Berlin riß ihn zu eigenwilligen Urteilen über die Architektur und Kunst der Metropole hin; diese lassen unter anderem auf die besondere Wirkung schließen, die Messelsche Bauten auf ihn ausübten.[8] Obwohl zu diesem Zeitpunkt noch nicht die Arbeiterwohnhäuser Alfred Messels für die Berliner Bau- und Wohngenossenschaft von 1892 Tauts Bewunderung fanden, sondern dessen Kaufhaus Wertheim und die Grunewaldvillen, so ist es doch der freie Umgang dieses Architekten mit dem Baukörper, der Taut so nachhaltig beeindruckt haben dürfte, daß er noch in der Rückschau 1934 Messel den »feinste(n) Künstlerarchitekt« nannte, den die Baugeschichte einst »sehr hoch stellen« würde.[9] Erst in seiner Berliner Zeit bei Bruno Möhring (1903) wird er wohl auch die Reformmiethäuser Messels schätzen gelernt haben in ihrer »mehrschichtigen Gliederung (...), gebildet aus einem räumlich raffinierten Zusammenspiel von Erkern, Loggien, Altanen und Laubengängen, auf deren schmalem Grat sich der Bewohner nicht innen noch außen bewegt.«[10] Bei seinem Berlin-Besuch fühlte sich Bruno Taut auch von der »Farbenpoesie« Böcklins und dessen geheimnisvollem Symbolismus angezogen, der das Wesen des sensitiven Ostpreußen ansprechen mußte.

In Hamburg verbrachte Taut nur die ersten Wochen des Jahres 1902 bei einem Architekten namens Neugebauer in St. Pauli. Sein nächster Brief datiert vom 25. Februar 1902 aus Wiesbaden, wo er bis zum Ende des Jahres 1902 eine Stellung bei dem Architekten F. M. Fabry bekleidete. Von dort aus traf er, laut Tagebuchnotiz, am 21.12.1902 mit Josef Maria Olbrich in Darmstadt zusammen. Mit einiger Wahrscheinlichkeit wird Taut die Gelegenheit benutzt haben, die nahegelegene Mathildenhöhe, das Kernstück des deutschen Jugendstils, zu besuchen. Greifbar wird der Eindruck des Hauses Behrens auf Taut in einem Fassadenentwurf für den Verein der Deutschen Verblendstein- und Terracottafabrikanten.[11]

Dieser hatte einen Wettbewerb für ein Miet- und Handelshaus in einer mittleren Stadt ausgeschrieben. Taut titulierte sein Projekt »Geschmackssache« und erhielt insgesamt gute Kritiken. Buddensieg zieht ausdrücklich die Erfahrung der Elemente des reifen Jugendstils von Peter Behrens und Henry van de Velde für die Genese dieses Entwurfs heran. Für die Bildung seiner Innenraumkonzeption wird das ästhetisch vollkommen durchformulierte Innere des Hauses Behrens sowie der anderen – einzeln und zusammen als »Gesamtkunstwerk« gedachten – Künstlerhäuser der Mathildenhöhe nicht ohne Wirkung auf den jungen Taut geblieben sein. In Darmstadt fand er auch die eklatante Kristallsymbolik im Bau verkörpert, die ihren Ursprung im damals zelebrierten Gedankengut Friedrich Nietzsches hatte.[12] Er las Nietzsches »Zarathustra« allerdings

Fassade eines Wirtshauses, Wettbewerbsentwurf, 1903

erst 1904, zwei Jahre nach diesem Besuch in Darmstadt. Vom Erleben der Künstlerkolonie wird jedoch seine Einschätzung herrühren, er habe als Architekt über die lebensweltliche Dienstleistung hinaus eine das Leben überhöhende Position als Künstler zu bekleiden. Doch machte sich Taut niemals die Auffassung zu eigen, ein Raum müsse, von einem beherrschenden gestalterischen Formwillen durchdrungen, die unverkennbare Künstlerhandschrift in den Vordergrund der Raumwirkung stellen. Diese Charakteristik des Jugendstil-Interieurs konnte er bei seinen Lehrern nicht verfolgen. Solche vereinnahmenden, überdeutlich einen bestimmten Zeitgeist bezeugenden »Gesamtkunstwerke« verloren rascher ihre Bewohnbarkeit als

die zurückhaltenden, quasi allgemeingültigen Wohnräume Möhrings und Fischers.
Nach dem Intermezzo in Wiesbaden war Taut vom 1. Januar 1903 an bei Bruno Möhring, dem arrivierten Königsberger Architekten in Berlin, angestellt. Dieser entwarf in der Zeit zwischen 1899 und 1905 mehrere Villen einschließlich der kompletten Innenausstattung, unter anderem für Traben-Trarbach an der Mosel. An diesen Planungen wird auch Taut während seines Arbeitsaufenthalts im Büro Möhring teilgenommen haben. Die Zeichnungen sind, soweit ermittelt, nicht überliefert, so daß Bruno Tauts Anteil daran nicht anhand von Schrift- und Stilanalysen herausdestilliert werden kann. Die Innenausstattungen Möhrings, die Taut dort kennenlernte, bestanden vor allem in geschnitzten Holzausbauten in Form von Balken- oder Kassettendecken, Paneelen, eingebauten Büffets; außerdem Metallarbeiten wie Heizkörper- und Kaminverkleidungen sowie Beleuchtungskörpern. Möhrings Gestaltungswille bezog selbst Türdrücker und Klingelknöpfe mit ein, ohne jedoch eine übergreifende Raumidee zu formulieren.
Ines Wagemann hat in ihrer Monographie über Bruno Möhring herausgearbeitet, daß dessen Jugendstilvokabular weniger einen Aufbruch zur Moderne signalisierte als vielmehr von ihm als Stilvariante gehandhabt wurde.[13] Im Grunde genommen blieb er »›alten‹ Stilformen verpflichtet«. Wenn auch seine Innenräume bis ins letzte Detail durchdacht gewesen waren und Ensembles bilden sollten, so erschienen seine Jugendstil-Interieurs doch in der Gesamtwirkung meist wenig homogen. Entscheidend für Tauts architektonische Entwicklung wird dagegen seine Mitarbeit an den Plänen für den deutschen Beitrag zur Weltausstellung 1904 in St. Louis gewesen sein. Diese Anregungen verarbeitete Bruno Taut in seinem ersten nachweisbaren Innenraumentwurf für die Klosterschänke in Chorin, nördlich Berlins.

Das Aquarell der **Klosterschänke zu Chorin** ist von Bruno Tauts Hand bezeichnet mit »DIELE 19B04«. In seinem Tagebuch vermerkte er diesen Entwurf unter den »Architektonische(n) Arbeiten im Jahre 1904« als »Klosterschänke Chorin mit Diele«. Im Brief vom 6. März 1904 an Hedwig Wollgast, die Tochter der Gastwirtsfamilie jener »Klosterschänke« und spätere Ehefrau Bruno Tauts, berichtete er, daß dieser Entwurf Theodor Fischer gefiele.[14] Es handelte sich womöglich um eine Bewerbungsarbeit, die er von Berlin nach Stuttgart mitgebracht und dort vorgelegt hatte. Seine Hoffnung, die »Skizzen für das Choriner Häuschen« würden im September/Oktober 1905 in demselben Heft der »Modernen Bauformen« veröffentlicht werden wie sein Entwurf für das Schulhaus in Schramberg, erfüllte sich jedoch nicht.[15] Eine Umgestaltung nach diesem Entwurf wurde auch nicht realisiert.
Das Aquarell gibt Einblick in einen diagonal angeschnittenen, breitgelagerten Raum. Den Bildmittelpunkt nimmt die hintere Raumecke mit dem mächtigen Kachelofen ein. Um dieses Zentrum herum ist der Raum auffallend leer und stark horizontal gegliedert durch die Grundlinien des Dielenfußbodens, der Balkendecke und der Wandgestaltung. Die kurzen Latten zwischen den mächtigen Deckenbalken sind jeweils an ihren Enden mit grünen Nägeln versehen. Orangefarbene Punkte setzen mittig zwischen zwei Latten weitere Akzente auf dem eschenfarbenen Holz. Der Übergang zwischen Balken und Latten wird durch Profilleisten knapp unterhalb des oberen Abschlusses vermittelt. Diese Profile ziehen sich auch an den Rahmenbalken wandseitig entlang und bilden so ein optisch wirksames, die Schwere des Aufbaus milderndes Rahmungssystem. Die beiden sichtbaren Hauptwände unterstreichen die Horizontalität des Raumeindrucks. Unterhalb des Deckenprofils zieht sich ein breites Schmuckband ringsum: Auf die Wandfarbe, die dort dem hell beigegrauen Ton der Holzdecke entspricht, ist ein filigranes Ornament aufgebracht. Zwei unregelmäßig stufig gewellte Linien bilden alternierend von oben und von unten ein doppeltes »V«, so daß die Dreiecksbildungen sich untereinander verzahnen. In drei Höhenlinien verteilt, sind diesem System amorphe, tropfenartige Gebilde in meergrüner Farbe eingebunden. Sie lassen ein Beziehungsgeflecht der Linien mit willkürlich sich ergebenden Schwer- und Schnittpunkten entstehen. Ein ähnlich gestaltetes Motiv hat Taut 1910 für die Gitter am Orchestergraben des Kinos am Kottbuser Damm entwickelt. Ein ebenfalls umlaufender, schmaler Fries in warmen Brauntönen mit fast kindlich einfach gezeichneten Blüten schließt die lindgrün gestrichenen Wandflächen des Choriner Gastraums in Höhe der Türstürze gegen das abstrakte Ornamentband ab. Dieser schmale Fries bindet die beiden Türstürze und den beigefarbenen Noppenfries des ansonsten dunkelgrünen Kachelofens in eine gleichmäßige Höhenlinie ein. Der Tür zur Hinterstube, in der die Rückenansicht einer Frauengestalt vor einem Fenster zu sehen ist, hat Taut einen windfangähnlichen, offenbar hölzernen Vorbau angefügt. Der obere Abschluß in der Breite des umlaufenden Wandfrieses weist ein schlichtes, gedrechseltes Relief aus senkrechten Rundstäben und querliegenden Ovalen in der Weise auf, daß sich ein Mäander ergibt. Darunter hängt ein blaugrauer Stoffvorhang, der das Muster des abstrakt-ornamentalen Wandstreifens querverlaufend aufnimmt. So wird zugleich die horizontale Gliederung betont und »Oben« mit »Unten« verbunden. Bei aller konstruktiven Konsequenz des vielfältig inszenierten Rahmensystems wirkt der Raum ein wenig halluzinatorisch, als wolle er Kinderträume wecken.
Die Seitentür rechts ist glatt in die Wand eingeschnitten. Seitlich sind dem Rahmen jedoch zwei hölzerne Pfosten vorgesetzt, die sich im oberen Drittel zu vier abgerundeten Stufen entwickeln. Dieserart vorspringend halten und rahmen sie die schräggestellte Supraporte mit einem Landschaftsgemälde. Die hölzernen Gebilde wirken wie Rudimente Möhringscher Holzschnitt-Ornamentik, wie er sie zum Beispiel in seinem eigenen Haus in Berlin-Marienfelde (1903) und in der Deutschen Halle der Weltausstellung in St. Louis (1904) verwandte. Der Hauch eines germanisierenden Jugendstils haftet dem Choriner Gastraum zweifellos an, entspricht damit aber auch der Erscheinung des Außenbaus und der regionalen Tradition. Die unerhört phantasievoll ausgeführten Verkaufsräume des Warenhauses Wertheim von Alfred Messel dürften für diesen freundlich-erzählerischen Innenraum ebenfalls Anregungen gegeben haben. Die keinem benennbaren Stil zugehörige Formenkombinatorik Messels und Möhrings weist Taut die Richtung zu Zierelementen eines versachlichten Spätjugendstils.
Das geschilderte grün-grau-beige harmonisierte Ambiente des Choriner Gastraums bildet den Rahmen um das Zentrum

Umzeichnung des 1980 in der Akademie der Künste zu Berlin ausgestellten Aquarells der Gaststube zu Chorin

dieser Wohndiele, den Kamin. Dieser eigentliche Aufenthaltsbereich, der die ganze Raumecke ausfüllt, ist eindeutig durch den Bodenbelag markiert. Im Unterschied zu den durchlaufenden Holzdielen sind hier zwei in Material und Musterung verschiedene Fußböden ausgelegt: wellenartig gemusterter unter dem stabilen, rechteckigen Tisch, wobei das Belagmuster mit der Perlenornamentik von Fries und Vorhang korrespondiert, und heller Fliesenboden vor der Feuerstelle des Kamins, der den Widerschein der Flammen orange reflektiert. Die gesamte Sitzecke wird von dem hohen und sehr tiefen Kachelofen beherrscht. Um ihn herum gruppieren sich die Sitzbänke, die vollständig aus denselben grünen Kacheln aufgemauert sind wie der Kamin selbst. Auf der seitlichen Bank im rechten Bildteil sitzt eine junge Frau mit Knotenfrisur und einer Handarbeit im Schoß; sie blickt sinnend in die Flammen an der Schmalseite des Kamins, die in den Raum vorstößt. Angesichts dieser ersten Innenraumzeichnung Bruno Tauts läßt sich bereits deutlich empfinden, was er Jahrzehnte später aussprach: »Wie die Räume ohne Menschen aussehen, ist gleichgültig. Wichtig ist nur, wie die Menschen darin aussehen.«[16]
Die Figur der jungen Frau scheint eins zu sein mit dem Raum, sie lebt in Harmonie mit ihm. Hätte der Zeichner sie nicht in den Blick gerückt, so besäße der Raum kaum Lebenskraft. Er wirkte trotz der kräftigen Gliederung, der Ornamente und des stufigen Kachelaufbaus statischer und weniger einladend. Dasselbe belebende Moment ergibt sich im Durchblick zum Hinterzimmer mit der stehenden Frauenfigur am Fenster. Gerade in seinen frühen Zeichnungen setzte Taut, wie Schinkel, häufig Referenzpersonen in Beziehung zu seinen Architekturentwürfen.
Diese erste nachweisbare Innenraumgestaltung von Bruno Tauts Hand zeigt sich der ländlichen Lebensart in ihrer Aufrichtigkeit und Einfachheit angemessen, ohne jedoch das Flair des Sonntäglichen zu vernachlässigen, welches Besuchen in einem Ausflugslokal anhaftet. Der Raum wirkt einladend und ruft eine gewisse Erwartungshaltung hervor. Diese Atmosphäre wird über die kräftige, doch nicht lastende, und unaufdringliche Gliederung, die moderate Farbgebung und die übersichtliche, keineswegs dumpfe Gemütlichkeit vermittelt. Gefällige Details wie die schmückenden Ornamente, Blumen und Gemälde bilden den filigranen Kontrast zur massiven Solidität der Konstruktion, ohne daß die Einheit des Raumganzen dadurch auseinanderfiele. Diesen delikaten Grad der Balance halten auch Weitläufigkeit und Geborgenheit, fast leerer Umraum und konzentrierter Aufenthaltsbereich. Im Aquarell gelang es Bruno Taut, einen ersten eigenständigen, brauchbaren und freundlichen Innenraum zu entwerfen, der den unterschiedlichsten Gästen als angenehmes Entree dienen könnte.

Den engen Kontakt zu Chorin hatte Taut bei Möhring geknüpft. Er schloß sich einigen der Angestellten an, die mit dem Kunsthistoriker Adolf Behne, dem Maler Max Beckmann und anderen den sogenannten »Choriner Kreis« bildeten. In Chorin, an einem märkischen See, fühlte sich Taut durch Landschaft und norddeutsche Lichtverhältnisse, Backsteingotik und freundliche Menschen, die ihn später sogar als Schwiegersohn aufnahmen, an seine Heimat erinnert. Im Kontakt mit den jungen Künstlern suchte er selbst nach seiner Bestimmung. Noch bis 1905 geht aus seinen Briefen und Tagebuchnotizen die Identitätssuche als ein zentrales Problem hervor. 1905 schrieb er im Hinblick auf seine späteren Bauten die Schlüsselworte: »Farbige Raumkompositionen, farbige Architektur – das sind Gebiete, in denen ich vielleicht einiges Persönliche sagen werde. Eben darum, weil mich die Malerei hier immer wieder mit der Architektur und diese umgekehrt mit jener zusammenbringt ...«.[17]
Im fortwährenden Kontakt mit Chorin hatte sich sein Naturerleben und Farbempfinden sensibilisiert, was sich in ca. 200 zauberhaften, von Walter Leistikow und der japanischen Malerei beeinflußten Aquarellen niederschlug.[18] Die empfindsame Stimmung, die Taut auch nach Verlassen Ostpreußens im Choriner Kreis kultivieren konnte, bildete die Basis für seine in hohem Maße sinnlichen Innenräume des folgenden Jahrzehnts.

Nach diesen wichtigen Monaten in Berlin hoffte Bruno Taut im Dezember 1903, durch Möhrings Vermittlung zum Februar 1904 nach Karlsruhe in das Atelier Hermann Billings wechseln zu können. »Ist das nicht fein? (...) ich freue mich und bedauere es nicht, nicht nach Amerika zu kommen.«[19]
Ursprünglich hatte er mit zur Weltausstellung nach St. Louis (1904) reisen sollen, für die das Büro Möhring maßgeblich entwarf. Doch sein Weg führte ihn weder nach Amerika noch nach Karlsruhe. Statt dessen trat er am 1. März 1904 eine Stelle bei Theodor Fischer in Stuttgart an. Den entscheidenden Einfluß, den dieser Architekt auf die menschliche und künstlerische Entwicklung Tauts ausübte, ist bislang in seiner Tiefe und Tragweite nicht ausreichend gewürdigt worden.[20]
Taut selbst erblickte in Fischer eine Vaterfigur. Von dessen Urteil und Zuwendung war er psychisch und materiell zutiefst abhängig. Wie Bruno Taut selbst die Beziehung zu Fischer empfand, schilderte er seinem Bruder Max, nachdem er als Gast im Hause Fischer hatte weilen dürfen: »Der alte Fischer ist ein großer Meister und mir so sympathisch, dass ich mich freue, gerade zufällig zu ihm und nicht zu Billing gekommen zu sein. Seine Kunst ist so lieb, so sonnig und herzig, wie ein Kindergemüt. Auch er selbst ist so, dabei ernst, fast wortkarg, und vornehm in seinem Charakter. Wie ich Dir schon schrieb, hat er sich meiner von Anfang an wie ein Vater angenommen, und er ist auch wirklich der Mann dazu, dem man wie einem Vater vertrauen kann. Er lässt mir Ruhe, mich in seine Kunst zu vertiefen.«[21]
Dies gelang ihm so weitgehend, daß man 1905 über Tauts erste Schulhausentwürfe lesen konnte, »deren allerliebste gemütliche Bauweise [müsse] jedem Vater, Kinderfreund und Landpfarrer das Herz erfreuen (...). Es ist wie ein Märchenland aus unseren Kindheitsträumen«.[22] Fischer soll Taut, den er »als einen seiner begabtesten Schüler schätzt(e)« diese Bauaufgabe alleinverantwortlich zugewiesen haben. Taut genoß in Fischers Büro schon bald große Freiheit und einiges Vertrauen, so daß er prominente Projekte des Büros zeichnen und bearbeiten durfte. Er wird Fischers Voraussetzung für künstlerische Empfindung, und zwar einer »klaren und schnellen Auffassung«, entsprochen haben, denn seine Entwürfe sind von Anfang an nicht kleinlich oder ängstlich in der Gestaltung. Von Fischers »Freude am Problem« anstelle der Durchsetzung der eigenen Künstlerpersönlichkeit sprach Taut noch 1933 in seinen Siedlungsmemoiren. Aus diesen vier Stuttgarter Jahren bezog Bruno Taut Grundhaltungen, Inhalte und Formalia als Basis seines gesamten weiteren Schaffens. Viele seiner später verfolgten Prinzipien hat Taut erst durch die katalysierende Persönlichkeit Theodor Fischers ausbilden können.
Übereinstimmend wird in den Fischer-Monographien von Rudolf Pfister, Ulrich Kerkhoff und Winfried Nerdinger festgestellt, daß er von der Verpflichtung des Architekten gegenüber der Gesellschaft überzeugt gewesen sei und diese Pflicht auch pädagogisch aufgefaßt habe.[23] Denn »die soziale Frage« sei »vornehmlich eine Wohnungsfrage«.
Unter Berücksichtigung lokaler, traditioneller Elemente, des »genius loci« also, beabsichtigte Fischer, identifikationsfördernde Heimat ohne ideologische oder schematische Paradigmen zu schaffen. Lediglich das »gute Maß zwischen Individualität und Gemeingeist«, eine positiv wirksame Gestaltung der Umwelt bis ins Innere waren die Maßstäbe für seine Bauweise.[24] Daraus folgte eine an der Region, der Tradition und einer einfachen, natürlichen Wohnform orientierte Baukunst, die »das gute Alte« im »guten Neuen« fortleben läßt.[25]

An virulenten Architekturtheorien, von denen Taut in diesen entscheidenden Jahren auch durch Lektüre partizipierte, sind sicherlich die von Hermann Muthesius, Adolf Loos und Karl Henrici zu nennen. Über die Lektüre Bruno Tauts in jener Stuttgarter Entwicklungsphase ist von ihm selbst allerdings nur folgendes überliefert: »Ich habe im verlaufenen Vierteljahr Nietzsches Zarathustra gelesen, ein Buch von ungeheuer ernster Lebenskraft. Ich habe sehr viel davon gehabt. Dann lese ich jetzt: Carneri, Der moderne Mensch. Es ist leichter, auch etwas schwerfällig geschrieben, zeigt aber eine famose moderne Weltanschauung und bietet mir manche neue Idee.«[26]
Vieles spricht dafür, daß Taut in diesen frühen Jahren auch die Abhandlungen des Kunstschriftstellers Karl Henrici zur Architektur kennenlernte. Dieser hatte 1903 in einem Text zur damals durch »Das englische Haus« von Hermann Muthesius (1904) aktualisierten Frage der Übereinstimmung von Innen- und Außenbau seine ausgewogene Anschauung zwischen akademischem und englisch-sachlichem Lager dargelegt.[27]
Unter Berufung auf »Tradition« und »verinnerlichte Heimatkunst« plädierte er für »Kunstwerke« aus der Harmonie von Grund- und Aufriß. Es sei dabei unerheblich, ob der individuelle Entwurfsprozeß von der Imagination der Außenansicht oder vom funktionalen Grundriß ausgehe. Entscheidend sei allein, daß der Grundriß den Bedürfnissen genüge und die Gestaltung der Fassade »eine feinfühlige Anschmiegung an die äußeren Verhältnisse verrät oder heimatliche Gefühle zu erwecken vermag«.[28]

Henrici warnte schon 1903 vor einer »modischen« Einfachheit, die, ohne vom Geist durchdrungen zu sein, sich nicht »aus nichtssagender Aermlichkeit zu vornehmer Erscheinung zu erheben vermag.«[29] Der von Henrici skizzierten Weise, Architektur zu entwickeln, schloß sich Taut, soweit dies aus seinen Reflexionen über das Bauen in Briefen und Tagebuchnotizen herauszulesen ist, weitgehend an. In der Arbeitsweise Theodor Fischers konnte er genau jene Haltung erkennen, die Henrici 1903 formuliert hatte. Sie spiegelte eine ethische Verpflichtung zu wahrhaftiger Baukunst wider, die ihm imponierte und die er bereitwillig aufnahm.

Im Büro Fischer wird Taut auch Adolf Loos' Zeitschrift »Das Andere« kennengelernt und die Diskussionen um Loos' Ideen, insbesondere zum Innenraum, mitverfolgt haben. Die Persönlichkeit des Architekten Adolf Loos ist wie die Theodor Fischers in der Genese von Bruno Tauts Architektur- und Berufsauffassung bislang nur beiläufig behandelt worden. Loos' Urteile über Architektur und Wohnkultur waren so aggressiv, so außerhalb der gesellschaftsfähigen Norm, daß sie einem aufgeschlossenen Architekturschüler nicht unbekannt geblieben sein können. Seine extremen Äußerungen waren als Provokationen zu verstehen, die Denkanstöße liefern sollten. Sie waren seit der Jahrhundertwende in der allgemeinen Diskussion und verfehlten ihre Wirkung auf den jungen Taut sicherlich nicht.

Loos verfocht immer wieder die englische und amerikanische Wohnkultur als Gegenbeispiel zum deutsch-österreichischen »Verpfusche-Dein-Heim«, weil diese frei und bequem auf den Benutzer eingerichtet, einfach, wahr und modern seien. Wichtig ist die Passage zur Farbigkeit amerikanischer Wohnungen: »Und Farben haben diese Räume! Da erscheint einem die Welt in neuem Glanze, mögen die mit den verkümmerten Augen, die, welche statt lebendiger Augäpfel photographische Apparate im Kopf haben, noch so sehr über blaue Räume und den rothen Himmel der Sehenden spötteln.«[30]

Loos richtete im ersten Jahrzehnt des 20. Jahrhunderts einige modern wirkende Interieurs mit großflächiger Farbigkeit ein. So leistete er »soziale Erziehungsarbeit«, indem er durch Ornamentlosigkeit und glatte Wände die Hausarbeit reduzierte, um »den Menschen Zeit zu geben für die edleren Möglichkeiten des Lebens«. »Adolf Loos, der die Menschen von überflüssiger Arbeit befreite« soll er sich als Grabinschrift gewünscht haben.[31]

Es finden sich weitere übereinstimmende Elemente in Loos' und Tauts Konzeption vom Innenraum. Dazu gehört die Begeisterung für traditionelle Formen von subtiler Einfachheit und Funktionalität in der japanischen Wohnkultur. In seinen Werken war japanisches Formenrepertoire oft präsent. Adolf Loos wollte ebensowenig wie später Bruno Taut den Menschen eine komplette »Künstlerausstattung« für ihre Wohnungen »verpassen«, sondern das Vorhandene sparsam zu schlichter Einheit führen. Denn – so seine Meinung – nicht die neue Form, sondern der neue Geist sei wichtig, der den Konsumenten zu aktiver Teilnahme an der Gestaltung seiner eigenen Alltagskultur befähige, statt weiterhin die Imitation des jeweils höheren Standes zu betreiben. Den »inneren Reichtum« (Adolf Loos) der Wohnenden hervorzulocken, strebte auch Bruno Taut an.

Meisterhaus Typ 12 in Gmindersdorf, 1906

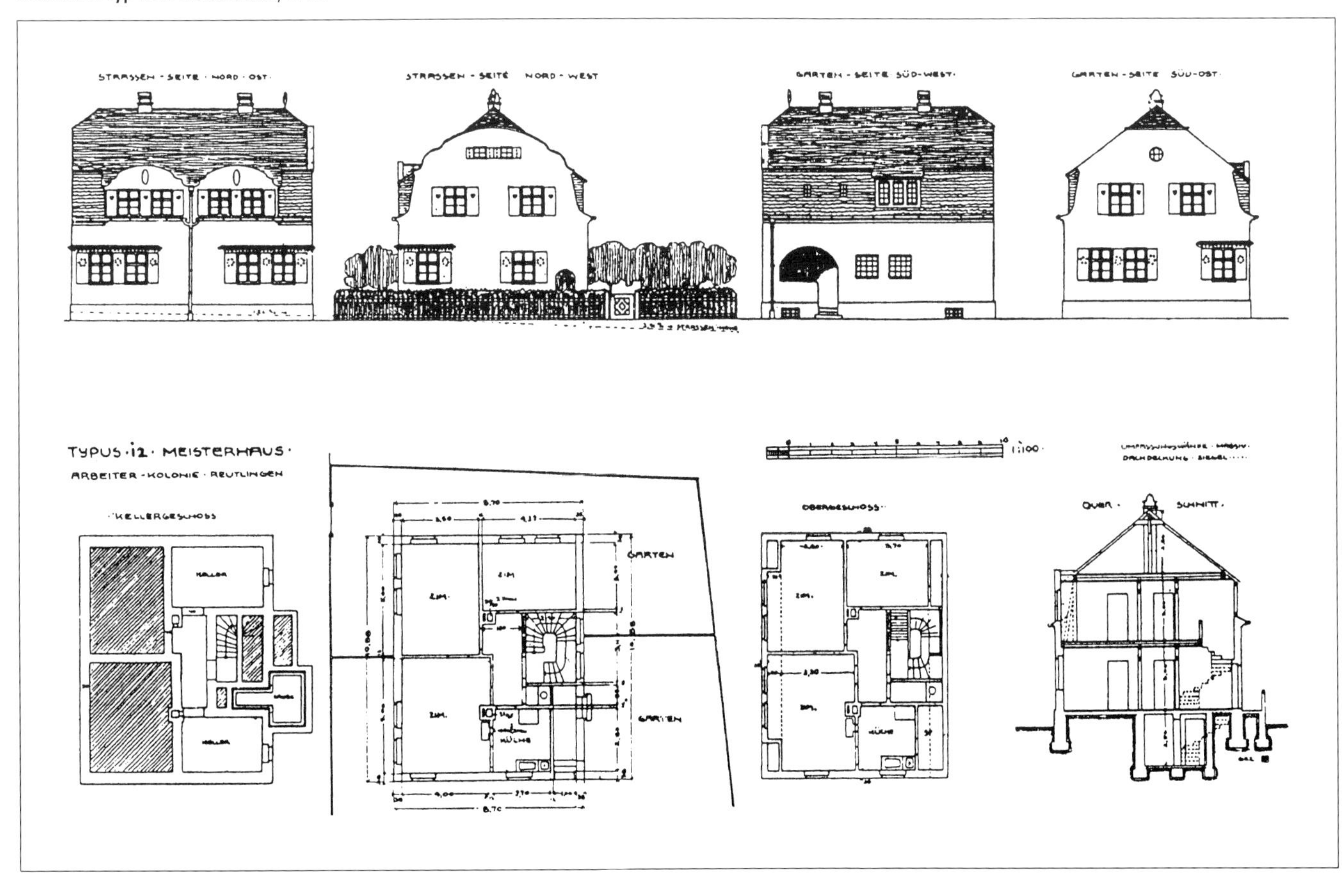

Beiden Architekten wurde es zum Ziel ihrer schöpferischen Arbeit, jedem Menschen den Weg zu sich selbst, zu seiner eigenen Wahrheit zu weisen. Ihr Mittel war die Wohnungsausstattung. Wenn seine Biographen Loos zugute halten, er habe die »praktische Gestaltung der Wohnung vom Inneren her organisiert«, habe »Einfachheit«, »Klarheit« und »Bescheidenheit« darin verwirklicht, und Elsie Altmann-Loos von ihm sagte: »Er benützte das Licht als selbständiges Material«, so können diese Aussagen uneingeschränkt auf Taut übertragen werden.

Die enge ideelle Verwandtschaft Tauts zu Theodor Fischer aber blieb entscheidend für seine Prägung als Architekt und Innenraumgestalter. Sie wirkte sich auch auf die Bauinhalte aus, denen Taut sich späterhin verschrieb. Von Bruno Möhring führte er den Ausstellungsbau weiter. Von Fischer dagegen übernahm er die Art, Platzbildungen mit versetzten Blickachsen und umschließender Wandung zu komponieren. In Nachfolge des humanistisch intendierten Wohnungsbaus Fischers widmete sich Taut auch den Bedürfnissen der »kleinen Leute« und investierte in den zwanziger Jahren den Großteil seiner Schaffenskraft in diese soziale Bauaufgabe. Im Büro Fischer wurde er an der Planung der **Arbeitersiedlungen in Gmindersdorf bei Reutlingen** (errichtet 1903–1915) und einem **Arbeiterwohnhaus in Stuttgart** (1904/05) beteiligt. Kerkhoff erwähnt, Fischer habe für Gmindersdorf »soziale Einrichtungen (...) bis hin zu deren detailliert geplanter, biedermeierlich schlichter Inneneinrichtung inklusive Ofen (...)« entworfen.[32] Für Gmindersdorf kann gelten, daß Bruno Taut die Zeichnungen des Kaufhauses und des Meisterhauses (Typ 12) sowie das Schaubild zur Gesamtanlage persönlich gezeichnet hat. Dieses Schaubild ist mit »B. TAUT« unterzeichnet, die Grund- und Aufrisse des Meisterhauses (Typ 12) mit »GEZ. B«[33] Die »Meisterhäuser« stellen Tauts erste Entwürfe für Reihentypenhäuser dar. Die asymmetrische Verteilung der Fenster und die Kühnheit der glatt belassenen Wandflächen fallen sofort auf. Diese Art der Öffnung des Innenraums nach außen suggeriert eine Fensterverteilung nach innerer Belichtungsnotwendigkeit und antizipiert die Giebelfassaden der zwanzig Jahre später entstehenden Einzelhaussiedlungen Eichkamp und Mahlsdorf.

Auch für die Innenraumgestaltung gab Theodor Fischer in diesem Projekt seinem Schüler Taut Richtlinien an die Hand, die er verinnerlichte. Die Aquarelle von zwei Schlafzimmern des Haustyps 17 zeigen einfarbig tapezierte Wände, schlichteste Möbel, einfache Gardinen und wenig Schmuck: »Das Innere der Wohnräume [der Arbeiterhäuser Gmindersdorf] ist bisher dort der Hauptsache nach tapeziert, doch besteht die Absicht, künftighin die Tapeten durch einen geeigneten Anstrich zu ersetzen.«[34]

Vom Arbeiterwohnhaus Weber-/Leonhardstraße (1904/05) zeichnete Bruno Taut die Ansichten. Im September 1904 legte er ein Vorprojekt in farbiger Pastellkreide vor. Anfang 1905 gefertigte Ansichtszeichnungen zeigen eine stärkere Auflösung der Fassaden, ein malerischerer Eindruck entstand. Die Grundrisse sind allerdings mit »J.R.« unterzeichnet und können nicht auf Bruno Taut zurückgeführt werden. Sie zeigen das Bemühen, trotz der schwierigen Zwickellage des Wohnblocks

Seitenansicht des Arbeiterwohnhauses in Stuttgart vom Wilhelmsplatz, 1904

Ansichten vom Arbeiterwohnhaus in Stuttgart, 3. 9. 1904

nahezu jeder Wohnung einen Balkon anzufügen und damit ein Prinzip humanen Bauens zu verwirklichen. Bruno Taut lernte bei Fischer, auch bescheidene Wohn- und Gesellschaftsbauten mit Sorgfalt und Qualitätsbewußtsein auszustatten.
Im Villenbau konnte Taut bei Fischer beobachten, wie unter Berücksichtigung des Innenraums »Bauorganismen für das Leben der Bewohner ohne gestalterischen Selbstzweck«[35] entstanden. Dieser Umgang mit dem Wohnhaus als der »Schale« des freien Menschen stand bescheiden im Gegensatz zu den »Gesamtkunstwerken« der Zeit. Den Charakter eines Hauses bestimmte Theodor Fischer zurückhaltend durch Holzausbauten, Paneele, eingebaute Sitzecken und Kassettentüren in handwerklich höchster Qualität und ästhetischer Klarheit. Er prägte die Atmosphäre der Räume auch durch Stuckdecken, denen er oft vorbildlose Ornamentstrukturen gab. Manchmal handelte es sich nur um eine Profilleiste in Oval- oder Kreisformen, um Folgen geometrischer Grundformen oder um Wellenbänder mit eingeschriebenen Früchtereliefs. Obwohl Bruno Taut kein wörtliches Zitat von Formen seines Meisters nachzuweisen ist, scheinen doch die Decken des »Ettershauses« (1909), des Mietshauses Bismarck- Ecke Grolmannstraße (1908/09) und sogar des Kinos am Kottbuser Damm (1910/11) in direktem Zusammenhang mit den Erfahrungen im Büro Fischer zu stehen. Dies zeigt sich zum Beispiel im Vergleich der Decke des Musikzimmers von Fischers Haus Siebeck (1908/09) mit Tauts Herrenzimmer im Mietshaus Bismarck-Ecke Grolmannstraße. In beiden Fällen wurden Kreise und Rechtecke in alternierende Folgen gebracht. Fischers Methode, Blumen- und Fruchtbuketts mit geometrischen Formen zu kombinieren, findet sich in der Decke des Gartenzimmers im Wohnhaus Gminder (1907/08) und immer wieder im Außenschmuck seiner Bauten, wo er figürliche oder frugale Steinreliefs mit geometrischen Putzelementen verband. Als weitere Beispiele für Tauts Übernahme dieser spezifischen Dekorationsmethode kann der Fassadenschmuck des »Ettershauses«, der Villa Reibedanz (1911) und des Mietshauses am Kottbuser Damm 2/3 herangezogen werden.[36]
In auffälliger Häufigkeit finden sich bei beiden Architekten spiralförmige Schmuckelemente in Stuck. Streng lineare Deckenzier erhielt dagegen der Festsaal der Pfullinger Hallen (1906). Die Decke des Wintergartens im »Ettershaus« kommt diesem Motiv sehr nahe. Übrigens hat Taut in den Grundrißzeichnungen der genannten Objekte die Stuckdecken ebenso eingetragen, wie es im Stuttgarter Büro üblich war.

Stuckdecke im Haus Siebeck von Theodor Fischer, 1909

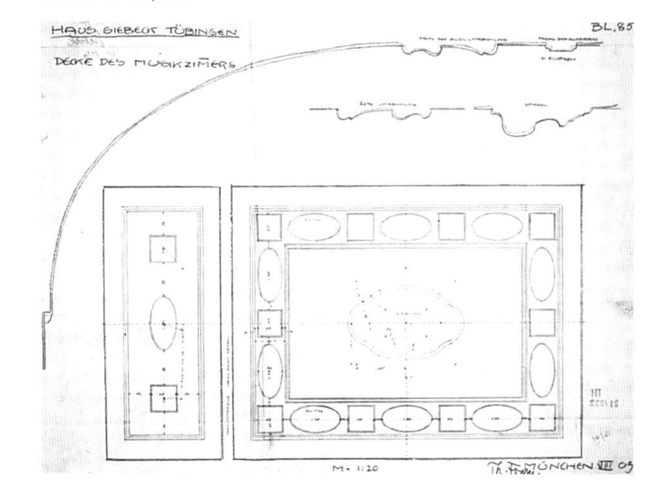

Grundriß des Mietshauses Bismarck-/Ecke Grolmannstraße, 1909

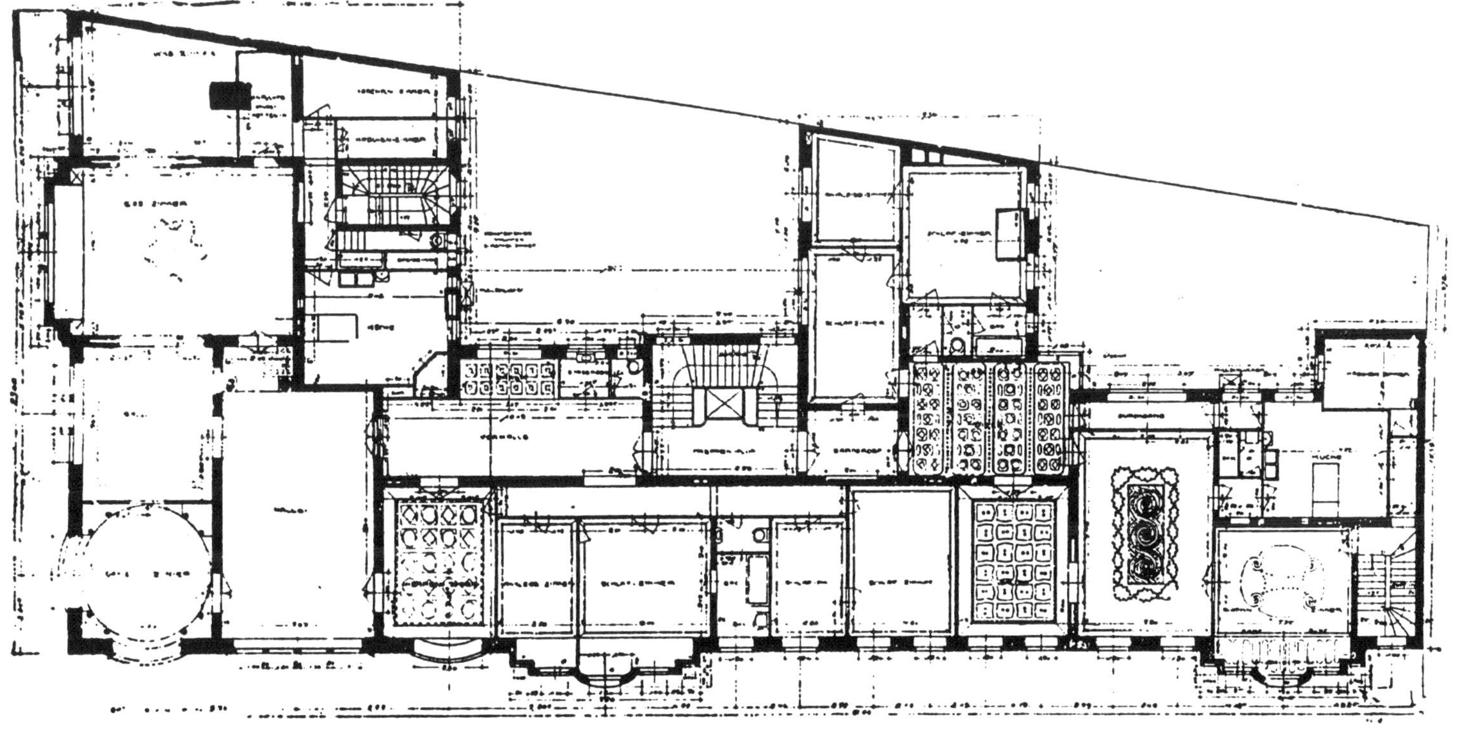

Zuschauerempore im Kinematographen-Theater am Kottbuser Damm 2/3, 1911

Im 1911 erbauten »**Kinematographen-Theater**« hinter den drei Mittelportalen des Mietshauses am Kottbuser Damm 2/3 zog Taut noch einmal alle Register dieser typischen Stuckverzierungen. Die überlieferten Abbildungen des nicht mehr existenten Saals zeigen eine prachtvoll stukkierte Decke, eine dreiseitige Zuschauerbalustrade über dem Parkett und drei hohe, breite Sprossenfenster über den Eingangsportalen. Eine zehnfach profilierte, weiße Stuckkassette bildete die Deckenverkleidung. Sie lief auf eine Mittelnaht zu, die den runden, durchbrochenen Eisentellern der Deckenleuchter zur Aufhängung diente. Umlaufende, stark plastisch hervortretende, hellgelbe Stuckmedaillons zeigten Motive aus der herbstlichen Natur: Sonnenblumen, Füllhörner und pralle Reben. Die Wände waren glatt grün gestrichen, nur im Bereich der Balustrade wiesen sie geometrische Goldornamente auf. Unter der Balustrade spendete Reflexbeleuchtung auf weißen Stuckrosetten indirektes Licht. Diese kräftige Stuckornamentik soll »das Kapriziöse streifend«, im Zusammenklang mit den Farbakzenten »vielgestaltig, anregend und witzig« gewirkt haben.[37] Der Raumeindruck sei »über das Profane erhoben«, doch »ohne falsche Feierlichkeit« – ganz im Sinne der »Volkshausbauten« Theodor Fischers – gewesen.

Die Waage zwischen Einfachheit und Feierlichkeit, zwischen großer Bauaufgabe und kleinstem Detail in seinen Innenräumen zu halten, war einer der bedeutendsten Aspekte von Tauts öffentlichen Bauten. Adolf Behne charakterisierte diese Fähigkeit 1913 zutreffend: »Er wünscht Wolkenkratzer und eiserne Riesenbrücken zu bauen und hat ein Restaurant bis auf das Signet der Teller und Tassen, einen Kinosaal bis auf die (sehr eigenen) Beleuchtungskörper entworfen. (...) die – selbst reiche – Verwendung rein schmückender Formen sieht er als sein gutes Recht an, gerade weil er bei anderen Gelegenheiten – seine Gartenstadtentwürfe lehren es – puritanisch einfach zu bauen weiß.«[38]

In einem der programmatischen Aufsätze, die Fischer veröffentlichte, mit dem Titel »Was ich bauen möchte«,[39] entwickelte er seine Lieblingsidee von der Vereinigung aller Künste in einem Bau: Der Volkshausgedanke erhielt ein festes Konzept und in der Realisation der Pfullinger Hallen eine bauliche Gestalt. Den Planungs- und Bauprozeß dieses Hauses erlebte Taut von 1904 bis 1907 in vollem Umfang mit. Er nahm den

Eingangstüren und Bühne des Kinos

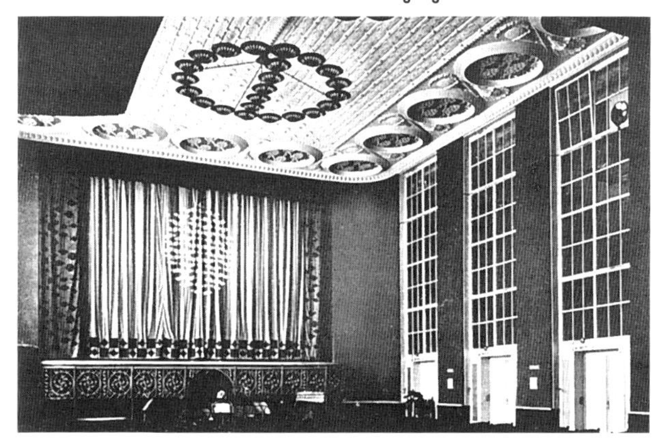

Stuckdecke im Kino

Geländer des Orchestergrabens

Fischerschen Volkshausgedanken 1919 im Arbeitsrat für Kunst noch einmal auf. Dort schlug er vor, »(...) ein Arbeiterdorf für deutsche Arbeiter (...) zu entwerfen«, wobei »der Hauptwert (...) auf das gesellige Zentrum (Volkshaus) und auf das Zusammenarbeiten der Künste gelegt« werden solle.[40]
Auch in rein formaler Hinsicht sind die Lehrjahre bei Fischer für Tauts Arbeitsweise vor dem Ersten Weltkrieg prägend gewesen. Anhand des Fischer-Nachlasses in der Technischen Universität München läßt sich ein bestimmter Bürostil ausmachen, der sich zum Beispiel in der Beschriftung von Zeichnungen äußert. So lassen sich während Tauts Aufenthalt vier nahezu gleichschreibende Hände im Büro Fischer identifizieren. Bruno Tauts Affinität zu Theodor Fischer offenbart sich selbst in seiner Schreibschrift, welche der des Meisters sehr ähnlich ist. Er übernahm die Fischersche Zeichenart beim Skizzieren und die versetzten Strichlagen zum Andeuten von scharrierten Steinquadern in seine ersten eigenständigen Projekte. Eine markante Übereinstimmung offenbart sich zwischen der Entwurfszeichnung für das Portal des Archäologischen Museums der Universität Jena (1905) aus dem Büro Fischer und dem Frontispiz vom »Ettershaus« (1909) als Tauts erstem eigenständigen Repräsentationsbau. In beiden Zeichnungen erkennt man gleichartige wulstige Schriftzeichen, die in Stein oder Bronze als Relief ausgeführt werden sollten. Diese Gestaltung von Schriftzeichen ist im Büro Fischer durchaus üblich gewesen. Bruno Taut verwandte dort bereits solche Buchstaben in der Zeichnung für das Arbeiterwohnhaus Weber-/Leonhardstraße (1904/05) und oftmals, wenn er »MSTB« als Kürzel für »Maßstab« angab. Sie finden sich jedoch auch in zahlreichen Zeichnungen dieser Zeit aus Fischers Büro, die Taut eindeutig nicht zuzuschreiben sind.

Die abgeklärte, noble Schlichtheit von Fischers Holzeinbauten und Ausstattungen kann kaum in Zusammenhang mit dem geometrischen oder dem Wiener Jugendstil gebracht werden. Sie haben keinen spezifischen Gesamtausdruck im Sinne einer identifizierbaren Künstlerhandschrift und konstituieren kein stilistisches Korsett. Fischer formulierte sein Raumkonzept so: »Stark in der Stimmung, doch nicht willkürlich persönlich, da der Raum, der Träger des Lebens, nicht selbst lebendig werden darf.«[41] Damit definierte er seine Position eindeutig außerhalb der Raumkunst des Jugendstils und in unmittelbarer Nähe zum frühen Muthesius. Die Interieurs beider Architekten bilden harmonische Rahmen, in denen die Bewohner sich selbst entfalten können. Speziell zum Innenwohnraum äußerte Fischer 1906: »Für die äußere Architektur würde ich keinen Pfennig hergeben, der im Inneren noch zur Vollendung verwendet werden kann.«[42] Ähnlich wie Fischer verfuhr Hermann Muthesius im ersten Jahrzehnt des 20. Jahrhunderts bei der Ausgestaltung seiner Landhäuser. In Ablehnung jeglichen Stils, auch des Jugendstils, entwarf er meist Raum und Möbel zusammen, in erster Linie Einbaubänke und -schränke, Wandverkleidungen und Gartenmöbel. »Er verfolgte damit auch die Absicht, erzieherisch zu wirken. Seine Räume sollten zeigen, daß sie frei von dem Wust und der Schwere der damals üblichen Einrichtung waren. Sie sollten wenige, nur leichte Möbel enthalten, (...) die den Raum von schweren und aufwendigen Kastenmöbeln befreien.«[43]

Portal des Archäologischen Museums der Universität Jena, 1905

Portal des Ettershauses in Bad Harzburg, 6. 9. 1909

Hierin stimmten Fischer und Muthesius weitgehend überein. Motive, mit denen Taut bei Fischer umzugehen gelernt hatte, wurden durch die Kenntnis von Muthesius' frühen Häusern und den anderen modernen Berliner Villen verstärkt: so zum Beispiel die Verwendung des Ovals als Zierform, des flachdreiseitigen Erkers, des säulengetragenen Halbrunds und des Mansard- und Krüppelwalmdachs. Diese Bauelemente finden sich in Tauts frühen Bauten häufig.
Hinsichtlich der Innenraumgestaltung ist die Fischer-Nachfolge Tauts zuerst im Sommerhaus Haarmann deutlich nachvollziehbar. Sie zeigt sich dort ebenfalls in der Vorliebe für flache, dreiseitige Erker und die Kehlung der Zimmerdecken. Fischers ausgeprägte Neigung zu flachen Gewölbebildungen, zum Beispiel in Wohndielen, teilte Taut jedoch nicht. Dies mag im insgesamt weniger monumentalen Charakter seiner Wohnhausbauten begründet liegen.
Bei Wohnräumen bestand Bruno Taut doch oft zumindest auf einer deutlichen Kehlung; so bereits in seinem ersten Innenraumentwurf, der Diele in der Klosterschänke zu Chorin (1904), im Sommerhaus Haarmann (1908), aber auch im Musiksaal und im Lesezimmer des »Ettershauses« (1909), im Kino am Kottbuser Damm (1910/11) und im Entwurf für ein Lichtspielhaus in Frankfurt/Oder (1919). In abgeschwächter, rudimentärer Form mag dieses Strukturelement Tautscher Innenräume in der Ausmalung der Siedlungswohnungen seine Fortsetzung gefunden haben. Dort endete die kräftige Wandfarbe meist einige Zentimeter unterhalb der Decke. Die Fortsetzung zur Decke hin und diese selbst waren in Weiß ausgeführt und riefen so den Eindruck eines »luftigen Deckels« für den Raum hervor. Dieses offenkundige Bedürfnis nach Einwölbung, nach akzentuiertem oberem Raumabschluß, verweist auf ein Grundmotiv in Tauts Raumgefühl. Die Einwölbung bewirkt eine Erweiterung der Raumdimensionen und vermittelt zugleich Geborgenheit. Der »weiche« Raumabschluß berührt den Betrachter, fordert seine Aktivität zur Aneignung des Raumes und seine Auseinandersetzung mit diesem. Gegebenenfalls macht er ein Raumerlebnis überhaupt erst bewußt.

Es bleibt also festzuhalten, daß Bruno Taut die entscheidende Prägung seiner architektonischen Grundhaltungen und Bauziele von Theodor Fischer bezog. Die These vom »einengenden Architektur-Patriarchat«[44] sollte nicht länger aufrecht erhalten werden. Denn die intensive Beziehung zu Theodor Fischer war vielmehr ausschlaggebend für Tauts weiteres architektonisches Schaffen und befähigte ihn letztendlich zu den heute wieder ästimierten Hochleistungen im Wohnungsbau. Sein soziales Engagement rührte zuallererst von Fischer her. Nicht erst der Kontakt zur Gartenstadtbewegung, den er 1910 knüpfte, sondern bereits seine gedankliche und praktische Auseinandersetzung mit dem Kleinhausbau unter Fischers Ägide muß als Voraussetzung für die Gartenstadtsiedlung »Falkenberg« und die Folgeprojekte anerkannt werden. Noch 1934 bezeichnete Bruno Taut seinen Lehrer Theodor Fischer im positiven Sinne als den »Erfinder des Zeilenbaus«,[45] was seine ungebrochene Wertschätzung für die erneuernden und kreativitätsfördernden Kräfte seines Lehrers beleuchtet. Ebenso unschätzbar war die Sympathie Fischers für den problematischen Taut in materieller Hinsicht. Er vermittelte ihm die ersten selbständigen Aufträge und stellte auch die Verbindung Tauts zum Deutschen Werkbund her, als dessen erster Vorsitzender er die Gründungstagung in München am 6. Oktober 1907 leitete. Auf diese Weise kam Bruno Taut mit den neuesten künstlerischen Reformbestrebungen in Kontakt. Außerdem wird er auf diesem Wege dem Mäzen Karl Ernst Osthaus vorgestellt worden sein: Er lernte ihn im März 1908, also noch während seiner Zeit bei Fischer, kennen.[46] Osthaus war es dann, der Taut nach dessen Ausscheiden aus dem Büro Fischer mit dem Auftrag für das Turbinenhaus Harkort in Wetter an der Ruhr auffing, das noch im Mai 1908 in Stuttgart gezeichnet wurde. Bis zu Osthaus' Tod erfuhr Taut dessen Förderung, was er noch 1934 vor japanischem Publikum dankbar erwähnte.[47]
Die zehn ersten schöpferischen Jahre Bruno Tauts sind am Fischerschen Geist, den formalen und atmosphärischen Ausprägungen seiner Süddeutschen Schule orientiert. Nachvollziehbar wird dies in der noblen Schlichtheit seiner ersten Villenbauten, der gemessen repräsentativen Geste des Erholungsheims »Ettershaus« sowie in den heimatvermittelnden Wohnheimen und Kleinhausbauten, die er noch vor dem Ersten Weltkrieg schuf. Seine frühen Innenräume beherrschen das Fischersche Vokabular, führen aber schon weiter zu einer eigenen, unverwechselbaren Architektursprache. Am 1. März 1906 schrieb er bereits an seinen Bruder Max: »Denn Du weisst ja schon: wenn ich auch meinen Meister verehre, es fällt mir doch immer schwerer, mich in sein Empfinden einzuleben, je selbständiger ich selbst werde.«[48]

Das früheste Beispiel in der Gruppe der Privatwohnbauten, die Bruno Taut im Verlauf von dreißig Jahren entwarf, und zugleich das erste Projekt nach seiner Rückkehr nach Berlin im August 1908, ist das **Sommerhaus Haarmann in Höxter/Westfalen.** In einem Brief vom 29. 9. 1908 an seine Frau Hedwig erwähnte Taut seine Arbeit an einem »Sommerhaus«. Dabei handelte es sich um das Sommer- und Gästehaus des Duftstoffabrikanten und Erfinders des künstlichen Vanillins, Dr. Wilhelm Haarmann (1847–1931). Dieser ließ es sich im Park seiner neogotischen Villa an einem Hang oberhalb der Weser am Rande Höxters errichten. Mit dem Entwurf beauftragte Haarmann 1908 den Berliner Architekten Heinz Lassen, den der Sohn des Fabrikanten, Wilhelm Haarmann jr., während seines Chemiestudiums in Berlin kennengelernt hatte. Die Familien Haarmann und Lassen verband seither eine enge Freundschaft.
Taut arbeitete 1908 zunächst mit im Büro Lassen, wo er auf seinen späteren Kompagnon Franz Hoffmann stieß. Dem Wunsch Lassens, sich schon bald mit Taut zu assoziieren, folgte dieser nicht, obwohl er »gerne und viel« bei Lassen arbeitete.[49] Haus Haarmann ist ein Produkt dieser kurzzeitigen fruchtbaren Zusammenarbeit.
Über einem quadratischen Grundriß erhebt sich der eineinhalbgeschossige Bau, den ein pyramidal endendes Mansarddach gleich einer Haube umfaßt, so daß das Bauwerk niedrig und geschlossen wirkt. An drei Hausseiten sind die je vier Mansardfenster als Spitzgaupen ausgebildet. An der vierten, zum Wesertal weisenden Seite durchbricht ein Spitzgiebel die Traufkante und greift in das Mansardgeschoß über. Zunächst wurde das Dach mit denselben lachsroten Sollingplatten eingedeckt, mit denen auch die Hauswände verkleidet waren.

Eingangsseite des Sommerhauses Haarmann in Höxter, 1908

Veranda des Sommerhauses Haarmann in ursprünglichem Zustand, 1908 (oben) und Untersicht der Holzkonstruktion an der Veranda, 1988

Das Material stammte aus einem familieneigenen Steinbruch in Holzminden und wurde nach Lassens Idee zur Verkleidung des Hauses verwandt. Die Belastung der Grundmauern durch die schwere Dachdeckung war jedoch so stark, daß diese nachgaben. Daraufhin wurde das Dach mit Schiefer eingedeckt. Der Sollingplattenbehang der Hauswände wurde später abgenommen. Heute sind die glattverputzten Hauswände theresiengelb gestrichen. Flache, dreiseitig durchfensterte Erker betonen jeweils die Mitte der beiden Seitenwände, ohne über das weit auskragende Dach hervorzuragen. Die Eingangsseite ist durch einen portikusähnlichen Baldachin auf drei Säulen mit Paralleldach über den beiden Haustüren gekennzeichnet. Von den nebeneinander liegenden, gleichwertigen Eingangstüren erschließt die linke den Wirtschaftsteil, während die rechte als Haupteingangstür zum Wohnbereich führt. Die Eingangsanlage ist aus der Mittelachse des Bauwerks nach rechts verschoben. Die Hauptfassade mit dem Eingangsbereich und den unterschiedlich dimensionierten Fenstern ist asymmetrisch angelegt, obwohl die Trennwand zwischen den beiden Haustüren im Innern genau auf der Mittelachse des Baukörpers verläuft.

Die Verandakonstruktion, die das Mansardgeschoß einbezieht, dominierte vor dem Umbau in den sechziger Jahren die Gartenseite. Unter dem flachen Spitzgiebel in der Mitte der Hausseite setzte das kegelförmige Vordach an. Dieses wurde von vier gelängten Säulen mit stilisierten ionischen Kapitellen auf dreifach stufig profilierten Basen getragen. Die Hauswand hinter der Stützenkonstruktion ist halboval in die dahinter liegende Wohndiele eingeschnitten. Auf diese Weise ergibt sich eine vollständig überdachte, ovale Veranda über einem dreistufigen Podest. Die eine Hälfte ist offen zum Garten, die andere liegt im Schutze der konkav gewölbten Außenwand. Die weißlackierten, hölzernen Fensterrahmen vollziehen die Rundung der Hauswand mit. Vom Wohnraum führen drei große Sprossenfenstertüren zum Garten; so entsteht eine delikate Schnittstelle zwischen Innen- und Außenraum. Die drei Flügeltüren sind mit der Rahmenkonstruktion zu einem einheitlichen Architekturelement zusammengefaßt. Die übrigen großen Fenster sind Kreuzstockfenster, liegen vor der Wandebene und werden an der oberen Kante von einer profilierten Winkelleiste bekrönt. Die Holzverschalung im ovalen Deckenbereich der Veranda erinnert entfernt an die Kristall-Ornamentik Peter Behrens' in seinem Darmstädter Haus: Die Latten laufen vom Rand des Ovals sich verjüngend auf die Mitte zu, wo sie rautenförmig-fächrige Überschneidungen bilden. An dieser prominenten Hausseite, die übrigens wegen der Aussicht aufs Wesertal nach Nordosten orientiert ist, wird der Mittelbau zusätzlich akzentuiert: Die breite Holzkehlung, die den weit vorgezogenen Dachüberstand ringsum unterfängt und den Übergang von den vertikalen Hauswänden zum geschweiften Traufgesims bildet, wird rechts und links des Vordachs abgebrochen: Es entstehen geschwungene Zwickelstücke, die das Aufbrechen der Dachlinie durch die Verandenkonstruktion optisch vorbereiten.

Bei dieser ovalen Veranda mit eingestellten Säulen handelt es sich um die kunstvolle Variante einer Architekturformel, die im ersten Jahrzehnt des 20. Jahrhunderts vor allem für Sommervillen gebräuchlich war.[50] Dieses Motiv des säulengetragenen Halbrunds begegnet im Frühwerk Bruno Tauts zum Beispiel auch am Friedhofsgebäude für Frankfurt am Main (1906), an der Villa Flamm (1908), am Haupteingang des Erholungsheims »Ettershaus« (1909) und am Direktor-Wohnhaus der Oberreal-

Direktorwohnhaus der Oberschule Berlin-Zehlendorf, Wettbewerbsentwurf 1910

Grundriß vom Erdgeschoß des Sommerhauses Haarmann, 1908

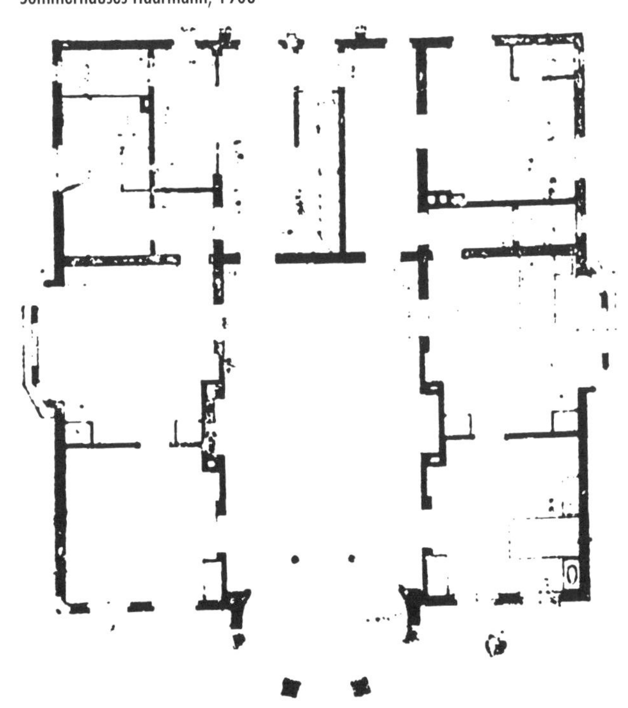

Heizkörperverkleidung im Sommerhaus

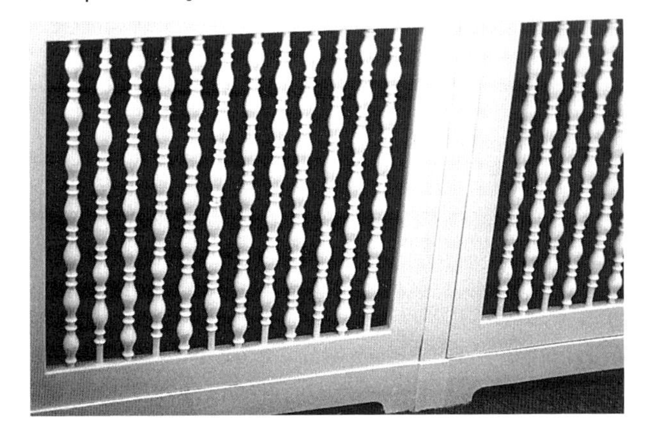

schule Zehlendorf (1910). Letzteres weist in Haus- und Dachform eine große Ähnlichkeit zum Sommerhaus Haarmann auf.
Beim Sommerhaus in Höxter erschließen die beiden Eingangstüren zunächst den Verkehrs- und Wirtschaftstrakt. Links führen Windfang und Zwischenflur zu Küche und WC, rechts wurden Treppe, Garderobe, Gäste-WC und ein Badezimmer angeordnet. Von beiden Fluren gelangt man in die zentrale, langrechteckige Wohndiele, deren den beiden Eingängen gegenüberliegende Fensterfront die Verbindung zum Außenraum herstellt. Achsensymmetrisch zur Wohndiele sind jeweils ein Erker- und ein Eckzimmer gruppiert. Diese Räume haben alle Zugang zur Wohndiele, die somit durch insgesamt sechs Innentüren betreten werden kann. Die seitlichen Wohn- und Schlafräume sind ihrerseits untereinander verbunden; kleine Zwischenflure geben den Weg zu Bad und WC frei. In der Grundrißlösung des Erdgeschosses sind Tauts Bemühungen um die gute Erreichbarkeit aller Räume sowie deren funktioneller Zuordnung deutlich ablesbar. Darüber hinaus sind Querlüftung und Belichtung gewährleistet. Im Obergeschoß waren, wie aus der Umzeichnung von 1967 geschlossen werden kann, vier Zimmer um die offene Diele angeordnet. Durch den daraufhin erfolgten Umbau gewann man zwar ein Zimmer mit Balkon hinzu, allerdings auf Kosten der kunstvoll aufgebrochenen Dachkonstruktion oberhalb der Veranda. Das äußerlich kleine Haus birgt einen erstaunlich geräumigen, rationell ausgenutzten Innenraum.
Die Zimmerdecken in den Nebengelassen des Erdgeschosses sind tief eingekehlt und mit zwei Abschlußleisten von den Wandflächen abgesetzt. In der Wohndiele unterfängt ein kräftiger Stuckrahmen die schlichte weiße Balkendecke. Im Obergeschoß sind die Dachschrägen sämtlich mit Holzlatten verkleidet. Die Nischen, welche die Dachschrägen aussparten, baute man zu Wandschränken aus. Alle Holzteile im Hause sind weißlackiert. In der Entstehungszeit waren die Wände in

Ansicht der Dielentür von den Privaträumen (links)
Ansicht der Dielentür von der Schauseite (rechts)

lichten Tönen tapeziert. Im Eingangs- und Wirtschaftsbereich sowie auf der Veranda bildeten damals Sollingplatten den Fußbodenbelag, während alle anderen Räume weißlackierten Holzdielenboden erhielten. Das Badezimmer soll weiß gefliest und mit einer großen Badewanne und Bronzearmaturen ausgestattet gewesen sein. In der Küche müssen ein weiß- oder graulackierter Einbauschrank mit bunten Glasscheiben und zwei Kupferbecken die Grundausstattung gebildet haben. Von Anfang an leistete eine zentrale Dampfheizung die Wärmeversorgung.
Der Fischerschen Sorgfalt im Detail entspricht der elegante Schwung, den die schlichte Holztreppe zum Obergeschoß mit ihrem säulenförmigen Pfosten vollzieht. Das Profil des Pfostenkapitells setzt sich im Karniesgesims fort, das umlaufend den Vorraum zusammenfaßt. Ein lichter Raumteiler aus geschwellten Rundstäben trennt die Garderobe vom Eingangsbereich.
Auch in der Ausstattung der Wohnräume beidseits der zentralen Wohndiele fallen die einfachen, aber wirkungsvollen Holzarbeiten auf: In glatten Rahmen bilden je zwölf gedrechselte Stäbe als Heizkörperverkleidungen eine reizvolle Blickbarriere. Außerdem sind in den Eckzimmern Wandschränke mit ganzseitigen Spiegeln oder schlicht kassettierten Türblättern eingebaut.
Der Zugang von den Nebengelassen zum Hauptraum, der zentralgelegenen Wohndiele, erfolgt über vier besonders aufwendig gestaltete Türen. Auf der privaten Seite liegen in tiefen Laibungen die dreifach querrechteckig kassettierten Türblätter. Jede Kassette besteht aus einem konvex gekehlten Rechteck, dem ein flaches, kleines Rechteck aufgedoppelt ist. Die zugehörigen Messinggriffe auf einfachem Schließblech sind lediglich mit einer tropfenförmig verlaufenden Rille verziert und im übrigen ganz glatt ausgeführt. Die Türbeschläge besitzen auf dieser Seite jeweils einen Drehverschluß und ein olivenförmiges, drehbares Plättchen vor dem Schlüsselloch gegen Einsichtnahme und Durchzug. Auch die Schauseite der Türen zum zentralen Aufenthaltsraum hin ist in drei Kassetten eingeteilt. Diese aber sind mit zweifach abgestuften, ebenfalls erhaben gekehlten Rechtecken gefüllt, deren Mitte je ein Dreieckstab, ähnlich einer Naht, bildet. Die Türbeschläge auf der Schauseite sind in Material und Bearbeitung weitaus wertvoller gestaltet als auf der privaten Seite. Es handelt sich um doppelt geschweifte und kannelierte Silbertürgriffe auf gehämmertem, von einer Perlschnur umgrenzten Blatt. Die Plastizität der Profilierungen und die erlesene Ausführung der Türbeschläge unterstützen die Kennzeichnung der Wohndiele als formalen und repräsentativen Mittelpunkt des Hauses.
Die vielfache Zugänglichkeit des Hauptraumes ist ein Merkmal, das Bruno Taut, von diesem Objekt ausgehend, über die Entwürfe für die Villa eines Kaufmanns (1919) und das Haus eines Kunstgelehrten (1925) bis hin zu Haus Berthold (1927) und Dahlewitz II. (1927) beibehalten und weiterentwickelt hat.
Die von insgesamt neun Türen eingeschnittenen Wände der Wohndiele im Haus Haarmann werden von einem weißen Holzpaneel von ca. 1,20 m Höhe optisch zusammengehalten. Darüber war ursprünglich auf Makulatur von Regionalzeitungen des Jahres 1908 eine altrosa Seidentapete mit großen Blumenkränzen geklebt. In einer Nischung der Stirnwand gegenüber der Fensterfront soll eine Anrichte und in einer weiteren

Messing- und Silberklinke an einem Türblatt und
Kamin in der Wohndiele des Sommerhauses
Haarmann (unten)

flachen Wandnische an der Seitenwand ein Büffetschrank eingebaut gewesen sein. Die Mitte der südlichen Längswand nimmt bis heute ein offener Kamin ein, der aus weißen Kacheln aufgemauert ist. Er weist als einzigen Schmuck über der Feuerstelle im eingetieften Mittelteil einen Fries aus auffallend großen, in sich reliefierten Kacheln auf. Den oberen und unteren Abschluß bildet jeweils ein Kugelfries aus Messing.
Die Innenraumgestaltung des Sommerhauses Haarmann belegt zu einem frühen Zeitpunkt Bruno Tauts akribische Durcharbeitung eines Bauwerks bis hin zu den geringsten der ästhetisch oder praktisch wirksamen Details. In diesem Projekt animierte er ähnlich wie beim »Ettershaus« später das regionale Handwerk zu höchster Vollendung. Dieser Bau ist wie Muthesius' frühe Villen ganz handwerklich konzipiert. Mit der harmonischen Gesamtbehandlung dieser Wohnhausarchitektur gelang es Taut, entsprechend seiner Auffassung von architektonischer Qualität, funktionale und ästhetische Aspekte in einer Weise zu verwirklichen, die den Benutzern Freiräume zu individueller Entfaltung beließ. Trotz der vollständigen Durchformulierung von Innen- und Außenarchitektur sollte hier der Begriff des »Gesamtkunstwerks« vermieden werden. Im Unterschied zu der kultischen »Einheit von Kunst und Leben« (Peter Behrens) wahrt diese frühe, von abstrahierten, sparsamen Schmuckformen geprägte Raumschöpfung Bruno Tauts eine vornehm-schlichte Neutralität. Der »Hang zum Gesamtkunstwerk« ist in vielen Ansätzen Bruno Tauts nachweisbar. Seine frühen Innenräume aber erscheinen frei von ideologisch motivierter oder von »Kunstwollen« dirigierter Festlegung. Sie bilden einen harmonisierenden, freundlichen Rahmen, ohne Tauts Handschrift aufdringlich in den Vordergrund treten zu lassen. Die dezente Grundstimmung wird jedem Besucher noch heute gegenwärtig. Sie bildet die Basis, »von der aus der Mensch sich frei forme« (Bruno Taut). Im Falle des Sommerhauses Haarmann ist die Erfüllung dieses Anspruchs sogar empirisch nachweisbar: Alle Bewohner unterschiedlichster Herkunft beurteilten über die Jahrzehnte hinweg und bei sich wandelndem Wohngeschmack die Anlage des Hauses und dessen Innenausbau überaus positiv und als ästhetisch wohlgefällig.

Wenig später, von Ende Oktober 1908, datieren die Bauzeichnungen für die Villa des Geheimrats und Professors der Technischen Hochschule Charlottenburg, Oswald Flamm. Sie wurden von Architekt Heinz Lassen unterzeichnet, sind jedoch aufgrund der Beschriftung und der Bemerkungen Tauts in den Briefen an seine Frau Hedwig[51] Bruno Taut zuzuschreiben.
Die Aufrißzeichnung der **Villa Flamm** vom 24. Oktober 1908 ist von Lassens Hand korrigiert: Er reklamierte das Fehlen von Fenstern seitlich des Eingangs. In der Grundrißzeichnung vom 20. Oktober 1908 sind entsprechend der Raumanordnung im vorgezogenen Eingangsbereich noch sechs schmale Fenster angegeben, während der vier Tage später datierte Aufriß nur

Aufriß und Schnitt der Villa Flamm in Berlin-Nikolassee, 24. 10. 1908

ein einziges in der nördlichen Eingangsfront aufweist.[52] An der Ostseite des Vorbaus waren zunächst (20.10.) keine Fenster geplant, was im Aufriß (24.10.) mit zwei Öffnungen abgeändert wurde. Offenbar ergaben sich während des Planungsprozesses mehrfach Änderungen in den Bauzeichnungen bezüglich der Fensteranlage. Die tatsächliche Ausführung läßt sich nicht mehr überprüfen: Zu Beginn der siebziger Jahre wurde die Villa Flamm abgebrochen, um einem lapidaren zweistökkigen Mietshaus zu weichen, das weder auf das bugförmige Grundstück noch auf die umgebende Villenbebauung im parkartigen Ambiente Bezug nimmt. Die einzige überlieferte Fotografie der Villa Flamm ist Lassens Publikation seiner Werke zwischen 1905 und 1915 entnommen und zeigt lediglich die südliche Gartenfront. Die Ausführung dieses Gebäudeteils entspricht allerdings der Aufrißzeichnung vom 24. Oktober 1908. Die Südseite ist wie die übrigen Hauswände durch glatte Putzlisenen gegliedert und unterstützt die strenge Erscheinung des Bauwerks; sie geht vermutlich auf Lassen zurück, der von Messels modifiziertem Klassizismus beeinflußt war. Die Fensterverteilung folgt jedoch nur an dieser Gartenseite der Achsensymmetrie. Die Mittelachse wird hier von einem halbrunden Veranden-Aufbau betont: Vier Säulen und zwei Pfeiler tragen den Altan des Obergeschosses und bilden auf diese Weise eine überdachte Veranda vor den Haupträumen des Erdgeschosses. Zwei kurze Treppen unter langgestreckten Rundbögen führen vom erhöhten Plateau der Veranda hinab in den Garten. Dieser architektonische Aufbau stellt das zweite Beispiel innerhalb eines Jahres (1908) für ein säulengetragenes Halbrund in Bruno Tauts Frühwerk dar.

Die Fensterverteilung in den Seitenwänden erfolgte nach Maßgabe günstiger Belichtung für die dahinterliegenden Innenräume. Die in der angelegten Symmetrie ausgesparten Fenster wurden als Blendfelder in Putz aufgeführt. Die Ungleichgewichtung der Fensteranlage konterkariert die vertikale Symmetrie des Baus: Bruno Taut unterwarf sich dem vorgegebenen Neoklassizismus nur scheinbar und wich in der Fensterverteilung davon ab. Damit erreichte er eine Irritation des symmetriegewohnten Auges und folgte dem Prinzip seines Lehrmeisters, daß der geometrische Rhythmus eines Bauwerks nicht unbedingt auf der Symmetrie beruhen müsse.

Über einem kurzrechteckigen, kompakten Grundriß mit Risalitbildung im vorderen Bereich des Erdgeschosses erhebt sich der zweistöckige Gebäudekubus; er wird von einem Walmdach mit mehrfach profiliertem Traufgesims und Froschmaulgaupen abgeschlossen. Dem Erdgeschoß ist der einstöckige Eingangsbereich mit untergeordneten Raumfunktionen unter einem halben Walmdach mit tonnengewölbtem Vordach und pyramidaler Treppenanlage wie ein Riegel vorgelegt. Dabei ist der Garderoben-WC-Bereich rechts der Eingangstür genau wie im Sommerhaus Haarmann angelegt. Hinter einem Zwischenflur erschließt sich östlich der Küchentrakt mit eigenem WC. Die Küche ist risalitartig aus dem Kubus des Baus heraus-

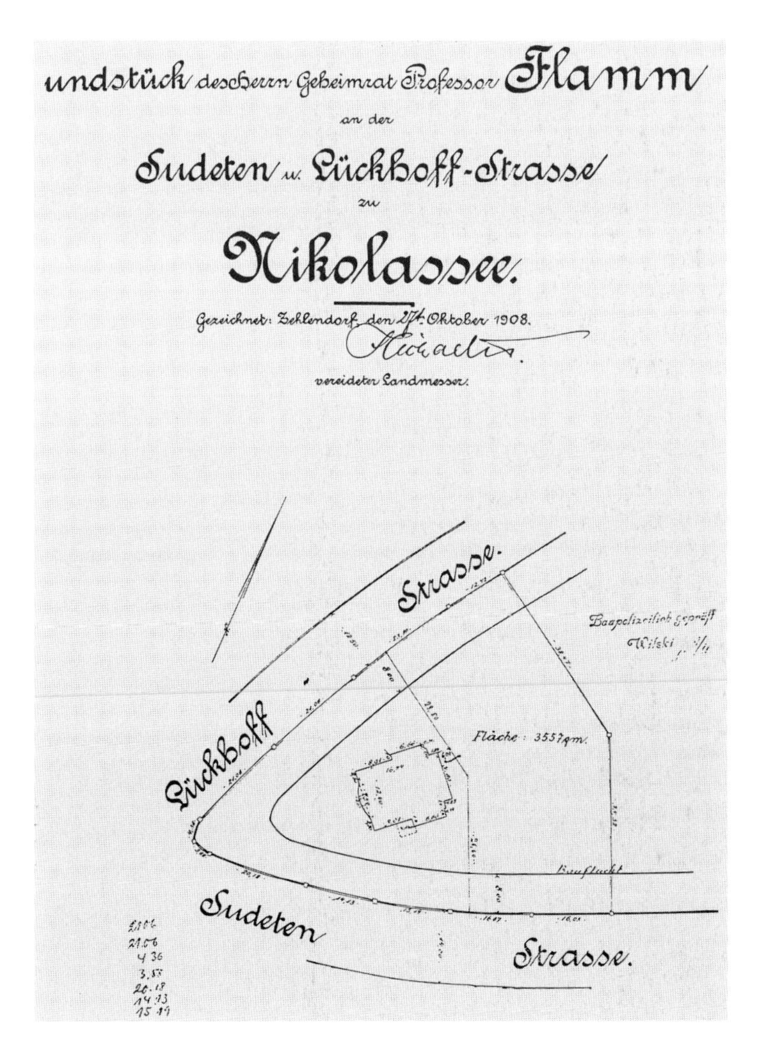

Lageplan des Grundstücks Flamm, 27. 10. 1908

Ansicht der Gartenseite der Villa Flamm, 1909

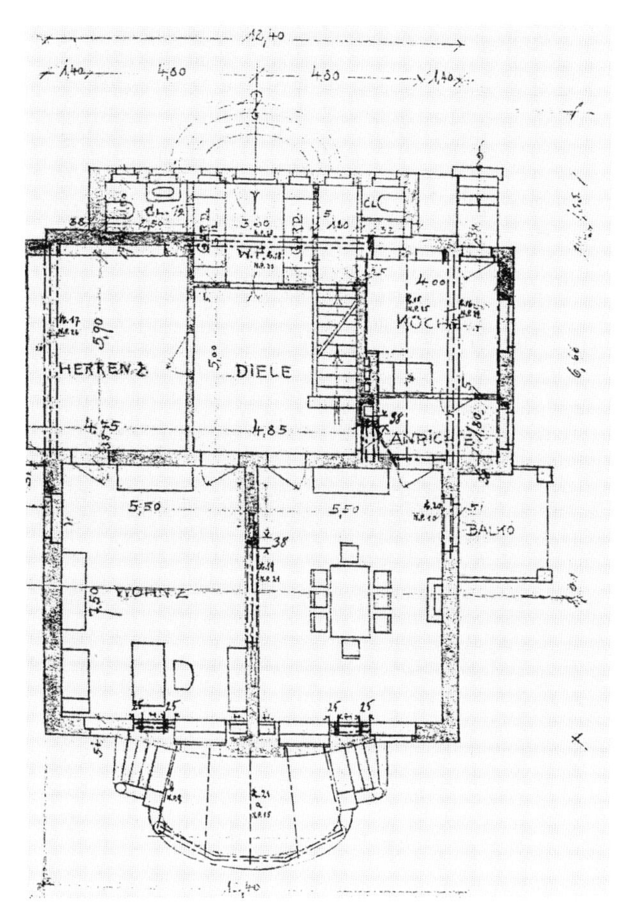

Grundriß vom Erdgeschoß der Villa Flamm, 20. 10. 1908

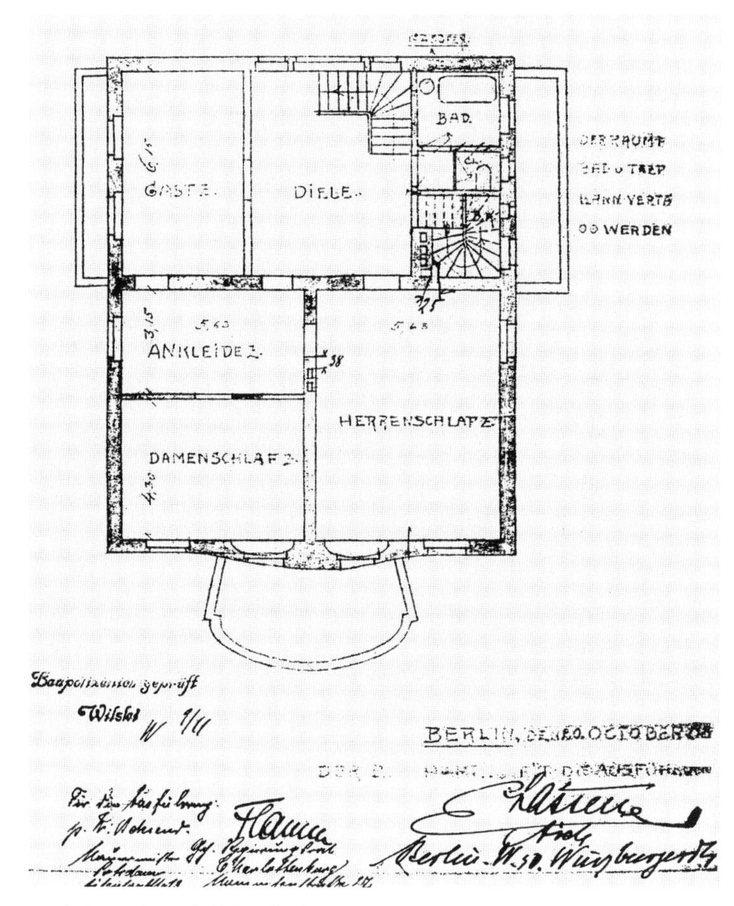

Grundriß vom Obergeschoß der Villa Flamm, 20. 10. 1908

gezogen und bildet mit dem so entstandenen Vorsprung analog zum Herrenzimmer an der gegenüberliegenden Nordwestseite den Unterbau für die Altane des Obergeschosses. Die Küche ist über einen terrassenartigen Vorbau separat zugänglich. Zwischen Küche und Eßzimmer ist ein Anrichteraum geschaltet. Das Eß- und das große Wohnzimmer nehmen die gesamte Breite des nach Süden orientierten Gebäudeteils ein. Beide Haupträume stehen über Flügeltüren mit der Veranda in Verbindung. Das Herrenzimmer schließt sich nordwestlich an das Wohnzimmer an. Damit folgt das Raumprogramm der Beletage dem Ablauf der Abendgesellschaften höherer Gesellschaftsschichten, wie er seit dem letzten Drittel des 19. Jahrhunderts kodifiziert war: Das Souper nahm man im Speiseraum bei Kaminfeuer ein und hatte die Möglichkeit, zwischen der Speisenfolge auf die Veranda oder den Balkon hinauszutreten; anschließend wurden Kaffee und Likör für die Damen im Wohnzimmer, für die Herren mit Zigarre im eigens dafür eingerichteten Herrenzimmer serviert.
Aus der Empfangsdiele führt eine Treppe ins Obergeschoß. Diagonal versetzt zur Haupttreppe liegt die Treppe zum Dachboden hinter einer Tür, während unmittelbar neben der Haupttreppe eine Tür zum Bad- und WC-Bereich führt. Bruno Taut vermerkte an dieser Stelle in der Zeichnung ausdrücklich: »Der Raum für Bad u. Treppe kann vertauscht werden.« Dann könnte das Bad mit den Schlafzimmern und die Neben- mit der Haupttreppe unmittelbar zusammengeschlossen werden. Von der Diele aus ist das Herrenschlafzimmer direkt zugänglich, während das um die Hälfte kleinere Damenschlafzimmer ausschließlich indirekt über das vorgelagerte Ankleidezimmer betreten werden kann. Das Gästezimmer steht über zwei Türen sowohl mit der Diele als auch mit dem Ankleidezimmer in Verbindung. Der Ankleideraum ist somit der eigentliche Knotenpunkt des Obergeschosses. Die Schlafzimmer der Dame und des Herrn besitzen jeweils eine Flügeltür zum Säulenaltan über der halbrunden Veranda. Das Motiv der abgeschwungenen Hauswand nahm Taut für die Villa Reibedanz (1911) wieder auf. Der Grundriß des Hauses Flamm folgt wie der des Hauses Haarmann funktionalen Erwägungen einer sinnvollen Raumfolge. Das im Bautypus der Vorstadtvilla vorgesehene »retirement« in die Privatsphäre wird durch das reduzierte Raumprogramm im Wohnbereich – Eß-, Wohn- und Herrenzimmer – zwar suggeriert; die Haupträume sind jedoch so großzügig gestaltet, daß sie auf die gesellschaftlichen Verpflichtungen des Stadtlebens angemessen reagieren.
Die ausgeprägte Fähigkeit Bruno Tauts, rationelle und flexible Raumfolgen einander zuzuordnen, weist über die konservativen Grundrißlösungen Theodor Fischers hinaus. Dies zeigt sich in einem ganz anders gearteten Versuch mit dem Bautyp »Villa«, den Bruno Taut drei Jahre nach der Planung der Villa Flamm unternahm. Er entwarf im Winter 1910/11 ein Mietshaus für drei bis sechs Parteien in Lichterfelde-West. Dieser Bau wurde nach seinem Bauherrn **»Villa Reibedanz«** genannt und besteht heute noch. Der Umriß des Gebäudes entspricht bis hin zur gebogten Gartenfront weitgehend dem der Villa Flamm. In

Villa Reibedanz in Berlin-Lichterfelde, 1911

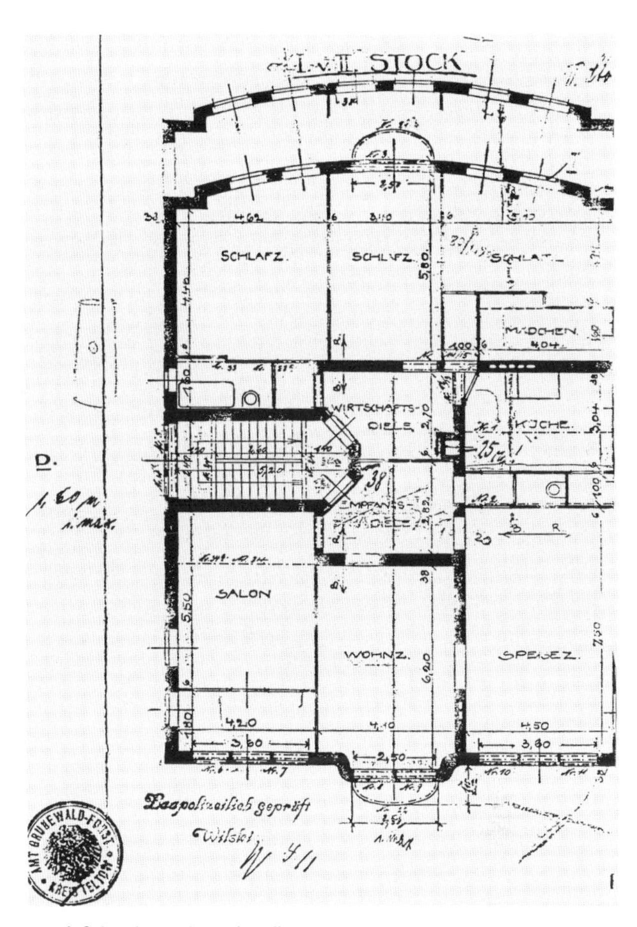

Grundriß der Obergeschosse der Villa Reibedanz, 1911

Grundriß vom Erdgeschoß der Villa Reibedanz, 1911

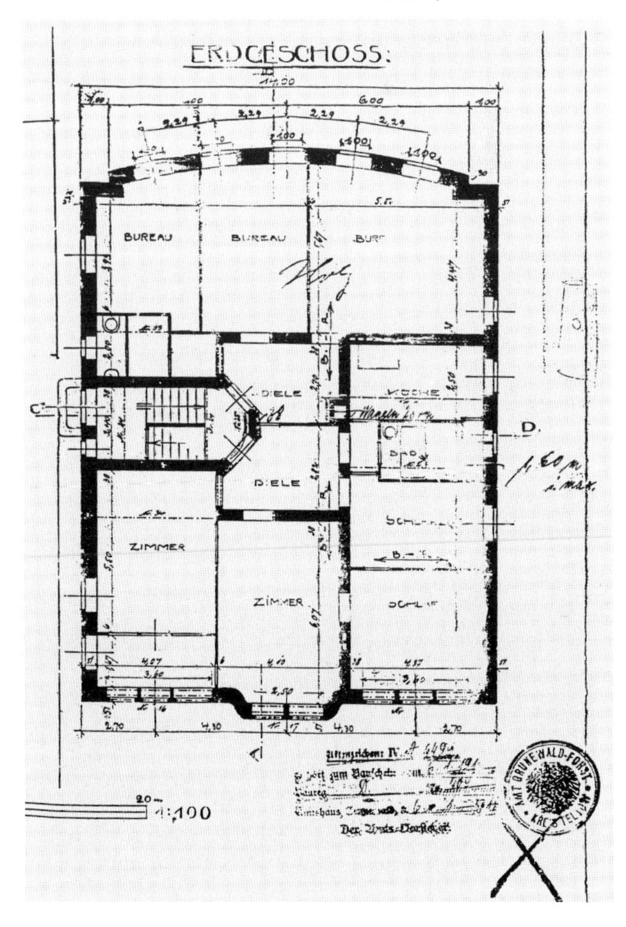

seiner kompakten, kubischen Grundform unter steilem Walmdach beherbergt das dreigeschossige Gebäude auf einem ausgeprägten Sockelgeschoß jedoch keineswegs die landschaftsgebundenen Privaträume einer einzelnen Familie. Vielmehr ist jedes Geschoß so angelegt, daß eine oder zwei Familien darin eine abgeschlossene Wohneinheit einrichten können. Das Raumprogramm einer ungeteilten Etage entspricht jedoch zugleich dem einer Villa oder der Beletage eines Berliner Mietshauses: Empfangsdiele, Salon, Speise- und Wohnzimmer sowie Schlaf- und Wirtschaftsräume.
In diesem Falle entwickelte Taut eine äußerst ökonomische Lösung: In den drei Hauptgeschossen erschließen jeweils zwei Wohnungstüren, die im stumpfen Winkel zueinander liegen, eine Wirtschafts- und eine Empfangsdiele, sofern die gesamte Etage als eine Wohnung genutzt wird. Die Trennwand zwischen den beiden Dielen gibt die Querachse des Hauskomplexes an und ermöglicht durch Vermauern der Verbindungstür gegebenenfalls die Teilung der Etagenwohnung in zwei einzelne Wohnungen. Die Wirtschaftsdiele erschließt im ersten und zweiten Stock den rückwärtigen, zum Garten orientierten Gebäudeteil mit Küche, Kinder- und Dienstmädchenzimmer an einem kleinen Stichflur, mit einem mittleren Schlafzimmer und, ebenfalls über einen Zwischenflur zugänglich, dem größten der drei Schlafzimmer mit Bad. Im Erdgeschoß ist die Raumgliederung ähnlich, jedoch werden die Räume, die oben Mädchen- und Kinderschlafzimmer bilden, zu einem großen Büroraum zusammengefaßt. Die Empfangsdiele erschließt in den

Obergeschossen die Repräsentationsräume des Vorderhauses: Salon mit Wintergarten, Wohnzimmer mit Erker und das Speisezimmer sowie eine Gästetoilette. Diese ist zwischen Speisekammer und Garderoben- und Anrichteflur so eingepaßt, daß sie bei Teilung zum Bad erweitert werden kann. Speise- und Wohnzimmer sind jeweils von der Empfangsdiele aus begehbar und stehen untereinander über eine breite Tür in Verbindung, während der Salon nur von der Diele her zugänglich ist. Sollten die drei großen Wohnungen in sechs kleinere geteilt werden, so verliefe die Trennwand jeweils in der Mitte der Küche, so daß jede Partei eine kleine Wirtschaftsküche erhielte. Auf diese Weise ergeben sich ohne größere Umbaumaßnahmen und prädestiniert durch die Grundrißanlage zwei vollständige Dreieinhalb-Zimmer-Wohnungen pro Etage. Die beiden schräggestellten Eingangstüren fungieren dann jeweils als Wohnungstür. Die ungewöhnliche Position der Türen zueinander folgt raumsparenden Erwägungen, um von einem ausreichend großen Treppenpodest in Dielen zu gelangen, die gleichzeitig mehrere Personen aufnehmen können. Somit wird gut ein Quadratmeter Dielenfläche hinzugewonnen und ein weiträumigerer Eindruck erzielt, als wenn durch eine geradegestellte Wohnungstür in der Diele ein rechter Winkel entstünde. Dieses Prinzip ist Bruno Taut noch in seinen äußerst rationellen Zweispännerwohnungen im Mietsblock an der Ossastraße in Neukölln (1926/1928) nachzuweisen.
In der »Villa« Reibedanz gelang es Bruno Taut, unter dem Aushängeschild der ortsüblichen Vorstadtvilla ein ökonomisch maximierbares Drei- bis Sechsfamilienhaus zu entwickeln, das allen Parteien unter allen Umständen komfortable, helle und geräumige Wohnungen bot.

Mit dem **Erholungsheim »Ettershaus« im Harz** erhielt der 28jährige Bruno Taut Gelegenheit, ein Großprojekt von der Hauptfassade bis zur Türklinke alleinverantwortlich zu gestalten. Wie in kaum einem anderen Bau dieser Jahre korrespondieren hier Fassadenrhythmik und Raumgefüge miteinander. Zudem ist es bislang das einzige Bauwerk, von dem die Innen- und Außenansichten im Original erhalten sind und das als Gebäude quasi unverändert existiert. Damit ist ein Einblick in den Planungsprozeß eines seiner Hauptwerke möglich.
Hertha von Siemens hatte das Hanggrundstück in Bad Harzburg gestiftet, um darauf ein Erholungsheim für Beamte und Angestellte der Siemens-Halske-Schuckert-Werke errichten zu lassen. In dieser Funktion steht das Heim seit September 1910 bis heute, lediglich im Innern durch Brandschatzung nach 1945 und diverse Modernisierungen verändert. Der Baukörper als solcher mit seinen originalen Fassaden und Raumaufteilungen blieb erhalten.
Bruno Taut datierte einen Brief an seine Frau Hedwig im März 1909 aus Harzburg.[53] Zu diesem Zeitpunkt hatte er offenbar bereits den Auftrag für das Projekt akquiriert und befand sich zur Begutachtung des Bauplatzes in Bad Harzburg. Die erste der überlieferten Zeichnungen ist ein undatierter Präsentationsriß mit den vier Ansichten des geplanten Gebäudes. Die ebenfalls undatierten Grundrißzeichnungen entsprechen in der Fensterverteilung diesen frühen Aufrissen. Sie werden etwa gleichzeitig im Frühjahr 1909 entstanden sein. Im Präsentationsriß ist der Bau in den Grundzügen bereits so gegeben, wie er ausgeführt wurde: ein dreieinhalbgeschossiger, ungegliederter Bau über langrechteckigem Grundriß unter einem beherrschenden Walmdach. Ein Wintergarten und ein eineinhalbgeschossiger Wirtschaftsflügel sind talseitig angefügt. Das Piano Nobile erstreckt sich im Erdgeschoß über einem kräftigen Sockelgeschoß. Das zweite Obergeschoß unterhalb des Dachgesimses erfährt durch eine vorgehängte Pfannenverkleidung besondere Behandlung. Das Erdgeschoß und die Sockelmauern sind in dieser frühen Zeichnung noch mit Holzpaneel verkleidet vorgesehen. Bereits diese im Frühjahr 1909 entstandenen Risse sind unterfertigt mit: »Bruno Taut, i. Fa. Taut u. Hoffmann«. Die für die Ausführung relevanten Planzeichnungen für die Fassadengestaltung datieren vom 9. September 1909. Auch diese sind unterzeichnet mit: »Bruno Taut. Arch. i. Fa. Taut u. Hoffmann«. Die offizielle Firmengründung erfolgte im August 1909.[54]
Die technischen Zeichnungen vom September 1909 weisen in der Fensteranlage der Süd- und Ostfassade Abweichungen zur ersten Fassung auf. Für die Westansicht des Wintergartens liegt als Nachtrag ein weiterer veränderter Aufriß vom 5. Oktober 1909 vor. Es wurden jedoch keine den veränderten Fassadenverhältnissen angepaßten, neuen Grundrisse geliefert. Dies impliziert die Beibehaltung der im Frühjahr 1909 ursprünglich entwickelten Grundrisse ohne Berücksichtigung der nunmehr abweichenden Fensterverteilung und belegt somit, daß nicht im englischen Sinne von innen nach außen gebaut wurde, sondern die kalkulierte Ästhetik von Wand und Öffnung entschied.
Die Ansicht der Hauptfassade nach Norden ist durch die Fensterverteilung in den vier Geschossen geprägt. Die Fenster bilden keine vertikalen Achsen über die gesamte Front aus. Vielmehr erhält jedes einzelne Geschoß in der Horizontalen eine spiegelsymmetrische Zuordnung der Fenster auf eine Mittelachse hin. Die Achse ist durch den halbrunden Portikus angegeben, der exakt in der Mitte des Baus den Haupteingang über einer Freitreppe bildet. Die Fenster indizieren mit ihrer jeweiligen Größe qualitativ gleichwertige Räume im Innern: Im Erdgeschoß sind entsprechend der Funktion der dahinterliegenden Gesellschaftsräume gelängte Kreuzstockfenster mit kleinteiliger Sprossung eingesetzt. Die kleineren Gastzimmerfenster im ersten Obergeschoß bilden einen eigenen Rhythmus von außen zur Mitte hin. Im Geschoß darüber liegt ein Fenster genau auf der Mittelachse über dem Portal. Von dort ausgehend sind drei Fenster in je gleichem Abstand eingesetzt; zur Hauskante hin wird die Reihung mit einem Fensterpaar abgeschlossen. Dieses liegt um weniges verschoben über dem äußeren Fensterpaar des ersten Obergeschosses. Die Sprossenteilung ist im zweiten Obergeschoß von zwölf Feldern pro Kreuzstockfenster auf sechs Quadrate reduziert, wobei die Größe der Rahmen gleichbleibt. In der Dachzone wird die Plazierung eines Mittelfensters beibehalten, von dem aus sich zu beiden Seiten in regelmäßigen Abständen je drei weitere Gaupenfenster anschließen. Die dreifach gesproßten Flügelfenster werden von einem Flachbogen mit eingeschriebenem Oval zu den darüberliegenden Spitzgiebeln der Gaupen hin abgeschlossen. Die fassadenbestimmende Rhythmisierung der Fenster wird durch die Zuordnung dreier übereinanderliegender Fensterpaare an den Außenkanten ergänzt. Damit wird eine

Erholungsheim Ettershaus der Siemens AG
in Bad Harzburg, 1910

seitliche Stabilisierung und Rahmung der gesamten Fassade sowie ihre optische Verjüngung nach oben erreicht. Zusätzlich wirkt sich die unterschiedlich enge Sprossenteilung aus: Im Erdgeschoß und im ersten Obergeschoß suggeriert sie optisch eine Verdichtung, nach oben hin Leichtigkeit und Auflösung. Die Massivität des ungegliederten, hohen Baukörpers wird im oberen Bereich entlastet.

Demgegenüber vervollkommnet die Ausführung in bossiertem Haustein jenen komprimierenden Charakter des Unterbaus: An der Hauptfassade wurde das ursprünglich vorgesehene Holzpaneel zugunsten des über zwei Geschosse geführten Hausteins aufgegeben. Diese bewußte Entscheidung Tauts steht in Zusammenhang mit der monumentalen Geschlossenheit des Baus, dem die zunächst vorgesehene, regionaltypische Holzverkleidung optisch keine adäquate Basis hätte bieten können. Das zweite Obergeschoß wird durch die weniger geteilten Fenster und die Pfannenverblendung der Dachzone

Präsentationsriß für das Ettershaus,
Frühjahr 1909

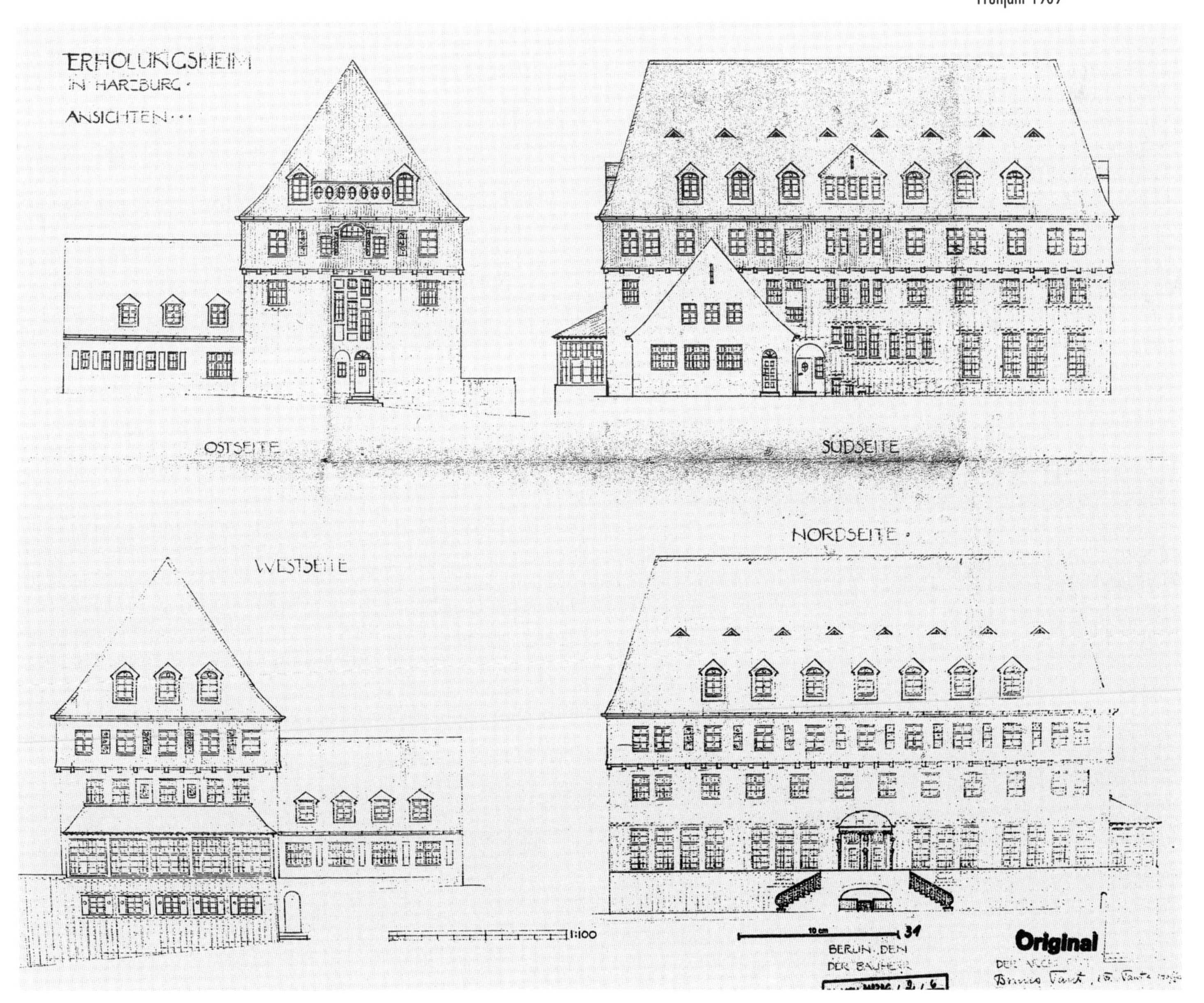

Nordseite mit Portal und Freitreppe,
9. 9. 1909

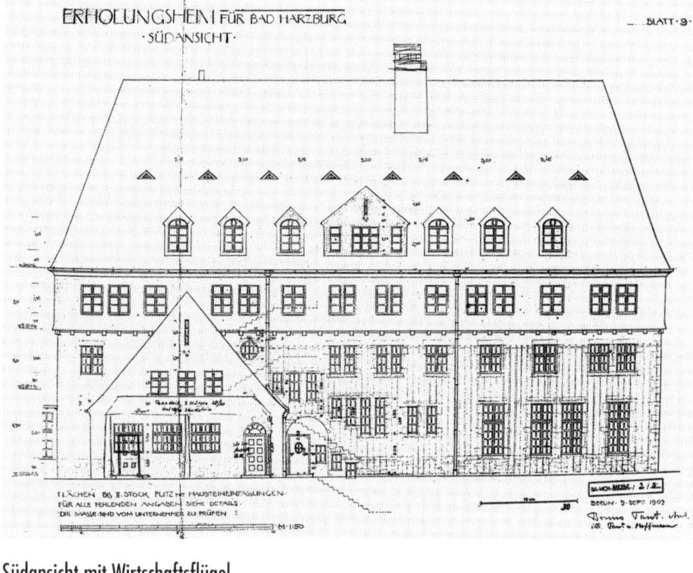

Südansicht mit Wirtschaftsflügel,
9. 9. 1909

zugeordnet. Diese subtile Gestaltung der Fassade bewirkt den ambivalenten Eindruck von geordneter Asymmetrie, so, als sei die Durchfensterung vom Grundriß her bedingt. Die rhythmischen Gruppierungen und die geringfügigen Verschiebungen der Fenster bei gleichzeitiger Wahrung der Achsensymmetrie in der Horizontalen legen jedoch eine ästhetisch kalkulierte Organisation der Nordfassade und somit die Planung von der Fassade her nahe. Zwar signalisieren die Fensterformen die Raumfunktionen, zwar wird nach Funktionseinheiten differenziert, doch die Logik des Gebäudes beruht auf der berechneten Ästhetik der Außenhaut.
In diesem ersten selbständig durchgeführten Werk brachte Bruno Taut sein spezifisches Spiel mit den Möglichkeiten einer Fassadengestaltung bereits zur Vollendung. Durch die Vermittlung der Fassadenelemente untereinander, durch neuartige Kombinationen und mathematisches Jonglieren entwickelte er eine Fassade, welche die Blicke an sich fesselt und den Betrachter unterhält. Das »Ettershaus« kann bereits nach der Analyse der Schauseite als exemplarische Bestätigung dafür gelten, daß Bruno Taut in seinem Frühwerk vor 1914 seine bildnerische Phantasie in der Fassadengestaltung schon vollends zur Geltung brachte und darin weit über Fischer hinausging in Richtung der delikat aufgebrochenen, rhythmisierten Fassaden Alfred Messels.
Die Südseite des Bauwerks, die den anreisenden Gästen einen ersten Eindruck vom »Ettershaus« vermittelt, ist nicht minder sorgfältig durchformuliert. Geschoßgliederung und Sprossenteilung der Fenster sind auf der Nord- und Südseite identisch. Da das Satteldach des Wirtschaftstraktes im westlichen Drittel der Südseite die regelmäßige Flächenteilung aufbricht, erfolgt die Fensterverteilung hier jedoch nicht nach Gesichtspunkten horizontaler oder vertikaler Symmetriebildung. Auf dieser Seite ist sie tatsächlich an den hinter der Fassade befindlichen Räumen orientiert. So geben im Erdgeschoß vier gelängte Sprossenfenster, die einander spiegelsymmetrisch zugeordnet sind, die Büro- und Privaträume der Wirtschaftsdame an. Im westlich sich anschließenden Drittel der Hausfläche belichtet zunächst ein Fensterpaar die Toiletten. Die beiden folgenden Fenstergruppen entsprechen in ihrer emporstrebenden Staffelung dem Verlauf der dahinterliegenden Haupttreppe, wobei sie ins erste Obergeschoß übergreifen. Der Präsentationsriß vom Frühjahr 1909 zeigt im Zwickel zwischen Türbogen und Satteldach des Nebengebäudes noch eine weniger elegante Lösung der Treppenhausbelichtung. Sie ist im zweiten Entwurf vom 9. September 1909 mit einem Okulus verbessert worden. Im zweiten Obergeschoß reagiert die gleichmäßige Fensterreihe jedoch nicht mehr auf das Treppenhaus. In der Dachgeschoßzone wird die Gebäudemitte durch eine spitzgiebelige Lukarne betont, welche die Giebelfront des Nebengebäudes formal aufnimmt.
Aus der Fensterrhythmik ergibt sich auf der Südseite des »Ettershauses« eine emphatische Steigerung im Umfeld des Blendbogens, der die Eingangstür überfängt. Es entsteht eine aufstrebende Bewegung, die am Satteldach des Wirtschaftsgebäudes abbricht und jenseits des Sattels mit einem einzigen Fenster in vollkommen glatter Putzwand kontrapunktiert wird. Die Verdichtung im östlichen Drittel der Front mittels gleichgroßer und in gleicher Ebene liegender Fenster mit dem bereits erwähnten Sprosseneffekt bildet die Gegenbewegung dazu. Auf diese Weise sind in der Südfassade zwei gegenläufige Bewegungen wirksam. Die Modifikationen des zweiten Entwurfs zeigen gerade in der Fensteranlage im Treppenhausbereich und im zweiten Obergeschoß das Streben Tauts nach einer funktional bedingten und dennoch ästhetisch befriedigenden Lösung auch in der rückwärtigen Südfassade.
Im Entwurf vom 9. September 1909 gab Bruno Taut selbst eine Alternative zur zweigeschossigen Lattenverschalung dieser Gebäudeseite an. Er schrieb unter den Entwurf: »Flächen bis II. Stock Putz mit Hausteineinfassungen«, zeichnete aber noch im Aufriß die Latten ein. Der Alternativvorschlag mit eingefaßten Fenstereinheiten wurde ausgeführt. Damit wurde die ohnehin schon bewegte Fassade durch die stark plastisch hervortretenden Buckelquader um die einzelnen Fenster zusätzlich belebt. Die Fensterrhythmen waren jedoch auf die zusammen-

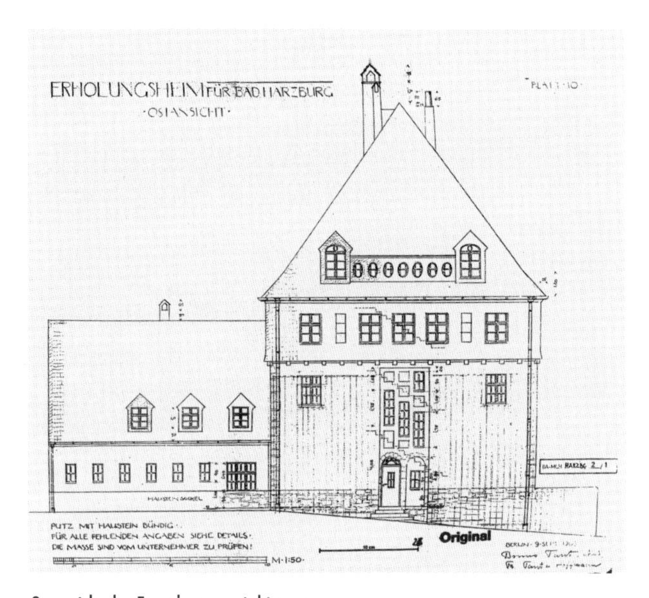

Ostansicht des Ettershauses mit hinterem Treppenhaus, 9. 9. 1909

Westansicht mit Wintergarten, 9. 9. 1909

fassende, beruhigende Wirkung des Holzpaneels hin konzipiert worden. Die Idee, ein Holzpaneel um den gesamten Baukörper zu legen, war von der regionalen Bauweise ebenso angeregt wie der Einsatz auffallend großer, dabei kleinteilig gesproßter und unregelmäßig verteilter Flügelfenster. Bad Harzburg selbst, aber auch die übrige Harzgegend und besonders Clausthal-Zellerfeld sind durch diese Architekturelemente geprägt. Regionale Bautraditionen und natürliche Gegebenheiten des Bauplatzes standen hier alternativ zur Debatte. Mit der Entscheidung für den Haustein folgte Taut weniger der regionalen Tradition, als vielmehr der Einbeziehung genuiner Materialien der Gegend. Der verarbeitete Sandstein stammte vom nahegelegenen »Butterberg«. Seine Verwendung in der Sockelzone bis zum ersten Obergeschoß vermittelt den Eindruck, als sei das Bauwerk aus dem Fels erwachsen, auf dem es steht.

Die Ostansicht des »Ettershauses« ist vertikal und horizontal dreifach gegliedert: Ein eingetiefter Mittelrisalit und zwei gleichgroße, nicht durchbrochene Wandflächen beidseits mit Kreuzstockfenster bilden die Vertikale. Die Horizontale ergibt sich aus dem Eingangsbereich, dem Pfannenbehang im Obergeschoß und der Dachzone. Sie wird von einem Riegel aus zwei seitlich begrenzenden Gaupen und einem Band von sieben Okuli akzentuiert. Dieser Riegel im Dachgeschoß ist mit Schiefer verblendet wie auch alle übrigen Gaupen und die Grate des Ziegeldaches. Im zweiten Obergeschoß sind die Abstände zwischen den Fenstern wie auf der Nord- und Westfassade mit dreigliedrigen Terrakotta-Reliefs geziert. Der beherrschende Mittelrisalit baut sich über zwei Blendbögen auf, in die eine der Bodenneigung angepaßte Tür und ein kleines Fenster eingefügt sind. Im zweiten Entwurf wurden die Positionen von Tür und Fenster gegenüber der ersten Fassung vertauscht. Darüber verlaufen abgestuft drei schmale, hohe Sprossenfenster parallel zur Treppenführung im Innern. Die ausgesparten Felder des rechteckigen Mittelfeldes sind mit zweifach eingetieften Blendfenstern gefüllt. Ein einzelnes Fenster bildet den Abschluß im rechten oberen Feld, während im ersten Entwurf an dieser Stelle noch zwei kleine, wiederum getreppte Fenster eingeplant waren. Die Gruppierung der drei mittleren Fenster im zweiten Obergeschoß nimmt keine Rücksicht mehr auf den Treppenverlauf im Innern. Der erste Entwurf für dieses Feld sah noch einen girlandenartigen Abschluß vor: Ein quergelagertes Bogenfenster schloß die beiden seitlichen Fenster an ihren Oberkanten zu einer Einheit zusammen, unterstützt von zwei vertikalen Dekorbändern. Diese wie drapiert erscheinende Fensteranlage wurde zugunsten der sachlicheren Lösung vom 9. September 1909 aufgegeben, was einer bergseits gelegenen Seitenfassade angemessener erscheint.

Die Westansicht des Gebäudes erfuhr zwischen dem Präsentationsriß und diesem Entwurf von 9. September 1909 keine Veränderung. Das Kellergeschoß in der Hanglage wurde in den Gebäudekomplex einbezogen. Fünf Zimmerfenster mit Klappläden sind in die massive Grundmauer aus Haustein eingelassen. Dem Erdgeschoß ist ein voll verglaster Wintergarten unter einem halben Walmdach vorgelagert. Dessen Außenhaut besteht aus fünf Sprossenfenster-Einheiten in der Front und je einer an den Seiten. Im ersten Obergeschoß sitzen oberhalb des Dachfirsts fünf symmetrisch auf das mittlere hin angeordnete Fenster. Das Mittelfenster wird beidseits von figürlichen Sandsteinplastiken auf zwanzig Zentimeter vorstehenden Bossen betont. Dreigliedrige Terrakotten beleben auch hier die Fensterabstände im zweiten Obergeschoß. Im Giebel des Hauptdachs bilden drei Gaupen den Abschluß. An der talseitigen Fassade wird über das jeweils mittlere Fenster eine Symmetrieachse aufgebaut, an der sich die übrigen spiegeln. Die Fensterabstände variieren innerhalb der horizontalen Geschoßgliederung und nehmen doch immer Bezug zum nächst höher- oder tiefergelegenen Geschoß. An der Gliederung der Westfassade änderte sich auch im Nachtragsentwurf vom 5. Oktober 1909 nichts. Die entscheidende Neuerung liegt bei dieser Zeichnung im Einfügen eines Altans in die Firstlinie des Wintergartendaches, der im ersten Obergeschoß einen Austritt ermöglicht. Ein ebenfalls fünfgliedriges Geländer bekrönt nunmehr das kurze Schieferwalmdach. Die Sprossengliederung des Wintergartens ist gegenüber den beiden Vorläuferentwürfen vereinfacht, und die erste, dritte und fünfte Einheit sowie die Seitenfenster sind durch ein Kreismotiv um den mittleren Sprossenschnittpunkt des Oberlichtes herum bereichert. Der vereinfachten Sprossengliederung ohne Kreismotiv entsprechen die vier Küchenfenster in der Westansicht des Wirtschaftsflügels.

Der Eingangssituation widmete Bruno Taut besondere Aufmerksamkeit. Bereits am 6. September 1909 hatte er die Details dafür gezeichnet: die Freitreppe über der Quellbrunnennische und das Hauptportal als halbrunden Vorbau auf drei Säulenpaaren mit zusammengeschlossenen, ionischen Kapitellen. Oben an der linken Säule des mittleren Paares brachte Taut seine Initialen als Signatur an. Bei diesem Erstlingswerk wies Taut damit, dem Usus entsprechend, auf seine Urheberschaft hin. Bis zur Bauwelt-Umfrage 1914 unter dem Motto »Soll man Bauwerke signieren?«, die die meisten Architekten mit »sehr wünschenswert« beantworteten, hatte er sich eine andere Haltung angeeignet. Behne schrieb dazu: »Hierbei sprachen sich fast alle Architekten für die Nennung ihres

Zweiter Entwurf für die Westseite, 5. 10. 1909

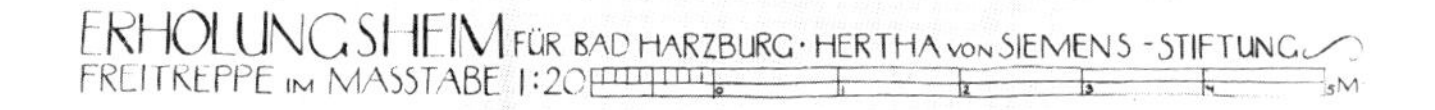

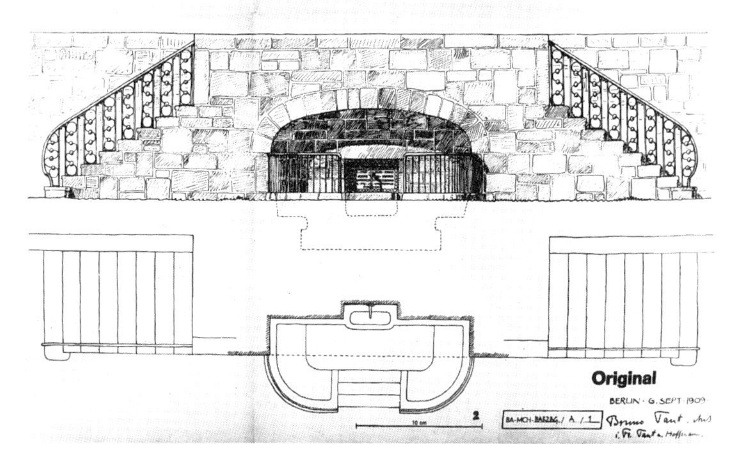

Freitreppe zum Eingangsportal, 6. 9. 1909

Gegenüberliegende Seite:
Ausgeführte Freitreppe, 1910 (oben) und Initialen Bruno Tauts an der Mittelsäule des Portikus

Namens am Bauwerk aus, nur Bruno Taut wandte sich in klaren Sätzen gegen das Signieren von Bauten ... mit dem Erfolge, daß seine Äußerung zu der Frage von der Redaktion nicht gebracht wurde. Es gibt uns das den willkommenen Anlaß, die schönen Sätze an dieser Stelle dem Leser zu unterbreiten.« Dann zitierte er Tauts Worte: »... dieser Architekt kann nicht an einer Stelle des Baues seinen Namen anbringen. Es ist eine Unmöglichkeit für einen Feinfühlenden, wenn es nicht eine gelegentliche Laune ist. Das Werk soll allein für sich sprechen. Die Persönlichkeit soll sich ohne Signierung manifestieren.«[55]

In den von den Säulenpaaren gebildeten Nischen sollten weibliche Statuen mit Gabentellern auf mit Blumengirlanden reliefierten Halbsäulen plaziert werden. Die Ausführung erfolgte nach Tauts Entwurf mit einiger bildhauerischer Freiheit. Für die Terrakotta-Reliefs im zweiten Obergeschoß, die farblich mit dem Pfannenbehang übereinstimmen, entwarf Taut ein abstraktes Ornament mit Spiralen. Das Geländer der Freitreppe mit seinen kugelbesetzten Wellenlinien nimmt formal das Friesornament der Diele in Chorin (1904) auf und das Geländer am Orchestergraben des Kinos am Kottbuser Damm (1910/11) vorweg. Es entspricht damit einem ornamentalen Grundmotiv in Tauts Formensprache vor dem Ersten Weltkrieg.

Auf den 16. Juli 1910 ist ein Entwurf Bruno Tauts für die kupferne Gedenktafel am Brunnen unterhalb der Freitreppe datiert. Die rechteckige Reliefplatte ist von einer Girlande aus achteckigen Medaillons gerahmt. In der oberen und unteren Rahmenleiste sind sie alternierend mit den Initialen der Hertha von Siemens und der formelhaften Darstellung von Produkten der Siemens-AG – Zahnrädern, Metallfedern, Kugellagern und Glühlampen – gefüllt. Seitlich wird in drei Medaillons heimisches Baumlaub dargestellt. Der Text auf der Tafel lautet: »Das Ettershaus wurde erbaut im Jahre 1910 am Orte, wo einst Werner Siemens Erholung fand.« Zu Beginn der nächsten Zeile

Speisesaal an. Hinter Gesellschaftszimmer und Bibliothek sind die Räume der Wirtschaftsdame, Büro und Toilettenanlage angeordnet. Die östlich gelegene Hintertreppe steht in Verbindung mit der Bibliothek und den Räumen der Wirtschaftsdame. Sowohl die Haupt- als auch die Nebentreppe erschließt die drei Wohngeschosse. Dort liegen beidseits eines Mittelganges die Gastzimmer, insgesamt zehn Einzel- und 22 Doppelzimmer. Jedes Wohngeschoß besitzt eine Badeanlage in unmittelbarer Nachbarschaft zur Haupttreppe.
Laut eigener Angaben sowie zeitgenössischer Quellen war Bruno Taut persönlich für die Innenausstattung des »Ettershauses« verantwortlich. Er schrieb später: »Die Zimmer und Säle des Hauses sind ebenfalls unter Leitung der Architekten ausgestattet worden, wobei im Besonderen darauf hingestrebt wurde, einen möglichst freundlichen und schlichten Eindruck unter lebhafter farbiger Ausbildung zu erzielen.«[56] Seine Entwurfszeichnungen mit Grundrissen und Wandabwicklungen

Kupfertafel in der Quellnische unter der Freitreppe, 16. 7. 1909 und Grundriß vom Erdgeschoß des Ettershauses, Frühjahr 1909

fügte Taut einen Prospekt der ehemals an derselben Stelle bestehenden Villa Siemens ein. Der Text wird im Anschluß daran weitergeführt: »Die treu seinem Werk und Gedanken dienen, mögen sich hier erfrischen wie er.« In Kurzformel vermittelte Taut hierin Unternehmertum, Industriemythologie und Naturerleben miteinander ganz im Sinne der zeitgenössischen, paternalistisch geführten Industriegesellschaft. Die Stellen, an denen Satzzeichen vonnöten waren, gestaltete Taut als fünfgliedrige vertikale Perlschnüre. Über dieser Brunnenanlage ist dem Gebäude in ganzer Länge eine geflieste Terrasse vorgelegt. Damit ist das Entree gebührend vorbereitet.
Der Besucher betritt nun durch die gläsernen Sprossentüren des Portikus zunächst den ovalen Windfang. Durch ein schmales Vestibül gelangt er in die Diele mit Garderobe und Treppenaufgang. Von hier aus gehen nach Westen »Wohndiele« und Speisesaal ab, nach Osten Gesellschaftszimmer und Bibliothek. In südlicher Erstreckung schließt sich der Wirtschaftstrakt mit Anrichte, Spülküche und Großküche an den

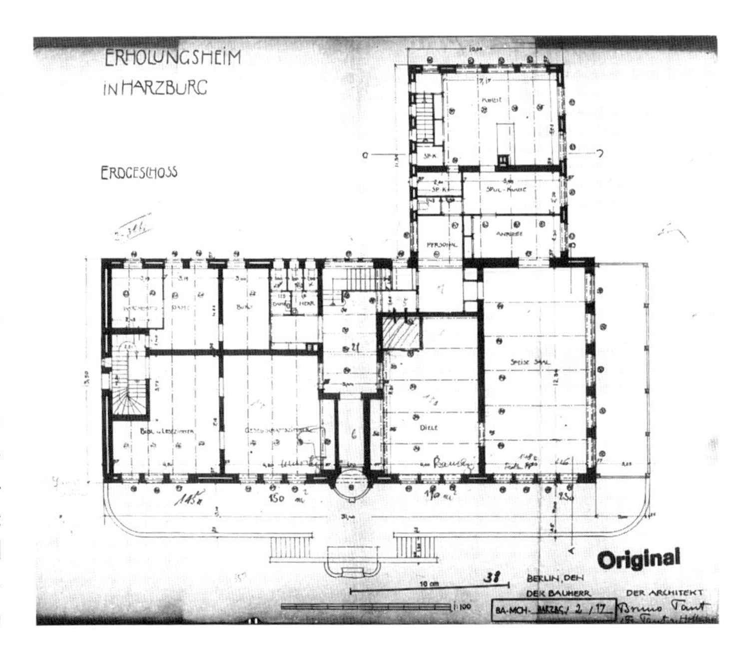

berücksichtigen tatsächlich restlos jedes Detail der Innenraumgestaltung und geben konkrete Anweisungen für die Ausstattung. Diese zwischen dem 15. und dem 20. September 1909 datierten Zeichnungen wurden am 29. September und 6. Oktober 1909 durch weitere Detailzeichnungen der Innen- und Außentüren ergänzt. Bruno Taut, der »Fassadenkünstler«, unterwarf auch im Innenraum trotz der Größe des Bauprojekts jede Einzelheit seinem gestalterischen Willen. Die Zeichnungen für die Innenräume legen beredtes Zeugnis davon ab, daß sich Bruno Taut mit Akribie und Detailfreude sehr wohl der »Kleinigkeiten« (Heinrich Taut) der Innenausstattung annahm. Er faßte sie zu beeindruckend kohärenten Innenräumen zusammen, ohne ihnen eine aufdringliche »Künstlerhandschrift« aufzuprägen. Die Wandabwicklungen für den Eingangsbereich und die vier Gesellschaftsräume im Erdgeschoß sind im Original überliefert. Sie geben jedes von ihm eingeplante Element zeichnerisch an und werden von genauen schriftlichen Anweisungen zu Wandbespannung, Holzfarbe und Deckenbeleuchtung etc. ergänzt. Sie sprechen ganz für sich. Reproduktionen von Fotografien aus der Entstehungszeit lassen den Vergleich zu, welche Anweisungen entsprechend Tauts Entwürfen ausgeführt und wo Abweichungen realisiert wurden.

Das Vestibül mit Garderobenbereich wurde exakt nach der Zeichnung Blatt 13 vom 15. September 1909 ausgeführt. Türen und Fenster, die Holzbauten des Treppenaufgangs, selbst die bescheidenen Wandleuchter am Treppenpodest, die einfachen Kreise im Stuck der Decke sowie der geschwungene Ausschnitt im Holzgitter am oberen Treppenabsatz und der Rhythmus des Geländers sind konsequent nachvollzogen worden. Im Bereich der Garderobenhaken sah Taut eine Mattenbespannung vor, während die übrigen Wände farbig und die Decke weiß gestrichen werden sollten. Die zeitgenössischen Quellen sprechen von einem »satten Grün« und einem »lichtgrünen Ölfarbenanstrich«.[57]

Den schmalen Eingangsflur zwischen Windfang und Garderobe wollte Taut mit weißen Wänden und girlandenbemalter,

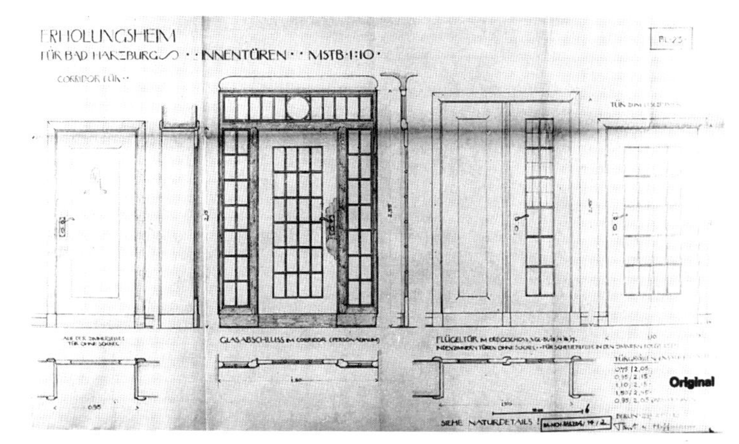

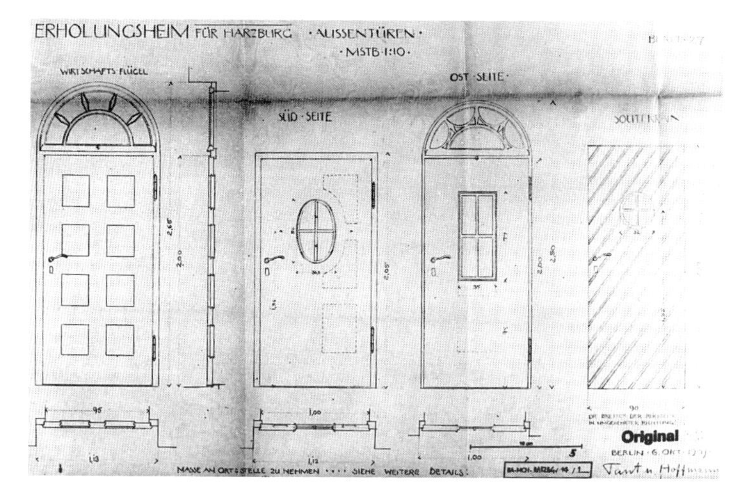

Korridortüren innen, 29. 9. 1909 (oben) und
Außentüren, 6. 10. 1909

Wandabwicklung zu Garderobe und Eingangsbereich, 15. 9. 1909

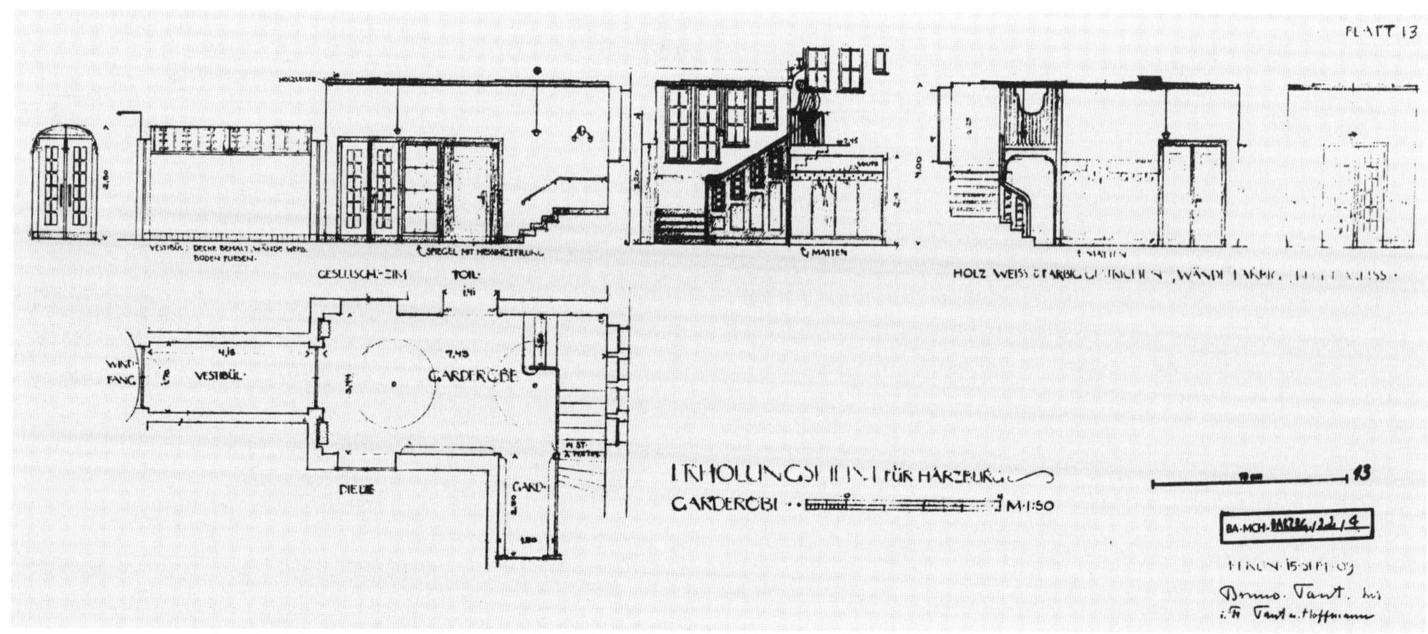

Haupttreppe im 1. Obergeschoß, eingebaute Wandschränke, 1910

farbiger Decke ähnlich einem Laubengang gestaltet wissen. Der Besucher gelangte also aus dem Grün des umgebenden Parks durch einen floral gestalteten Gang ins Innere, wo er wiederum von freundlichem Grün empfangen wurde.
Für die im Südteil des Garderobenraumes emporsteigende Haupttreppe ist keine Zeichnung von Tauts Hand überliefert. Über das beschriebene Arrangement der Fenster in der Südfassade wird das Treppenhaus belichtet und mit einem flachen Gurtbogen jeweils vom Mittelflur der Geschosse abgegrenzt. In den zentralen Fluren sind Wandschränke aus weißlackiertem Holz für Bettwäsche und Handtücher eingebaut.
Das Treppengeländer ist rhythmisch gegliedert: Zwei Kanthölzer verlaufen senkrecht zwischen eingepaßten Feldern mit zwei mal zwei farbigen Spindelhölzern in alternierender Folge. Wange und Handlauf sind ebenfalls farbig gestrichen, während alles übrige weiß lackiert ist. Die Rundungen an den Wendepunkten der Treppenzüge sind harmonisch gelöst. Dies gilt auch für die Hintertreppe, die in ihrer qualitätvollen Durchbildung diesen abwertenden Namen nicht verdiente. Hier ist ein dreifacher Rhythmus gegeben: Zwei Kanthölzer trennen Strebenpaare voneinander, denen jeweils zwei oder fünf Holzkugeln eingepaßt sind. Das weiße Strebensystem schließt mit einem rotlackierten Handlauf ab. Zu diesem Nebentreppenhaus führt jeweils am östlichen Ende der Geschoßflure eine Sprossentür. Im Durchblick ergeben sich mannigfache Überschneidungen mit der Linienführung des dahinterliegenden Treppengeländers. In Entsprechung zu den östlichen Abschlußtüren nehmen am jenseitigen, westlichen Ende der Flure die

Geländer der Hintertreppe

Glastüren zum jeweiligen Personalraum die gesamte Flurbreite und -höhe ein. Ihre Gestaltung geht auf Bruno Tauts Entwurf vom 29. September 1909 zurück. Auf diese Weise werden die Korridore begrenzt und belichtet.
Für die Gastzimmer liegen außer den erwähnten Grundrißplänen keine zeichnerischen Ausarbeitungen Tauts mehr vor. Er selbst schrieb darüber: »So sind die Logierzimmer sämtlich mit weißlackierten Möbeln eingerichtet und ihre Wände mit Schablonenmalerei geziert.«[58] Dabei sollen die lichten Wandfarben nach Geschoß verschieden gewesen sein.[59] Die schlichten, geradlinigen, weiß lackierten Möbel mit den Stühlen in Biedermeierform wurden vermutlich von Bruno Taut selbst ausgesucht. Vom zeitgenössischen Marktangebot kommen die schlichten, soliden Möbel Max Heidrichs, die seit Januar 1910 durch die Paderborner Firma Stadler auch in Berlin angeboten

Doppelzimmer im Erholungsheim Ettershaus, 1910

Bücherschränke in der Bibliothek, 1910

Leseecke im Bibliotheksraum, 1910

Wandabwicklung zum Bibliotheksraum, 17. 9. 1909

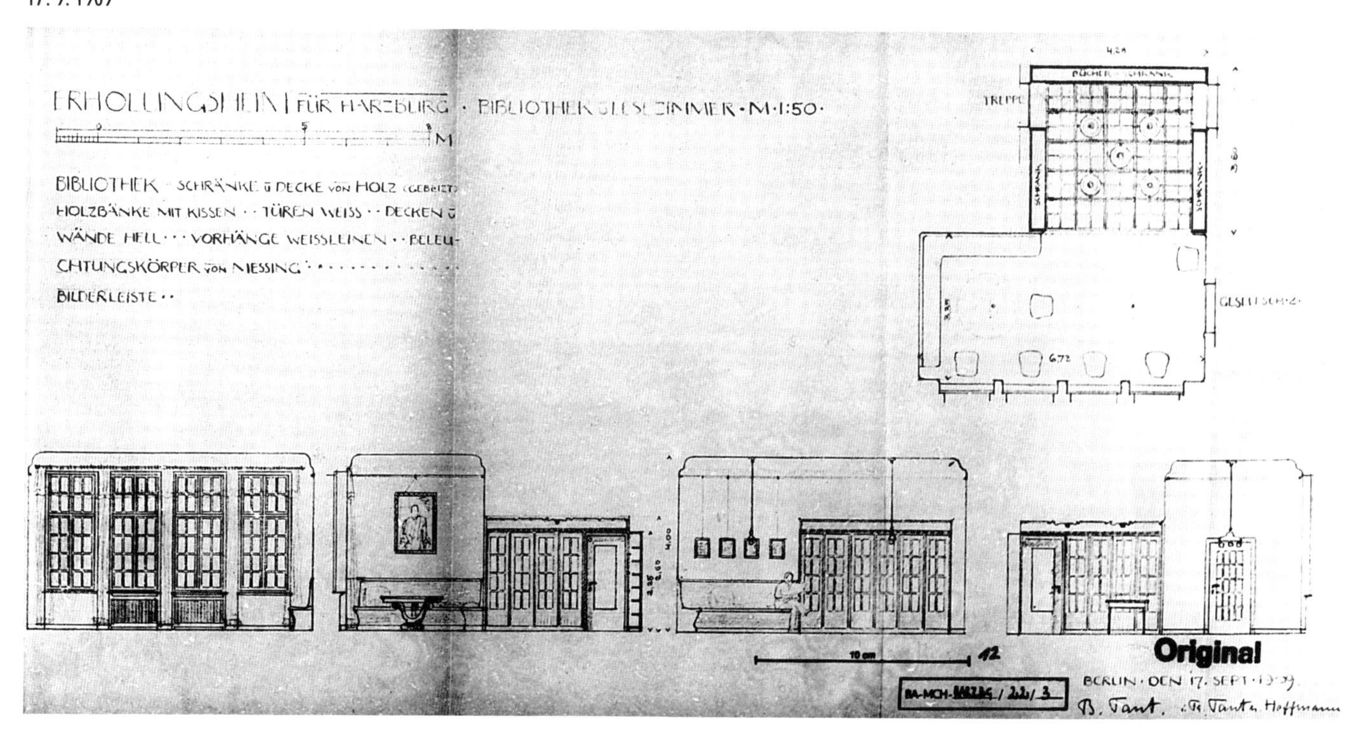

wurden, den Ettershaus-Möbeln am nächsten. Lichte Wandfarben, leichte weiße Stores und die weißlackierten Möbel ergaben eine freundlich-helle Atmosphäre der Gastzimmer.
Die Gesellschaftsräume des Erdgeschosses hingegen sind alle in Bruno Tauts Zeichnungen vom September 1909 vorgegeben. Das L-förmige Bibliotheks- und Lesezimmer wurde im einzelnen nach Tauts Angaben gestaltet. Im hinteren Teil des Raumes sind die drei Wände vollständig in verglaste, dunkellasierte Bücherschränke aufgelöst. So ergibt sich der gediegene Charakter englischer Bibliothekszimmer für diesen rückwärtigen Raumteil. Er wird von den massiven Sitzmöbeln mit hoher Rücklehne unterstrichen, die in den Umrissen dem originalen Aachen-Lütticher Rokoko-Stuhl vor dem Bechstein-Flügel im Nebenzimmer nachempfunden sind und sicherlich eigens angefertigt wurden. Eine flachkassettierte Decke in Hell-Dunkel-Kontrast nimmt die Sprossung der Schranktüren formal auf. Auf diese Weise entsteht ein nach eigenen Prinzipien aufgebauter »Raum im Raum«. In der Zeichnung Tauts wirken die vier gelängten Fenster zur Terrasse wie eine Ergänzung der gesproßten Schranktüren des Bibliotheksbereichs. Tatsächlich aber sind sie wesentlicher Bestandteil des Raumflügels, der zum Lesen vorgesehen ist. Sie spenden diesem Raumteil mit Leseecke die erforderliche Helligkeit. Die beiden in einen Raum integrierten Funktionen des Aufbewahrens und Lesens von Büchern gewinnen in der Wandgestaltung Ausdruck und eindeutige Zuordnung.
Das Gesellschafts- und Musikzimmer, das der Bibliothek vorgelagert ist, wurde in seiner Wandgliederung entsprechend der Zeichnung Bruno Tauts vom 18. September 1909 ausgeführt. So wurde auch die flachbogige Sitznische in die Wand

Flügel im Gesellschafts- und Musikzimmer, 1910

Gesellschaftszimmer nach 1922

Wandabwicklung für das Gesellschaftszimmer, 18. 9. 1909

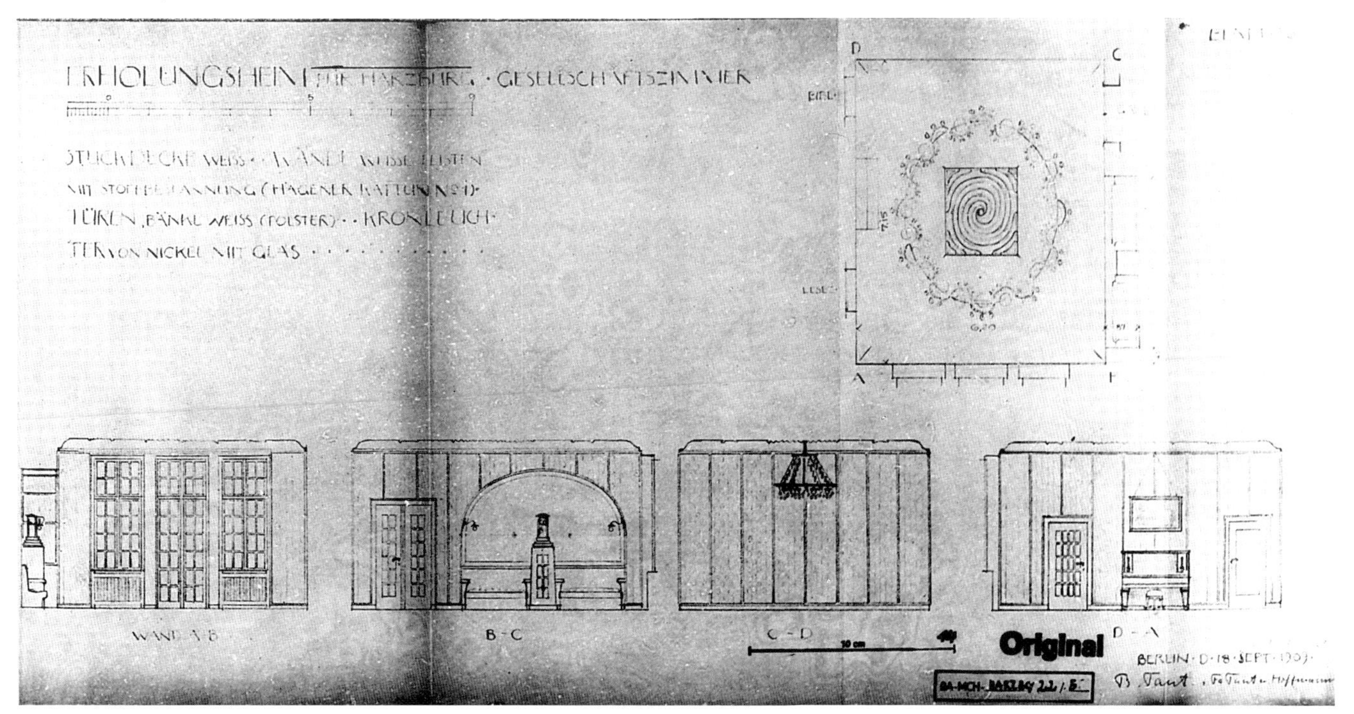

zum Vestibül eingelassen, doch die festinstallierte Sitzbank, die der Architekt laut Entwurf mit einer Uhr auf hoher Mittelkonsole projektiert hatte, wurde nicht realisiert. Statt dessen stand ein ausladendes, dunkles Sofa – Taut hatte weiße Polsterungen vorgesehen – unter einem großen Ölgemälde in der Nische. Dieser Nische gegenüber wurde ein Diwan an der Stelle plaziert, die Taut für den Flügel vorgesehen hatte. Die zeitgenössischen Quellen sprechen davon, daß »gute Reproduktionen moderner Gemälde« und die »eigens ausgewählten großen Ölgemälde(n) neuester Schule« diesen Raum schmückten. In der Zeichnung hatte Taut, der in allen Wandabwicklungen auch die Gemäldeaufhängung angab, nur ein Gemälde eingeplant. Das Stuckornament der Raumdecke, der Kronleuchter und die Wandbespannung stimmen jedoch mit Tauts Vorlage überein. Für die Wandbespannung wählte er »Hagener Künstlerkattun No.1«[60] nach dem Entwurf des Malers E. R. Weiss, der zwischen senkrecht geführte, weiße Holzleisten gespannt wurde. In den zwanziger Jahren wurde diese Wandbespannung, wohl wegen der unzeitgemäßen Jugendstil-Ornamentik, gegen goldgelben Stoff ausgetauscht. Ein Kamin und eine schlichte Sitzgruppe ergänzten nun das Mobiliar, das 1910 von der ursprünglichen Siemens-Villa ins »Ettershaus« übernommen worden war.

In den beiden beschriebenen Gesellschaftsräumen sind alle Türen und Fenster in weiß lackiertem Holz ausgeführt. Die dunkelgebeizte Flügeltür zur Rechten des Vestibüls hingegen gibt den Charakter des darauffolgenden Kaminzimmers, auch Wohndiele genannt, an. Darin ziehen sich in demselben dunkelgebeizten Fichtenholz Sitzbänke rings um die Raumwände; sie korrespondieren mit der dunklen, hölzernen Kassettendecke, die wie der historistische grüne Majolika-Kamin aus der ehemaligen Villa Siemens übernommen wurde. Taut integrierte die beiden Spolien naturgetreu bereits in seine Entwurfszeichnung vom 16. September 1909. Der Kamin ist der Blickfang des Raumes, doch nicht sein Mittelpunkt. Wegen der umlaufend horizontalen Gliederung durch die Sitzbänke ergibt sich keine kompositorische Steigerung auf ein Raumzentrum hin. Den Angaben Tauts wurde bis hin zum Kronleuchter entsprochen. Auch ein Wandbild wurde wie geplant in der tonnengewölbten Sitznische ausgeführt. Während allerdings Taut, den rudimentären Strichlagen in seiner Zeichnung zufolge, an dieser Stelle ein Landschaftsgemälde für angemessen hielt, wurde ein zeitgenössisches Tanzpaar in einer bukolischen Rokoko-Szenerie realisiert. Tauts Anweisungen zur Wandbespannung, die er als hellen, schablonierten Rupfen vorgesehen hatte, um sie mit farbigen Kissen und Vorhängen zu kontrastieren, wurden nicht befolgt. Vermutlich hatte Taut in der Einrichtung dieses Raumes, um des Wunsches nach altdeutscher Gemütlichkeit willen, Kompromisse schließen müssen. So wählte er eine zumindest qualitätvolle, doch stark gemusterte und relativ dunkle Jugendstilbespannung. Da die vorgesehenen Korbmöbel zur nunmehr wenig lichten Stimmung des Raumes nicht paßten, fanden alte Sessel aus der Villa Siemens zusammen mit Neobiedermeierstühlen Aufstellung. Die übernommenen Sitzmöbel wurden mit demselben modernen Stoff bezogen wie die Kissen der umlaufenden Sitzbänke.

Rechts des mächtigen Kamins führt eine gläserne Flügeltür in den Speisesaal. Dieser wird von vier gelängten Fenstereinheiten nach Norden und fünf raumhohen Flügeltüren zum vollverglasten Wintergarten durchlichtet. Den Flügeltüren an der Westseite entsprechend, projektierte Taut eine optische Gliederung der gegenüberliegenden Längswand: Vertikale Bän-

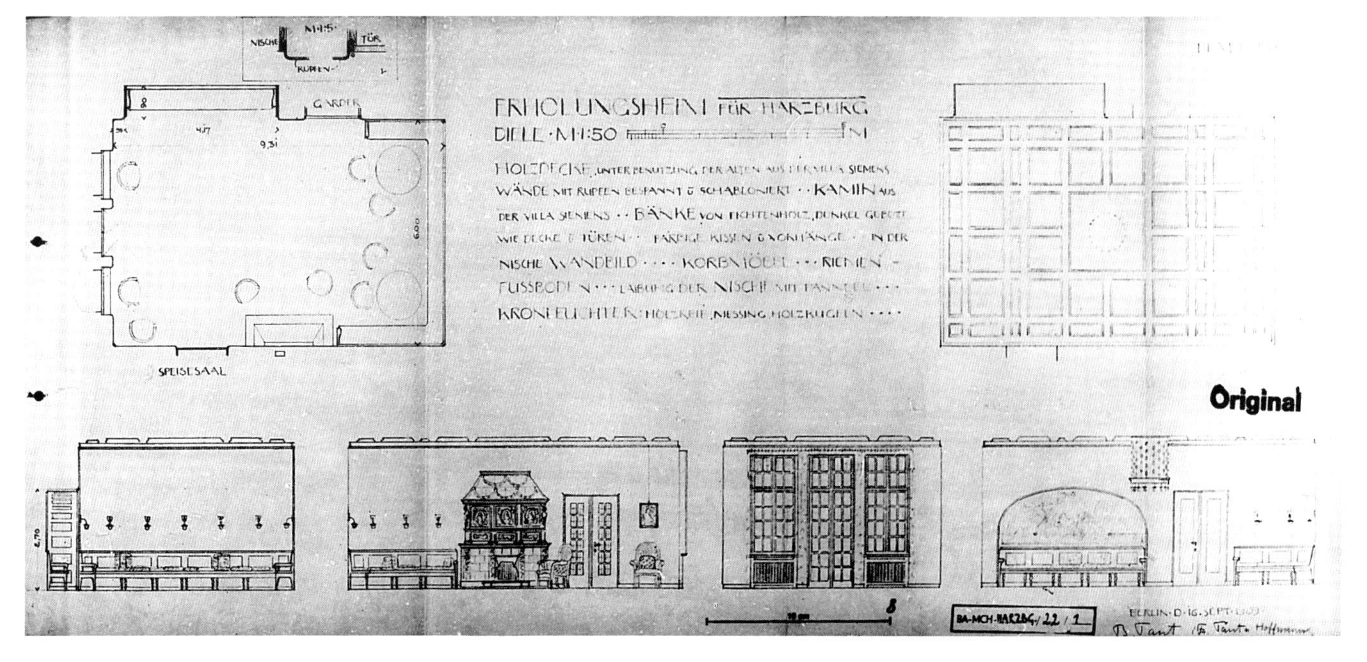

Wandabwicklung zum Kaminzimmer, 16. 9. 1909

Kamin aus der ehemaligen Villa Siemens, 1910

Sitzecke im Kaminzimmer, 1910 (rechts oben) und Wandnische im Kaminzimmer, 1910

der aus gemustertem Stoff gliedern die naturfarbene Mattenbespannung. Die Mitte der rückwärtigen Stirnwand nimmt eine eingebaute, durchfensterte Anrichte ein. Der Entwurf zeigt einen geraden oberen Abschluß mit einem Gemälde darüber. In der Ausführung wurde der Einbauschrank allerdings analog zur geschwungenen Linienführung des Unterschrankes in der Horizontalen mit einem weitgespannten Bogen abgeschlossen. Ein Schiebefenster dient als Durchreiche zum dahinterliegenden Anrichteraum. Die kühne Lösung einer in das Möbelstück »Geschirrschrank« integrierten Fensterfront zwischen zwei Binnenräumen stellt den raffinierten Prototyp für die sachlichen, doppelseitig benutzbaren Geschirrschränke in Tauts Wohnhausprojekten der zwanziger Jahre dar.

In der Ausführung des Saales 1910 hielt man sich zwar an die konstruktive Gliederung der Saalwände, nicht jedoch an die vorgesehene schlichte Mattenbespannung, die nach Tauts Zeichnung vom 20. September 1909 vorgesehen war. Da für die realisierte Wandgestaltung keine Entwurfszeichnungen überliefert sind, bleiben die Umstände der Veränderung ungeklärt. Möglicherweise wollten die Bauherren diesem größten und wichtigsten Saal des Gebäudes eine aufwendigere Ausgestaltung zukommen lassen als der Architekt. Die Mitwirkung Bruno Tauts an der endgültigen Lösung kann aber als gesichert angenommen werden, da er den prominentesten Raum seines ersten wichtigen Werks wohl nicht dem Gestaltungswillen von Laien überlassen hätte, nachdem er sogar jeden einzelnen Beleuchtungskörper und jede Klinke nach seinem Entwurf hatte ausführen lassen. Im übrigen entspricht der spielerische Umgang mit Positiv-Negativ-Formen und die Kombination von runden und eckigen Motiven auf den realisierten Wandflächen durchaus Bruno Tauts Manier. Die geometrischen Elemente treten farbig hinter der weißen Stuckfläche zurück. Der im Entwurf vorgesehenen Gliederung der gegenüberliegenden Wand entsprechend, rahmen dort dieselben Ornamentfolgen die rechteckigen, großen Farbfelder ein. Denen sind jeweils gelängte Rundbogenmotive aus weißem, erhaben aufgebrachtem Putz eingeschrieben. Die Stirnwand des Saales ist ebenfalls in weiße Stuckbögen auf gelben Grundflächen auf-

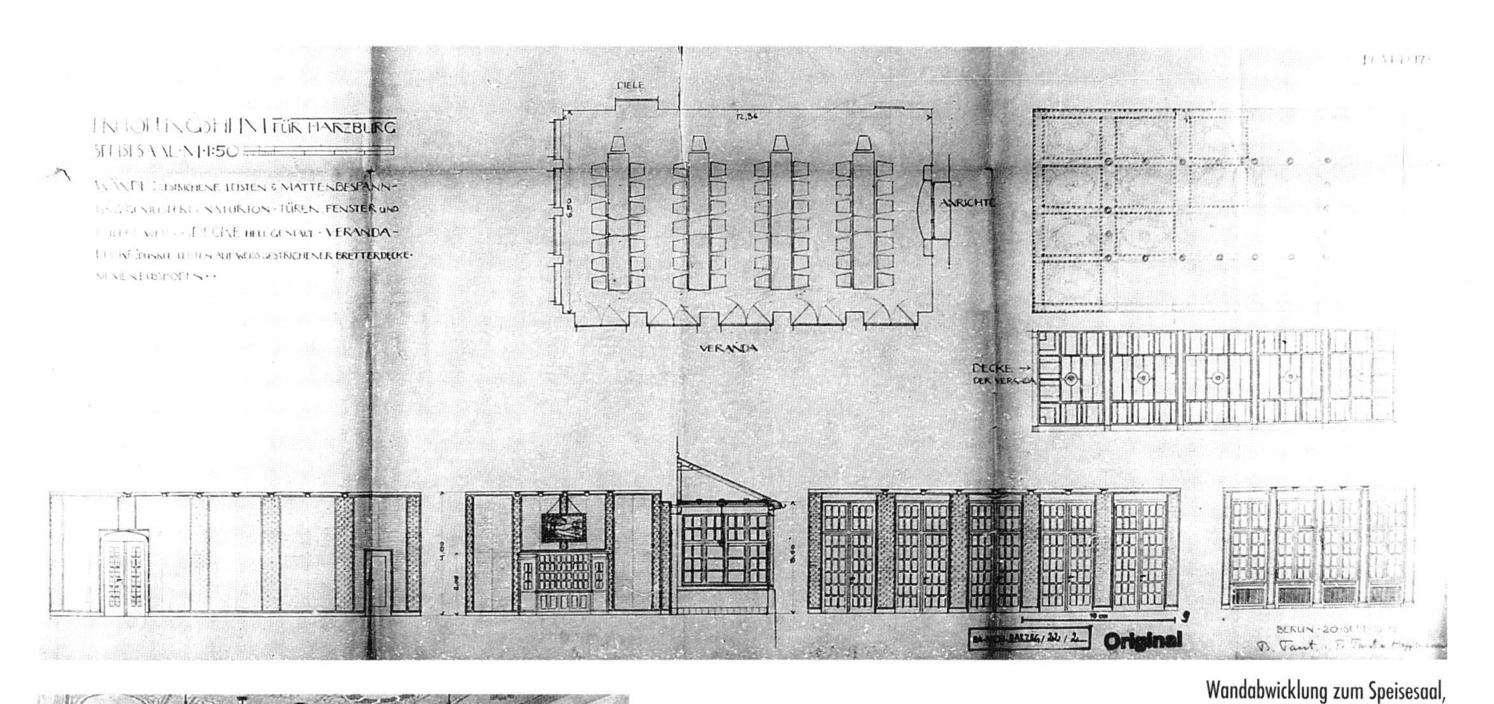

Wandabwicklung zum Speisesaal, 20. 9. 1909

Speisesaal des Ettershauses, 1910, und Anrichte im Speisesaal, 1910

gelöst. Das Rundbogenmotiv wird von den Unterschränken der eingebauten Anrichte aufgenommen. Taut hatte von Anfang an eine prachtvolle Deckenbemalung in blauer und goldener Schablonenmalerei für den Speisesaal entworfen. Einem Raster aus Rechtecken waren große Ovale eingeschrieben. Die Binnenstrukturen dieses Dekorationssystems setzten sich aus abstrakten Wellenlinien und vegetabilen Blattmotiven zusammen. Um die rechteckigen Speisetische waren damals je 16 Naturholzstühle mit Bastsitzen gruppiert. Sie entsprachen den Neobiedermeier-Stühlen in der Wohndiele und in den Gastzimmern. Das undekorierte, weiße Porzellan und die ungeschliffenen Trinkgläser stehen in Einklang mit der formalen Einfachheit der Raumelemente. Die Gesamtwirkung dieses lichtdurchfluteten Saals mit den Grundtönen Weiß, Gelb, Blau und Gold »war in jenem neuzeitlichen Geschmack gehalten, welcher der sachlichen Einfachheit einen gewissen phantastischen Einschlag zu geben weiß«.[61]
In den Wandgliederungen des »Ettershauses«, im Mobiliar, den zahlreichen Holzeinbauten und in der Beleuchtung orientierte sich Bruno Taut an der sinnlichen Sachlichkeit, die er bei Fischer gelernt und in Muthesius' Berliner Villen gesehen hatte. Dabei verzichtete er darauf, jeden Raum einem beherrschenden Motiv zu unterwerfen. Seine Gestaltungsmotive, Kreis und Oval in Spannung zum Rechteck, klingen dezent an, ohne sich aufzudrängen. Diese geometrischen Strukturen werden in den Gesellschaftsräumen des »Ettershauses« immer wieder mit Blumengirlanden in Wandschmuck und Deckenstuck, mit den

antiken Möbeln und dem Kamin kontrastiert. Er arbeitete in einer Formenwelt, die ich als »Stil 1910« bezeichnen möchte: biedermeierlich-liberal in der Haltung, doch nicht dem »Neobiedermeier« im Sinne der Ensembles von Bruno Paul, Peter Behrens oder Karl Bertsch zugehörig, die jene im übrigen erst nach 1910 schufen. An die Stelle eines künstlich harmonisierten »Interieurs« setzte Bruno Taut seine schlichten Qualitäts- und Harmonieansprüche. Er stellte sie in den Dienst des Zweckes: der Erholung großstädtischer Angestellter in einem zugleich festlichen und natürlichen Rahmen. Die Befreiung vom Alltag und die Erhebung des Individuums zum regen, kultivierten Gemeinschaftswesen bezweckte er in und mit diesem Bau. Das Leben des Gastes wird bewußt nicht in ein »Gesamtkunstwerk« eingebunden, wenngleich Taut viele Künste in diesem einen Bauwerk vereinigte. Er gestaltete lediglich den Rahmen, den der Erholungsuchende selbst mit Inhalt zu füllen hatte. Taut schuf dem Gast die Voraussetzungen, sich gemeinsam in frohe Sphären zu erheben, doch seine Innenraumgestaltung ließ auch Möglichkeiten offen, sich der Geselligkeit zu entziehen.
Nach diesem großartigen Einstieg in den Wohnbau, den Taut nach dem neoklassizistischen Versuch für das Industriegebäude Harkort in Wetter an der Ruhr konsequenterweise in biedermeierlichen Formen ohne Enge gemeistert hatte, kamen nach 1910 Bauaufgaben auf ihn zu, die ihm aus seiner Lehrzeit bei Fischer vertraut waren: Wohneinheiten zu schaffen für finanziell und sozial Benachteiligte. Unter dem Einfluß der Berliner Lebensreformer legte Taut sein Augenmerk wieder auf den Kleinwohnungsbau.

In diesen Jahren zeitigte seine Affinität zum Kleinwohnungsbau seine ersten Siedlungsentwürfe. Unter anderem entwarf er Vorschläge für transportable Wohnhäuser als Notbauten im ostpreußischen Kriegsgebiet.[62] In den Querschnitten seiner Hausentwürfe skizzierte Taut die komplette Einrichtung, wie er sie für richtig hielt: Schrank, Betten, Öfen und Bilder wurden spärlich vor abstrakt gemusterten Tapeten plaziert. Er bestand auch auf dem Einsatz satter Farben und der Anpassung der »Insthäuser« an Landschaft und regionale Bautradition. Die kriegsbedingte Aufgabenstellung führte Taut bei der Werkbund-Tagung vom 6. bis 8. September 1919 in Stuttgart in seinem Vortrag »Ländliche Siedlungen« weiter aus. Vom November 1919 datierte der Plan des »Arbeitsrates für Kunst«, unter Tauts Federführung im Aufbaugebiet des Ostens ein Arbeiterdorf zu errichten und die Entwürfe dafür »in Arbeitervierteln vorzuführen«. Dabei sollte übrigens »der Hauptwert (...) auf das gesellige Zentrum (Volkshaus) und auf das Zusammenarbeiten der Künste gelegt« werden – ganz in Fischers Sinne.[63]
Bei einer Studienreise mit der Gartenstadtgesellschaft durch England 1910 hatte Taut die Gesellschaft und deren Funktionär Robert Tautz kennengelernt. Seitdem beteiligte er sich mit Eifer an den Plänen für die erste Berliner Gartenstadt »Falkenberg«. Aufgrund der Eindrücke einer weiteren Reise nach Holland 1912 hatte er am 31. Dezember 1912 die in Magdeburg 1911 begonnene Gartenstadt »Reform« besucht und sich in deren Belange sofort aktiv eingeschaltet, während »Falkenberg« noch im Planungsstadium steckte.

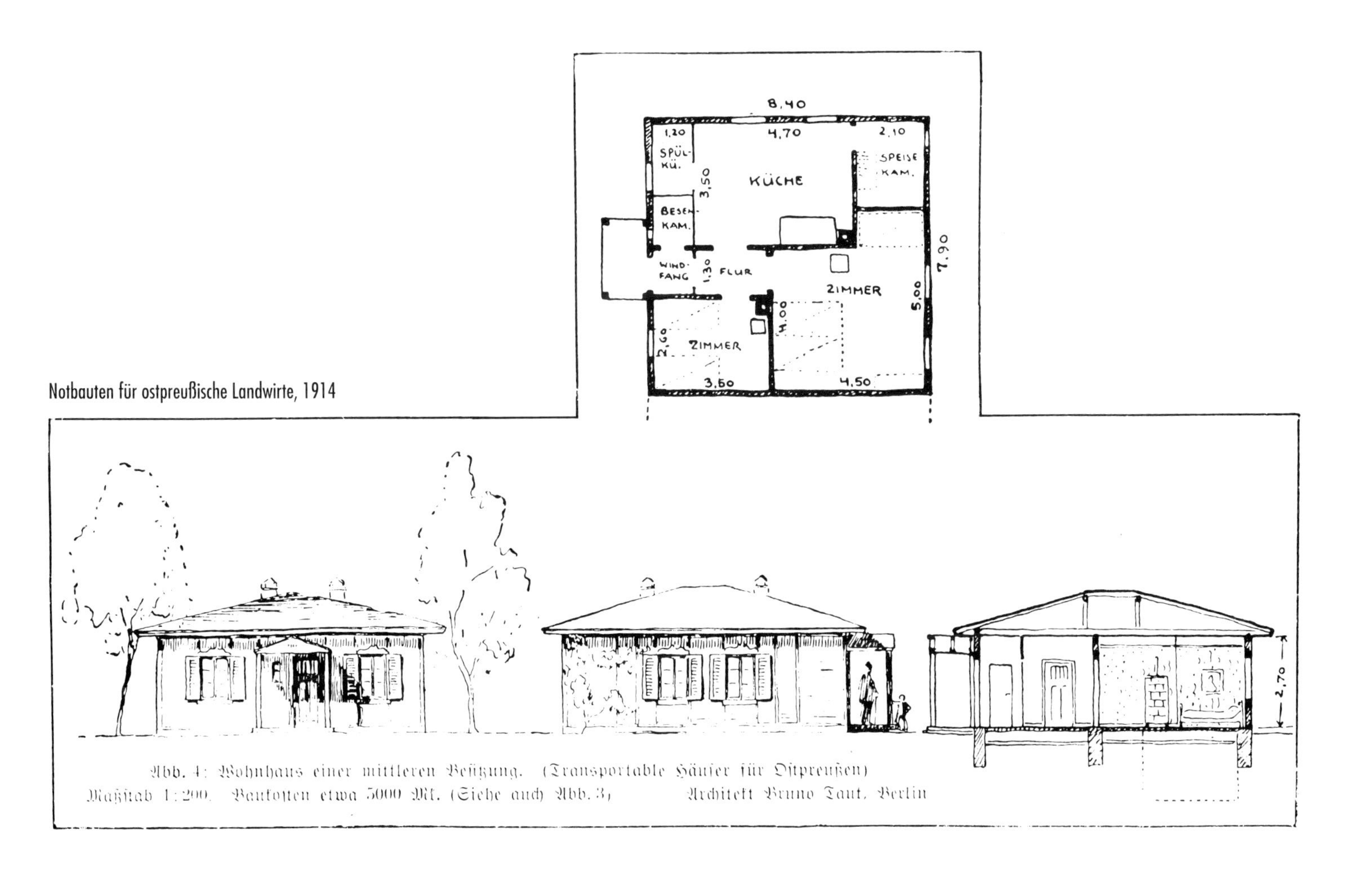

Notbauten für ostpreußische Landwirte, 1914

Bruno Tauts tätiges Interesse an der Gartenstadtbewegung und deren Projekten führte ihn zwischen 1912 und 1913 zur **Siedlung »Reform« in Magdeburg**. Auf Initiative von Arbeitern der Krupp-Gruson-Werke und unter Hinzuziehung der Deutschen Gartenstadtgesellschaft sowie der Obstbau-Kolonie Eden in Oranienburg waren dort von Architekt und Maurermeister Glimm bereits 1911 vier erste schlüsselfertige Häusergruppen »Am verlorenen Grundstein« mit insgesamt 24 Wohnungen errichtet worden.[64] In Vorbereitung dieses Bauplans waren vom 26.12.1908 bis zum 3.1.1909 Vorträge gehalten und Modellhäuser ausgestellt worden, um Genossen und Förderer zu gewinnen. Schon die Modellhäuser sollen als dermaßen vom üblichen Wohnbau abweichend erschienen sein, »daß man von einer neuen Ära des Wohnenwollens sprechen konnte«. Der Bauwille der organisierten Genossen, trotz aller materiellen Not »Reformwohnungen« zu schaffen, erschien Taut offenbar als so förderungswürdig, daß er den weiteren Ausbau der Siedlung angeblich für ein Honorar von 20 RM pro Wohnung übernahm.[65]
So schuf er bereits vor dem Ersten Weltkrieg in Magdeburg

Siedlung Reform in Magdeburg

118 Wohnungen im Reihenhaustyp. Auf einer Grundfläche von 35 m^2 ordnete er im Grundriß des Erdgeschosses eine kleine Küche und eine Wohnstube an, im Obergeschoß zwei Schlafkammern. Klosett, Badewanne und Waschkesselherd wurden im Keller installiert.[66] Bodenkammer, zusätzlicher Kellerraum und ein im jeweils 200 m^2 großen Garten angebauter Stall ergänzten das Raumprogramm dieser aus Not so wirtschaftlichen Anlage. Das »Abvermieten« an Schlafgänger wurde in §5 des Mietvertrages von vornherein untersagt.
Bruno Taut selbst kennzeichnete mit dem Begriff »einfach« die Fenster und Treppen der Bauten; er gilt gleichermaßen für die Türen und Oberlichte, die Messingtürgriffe und Fensterknebel. Auch das Äußere habe »ganz einfach« sein müssen, dem Wohnzweck entsprechend. Die Fensterrahmen waren weiß gehalten, die Haustüren dagegen in zwei vom Hausanstrich abweichenden Farben. Im Inneren waren die Wände und Dekken glatt verputzt und schon in den frühen Bauten von 1913 wie auch in den Erweiterungen von 1921 bis 1923 in kräftigen Farben gestrichen: rot, grün, blau und gelb. Dieses Faktum wird unter anderem dadurch belegt, daß bis heute die Farben des urprünglichen Kalkanstrichs sowohl in den Häusern von 1913 als auch von 1921/23 durchschlagen – ein Phänomen, das für die Berliner Taut-Siedlungen gleichermaßen zutrifft. In der Gartenstadtkolonie »Reform« wurde die Entscheidung für die Farbe zunächst nicht unbedingt von Bruno Taut gefällt, sondern eher aus Kostengründen von der Not diktiert. Bereits in Gmindersdorf waren ja die Arbeiterhäuschen aus Ersparnisgründen innen farbig gestrichen worden. Weder Taut noch seine Kritiker, weder die Chronik noch die zeitgenössische Berichterstattung gab jedoch zur Innenfarbigkeit weiterführende Kommentare, während die äußere Farbgebung intensiv diskutiert wurde. Der Alt-Genossenschafter Karl Hinsche, der Bruno Taut »rein sozialistisches Empfinden« unterstellte, erinnerte sich 1964, daß Taut »jede Einzelheit« mit den Siedlern durchgesprochen habe.[67] Dennoch wurden zum Beispiel in § 11 der Mietverträge genaue Anordnungen über die Bepflanzung sowie den Bau von Lauben und Volieren etc. getroffen: Es mußte jeweils eine Genehmigung durch die Schönheitskommission der Genossenschaft erfolgen. Trotz der Nähe zu den Bauherren, den Genossen, wurde dieser Volkswohnungsbau als künstlerische Aufgabe verstanden, deren abgezirkelte Harmonie nicht durch individuelle Eingriffe aufs Spiel gesetzt werden durfte. Die Musterwohnungen für die neue Zeit sollten mustergültig bleiben.
Am Projekt »Reform« ist also zum erstenmal nachvollziehbar, daß Bruno Tauts Kleinwohnungen auch im Innern farbig gestrichen waren. Unterstellt man, daß diese Ausgestaltung aus Kostengründen vorgenommen wurde, so wie Taut dies zunächst für die Außenfarbigkeit angab, so muß aus der Not eine Grundidee geboren sein, die er im folgenden zum Prinzip erhob.[68] Er unterlegte dem Schlichtheitspostulat bald ästhetische und ethische Begründungen und blieb ihm mit erstaunlicher Festigkeit über Jahrzehnte treu: »Reform«, »Falkenberg« und die genossenschaftlichen Nachfolgebauten der zwanziger Jahre besitzen alle das Fluidum gediegener, farbiger Einfachheit als Symbol des »neuen Geistes«.

Die Planung der **Gartenvorstadt »Falkenberg«** bei Berlin bot Bruno Taut eine weitere Gelegenheit, das Problem der Volkswohnung im Rahmen einer kleinen Siedlung eigenständig anzugehen. Hier konnte er »so bauen (...), wie er es sich einmal in seinem harmlosen Kindersinn gedacht hat, ehe ihn noch die Wahl eines festen Berufes, d.h. in diesem Falle des Architekten, klar war!«[69] Diese Siedlung, unmittelbar erwachsen aus den virulenten Bemühungen um Wohnreform, wurde schon zur Entstehungszeit als Mustersiedlung bewertet. Es galt, für Groß-Berlin ein Exempel zu statuieren. In »Falkenberg« sah man den neuzeitlichen Wohnungsbau in praktischer, weltanschaulicher und politischer Hinsicht adäquat verwirklicht. Die kulturelle und linkspolitische Aktivität, die jene genossenschaftlich angelegte Wohnform zeitigte, ist an anderer Stelle erschöpfend behandelt worden, ebenso die bauliche Organisation und Gestaltung.[70] Hier gilt es, die zugrundeliegenden Qualitäten des umbauten Raums aufzuspüren.
Der erste Bauabschnitt von 1913, der Akazienhof, umfaßte 26 Reihenhauseinheiten und acht Wohnungen im Mehrgeschoßbau. Einen Eindruck von der zweiten Bauphase im »Gartenstadtweg« – allerdings nach der Durchsetzung dieser ursozia-

Modell des Akazienhofs der Siedlung Falkenberg in Berlin-Grünau, 1913

Häuserzeilen am Gartenstadtweg in Falkenberg nach der Machtergreifung der Nationalsozialisten und Einfamilien-Reihenhaustyp am Gartenstadtweg, 1914 (unten)

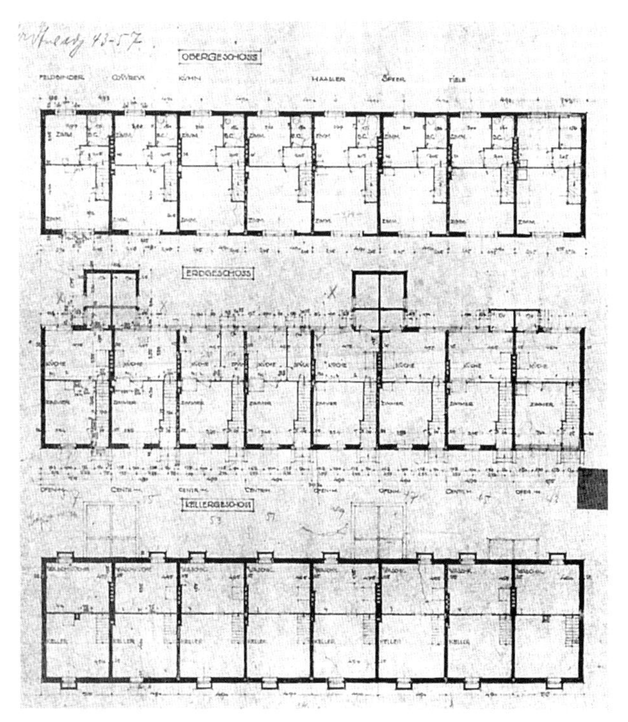

listischen Siedlung mit Parteigenossen der NSDAP – vermitteln die Abbildungen.[71] Dort wurden 93 Wohnungen in verschiedenen Typen errichtet. Erklärtes Ziel war es, durch Anpassung der Grundrisse an unterschiedliche Wohnbedürfnisse die Voraussetzungen für eine Durchmischung der Bevölkerungsschichten und somit eine klassenlose Solidargemeinschaft zu schaffen.[72]

Ab der zweiten Bauphase ließ Taut farbige Fensterrahmen und Türfüllungen einbauen, was sich zu seinem wichtigsten Gestaltungselement an der Membran vom Innen- zum Außenraum herausbilden sollte. Mit dieser Siedlung begann auch Tauts Ringen um den optimalen, genormten Wohnungsgrundriß. Hier schuf er den Prototyp seines Reihenhaus-Grundrisses: Das Erdgeschoß, dessen Eingangstür das Treppenhaus erschließt, besteht aus einem großen Zimmer und der geräumigen Wohnküche, die über das Wohnzimmer und vom Garten her zugänglich ist. Im Obergeschoß befindet sich ein Schlafzimmer, außerdem ein kleines Zimmer und ein Bad mit Toilette. Dieser Grundriß fand, lediglich in den Maßen leicht verändert und um ein ausgebautes Dachgeschoß ergänzt, noch zehn Jahre später in der »Hufeisen-Siedlung« Anwendung (Typ III).

Bei den Zeichnungen von Tauts Hand ist die Küche immer als der rückwärtige, zum Garten gerichtete Raum angegeben, was vom Standpunkt der Garten- und Hausbewirtschaftung als die günstigste Lösung anzusehen ist. In der Zeichnung zum zweiten Bauabschnitt vom 15. 2. 1915 wurde der Reihenhaus-Grundriß verbreitert und damit ein selbständiges Eßzimmer zwischen verkleinerter Küche und Wohnstube möglich. So entstand auch im Obergeschoß eine weitere Kammer neben den beiden nunmehr fast gleichgroßen Zimmern. Darüber hinaus erscheint in Gruppe 9 vom 16. 2. 1914 eine Variante von Doppelhäusern, die bei geschickter Raumausnutzung fünfeinhalb bewohnbare Zimmer mit Küche bietet, wobei jedes einzelne Zimmer gesondert vom Flur her zugänglich ist. Schon in diesen wenigen Monaten gelangte Taut durch die Baupraxis zu immer geschickteren Lösungen für das Reihenhaus. Auch die Stockwerkswohnung, in wenigen Häusern auf der südlichen Straßenseite des »Gartenstadtweges« realisiert, wurde hier erstmals eigenständig von Bruno Taut gestaltet. Allerdings finden sich darin noch Relikte aus dem üblichen Berliner Mietshausbau wie das im Treppenhaus isolierte Zimmer und die extrem schmale Kammer, die schlauchartig, nur 1,70 m breit, in einem wenig glücklichen Verhältnis zum vermutlich nur repräsentativ

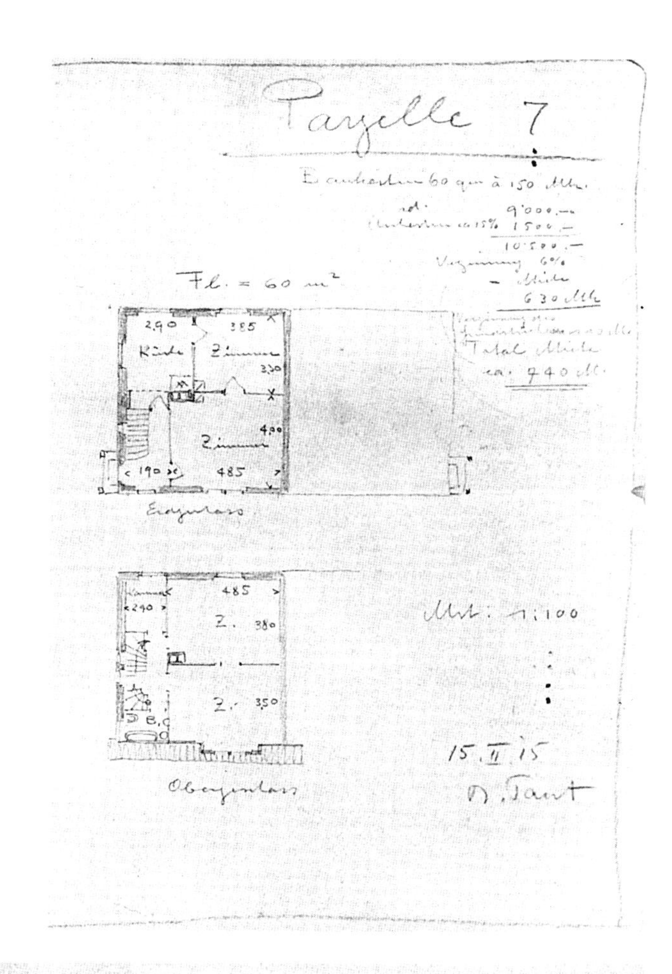

Grundriß des Reihenhaus-Prototyps, 15. 2. 1915 (rechts oben) und Doppelhausgrundrisse für Falkenberg, 16. 2. 1914

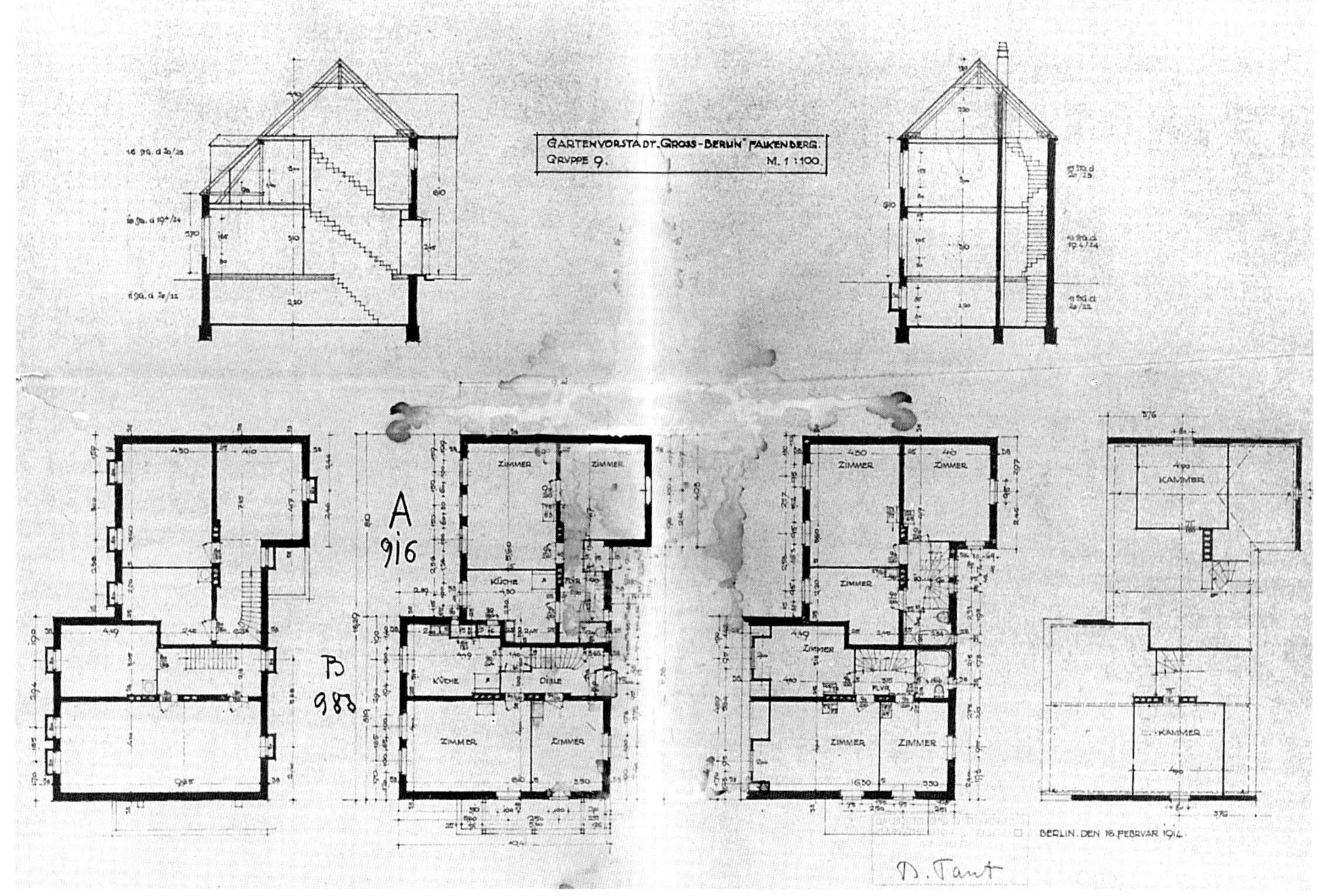

genutzten Hauptzimmer steht. An der Behebung dieser Mängel arbeitete Taut in den zwanziger Jahren kontinuierlich mit unterschiedlichen Ergebnissen. Der Grundgedanke, durchlüftbare und besonnte, zweckvoll angeordnete Kleinwohnungen zu organisieren, ist in »Falkenberg« bereits verwirklicht worden.

Die Fassadenzeichnung der Häusergruppe 10 erweist sich als Prototyp für Tauts Gestaltung von Giebelfassaden. Hier ist weitergeführt und bereits zum tautspezifischen Motiv vollendet, was sich in Gmindersdorf ankündigte: das etwas manierierte Spiel mit den Öffnungen – winzige Fenster in glatter großer Fläche, abgetreppt, zusammengefaßt, die Außenhaut von Loggien und Balkons durchsetzt, zum Garten stark durchbrochen, zur Straße verhalten geöffnet. Diese 1915 entstandene Südfront darf als Grundmuster für die Giebelwände sämtlicher Einfamilienhäuser gelten, die Taut in den Siedlungen der zwanziger Jahre baute.

Der Akazienhof, im Oktober 1913 bezugsfertig, erhielt im SPD-Organ »Vorwärts« vom 23.10.1913 gute Kritiken. Die Gestaltung des Innenwohnraums fand hier besondere Beachtung: »Bei der Inneneinrichtung wurde ausgegangen von dem Grundsatz: Verteilung der Räume auf zwei Geschosse, Wohn- und Kochraum Parterre, Schlafräume im ersten Stockwerk. Diese räumliche Notwendigkeit einer Aufteilung des vorhandenen Gesamtnutzraumes in mehrere, aber kleinere Räume, ist vom Standpunkt größerer Intimität und getrennten Schlafens der verschiedenen Altersstufen und Geschlechter eher als Vorteil (...) zu werten und beeinträchtigt durch Treppenbenutzung keineswegs die Bequemlichkeit. Jede Wohnung ist für sich ein bescheidenes Schmuckkästchen, und vielfach trafen wir auf ›Arbeitermöbel‹, von denen eine Musterkollektion in dem einzigen unbezogenen Hause noch einige Tage zur öffentlichen Besichtigung ausgestellt bleibt.« Es ist unbekannt, welche Möbel aufgestellt wurden. Es könnte sich um Modelle gehandelt haben, die von der »Kommission für vorbildliche Arbeitermöbel in Berlin« zur Verfügung gestellt worden waren.

Auch im Hinblick auf den Innenwohnraum erwies sich »Falkenberg« als mustergültig. Tatsächlich sprach man noch 1930 von der »Mustersiedlung Falkenberg«.[73] Der »Vorwärts« zitierte im Zusammenhang mit dieser neuen Siedlung Fausts Osterspaziergang: »Hier bin ich Mensch, hier darf ich's sein«, und er fuhr fort: »So ist hier mit liebevoller Fürsorge und weitausschauendem Blick alles vereint, um auch den Arbeiter in einem Heim, das seiner Kulturwertung entspricht, zu einem glücklichen Menschen zu machen.« Seitens der Adressaten, der Arbeiterschaft, ist das humane Anliegen Tauts in seiner umfassenden Wohnidee erkannt und ästimiert worden. Bruno Taut errichtete 1913 bis 1915 in »Falkenberg« Volkswohnungen, die dem Gefühl und den Bedürfnissen der Arbeiter architektonischen Ausdruck verliehen. Auch Architekten beurteilten insbesondere die Grundrisse wohlwollend und bescheinigten ihnen »mustergültige Raumausnutzung«, »behagliche und praktische Ausgestaltung« und »angemessene Gruppierung« in sparsamer Größe. Für die Ausstattung im Inneren ergebe sich

Grundriß für die Geschoßwohnungen am Gartenstadtweg, 1915

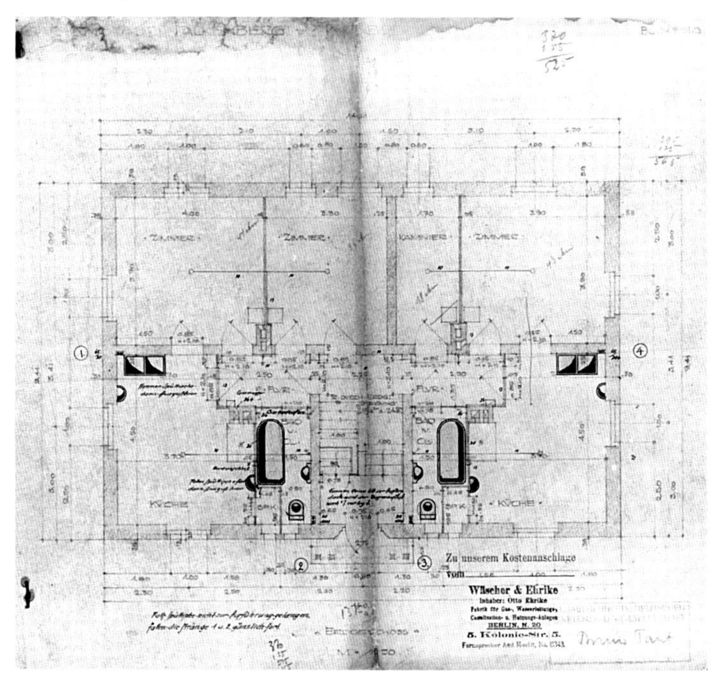

Aufriß der Häuser am Gartenstadtweg, 1913/14

hieraus Lebensraum, der »preiswert, gesund und hübsch« sei. Ihr Urteil lautete: »Hier läßt es sich leben!«[74]
Der Kunstschriftsteller Adolf Behne äußerte sich ebenfalls emphatisch: »Wie sind hier die Ansprüche der Praxis bis ins Kleinste bedacht und berücksichtigt. Leidenschaftlich hat sich der Architekt eingefühlt in die Wünsche, Bedürfnisse und Ansprüche der Bewohner. Aber er ist nicht ihr Hausknecht geworden. Er hat nicht das Ideal gehabt, den Bewohnern ihr Leben so recht von Herzen bequem zu machen. Er hat ihre Zweckansprüche erfüllt, aber er hat jeden einzelnen dieser Ansprüche so gefaßt, daß er rückwirkend unmerklich den Bewohner forme und bilde. Jeder erfüllte Zweck ist für ihn ein Hebel geworden, einen neuen Menschen zu gewinnen. Die Bewohner haben alles in der Hand, und der Architekt hat die Bewohner in der Hand, durch die Zwecke. Jede Kunst ist letzten Endes Menschenbildnerei. Die Architektur ist es am stärksten und am sichtbarsten.«[75] Hierin spiegelt sich außer der Begeisterung für das Talent Tauts auch der erzieherische Anspruch der Kunst, den Behne zu dieser Zeit mit Bruno Taut teilte.
Nicht nur für die Ausstattung mit Möbeln waren den Bewohnern Anregungen gegeben worden. Für die Gestaltung der Pergolen und Gartenzäune wurden sogar detaillierte und verbindliche Vorschläge bis hin zur Farbgebung erarbeitet, genannt »Vorlagen zum Selbsteinbauen für die Bewohner«. Wohl waren geringfügige Änderungen möglich, doch an die sechs, zugegeben phantasievollen Grundmuster mußten sich die Genossen weitgehend halten. Kündigten sich hier die rigiden Vorschriften an, welche die Baugenossenschaften später auf Bruno Tauts Veranlassung ihren Mietern bezüglich des Nachstreichens der Balkons und der Anschaffung von Markisen machten – nachweisbar für »Lindenhof«, »Schillerpark«, »Freie Scholle« und »Carl Legien«? Der Architekt bestand bei aller Bereitschaft zu benutzernaher Wohnraumbeschaffung auf der unangetasteten Harmonie des durch seinen Künstlergeist geschaffenen »angenehmen Architektureindrucks« bis ins Detail. Das Gründungsmitglied Robert Tautz bezeichnete es 1934 rückblickend – sicherlich mit heimlichem Sarkasmus angesichts der seit 1933 stark veränderten Mitgliederzusammensetzung – als Vorzug der Bauherrnschaft der Deutschen Gartenstadtgesellschaft, »daß die späteren Bewohner *nicht* [Hervorhebung des Verf.] in die Bauplanung hereinreden konnten.«[76]
Kristiana Hartmann hat demgegenüber eine Art Mitbestimmung der Mitglieder und späteren Bewohner aufgrund der Äußerungen Tauts in seinen »Siedlungsmemoiren« angenommen, die allerdings erst zwanzig Jahre nach dem Bau »Falkenbergs« niedergeschrieben wurden.[77] Sie zitiert zusätzlich Tauts Aufsatz »Siedlungen für Japan« als relevant für den Entstehungsprozeß »Falkenbergs«, doch auch dieser war erst 1934 im Exil entstanden. Für den Planungsprozeß von »Falkenberg« erscheinen die Erinnerungen des vor Ort engagierten Robert Tautz zutreffender als die des in der Zwischenzeit vielfach beanspruchten Architekten selbst. Die Mitgliederversammlungen, an die Taut sich 1933/34 erinnerte, hatten vermutlich affirmativen Charakter. Taut schrieb auch lediglich, »in großen Versammlungen« seien die »Pläne, Zeichnungen und Modelle diskutiert« worden.[78]
Nicht hineinreden, aber mitreden und ironisch Stellung nehmen konnten die Bewohner sehr wohl: Sie stilisierten die Forderungen »ihres« Architekten zur Wohnkultur, die er schon in der Frühzeit der Ansiedlung, im Jahre 1924 aber nachdrücklich, formuliert hatte, zu einem »Gag« des Sommerfestes 1925. So lautete der erste Programmpunkt im »Führer durch den Falkenberger Nepp« (1925): »Das Tauthaus – Möbellose Hochkultur – Unterricht für angehende Eheleute im Tauten – Taut zu allen Zeiten«. Auf der letzten Seite der Broschüre wurde in einer Scherzanzeige das zum Fest in satirischer Absicht hergerichtete Musterhaus angepriesen: »Jungen, wohnungslosen Ehepaaren oder solchen Volksgenossen, die zur Eheschließung den nötigen Mut haben, und die im Besitz eines Petroleum- oder Spirituskochers oder einer zweischläfrigen Kochkiste sind, steht das Tauthaus (zwei Stuben mit Zentralheizung, elektrischem Licht und freier Benutzung des ›Manneken Piß‹) als freie Wohnung zur Verfügung, wenn sie einen Baukostenzuschuß von – na, sagen wir, 2000 Mark – und eine anständige Vermittlerprovision zahlen können.«[79]
In nicht näher gekennzeichneten Zeitungsartikeln zur »Falkenberger Messe« 1925 heißt es unter anderem ironisch: »Vielen Zuspruch fand das Tauthaus mit der möbellosen Hochkultur. Recht zahlreiche junge Eheleute und solche, die es mal werden wollen, ließen sich gutgläubig einen Vortrag über die neueste Art von Hochkultur halten. (...) und im Tauthaus gewahrst du, wie möbellose Hochkultur wirkt, wenn es eine ganze Nacht dir ins Zimmer geregnet hat. (Die Bude konnte aus ›meteorologischen Gründen‹ nicht einmal in der von Taut geforderten Weise entmöbliert werden, weil selbst ein entmöbliertes Zimmer für Regenwetter noch allzu möbliert war.).«[80] Ungeachtet dieser amüsiert-fatalistischen Kommentare der von Tauts Wohnkonzept Betroffenen lassen sich objektive Qualitätskriterien bereits an seinen frühen Kleinwohnungsbauten ablesen. Ihre Bedeutung für den Innenwohnraum besteht darin, daß Bruno Taut hier den Bestrebungen der Wohnreform-Bewegung formalen Ausdruck verlieh und durch die Veränderungen des Lebensraums auch eine Modifikation der Lebensumstände herbeiführte. Er versuchte, die soziale Utopie von der Solidargemeinschaft der Menschen aller Klassen mittels Grundrißbildung einzulösen. Er schuf einen neuen Typ des Arbeiterwohnhauses, an dessen Merkmalen – vorbildlose Baukörper, beste Raumausnutzung, Zugänglichkeit der Zimmer vom Flur, Querlüftbarkeit, Integration eines Badezimmers, Innenfarbigkeit und farbliche Gestaltung an der Nahtstelle zwischen Innen und Außen – er festhielt. Den Impuls, sich mit dem Wohnungsbau für Minderbemittelte auseinanderzusetzen, hatte Bruno Taut ohne Zweifel im Büro Fischer erhalten und in den beiden frühen Gartenstadtsiedlungen zu einem ersten Höhepunkt geführt.

Wie ein Nachklang zur Ära der Fischer-Nachfolge im Gesamtwerk Bruno Tauts erscheinen die beiden Ledigenwohnheime, die er 1915 und 1919 entwarf – anmutige Beheimatung inmitten der Großstadt.
1915 hatte er im Rahmen eines Projekts für Kriegsinvalide Pläne für ein Ledigenwohnheim ausgearbeitet. Damit folgte er einem Aufruf der Deutschen Gartenstadtgesellschaft, für die zu erwartenden Kriegsinvaliden und Hinterbliebenen »Heim

Grundriß der Gesamtanlage, 1915

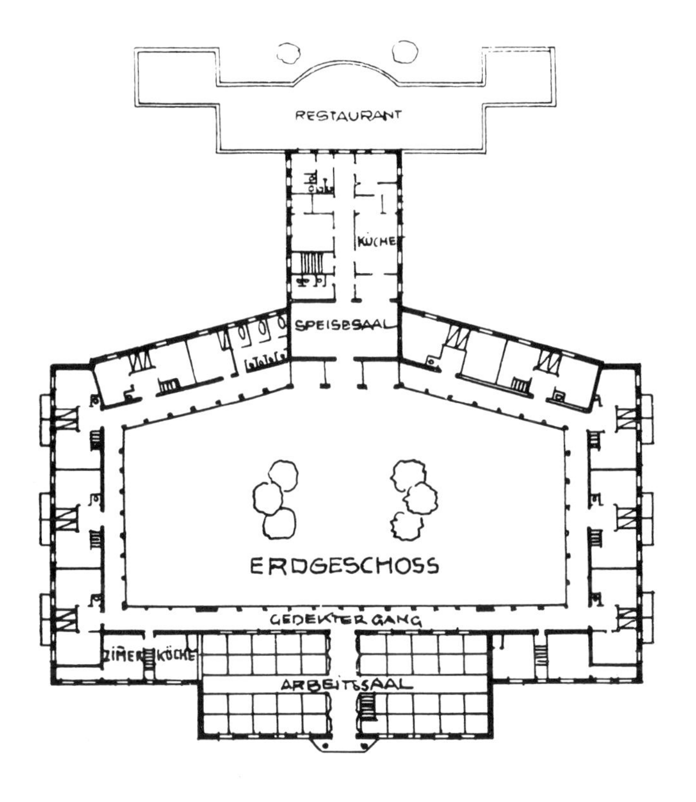

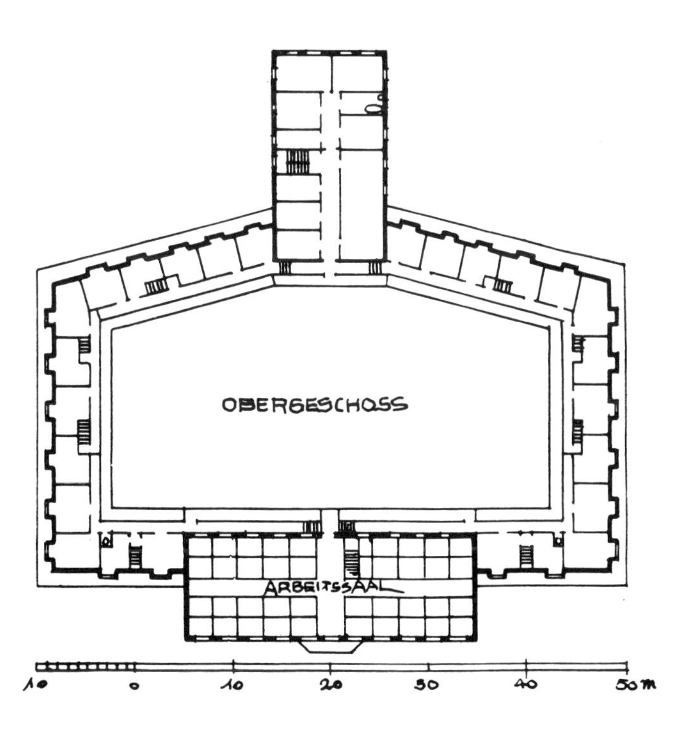

und Werkstatt«[81] vorzubereiten. Diese Projekt war 1917 in der Wanderausstellung »Kunst im Kriege« von Karl Ernst Osthaus' Deutschem Museum für Kunst in Handel und Gewerbe, vermittelt durch den Groß-Berliner Verein für Kleinwohnungswesen, zu sehen, wurde jedoch nicht gebaut.[82]

Das **Ledigenwohnheim für Falkenberg**, im Situationsplan von Bruno Taut als »Junggesellenheim« betitelt, bildet den Kopf einer Anlage aus Reihen- und Mehrfamilienhäusern für Kriegsbeschädigte. Um diesen in nächster Nähe Arbeit zu garantieren, beherbergt der Torbau auf zwei Ebenen vier große Werkstätten. Daran schließen sich spiegelsymmetrisch zwei Pflegerwohnungen und im rechten Winkel dazu die Einzelzimmer an. Dem Werkstattgebäude gegenüber laufen zwei Flügel in leicht stumpfem Winkel auf ein langgestrecktes Wirtschaftsgebäude zu, das sich wiederum zum U-förmigen Restaurant erweitert. In diesem Bereich sollte eine Zentralküche sowohl den Speisesaal der Ledigen, deren Vollpension im Mietpreis inbegriffen gewesen wäre, als auch ein Restaurant versorgen, das der Geselligkeit aller Falkenberger Genossen dienen sollte. Im Innenhof bildet ein gedeckter Wandelgang entlang der Logierzimmer die Verbindung zwischen Speisesaal und Arbeitsräumen. Bei gutem Wetter bietet der liebevoll gestaltete Innenhof Gelegenheit zur Muße. Hof und Pergola erinnern in ihrer Anlage an einen Kreuzgang mit schlanken glatten Rundpfeilern. Die Zimmer im Erdgeschoß sind paarweise um Dielen mit WC angeordnet, die gegebenenfalls ausreichend Platz zum »Parken« von Rollstühlen lassen. Jedes Zimmer hat eine mit Vorhang abgeteilte Bettnische, ein großes Fenster, im Erdgeschoß Zugang zu Gartenparzellen, Raum für eine Sitzecke, einen Schrank und ein Waschbecken. Die Zimmer im Obergeschoß, einem ausgebauten Dachgeschoß, haben rechteckige Erker, die sich als Schreibplätze anbieten. Hier fehlen jedoch die sanitären Einrichtungen. Das Gemeinschaftsbad ist im Erdgeschoß am allgemein zugänglichen Wandelgang geplant, was sicher Probleme hinsichtlich der Intimsphäre der Bewohner mit sich gebracht hätte. Das Obergeschoß bietet im Sommer Aufenthalt auf drei großen Balkons. Im Mittelbau über der Gemeinschaftsküche liegt das Bibliothekszimmer.
Taut führte eine ökonomische Innovation in diese Grundrißanlage ein, indem er die Treppen zwischen Erd- und Obergeschoß und die Zimmer selbst so anlegte, daß auch zweigeschossige Einfamilienwohnungen daraus hätten zusammengefügt werden können. Das gleiche gilt für die Arbeitsräume. Hier plante Taut wie in der »Villa Reibedanz« flexible Grundrisse, die an Ausgereiftheit in den inventiven zwanziger Jahren ihresgleichen suchen. Die Zusammenfassung der Räumlichkeiten in der außergewöhnlichen Form eines Vielecks mit einem Langbau und sich öffnenden Armen des Restaurationsbaus sowie dem ebenso bergenden wie weitläufigen Innenhof vermitteln der alleinstehenden Person Heimatgefühl. Die Anlage bietet optische und psychologische Orientierungspunkte. Somit entsteht für den einzelnen ein Lebensraum von hohem Identifikationswert mit einigem Komfort, doch ohne Hotelcharakter. Hier wird das Individuum in eine Gemeinschaft eingebunden, die ihm trotz Behinderung Halt und Abwechslung und eine Ausrichtung auf das öffentliche Leben garantiert.

Vogelschau des projektierten Wohnheims
für Kriegsinvalide in Falkenberg, 1915

Im Rahmen der gartenstadtähnlichen Siedlung »Lindenhof«, in Berlin-Schöneberg von Martin Wagner erbaut, wirkte das **Ledigenwohnheim »Lindenhof«** (1919) von Bruno Taut wie eine mittelalterliche Stadtbefriedung. In der Entwicklungslinie des architektonischen Ausdrucksvermögens Tauts stellt dieser Bau in seiner äußeren Erscheinung kein Schlüsselwerk dar; doch gerade für diese Zeit nach dem Krieg, in der Taut und seine Freunde den Geist des mittelalterlichen kollektiven Kunstschaffens beschworen und den Inbegriff der Brüderlichkeit in den gotischen Kathedralen erblickten, ist dieses Bauwerk aufschlußreich. Taut nahm im schmetterlingsförmigen Grundriß den Topos der umschließenden Arme von halbkreis- oder hufeisenförmigen Baukörpern auf, den Theodor Fischer schon 1905 für das Altersheim in Gmindersdorf gewählt hatte. Er übernahm dieses Motiv in die Entwürfe seiner beiden Ledigenheime (1915, 1919), der Folkwangschule (1919), der Elbuferzitadelle (1921) und – zum Symbol einer Mustergemeinschaft erhoben – der Hufeisensiedlung in Britz (1924).

Die runden Treppentürme des Wohnheims im »Lindenhof«, ein hohes Walmdach, besonders aber die spitzbogigen Tore und Fenster im Erdgeschoß, künden von der Orientierung am idealisierten Mittelalter. Sie sind aber auch als bewußte Aufnahme der Architekturelemente zu werten, mit denen Martin Wagner die von ihm erbauten Siedlungshäuser des »Lindenhofs« individuell gekennzeichnet hatte. Im Kontext der Innenraumgestaltung interessieren hier vor allem die Gesellschaftsräume und Logierzimmer des Ledigenwohnheims.

Der linke Flügel des Erdgeschosses beherbergt das Clubzimmer, das Restaurant mit Wirtschaftsräumen und den Festsaal. Der rechte Flügel nimmt drei Läden und die Wohnung des Verwalters auf. Der ovale Mittelbau beinhaltet großzügige Verkehrsflächen in Verbindung mit den angegliederten Treppentürmen. Zur Siedlung hin sind Veranden vorgelagert, die den Übergang zu den von Leberecht Migge gestalteten, im rechten Winkel von Pergolen eingefaßten Gartenanlagen bilden. Das Erdgeschoß ist somit ganz dem Gemeinschaftsleben geöffnet. Schon von der Funktionsmischung her ergibt sich jene Gratwanderung zwischen Individualität und Gemeinschaftsgeist, die für Tauts Gesamtwerk so bezeichnend ist.

In den Obergeschossen zweigten von den durchgehenden Mittelfluren zu beiden Seiten die Einzelzimmer ab. Über deren Ausstattung ist nur bekannt, daß sie auf einer Grundfläche von 2,20 mal 3,25 Metern ein Bett, einen Schrank, ein Waschbekken sowie Kieferndielenboden erhielten. An jedem Flur waren die Gemeinschaftsbäder zwischen den beiden Treppentürmen angeordnet, so daß kein Badelärm zu den Zimmern dringen konnte. Der Schwung des Flurverlaufs stand in angenehmem Gegensatz zu den angstgebietenden, schnurgeraden Korridoren großer Hotels oder Appartmenthäuser: eine humane Qualität der zunächst etwas manieriert erscheinenden formalen Anlage des Gebäudes. Den Mittelpunkt der Fluranlagen bildete jeweils ein ovaler Tagesraum. Das Motiv des Ovals,

Ledigenwohnheim Lindenhof in Berlin-Schöneberg, 1919

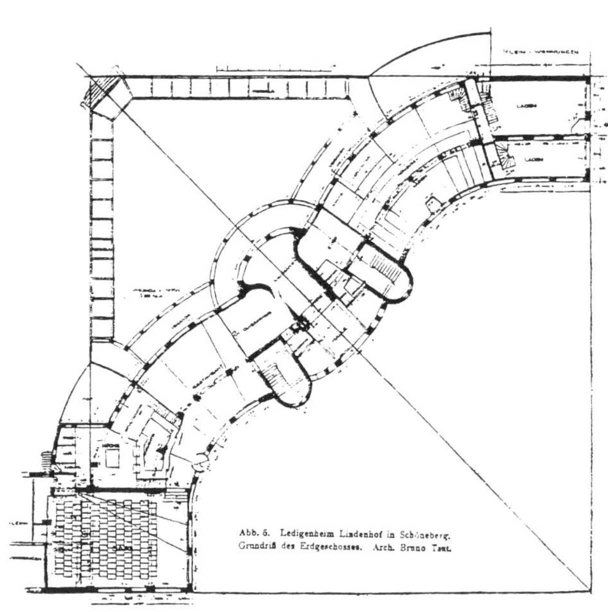

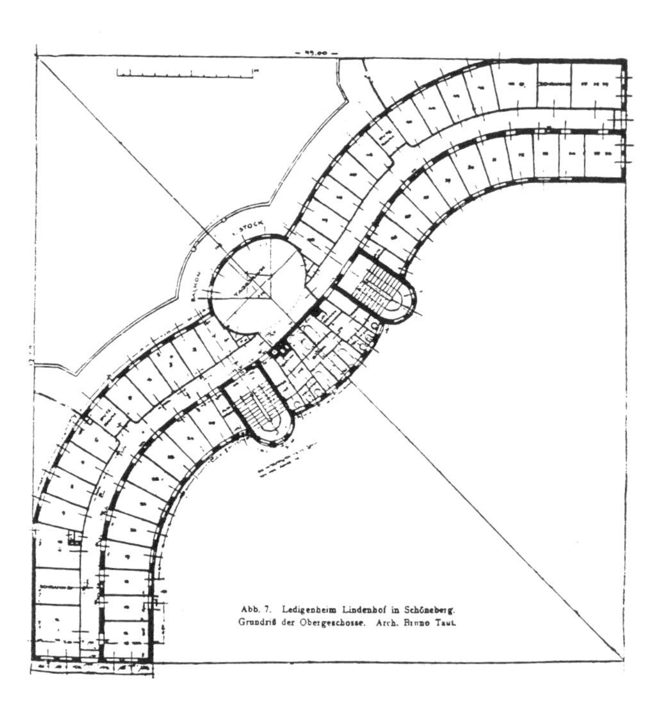

Grundrisse des Ledigenwohnheims
Lindenhof, 1919

Clubzimmer im Ledigenwohnheim
Lindenhof, 1920

Expressionistische Gestaltung des Festsaals,
1920

umschlossen von Einzelparzellen, liefert auch in diesem Entwurf einen Beleg für Pehnts These von »Kern und Schale«, dem »Zusammenspiel von Zentrum und Peripherie«[83] als Leitmotiv in Tauts Architektur.

Taut versuchte, in Fischers Sinne die »Vereinigung aller Künste« in diesem Bau zu verwirklichen, indem er für die Ausgestaltung der Gemeinschaftsräume befreundete Maler und Bildhauer heranzog. Außerdem waren Theateraufführungen, Ausstellungen, Konzerte und frohe Zusammenkünfte der Siedlungsgenossen geplant. Der Torbau sollte zum Mittelpunkt der Siedlergemeinschaft werden.

Im Clubzimmer, noch integriert in den Mittelbau, faßte Taut eine abgerundete Nische »in der Decke zu einer exzentrischen Spirale« aus Stuck zusammen.[84] Ein dunkles Ölfarbenpaneel bildete das zusammenfassende Band des Raumes um einen runden Tisch mit eingebauter Eckbank. Darüber, ausgehend von der Spirale, entwickelte der Maler Franz Mutzenbecher »leuchtende Töne verschiedener Farben, über die Decken und die Wände (...), welche nach unten zu, bis zum Paneel in gleichmäßiger Abschattierung leichter und milder werden.«[85]

Im Jahre 1922 beschrieb Taut das Ledigenwohnheim noch einmal unter Betonung des Farbeinsatzes. Er bemerkte: »Das Clubzimmer ist in starken und reinen, vorzugsweise warmen Farben gehalten. Die einzelnen Streifen des turbinenartigen Deckenschmucks sind keineswegs gleichfarbig. Das Zimmer scheint ganz allgemein auch denen zu gefallen, die auf Farben bisher nicht eingestellt waren.«[86] Es ist bedauerlich, daß zu diesem Zeitpunkt die Farbfotografie noch nicht existierte und die Künstler, da sie ohne Entwurf direkt auf die Wände improvisierten, keine Kartons hinterließen. Die Schwarzweiß-Fotografien, insbesondere vom Festsaal, geben nur einen vagen Eindruck von der Vielgestaltigkeit und expressionistischen Flächenzersplitterung der Werke dreier Künstler in einem Raum. Paul Gösch, später Mitglied der »Gläsernen Kette«, Franz Mutzenbecher und der Bildhauer Gottlieb Elster hatten von Taut die Aufgabe erhalten, in diesem Raum eine künstlerische Einheit für eine vielfältige Gemeinschaft zu gestalten. Dabei sollten sie ihre jeweilige Künstlerindividualität der gemeinsamen Absicht unterstellen. Das Ergebnis dieses Raumexperiments fand allerdings nur geringe Akzeptanz. Taut kommentierte das Publikumsverhalten lapidar: »Und auch das Publikum stellt sich nach und nach immer unbefangener darauf ein, besonders wenn es dort tanzt und vergnügt ist.«[87] In seinem Artikel von 1922 umschrieb er ex negativo die Irritationen der Gäste: »Nun sind weder Dinge dargestellt noch ist eine rhythmische Aufteilung in den Flächen vorgenommen. Auch die Hervorragungen, gelegentlich tropfsteinartig, auch wohl kristallinische Stäbe, die aus der Wand hervorwachsen, sind nicht rhythmisch angeordnet. Anklänge an menschliche Körper, Köpfe, baumartige Gebilde bestimmen den Eindruck nicht, sondern lediglich die schönen und reinen Farben.«[88] Er mußte zugeben, daß diese Raumkunst, außer bei ausgelassenen Festen, nicht viele Anhänger gefunden hatte.

Aufschlußreich für die tatsächliche Haltung der Siedlungsgenossen ist die prompte Umgestaltung des Festsaals nach der Machtübernahme Hitlers 1933 durch den neuen Pächter, NS-Genossen Thiele: Er nannte das Lokal nun »Lindenhofer Hirsch« und richtete es auch genauso her. Die Wände wurden neu verputzt und mit profilierten Stuckrahmen in Felder einge-

Festsaal nach der Umgestaltung, 1933

teilt, in denen nurmehr harmlose Landschaftsmalereien die Abkehr vom nahen Moloch Großstadt thematisierten. Schwere, dunkle Raffportieren taten ein übriges für diese Art von Gemütlichkeit, die Taut zeitlebens bekämpfte.

Die »Gemütlichkeit« der Bauten Bruno Tauts rührte von Theodor Fischers Auffassung her und schuf in dessen Sinne Identifikationswerte ohne Gefühlsduselei. Aus seinem intensiv empfundenen Heimatgefühl heraus wollte Taut in seinen Bauten Orientierungen für den Alltag bieten. Ohne Festlegung auf Jugendstil oder Neobiedermeier war bereits sein Frühwerk »der Schaffung des schönen Gebrauchs« verpflichtet. Taut fand zu selbständigen künstlerischen Formulierungen, vorwiegend in den Fassaden, doch auch in den wohlorganisierten, zurückhaltenden Innenräumen als den Gehäusen für ein selbstbestimmtes, humanes Leben.
Bauaufgaben, Berufsethos und Formenrepertoire wurden in den ersten zehn Jahren seiner Betätigung als Architekt von Fischer, Möhring, Messel und Muthesius beeinflußt. Bruno Taut hielt unbeirrt an seinem Leitsatz fest: »Du magst können, soviel Du willst – wenn Du den Blick nicht nach allen Seiten hin offen hältst, so wird Dein Schaffen nie ein quellender Born (. . .).«[89]

Anmerkungen

1 Kristiana Hartmann: Bruno Taut e la tradizione berlinese. In: Bruno Taut – la figura e l'opera. Hrsg.: Gian Domenico Salotti. Mailand 1990, S. 70–78
2 B. Taut: Aesthetik der Berliner Wohnungsbauten. In: Bauwelt 16 (1925), Heft 6, S. 97
3 Paul Gusovius: Der Landkreis Samland. Würzburg 1966, S. 40, 48
4 Tagebucheintrag vom 3. 5. 1905, AdK Berlin
5 Vgl. Tilmann Buddensieg: Mies und Messel. In: Kunst um 1800 und die Folgen. München 1988, S. 346–351
6 Tagebucheintrag vom 28. 8. 1935. Masch. Man., AdK Berlin
7 Achim Wendschuh, Vorarbeiten zum Katalog »Bruno Taut 1880–1938«, Berlin 1980 (AdK, 1980), AdK Berlin
8 Tilmann Buddensieg: Ein Berlin-Besuch des jungen Bruno Taut. Ein Brief an seinen Bruder Max Taut vom 2. 3. 1902. In: Festschrift für Martin Sperlich zum 60. Geburtstag. Tübingen 1980, S. 161–178
9 B. Taut: Die Architektur des Westens mit ihrer Bedeutung für Japan. Vortrag, gehalten Mitte Juli 1934 in Tokio, S. 4. Typoskript, AdK Berlin
10 Helmut Geisert: Architektur der Großstadt. In: Berlin um 1900. Berlin 1984, S. 210–226, hier S. 212
11 Tilmann Buddensieg: Facciate, veramente facciate da Bruno Taut? In: G. D. Salotti, Bruno Taut, 1990, S. 79–86. Entwurf Tauts publiziert in: Keramische Monatshefte 3 (1903), Heft 3, S. 33, Abb. 35
12 Tilmann Buddensieg: Das Wohnhaus als Kultbau. In: Peter Behrens und Nürnberg. Nürnberg 1980, S. 37–47
13 Ines Wagemann: Der Architekt Bruno Möhring 1863–1929. Diss. Bonn 1988 (Masch. Man.)
14 B. Taut: Brief an Hedwig Wollgast vom 6. 3. 1904, AdK Berlin
15 B. Taut: Brief an Max Taut vom 15. 6. 1904, AdK Berlin
16 B. Taut: Ein Wohnhaus. Leipzig 1927, S. 33
17 Zit. nach AdK, 1980, S. 33
18 Im Tagebucheintrag vom 17. 4. 1905 nannte Taut selbst Leistikow, AdK Berlin
19 B. Taut: Brief an Max Taut vom 14. 12. 1903, AdK Berlin
20 Winfried Nerdinger geht auf die Schülerschaft Tauts kurz ein. Winfried Nerdinger: Theodor Fischer. Architekt und Städtebauer 1862–1938. Berlin 1988, S. 86, 93 f.
21 B. Taut: Brief an Max Taut vom 13. 5. 1904, AdK Berlin
22 Christliches Kunstblatt 1905, S. 265
23 Ulrich W. M. Kerkhoff: Theodor Fischer. Stuttgart 1987; Winfried Nerdinger: Theodor Fischer. Berlin 1988; Rudolf Pfister: Theodor Fischer. München 1968
24 R. Pfister, Theodor Fischer, 1968, S. 46
25 B. Taut: Brief an Max Taut vom 7. 3. 1905, AdK Berlin
26 B. Taut: Brief an Max Taut vom 8. 6. 1904. Es handelte sich um Bartholomaeus Carneri: Der moderne Mensch. Versuche über Lebensführung. 5. Aufl. Stuttgart 1901
27 Karl Henrici, Von innen nach aussen oder von aussen nach innen? In: Süddeutsche Bauzeitung 13 (1903), S. 177–191
28 K. Henrici: Von innen nach aussen, 1903, S. 186
29 K. Henrici: Von innen nach aussen, 1903, S. 189
30 Adolf Loos: Die Frau und das Haus. In: Neue Freie Presse vom 3. 11. 1898. Zit. nach: Adolf Loos: Die Potemkinsche Stadt. Wien 1983, S. 71
31 Ludwig Münz/Gustav Künstler: Der Architekt Adolf Loos, Wien, München 1964, S. 15
32 U. W. M. Kerkhoff, Theodor Fischer, 1987, S. 170
33 Publ. in: Karl Weißbach/Walter Mackowsky: Das Arbeiterwohnhaus, Berlin 1910, Abb. 394, 399
34 Zentralblatt der Bauverwaltung 28 (1908), S. 90
35 W. Nerdinger, Theodor Fischer, 1988, S. 114
36 Vgl. Brigitte Lamberts: Das Waschdampfwerk Reibedanz Berlin. Die Stellung des Baus im Frühwerk von Bruno Taut. MA. Bonn 1987 (Masch. Man.)
37 Der Gute Geschmack 1 (1911), S. 36
38 Adolf Behne: Bruno Taut. In: Pan 3 (1913), S. 538, 540
39 Theodor Fischer: Was ich bauen möchte. In: Kunstwart 19 (1906), S. 5–9. Und in: Hohe Warte 3 (1907), S. 326–328
40 Protokoll der Dritten Besprechung mit dem Vorsitzenden des Deutschen Werkbunds am 5. 11. 1919, S. 3, KEO-Archiv, DWB 285/7
41 Th. Fischer, Was ich bauen möchte. Zit. nach W. Nerdinger, Theodor Fischer, 1988, S. 333
42 Th. Fischer, Was ich bauen möchte, 1906
43 Berlin und seine Bauten IV.C., 1975, S. 35
44 Franziska Bollerey/Kristiana Hartmann: Bruno Taut – Vom phantastischen Ästheten zum ästhetischen Sozial(ideal)isten. In: AdK, 1980, S. 34
45 B. Taut: Architektur des Westens, 1934, AdK Berlin
46 B. Taut: Brief an Hedwig Taut vom 5. 3. 1908, AdK Berlin
47 B. Taut: Architektur des Westens, 1934, AdK Berlin
48 AdK Berlin
49 B. Taut: Brief an Hedwig Taut vom 7. 10. 1908, AdK Berlin
50 Vgl. BusB IV.C., 1975; Sommer- und Ferienhäuser der »Woche«, Berlin 1911; Erich Haenel/Heinrich Tscharmann: Das Einzelwohnhaus der Neuzeit. Leipzig 1913
51 B. Taut: Brief an seine Frau Hedwig vom 29. 9. 1908: »Geheimratsvilla«; vom 29. 10. 1908: »zu tun für Villa Flamm«, AdK Berlin
52 Bauzeichnungen im Bezirksamt Zehlendorf
53 B. Taut: Brief an Hedwig Taut vom März 1909, AdK Berlin

54 Tagebucheintrag vom 1.8.1936: »Tag unserer Gründung, Fränzchen, vor 27 Jahren. 1909–1936 Taut und Hoffmann, heute nicht ›Berlin‹, sondern ›Berlin-Tokio‹.« Masch. Man., AdK Berlin
55 Adolf Behne: Die Wiederkehr der Kunst. Leipzig 1919, Reprint Nendeln 1973, S.78–80. Bauwelt 5 (1914), Hefte 27–30, jeweils S.25–27
56 B.Taut: Zu den Arbeiten der Architekten Bruno Taut und Hoffmann. In: Moderne Bauformen 12 (1913), S.122
57 Das Ettershaus. In: Lokalzeitung Bad Harzburg vom 2.8.1910 und Siemens-Mitteilungen 1926, Heft 79
58 B.Taut: Arbeiten der Architekten, 1913, S.122
59 Erdmann Müller: Das Ettershaus und seine Vorgeschichte. In: Mitteilungen aus den Gesellschaften Siemens-Halske, Siemens-Schuckertwerke Juli 1914, S.3; Lokalzeitung Bad Harzburg vom 2.8.1910
60 Für den Hagener Raum auf der Dritten Deutschen Kunstgewerbe-Ausstellung in Dresden 1906 »in 10 verschiedenen Farbenstellungen mit und ohne Indigograubedruck« von der Hagener Textil-Industrie AG produziert. Offizieller Katalog, Illustrierte Ausgabe der Dritten Deutsche Kunstgewerbe-Ausstellung Dresden 1906, S.29
61 Thomas Mann: Der Zauberberg. Frankfurt/Main 1981, S.47. Betr. den Speisesaal des Sanatoriums »Berghof«. Besser ist die Stimmung des Speisesaales im »Ettershaus« nicht zu beschreiben!
62 B.Taut: Notbauten für ostpreußische Landwirte. Transportable Wohnhäuser. In: Bauwelt 5 (1914), Beilage »Die Bauberatung«, Nr.8, S.9–11
63 Protokoll der dritten Besprechung mit dem Vorsitzenden des DWB am 5.11.1919, KEO-Archiv, DWB 285/7, S.3
64 Chronik der Gartenstadtkolonie Reform, 1. Teil 1909–1928, S.11. Masch. Man. im Genossenschafts-Archiv Reform, Magdeburg
65 Chronik, S.51. Zu Bruno Tauts Honoraren für die städtischen Projekte in Berlin in den zwanziger Jahren siehe z.B.: Richard Linnecke: Zwei Jahre GEHAG-Arbeit. In: Wohnungswirtschaft 3 (1926), S.55; Anonym: Professor Tauts Riesenhonorare. In: Berliner Börsenzeitung vom 8.1.1931
66 B.Taut: Gartenstadtkolonie Reform bei Magdeburg. In: Der Siedler 1 (1918/19), S.401
67 Interview Kurt Junghanns mit Karl Hinsche, Magdeburg, am 12.6.1964. Masch. Man., AdK Berlin
68 B.Taut: Gartenstadtkolonie Reform, 1918/19, S.401
69 B.Taut in: Falkenberg 1913–1923. Denkschrift zum 10jährigen Bestehen. Hrsg.: Robert Tautz. Berlin 1923, S.21
70 Kristiana Hartmann: Die Deutsche Gartenstadtbewegung. München 1976; Bollerey/Hartmann, Bruno Taut. In: AdK, 1980, S.50–57
71 Vgl. zur NS-Zeit: Festschrift Falkenberg 1913–1963. Hrsg.: Nationale Front. Berlin-Ost 1963. Vgl. für andere Taut-Siedlungen: Berliner Geschichtswerkstatt (Hrsg.): »Das war 'ne ganz geschlossene Gesellschaft hier«. Der Lindenhof: Eine Genossenschafts-Siedlung in der Großstadt. Berlin 1987, S.148–152, Thilo Hilpert et al.: Hufeisensiedlung. Berlin 1980, S.94f.
72 B.Taut: Gartenstadtsiedlung Falkenberg in Grünau bei Berlin. In: Der Siedler 1 (1918/19), S.308; Robert Tautz in: Mitt. 1892 32(1934), Nr.6/7, S.46
73 Vgl. Leberecht Migge in: Mitt. 1892 28 (1930), Nr.2, S.12; Robert Tautz in: Mitt. 1892 32 (1934), Nr.6/7, S.45f.
74 Der Falkenberg Nr.3, 25.5.1916, S.12
75 Adolf Behne: Gedanken über Kunst und Zweck, dem Glashause gewidmet. In: Kunstgewerbeblatt N.F. 27 (1915/16), Heft 1, S.1–4
76 Robert Tautz in: Mitt. 1892 32 (1934), Nr.6/7, S.46
77 K.Hartmann, Gartenstadtbewegung, 1976, S.106, Anm.388, 389
78 Zit. nach AdK, 1980, S.205
79 Programmheft im Archiv Seifert, Falkenberg
80 Archiv Seifert, Falkenberg
81 Unseren Kriegsinvaliden Heim und Werkstatt. Hrsg.: Deutsche Gartenstadtgesellschaft. Berlin 1915
82 Aktennotiz vom 21.3.1917, KEO-Archiv, KR 127/1
83 W.Pehnt: Kern und Schale, 1982, S.21
84 B.Taut: Ein Ledigenwohnheim in Schöneberg. In: Stadtbaukunst alter und neuer Zeit 18 (1920), S.136–138
85 B.Taut: Architekturmalereien. In: Frühlicht 1921/22, Heft 2, S.62
86 B.Taut: Ein Ledigenwohnheim. In: Bauwelt 13 (1922), S.241–243
87 B.Taut: Architekturmalereien, 1921/22, S.62
88 B.Taut: Ledigenwohnheim, 1922, S.242
89 B.Taut: Brief an Max Taut vom 20.7.1904, AdK Berlin

II. »... alles kommt aus dem Strahlenbündel des ›astralen‹ Kristalls ...«

Die visionären Jahre 1912 bis 1922

Mit seiner Rückkehr nach Berlin 1908 hatte Bruno Taut wieder Anschluß an die Freunde des ehemaligen Choriner Kreises gefunden, insbesondere wohl an Adolf Behne. Mit ihm, der als Kunsthistoriker und Kritiker die aktuellen Tendenzen in der Wissenschaft – vertreten durch Worringer und Wölfflin – und in der Kunstproduktion – in Form des Expressionismus – aus nächster Nähe verfolgte, bekam Taut Zugang zu den Kunst- und Architekturideen der Avantgarde. Diese fand sich in der »Sturm«-Galerie Herwarth Waldens zusammen, um das Wesen des Expressionismus zu ergründen und die eigenen Werke literarischer und bildender Kunst publik zu machen. Max Taut erinnerte sich noch in den sechziger Jahren daran, wie entscheidend dieser Gedankenaustausch in der »Sturm«-Gruppe für Bruno gewesen sei.[1] Behne, Tauts erster Interpret und Propagandist, erklärte ihn 1913 zu einem Baukünstler, »dessen Wirken im innersten Wesen parallel zu den Bestrebungen der jungen Maler gerichtet« sei.[2] Und tatsächlich öffnete sich Taut, auf der soliden Basis seiner fast zehnjährigen Ausbildung, den teilweise visionären und elitären Gedankengängen der Künstlerfreunde. 1913 manifestierte sich deren Einfluß in Tauts programmatischem Artikel »Eine Notwendigkeit«, der auch in der Zeitschrift »Der Sturm« erschien.[3] Darin vertrat er die von Nietzsches Gedankengut getragene Auffassung, ein »Kunstdiktator« solle den Zusammenschluß aller Künste im exklusiven Baukunstwerk der »Zukunftskathedrale« herbeiführen. Ein ausgewählter Künstler müsse als Erzieher des »Volkes« zu großer, reiner Kunst fungieren. Von dieser im »Sturm«-Kreis vertretenen Haltung ließ sich Taut so sehr einnehmen, daß er im »Werkbund-Streit« 1914, in einigen Veröffentlichungen, vor allem aber im Aktivismus der zweiten Phase des Expressionismus nach dem Ersten Weltkrieg, die Rolle des Protagonisten übernahm.

Die Verselbständigung und Steigerung der Farbe zum Ausdrucksträger in der expressionistischen Malerei bestätigte Taut in seinem Farbempfinden. Der Architekt, der bereits vor 1911 reife Leistungen vollbracht hatte, reagierte in »seinem kindlichen Gemüt«[4] besonders stark auf die architektonischen Visionen des literarischen Phantasten Paul Scheerbart. Der hatte schon um 1900 den Begriff »Expressionist« gebraucht zur Kennzeichnung der Fähigkeit zu unmittelbarem künstlerischem Ausdruck. In Scheerbarts emotional definiertem Sinne war Bruno Taut ein »Expressionist«. Scheerbart hatte in seiner skurrilen literarischen Produktion schon seit 1889, lange bevor 1914 im »Sturm«-Verlag sein Schlüsselroman »Glasarchitektur« erschien, in einigen Erzählungen das farbige Glas als den Baustoff einer besseren Zukunft besungen. Sein Architekturideal setzte sich aus bizarren, gläsern-kristallinen Sternenbauten zusammen, in deren Innerem ein Farblichtspektakel einen eigenen Kosmos schuf. Er glaubte an die moralische Läuterung des entfremdeten, europäischen Kulturmenschen durch eine gläserne, lichtdurchflutete Gesamtarchitektur. Denn sie würde ihn zur Einheit mit der Natur und dem Kosmos zurückführen respektive vorantreiben.

»Glas, Eisen und Beton sind die Materialien, die dem neuen Architekten das Mittel für diese Steigerung bedeuten«, schrieb Bruno Taut 1913 und setzte diese Vision in verschiedenen Bauten um. Der sogenannte »utopische Taut« begann nicht erst mit seinem Bilderbuch »Die Stadtkrone« von 1917 und endete nicht mit seinem »Auszug aus Magdeburg« 1922. Vielmehr setzte er die expressionistische Kunstauffassung bereits 1911 im Bau um und war noch 1938 davon durchdrungen. Die Fassade der Wäscherei Reibedanz (1911) stellt in ihrer kristallinen, plastischen Struktur die Inkunabel europäischer expressionistischer Baukunst dar, sein »Glashaus« auf der Werkbundausstellung 1914 in Köln kann als die einzige je gebaute »Zukunftskathedrale« gelten. Und noch in seinen Privathäusern in Dahlewitz (1927) und in Ortaköy (1938) kultivierte Taut die Verbindung des Bewohners mit Natur und Kosmos.

Bruno Taut war erfüllt von der Vision des kosmischen Gemeinschaftsbaus, doch »es ist die gleiche Tendenz derselben Intensität, die sich bei einfachen wirtschaftlich begrenzten Bauten in dem Streben nach der denkbar größten Schlichtheit und dem Erheben der primitivsten Form zum Symbol«[5] ausdrücken sollte. Dies war die Grundhaltung Tauts, die die Siedlung Falkenberg und das Glashaus parallel, ohne Bruch in sich vereinigte und ermöglichte. Adolf Behne hatte dies in die Parabel vom Architekten gefaßt, der gläserne Wolkenkratzer zu bauen wünscht und Hotelgeschirr entwirft.[6] Die »Tendenz« zur visionären Raumgestalt in Tauts Werk zeitigte Innenräume von halluzinatorischer Kraft, die den Gegenstand der folgenden Erörterung bilden.

Im Sinne einer umfassenden kulturellen Wirksamkeit des »kosmischen« Baugedankens setzte sich Taut für ein neues Medium, das Kino, ein. Das »Kinematographen-Theater« im Mietshaus am Kottbuser Damm war – wie bereits festgestellt –

formal noch der Fischerschen Tradition verpflichtet. Der Raumeindruck aber soll aufgrund der schillernden Farb- und Lichtwirkungen als ungewöhnlich anregend empfunden worden sein. Immerhin hatte Taut damit in der Typologie des Kinobaus ein erstes, wenn nicht gar das erste Modell für die Reichshauptstadt geschaffen.

Der nicht realisierte Entwurf für das **Lichtspieltheater in Frankfurt/Oder** von 1919 spiegelt die während der Kriegsjahre hinzugewonnenen Ausdrucksmittel wider. Taut gestaltete jetzt den Kinoraum so schmal, daß alle Zuschauer der Leinwand frontal gegenüber sitzen konnten. Der Raum verjüngte sich in sanfter Schwingung zum vertieft gelegenen Vorführbereich hin. Der Schwung wurde vom Ansatz der Decke aufgenommen und in deren Stukkatur weiterentwickelt zur umfassenden und nach vorne leitenden Kraftlinie. Auch die Loge wirkte sich als bindendes Element über dem Hintergrund des Saales aus. Von dort führten rechts und links neben den Zuschauerreihen zwei farbige Linoleumstreifen nach vorne zu dem besonders abgesetzten und ausgestalteten Leinwandbereich, dem Zentrum des Interesses, wo sie in einem Halbrund endeten. Damit nahmen sie die rundbogigen Ausgänge an den Seiten und die frontalen Scheinarkaden unter der Leinwand formal auf. Über den Seiteneingängen potenzierte sich das Motiv zu einer schuppigen Flächenstruktur. In Spannung zu den sanften, umhüllenden Schwingungen stand die scharfkantige Inszenierung der Leinwand selbst. Dreiecke wie Zacken eines Sterns gingen von ihr aus. Diese wiesen verschiedenfarbiges, unregelmäßig geflecktes Dekor auf, das wie die Antizipation von Dessins der fünfziger Jahre oder des Mailänder Designs der achtziger Jahre wirkt. Die Kombination von runden, kristallinen und farbigen Formen stand ganz im Zeichen der von Taut zu dieser Zeit besonders intensiv durchlebten Phase expressionistischer Flächenzersplitterung. Auch der Duktus des Zeichenstifts zeigt die Charakteristika der Zeichnungen für sein utopisches Bilderbuch »Alpine Architektur« (gezeichnet 1917). Der Kinoraum geriet in Bewegung, ohne optisch auseinanderzufallen, da die zusammenfassenden Gestaltungselemente die Auflösung beherrschen.

Auch benachteiligte Menschen, nämlich Liegendkranke, gedachte Taut in den Kunstgenuß der Kinowelt einzubeziehen, indem er einen Kinosaal in Form eines Amphitheaters projektierte.[7] Auf die Stufen eines Viertelrunds sollten die Krankenbetten kopfauswärts geschoben werden können, so daß aus der liegenden Position heraus jeder Besucher dem auf die Raumdecke projizierten Film folgen könnte, ohne einen steifen Nacken zu riskieren. Unter dem bewegten Zelt der flimmernden Bilder hätte sich wohl ein eigenartiges Raumgefühl eingestellt, vergleichbar vielleicht mit den Effekten der heutigen 3-D-Filmpaläste. Bei kreisförmiger Grundfläche ließen sich insgesamt vier derartige Vorführräume unter einem Dach vereinigen. Diese menschenfreundliche Idee, am 16. Juli 1924 patentiert und immer noch im Patentamt Berlin zugänglich, wurde bisher nicht realisiert.

Für das traditionelle Theater forderte Taut im selben Jahr, daß der alles umfangende Zuschauerraum nicht durch den Vorhang geteilt werden dürfe.[8] Statt dessen sollten Parkett und Bühne einander durchdringen. Diesen Effekt wollte er dadurch erreichen, daß Farbe und Licht nicht nur im Bühnenbereich, sondern auch im Zuschauerraum wechselten und daß architektonische Gliederungselemente fortlaufend und übergreifend beide Räume strukturierten. Weiterhin sollte der Theaterraum durch das Übereinander der Ränge, das zur Decke überleitet, plastisch modelliert werden. Die notwendigen Wände sollten beweglich sein und nach Möglichkeit in buntes, leuchtendes Glas aufgelöst werden, so daß sich »ein strahlendes Geschiebe in intensiven Farben« ergebe. Der Vorhang, der neuralgische Punkt des Theaterraums, »muß bunt in vielen Farben, aber durchlässig wie ein Schleier« sein. So könne der Mensch integraler Bestandteil eines für ihn und nicht für eine steril verpackte »Ware Kunst« geschaffenen Raumes werden;

Entwurf für ein Lichtspieltheater in Frankfurt/Oder, 1919

Aus der Patentschrift zum Vorführsaal für Liegendkranke, 1924

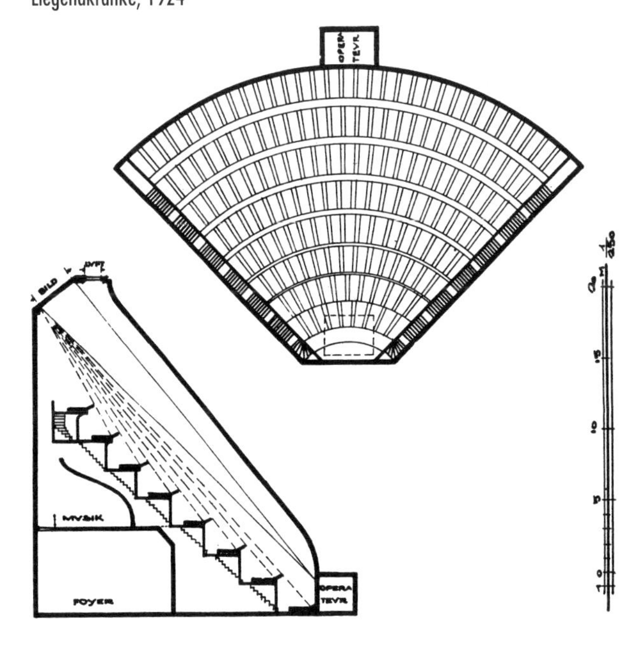

so hätte er an allen Sphären dieses Raumes teil und würde mittels Licht und Farbe einbezogen ins Geschehen. Taut lieferte sogar ein »symphonisches Architekturschauspiel« für einen solchen Erlebnisraum, mit dem Titel »Der Weltbaumeister« (1920). Die Bild- und Tonfolgen sollten dem Zuschauer ein »strahlendes Geschiebe» und zugleich den »Durst« Tauts und seiner Freunde »nach dem Blitzenden – Kantigen – Gebauten«[9] vermitteln. Dies war Tauts Alternativangebot zum bürgerlichen Interieur der »Freien Volksbühne«, die ihrem Anspruch, für das gesamte Volk richtungsweisend zu sein, nicht gerecht werde. Vielmehr handele es sich dabei um einen »polierten Sarg« mit »Pyramidenmahagoni« und »hochvornehmen Plastiken«. Bissig und von oben herab höhnte er: »Da habt ihr Proletarier eure gute Stube, eure kalte Pracht, euer Hoftheater!«[10]

Regelrecht inszenierte Innenräume schuf Taut schon vor dem Ersten Weltkrieg für verschiedene Baustoffkonzerne in der kurzlebigen, aber effektvollen Gattung der Werbearchitektur. Im Jahre 1910 erbaute Taut seinen ersten Industriepavillon im Auftrag des Träger-Verkaufs-Kontors Berlin für die II. Ton-, Zement- und Kalkindustrie-Ausstellung in Berlin-Treptow. Im Jahre 1913 folgte das »Monument des Eisens« für die Internationale Baufachausstellung in Leipzig, womit ihn der Deutsche Stahlwerks-Verband beauftragt hatte. Für denselben Verband gestaltete er 1914 auch eine Ausstellungskoje bei der Baltischen Ausstellung in Malmö. Gleichzeitig schuf Taut den »Glaspavillon« als Beitrag des Luxfer-Prismen-Syndikats zur Werkbund-Ausstellung 1914 in Köln. Dieser Glasbau nahm gewissermaßen die Utopie vom »Kristallhaus« der »Stadtkrone« (1919) vorweg.

Die Industriepavillons trieben die Auseinandersetzung mit dem umgebenden Raum ins Kosmische. Innenräume wurden durch den Einsatz von hochwertigen Materialien, durch Rhythmus und Lichteffekte in ihrer Bedeutungs- und Erlebnisebene überhöht, so daß staunendes Eintauchen und Hingabe an die Atmosphäre des Raumes als die einzig adäquate Form der Annäherung erschien. Eine weitere Besonderheit im Kontext Tautscher Innenraumgestaltungen, zu deren Prinzipien ja auch die Verbindung von Innen- und Außenraum gehört, stellte die gänzliche Abgeschlossenheit der Pavillon-Innenräume gegenüber der Außenwelt dar. Diese drang nicht in den Innenraum ein und wurde auch nicht im Ausblick erlebbar; sie spendete lediglich das diffuse Licht, das die Glaskörper zu vielfältigem Innenleben erweckte. Innerhalb seines Schaffens bilden die Industrie-Pavillons die kühnsten und effektvollsten Bauwerke Bruno Tauts.

Im **Pavillon für das Träger-Verkaufs-Kontor** von 1910 verwirklichte Taut seine Vorstellungen vom Zentralbau im modernen Zusammenhang industrieller Repräsentation. Hierbei ergab sich ein spannungsvolles Innen-Außen-Verhältnis der Bauelemente zueinander, indem eine Stufenpyramide als »luftige Raummarkierung«[11] den weiß verputzten, runden Pavillon in seiner Mitte umschloß. Dieser war von einer Kuppel mit flacher Laterne gedeckt und bildete den Kern, den nahezu autonomen Binnenraum der Stahlträger-Konstruktion. Vom Innenraum des Mittelbaus selbst liegen keine Abbildungen vor. Er muß zumindest durch ein raumhohes Sprossenfenster und eine gleichartige Eingangstür auf der gegenüberliegenden Seite strukturiert gewesen sein. Wolfgang Pehnt verweist im Zusammenhang mit diesem und den beiden folgenden Industriepavillons auf Tauts zentrales Architekturmotiv von Kern und Schale. Ein achteckiger statt runder oder ovaler »Kern« findet sich bei vielen Bauten Bruno Tauts, z.B. beim Ausstellungsstand des Stahlverbandes in Malmö (1914), beim »Haus der Freundschaft« für Istanbul (1916), beim ersten Entwurf für die Halle »Stadt und Land« in Magdeburg (1921) und beim Haus Taut in Ortaköy (1938).

Ebensogut läßt sich dieser formale Leitgedanke auch an dem **»Monument des Eisens«** (1913) nachvollziehen. Über oktogonalem Grundriß entwickelten sich vier ineinandergeschachtelte Geschosse. Die Wände waren, bis auf die Stahlbetonrahmen, ganz in dreireihige Kassettenfenster aus »gelblich-grünem Kathedralglas« aufgelöst.[12] Die Pyramide aus Achtecken wurde von einer vergoldeten Kuppel abgeschlossen. Der Schnitt zeigt, daß die vier Stufenelemente Rahmenfunktion für einen kapselartigen Innenraum, den Kino- und Vortragssaal, übernahmen. Die zweifache Innen-Außen-Relation war hier noch ausgeprägter als beim Träger-Pavillon von 1910: Einerseits wurde die goldene Kuppel als der innere Teil von den Stufenelementen getragen, ähnlich einem Edelstein in seiner Fassung, andererseits verbarg sich unter der Kuppel, nur von innen her erlebbar, der »innerste« Raum des Bauwerks. Der erstreckte sich über die beiden Obergeschosse und schloß nach oben mit einer versilberten Kuppel ab.

Dieser Kino- und Vortragssaal muß von außerordentlicher Wirkung gewesen sein. Die Wände unterhalb der Fenster des obersten Stufenelements waren dunkelviolett gestrichen und durch »zarte goldene Linienmusterung«[13] gegliedert. Weiterer

Pavillon für das Träger-Verkaufs-Kontor
Berlin-Treptow, 1910

Schmuck bestand in Gemälden mit Industriemotiven. Es ist nicht gesichert, ob Taut auch für die floralen Einfassungen der Wandsegmente und für die Stickerei auf dem Bühnenvorhang verantwortlich war. Verglichen mit dem ursprünglichen Entwurf für den Speisesaal des Ettershauses vom 20.9.1909 erscheint es durchaus plausibel. Auch im Kino am Kottbuser Damm (1910/11) und in der Kirche zu Nieden (1911) hatte sich Taut persönlich für die Stickereien zuständig erklärt.
Bei aller Überhöhung des Raumeindrucks durch die Farblichtwirkung und die Kuppelwölbung war dieser Innenraum klar strukturiert mittels der Betonstreben, der vertikalen Fensterelemente, der Kassettendecke und nicht zuletzt der genannten Rahmungen der Wandflächen.
Auserlesen wie dieser Hauptsaal wirkte wohl auch der Empfangsraum. Die Wände waren schwarzglänzend gekachelt, was zu den weißen Marmor-Bodenplatten in elegantem Spannungsverhältnis stand. »Spruchbänder in Goldbuchstaben und farbiges Mosaik beleben die Wandflächen. (...) In der Decke sind die blankpolierten eisernen Träger sichtbar, dazwischen spannt sich die Decke in Putz und farbiger Keramik«, berichtete die »Deutsche Bauzeitung«.[14]
Der Mittelraum im Erdgeschoß mit einem Durchmesser von zwölf Metern bildete eine weitere Kapsel. Er war von natürlichem Lichteinfall ausgeschlossen. An den Wandflächen erschienen rückseitig beleuchtete Diapositive von Bauten der Eisenindustrie. Der Innenraum dieses Baus war eindeutig weihevoll gedacht zur seriösen, bedeutungsschweren Repräsentation. Ganz offenkundig wurde eine Übereinstimmung zwischen dem Selbstverständnis des potenten Stahlwerks-Verbandes mit seinen hochkarätigen Mitgliedern und der aus-

Vortragssaal im Obergeschoß des Monuments des Eisens in Leipzig, 22. 11. 1912

erlesenen Gestaltung seines Werbeträgers angestrebt. Taut verband in diesem Innenraum die verschiedenen Künste miteinander zu einer »kosmisch« anmutenden Raumatmosphäre, die ausschließlich einen Innenraum erlebbar machte. Der umgebende Außenraum drang nur in Form von farbig gefiltertem Licht in den innersten Kern ein.
Die Ausstellungskoje in Malmö (1914) grenzte aus der großen lichten Halle einen nach oben offenen, achteckigen Innenraum aus nebeneinandergesetzten Stahlträgern aus. Diese Gestaltung griff Taut 1933/34 für die Präsentation kunstgewerblicher Gegenstände in Japan noch einmal auf.

Die Beschreibungen des **»Glaspavillons«** sind zahlreich und detailliert. Die vermutlich korrekteste lieferte der Erbauer selbst in seinem Aufsatz »Glashaus«.[15] Taut war bereits im Januar 1914 im Besitz von ca. sechzig Artikeln über sein Glashaus.[16] Der Innenraum dieses Zentralbaus muß ein phantastisches Raumerlebnis vermittelt haben; Taut erkannte rückblikkend allerdings nur Frauen und Kinder als sensibel genug für diesen »kosmischen« Eindruck.[17]
Bruno Tauts zurückgewiesene Berufung zum Maler kam womöglich in diesem Farb- und Lichtfestival noch einmal zu ihrem Recht. Der Innenraum des »Glaspavillons« konstituiert sich wie kein anderer aus Strukturen, Licht und Farbe.
Der obere Glassaal, der den Besucher zunächst empfing, bildete einen durch rhombenförmige Eisenbetongefache kräftig gegliederten Kuppelsaal mit durchschimmernd farbiger Haut. Das Transluzide, Immaterielle des Glases, das alle Bauebenen – auch Fußboden, Treppenstufen, alle Innen- und Außenwände – bildete, fand im quadratischen Eigenmaß der verschiedenartigsten Glassteine immer wieder einen geometrischen Rahmen. Dabei wurde das Quadrat auch hier wieder in Spannung zum Kreis gesetzt: im Baukörper selbst, in den Fußbodensteinen und sogar im Relief der Luxfer-Prismen-Steine. Somit kam es nicht zu einer optischen Zersplitterung in kristalline Einzelstrukturen oder zur vollständigen Auflösung des definierten Raumes, wie es im »Sturm«-Kreis wohl schon diskutiert, aber erst nach dem Ersten Weltkrieg in die Architekturdebatte eingeführt wurde. Eine vielleicht angestrebte Entmaterialisierung, ein Überwinden der Stofflichkeit war nur durch den konturenverwischenden Effekt der Farblichtphänomene, nicht etwa durch die Raumstruktur, gegeben. Im Gegenteil stellte Taut gerade die stofflichen Qualitäten des Baumaterials »Glas« in all ihren möglichen Äußerungen und technischen Finessen zur Schau: »Bauen ist ja: die Materie anerkennen, jeden Gegensatz von ihr zum Geist (›Allgeist‹) aufheben...«[18]. Trotzdem geriet der leichte, wenn auch fest gefügte Innenraum ins Fließen, Funkeln, in ein sphärisch-unwirkliches Farbspektakel. Doch die Auflösung fand im Auge des Betrachters statt, nicht im strengen Lineament der Bauglieder, denn: »im Innern (...) wäre Auflösung Schwäche«.[19]
Dies galt natürlich ebenso für den unteren Kaskadenraum. Dessen Noblesse in silber-perlmuttfarbenen, weinroten und goldenen Glaskacheln von unterschiedlicher Oberflächenwirkung vereinigte in sich die Architektur mit der bildenden Kunst Thorn Prikkers und Mutzenbechers und mit einem Vorgriff auf die Op-Art und die visuellen Medien der siebziger Jahre: dem projizierten Kaleidoskop. Dieses mag in ständigem Wechsel

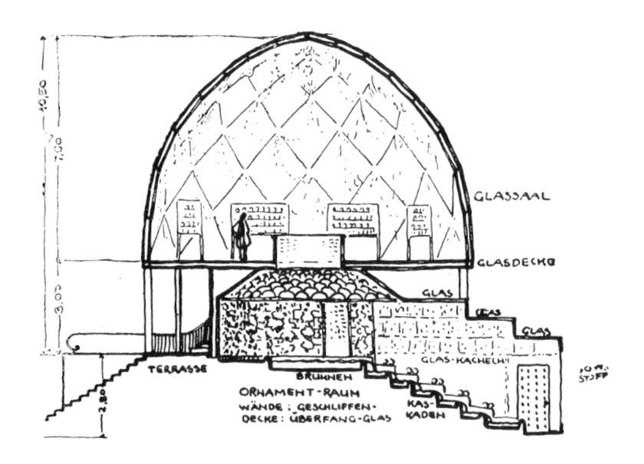

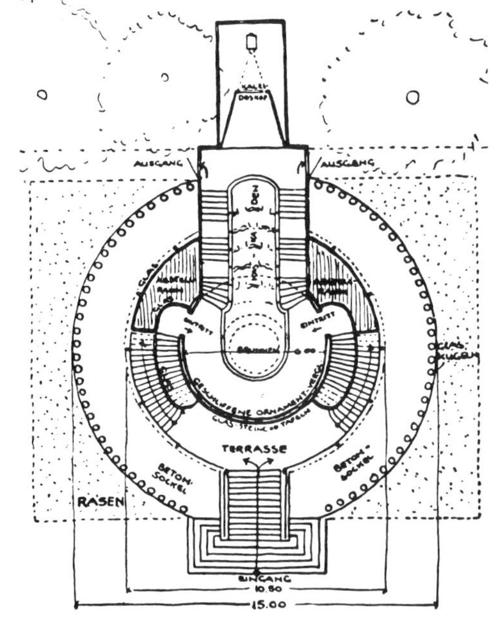

Längs- und Querschnitt durch den Glaspavillon bei der DWB-Ausstellung in Köln, 1914

Kuppelsaal des Glaspavillons in Köln, 1914

Glasfenster von Franz Mutzenbecher und Jan Thorn-Prikker im Glaspavillon, 1914

farbige Formelemente zueinander geordnet haben und damit der kantigen Zergliederung des traditionellen Bildraums in der expressionistischen Malerei verwandt gewesen sein. Das Kaleidoskop visualisierte die expressionistische Raumcharakteristik stärker als die Glassäle selbst. Deren Wirkung zielte auf kosmische Entgrenzung und Erhöhung, auf die »unwirkliche Atmosphäre im Innern eines Kristalls«[20], die den Außenraum nur als Lichtspender einbezog. Dieser Bau war das mit den technischen Mitteln der Zeit erbaute Modell einer möglichen Zukunftsarchitektur – der gebaute Traum Paul Scheerbarts. Sein halluzinatorisch wirkendes Interieur ermöglichte es, aus dem Alltag abzutauchen und als erneuerter Mensch daraus hervorzugehen.

In der Wohnarchitektur, die sich in Funktion und Dauer der Auseinandersetzung des Menschen mit dem Raum wesentlich von dieser plakativen Werbearchitektur unterschied, blieben die drei konstitutiven Elemente der Industrie-Pavillons – Struktur, Licht und Farbe – tragend, wurden jedoch anders akzentuiert.
Als eine weitere Konstante derart repräsentativer Innenräume mit Öffentlichkeitscharakter kann für die meisten festgestellt werden, daß sie nach oben eingewölbt sind. Diese Gewölbebildung ist oft eine logische Folge der Zentralbauidee, die Taut diesen Raumgefügen zugrunde legte, so zum Beispiel beim Entwurf für ein Krematorium (1902)[21] oder dem Friedhofsbau für Frankfurt am Main (1906), bei den obengenannten Pavillons und dem Erweiterungsvorschlag für das Kaufhaus Wertheim (1910), dem »Haus der Freundschaft« (1916) für Konstantinopel bis hin zum Kulturzentrum für Moskau (1932).[22]

Tauts Affinität zur Gotik spricht sich in vielen dieser Projekte aus. Es ist jedoch beachtenswert, daß er ohne jede Assoziation an gotisches Formenrepertoire völlig selbständige, vorbildlose Bauten schuf. Bildet der Raum nicht selbst ein Rund, so wird einem rechteckigen oder quadratischen Grundriß mittig eine Kuppel aufgesetzt wie im Vestibül des Mietshauses Tiergartenstraße 34a (1912) und beim Kaufhaus Mittag in Magdeburg (1914/20).

Ganz im Tenor des Glashauses sind noch die Räume des **Hauses Samek** (1919) entworfen. Taut veröffentlichte die Außenansicht dieses nie gebauten Hauses in der zweiten Buchpublikation des Arbeitsrates für Kunst (1920).[23] Den Grundriß mit Speise- und Schlafraum führte er noch einmal, etwas modifiziert, als »Entwurf für ein Landhaus« in der »Neuen Wohnung« (1924) vor.[24] Die Entwurfszeichnung für diesen Privatauftrag in der Podbielskiallee in Dahlem ist im Duktus der »Alpinen Architektur« (1919) ausgeführt. Die Projektion der expressionistischen Emphase auf ein bürgerliches Wohnhaus bewirkt – trotz der zauberhaft simultan ausgeführten Zeichnung – eine optisch erfahrbare Inkongruenz: Die Gesamtansicht des »Landhauses« Samek zeigt ein Konglomerat von konventionellen Walmdachhäusern, geziert mit rautenförmigen und spitzbogigen Versatzstücken sogenannten expressionistischen Bauens, und gläsernen Rundbauten. Im Unterschied zu seinen Bauprojekten in den Publikationen zwischen 1919 und 1921 ordnete er beim Haus Samek acht Einzelelemente nicht auf eine »Krone« – zum Beispiel auf das durchaus vorhandene Glashaus – hin an, sondern schob sie ohne Rücksicht auf Trauf- und Dachhöhe wenig organisch ineinander. Die Innenräume fielen dagegen beachtlich aus.

Entwurf für die Villa Samek in Berlin-Dahlem, 1919

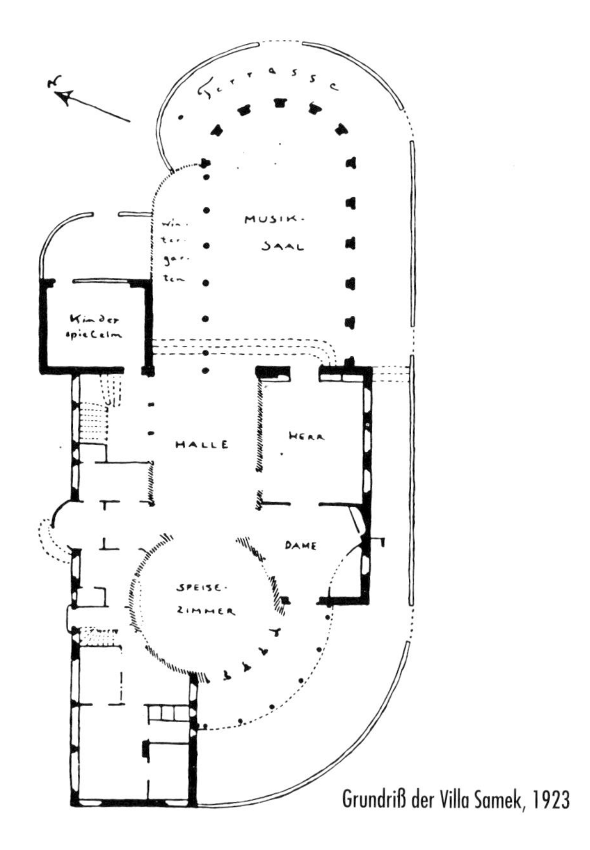

Grundriß der Villa Samek, 1923

Zentrum der Anlage ist das kreisrunde Speisezimmer unter dem ebenso runden Kuppelraum. Es bildet eine Enklave, die durch Glasprismenwände in den umgebenden Raum integriert und gleichzeitig von ihm abgesondert ist. Der Eßraum öffnet sich mit einem breiten Durchgang zur Halle, die über einen stark gegliederten Eingangsbereich erreicht wird. Licht erhält er von Südwesten durch fünf Fenster, die sich zu einer säulengetragenen Pergola öffnen. Damen- und Herrenzimmer schließen sich im Süden an. Sie sind beide von der Halle aus zugänglich und gegen diese mit Glasprismenwänden abgeschlossen. Das Damenzimmer steht durch weitere Türen mit dem Eßzimmer, der Pergola und dem Herrenzimmer in Verbindung. In dessen eingebauter Bücherwand befindet sich der Durchgang zum Musiksaal, der über drei Stufen auch von der Halle aus zu erreichen ist. Sieben Säulen teilen nach Norden den Musiksaal von einem Wintergarten ab und vervollständigen die rundbogige Raumform, die durch die Stellung von zwölf weiteren Säulen gegeben ist. Dazwischen führen Glastüren auf die umlaufende Terrasse. Dieser Entwurf offenbarte, daß Taut sein Ideal vom »Glashaus« noch immer in sich trug und die Gelegenheit zu dessen Verwirklichung im Privathausbau erhoffte. Dieser Entwurf folgt dem Verlangen des Architekten nach »kosmischen« Lichtspielen.
Eindrucksvolle Beispiele dafür liefern die detaillierten Einzelentwürfe des Speise- und des Schlafzimmers, die übereinanderliegen und von einem Glaskuppelraum überwölbt werden sollten. Die Grundfläche des Speiseraums ist kreisrund, der ganze Raum konzentrisch angelegt. Die umlaufende Wand ist vollständig aus Glasprismensteinen aufgemauert. Die vielfältigen Öffnungen zu Halle, Anrichte, Damenzimmer und Terrasse kommentierte Taut: »(...) die Öffnung nach der Halle könnte unverschlossen bleiben, da die Gespräche einer reinlichen Umgebung kein Abschließen nötig machen.«[25]
Die Glasprismensteine nehmen in ihrem Relief das Kreismotiv auf und entsprechen damit denen des »Glashauses« von 1914. Glas, Licht und Kreis bestimmen auch die Gestaltung des gesamten Raums, der Lampe, des Tisches, der Decken- und Bodeneinteilung. Der Fußboden, der aus »Linoleum, Korklinoleum, Steinholz oder dergleichen« bestehen sollte, ist wiederum in einen mittleren Kreis und einen äußeren Ring gegliedert. Im Ring sind alternierend nach innen und außen gerichtete, zweifarbige Dreiecke angeordnet. Die dreieckigen Rücklehnen und runden Sitzflächen der dreibeinigen Lederstühle nehmen die geometrischen Motive auf. Kreis und Dreieck werden im ganzen Raum in Spannung zueinander gesetzt und ergänzen als Hauptmotive gemeinsam mit der kunstvollen Beleuchtung und der Auflösung der Wand in diffuses Glas die futuristische Wirkung dieses Raumes.
Abbildung 43 der »Neuen Wohnung« zeigt den genau über dem Eßzimmer liegenden Schlafraum mit demselben kreisförmigen Grundriß, doch ist hier eine Seite des Kreises zugunsten eines Außenflures angeschnitten. Die so entstandene Stirnwand setzt sich aus holzgefaßten, seidenbespannten Quadraten zusammen. Zwei davon sind als Fenster zum Flur ausgebildet, um mit den beiden gegenüberliegenden Fenstern und der Balkontür die Querlüftung zu gewährleisten. Die geschwungene Wandfläche ist in drei waagerechte Streifen aufgeteilt. Die Decke gliedert sich in zwei verschiedenfarbige Ringe um einen Mittelkreis, der den Blick durch die kristallförmige Ampel des Glaskuppelraums zum Sternenhimmel freigibt. Zwei Drittel des Bodens sind als Podest ausgebildet, das mit hellem Eisbärfell teppichbodenartig ausgelegt ist. Darauf ist das Bett als schlichte Doppelschlafliege an die beiden mittleren Quadrate der Stirnwand gerückt. Die Chaiselongue am Fußende des Bettes ist wie der übrige Boden des Schlafzimmers mit dunklem Grizzlybärfell überzogen. Als Nachttische dienen zwei über dem Bett eindrehbare Glasplatten auf einfachem Ständer. Der Raum ist sonst völlig leer. Die Gliederung des Raumes schafft eine ruhige, sammelnde Atmosphäre im Unterschied zum darunterliegenden, kristallin zersplitterten Speisezimmer.

In diesen Jahren 1919/20 wurde Taut als Urheber architektonischer Utopien märchenhaften Charakters bekannt. Denn in der Zeit, als das sinnlose Toben des Krieges ihn von der Niederträchtigkeit der Menschheit überzeugte und ihm zudem jede bauliche Aufgabe verwehrte, hatte Taut schöpferische Kompensation in architektonischen Phantasiegebilden gesucht und den bereits 1913 gehegten Gedanken vom »großen Zukunftsbau« ausformuliert. Er zeichnete und schrieb in den letzten Kriegsjahren die umfänglichen Bücher »Die Stadtkrone« (1917 konzipiert, 1919 veröffentlicht), »Alpine Architektur« (1919), »Die Auflösung der Städte oder Die Erde eine gute Wohnung oder auch Der Weg zur alpinen Architektur« (1918 konzipiert, 1920 veröffentlicht) und publizierte das »Architekturschauspiel für symphonische Musik« mit dem Titel »Der Weltbaumeister« (1920). Diese Werke atmeten den Geist des bereits 1915 verstorbenen Architekturdichters Paul Scheerbart und suchten die Überwindung der Kriegserlebnisse in dessen hoffnungsfroher Glaswelt.
Die Innenräume jener utopischen Gebäudeentwürfe, beson-

ders der des »Kristallhauses«, folgen wiederkehrenden Leitmotiven: »Nicht glatt und wandhaft ist dieser Raum, sondern von der Harmonie einer reichen, vollendeten Gliederung.«[26] Innerhalb dieser Strukturierung bleibt der Raum »leer und rein«, im »Weltbaumeister« ist der kosmische Innenraum sogar »menschenleer«. Angefüllt wird er allein von vielfach gebrochenem Licht, von Farbklängen und flutender Helligkeit.

Der Berliner Architekt Hans Luckhardt schrieb von der »tiefethischen Kunstidee« des Tautschen »Kristallhauses«: »Im Inneren soll es das große Schweigen atmen, (...) das ewig Leere und Tote, das Nirwana der Kunst.«[27]

Neben dem wichtigen Aspekt der »Leere« beinhaltet zum Beispiel die »Auflösung der Städte« (1920) weitere Prinzipien der Innenraum-Konzeption, die über die Utopie hinaus für Tauts reales Schaffen Bedeutung gewannen. Auf Blatt 7 der »Auflösung der Städte« faßte er einige davon zusammen: »Ihre Wohnung ist immer ›einzig‹ und wo nähere Gemeinschaften sind, ist kein Nachäffen und Nachpapageien, sondern ein unendlich variables Umformen von gleichen Hausbestandteilen (...). Im Prinzip eine ›Schachtel‹ mit einem einzigen Wohnraum. Form je nach Wind, Sonne und Lage wechselnd. Homogene Wandteile immer anders zusammengesetzt. Oberlicht, Heizung, Kochen, Licht elektrisch. Zwischenwände so verschiebbar, dass das Hausinnere immer leicht jedem Wunsch folgen kann. Jeder Hausgenosse kann sich innerhalb der grossen Kapsel leicht selbst einkapseln. Kein Schrank hindert ihn; denn Schränke sind überall eingebaut, und alles Andere sind mobilste Mobilia. Jede Wand hat eine andere Farbe, auch aussen. Die Decke ebenso, beides aus Tafeln von schlechten Wärmeleitern, an den Ecken mit Falzen und Aufsatzleisten. Wandlungsfähig ist das Haus wie der Mensch, beweglich und doch fest. (...) Wir halten uns doch für feinst organisierte Weltwesen. Aber die Kapseln um unsere Leiber müssen einen weiten Abstand halten von der Wohnung der Ideen.«[28]

Auf dieses Blatt 7 bezog sich Taut noch 1924, als er unter dem Druck der Verhältnisse von der Utopie zu den realen Baufragen der Inflationszeit zurückgefunden hatte, in seiner überaus lebenspraktischen Schrift »Die Neue Wohnung – Die Frau als Schöpferin«. Taut war sich der Kontinuität seiner einmal formulierten Postulate durchaus bewußt. Modifiziert durch die zweite, phantastische Phase des Expressionismus nach dem Krieg, dominieren auch in den Publikationen von 1919/20 die drei Gestaltungselemente: Struktur – Licht – Farbe.

Im Jahr 1921 führte Taut zur Verteidigung seiner Ideen der Glasarchitektur Frauen und Kinder als Bundesgenossen des Architekten ein. Denn das Kind liebe das Licht und gebe nichts auf die »liebe gemütliche Gewohnheit, sondern auf spielerisches Leben. (...) Und durch wirkliches Spielzeug (z.B. meinen Glasbaukasten aus schwer zerbrechlichen bunten Glassteinen) machen wir das Kind zu unserem Bauherrn, der wieder fühlend sehen kann und als Erwachsener nur mit und durch uns bauen will.«[29] Der Glasbaukasten war das einzige didaktische Objekt, das Bruno Taut anfertigte – ein Versuch, seine erzieherischen Postulate von der läuternden, erhebenden und befreienden Wirkung des farbigen Glases im Alltag umzusetzen.

Die Begegnung mit Scheerbarts »Funkelpalästen und Strahlendomen«[30] hatte auch Tauts Farbenliebe bestärkt. Farbe sollte als Zeichen des neuen Glücks die Menschen mit dem Kosmos verschmelzen und zugleich volkstümliche Heiterkeit transportieren.[31] Im Innern der Glashäuser könnte das Licht, das die farbige Hülle durchdringt, sphärisch-farbenfrohe Stimmung erzeugen. Umgekehrt würden die Kristallhäuser Farbbündel ausstrahlen ins All. Diese neue Farbenära hatte Taut schon 1913/14 eingeläutet, nach dem Ersten Weltkrieg führte er sie auch publizistisch in den Alltag ein.

1920 schilderte er das Farbenspiel von Rot und Blau im »Zimmer eines Paares«[32] als »kosmisches« Ereignis: die Veränderung der beiden Farben unter Einfluß von Sonnenlicht, Dämmerung und Lampenlicht in ihrer Wertigkeit und in ihrer Harmonie zueinander. Der Autor schloß: »Das Horoskop des Paares: gefühlsmäßig unbewußt der Doppelstern Blau und Rot als Schicksal dieses Zimmers.« Offenbar wird damit die psychologische Wirkung der umgebenden Farben signalisiert, obwohl Taut in Klammern selbst anfügte: »Voraussetzung für solche Dinge: keine Gardinen, keine Bilder und ›Kisten‹ an der Wand und keine Psychologie bei der Konzeption!«.

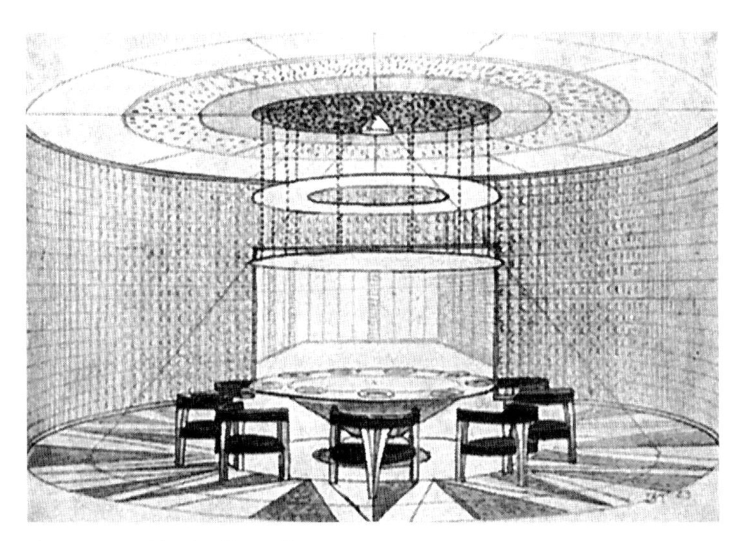

Eßzimmerentwurf für die Villa Samek, 1923

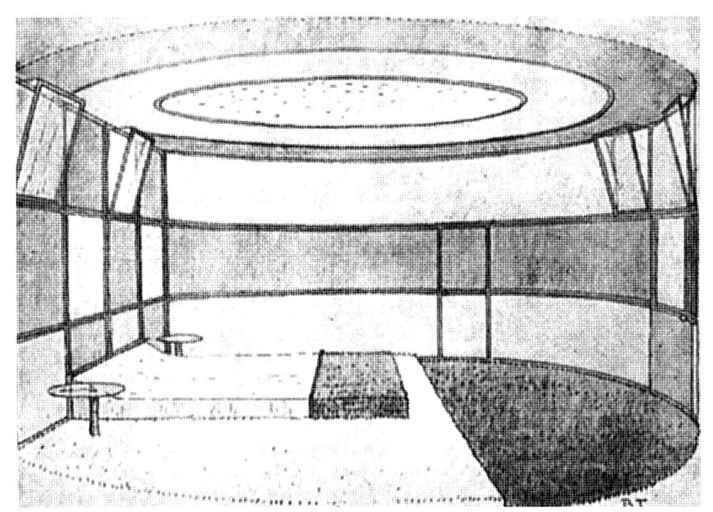

Schlafzimmerentwurf für die Villa Samek, 1923

Bruno Taut hatte jedoch nicht nur seinen Mitmenschen farbige Innenräume »verordnet«: er selbst umgab sich in seinen eigenen vier Wänden immer mit den kräftigsten Tönen. Schon in seiner Stuttgarter Wohnung (1906) leuchteten grüne, blaue und rote Wände zu blaulackierten und biedermeierlichen Möbeln.
Er veränderte die Innenräume des alten Hauses, das er selbst bis 1927 in **Dahlewitz** bewohnte und das noch heute steht, nach genau dieser »kosmischen Farbenliebe«: »Ich habe kürzlich ein kleines Landhaus eingerichtet, keinen besonders schönen Bau, der aber den Vorzug hatte, genügend Nebengelaß in Dachzwickelkammern und dergleichen zur Unterbringung der Kleider- und Wäscheschränke und Kommoden zu bieten. Die Wohnzimmer konnten im alten Sinne ›kahl‹ bleiben, nur freistehende Sessel, Stühle (einfach überzogen mit ungeblümten Mustern), Tische und im Eßzimmer eine niedrige Kredenz. (...) die Farbenschönheit der Decken und Wände mit farbig überzogenen Lampen läßt die Räume fertig erscheinen.«[33]
Die Dachstube war als Schlafzimmer eingerichtet und entsprach in der Farbigkeit den Angaben in der »Kosmischen Farbenliebe«. Die schräg verlaufenden Wände bildeten im rechten Winkel zueinander liegende Nischen, in denen jeweils ein Bett mit Nachttisch plaziert war. Leicht aus der Raummitte verschoben stand ein tragender schwarzer Holzpfeiler. In der nur wenig geneigten Stirnwand lagen zwei Sprossenfenster bündig in der Wand und wurden mit einem durchlaufenden Fensterbrett zu einer Einheit zusammengefaßt. Die Decke über dem Ruhebereich war ultramarinblau gestrichen, was mit der blauen Wand korrespondierte, in der die Zimmertür lag. Über der Sitzgruppe war die Decke kräftig rot. Diese Farbe wiesen ebenfalls die übrigen schrägen Wände auf, während die senkrechten Wandflächen orangefarben waren. Die Farbfunktionen stimmten hier in etwa mit den Gefühlswerten der Farben überein. So konnte das Blau über dem Schlafbereich Ruhe, Bewegungslosigkeit, auch Einsamkeit vermitteln. Das Rot im Wohnbereich des Zimmers sollte womöglich belebend und anregend wirken. Die verschiedenen Farbflächen, die durch die Schrägen sehr kantig wirkten und durch die geometrisch gefaltete Lampe darin ergänzt wurden, erinnern an einen geschliffenen Kristall.
Das Wohnzimmer erhob sich über einem L-förmigen Grundriß, wobei nur der Längsteil mit der Möblierung wiedergegeben ist; der kurze Raumteil war verdeckt, ein Sprossenfenster lag in der vorspringenden Westwand. Die Zimmerwände waren nach Tauts Angaben in großen Flächen farbig gestrichen. Die weiße Fläche griff diagonal in die chromgelbe Wand des Längsteils über. Die dem Fenster gegenüberliegende Wand, auf die das Licht von Westen fiel, war ebenfalls chromgelb, die Fensterseite war mattblau gehalten, die Decke englischrot. Der Fußboden gliederte sich in unterschiedlich breite Längsstreifen aus hellgrauem und schwarzem Linoleum. Ein einzelstehendes Sofa bot an der Stirnwand Sitzgelegenheit. Ein rechteckiger Tisch und vier Stühle auf einem grüngrauen Teppich bildeten die Eßgruppe. Die »Kredenz« dem Fenster gegenüber nahm in ihrer Bemalung die Farbigkeit der Wände auf. Sie geht auf Tauts Magdeburger Freund Carl Krayl zurück, der die Möbel seiner eigenen Wohnung in der Siedlung »Reform« in dieser Art expressionistisch bemalt hatte.
Das Sprech- und Schreibzimmer war durch die Wandfarben am stärksten gegliedert. Der Dielenfußboden wurde durch

Wohnzimmer in der Stuttgarter Wohnung
Bruno und Hedwig Tauts, 1906

Schlafzimmer der Stuttgarter Wohnung,
1906

diagonale schwarze Streifen in vier Dreiecke geteilt, die im Uhrzeigersinn weiß, schwarz, gelb und blau lackiert waren. Die Decke als Pendant dazu war ganz schwarz gestrichen, die Wand wurde durch verschieden breite Farbstreifen stark strukturiert. Durch das Heraufziehen heller Streifen in das Schwarz der Decke und dessen Herunterziehen in einige helle Wandstreifen wurde das Lastende der schwarzen Decke etwas aufgehoben und eine starke Nischengliederung vorgetäuscht. Die Farbangabe für den Wandanstrich lautete hier: blau, rot, gelb, grün, grau, braun. Die schwarzen Akzente bildeten den Kontrast zur Vielfarbigkeit und wirkten vereinheitlichend. Dieses ist Tauts einziger Entwurf, der in Ansätzen den neoplastizistischen Raumschöpfungen des De Stijl nahekam. Zwar empfahl Taut Wohnungsumgestaltungen nach Vorbildern der De Stijl-Künstler, doch erreichte er selbst deren plastische Abstraktion auch in diesem Raumgefüge nicht.
Die Räume, die Bruno Taut als seinen eigenen Lebensbereich gestaltete, sind hinsichtlich der Farbe differenzierter aufgefaßt als die auftragsbezogenen Projekte. Taut charakterisierte diese Raumgestaltungen von Dahlewitz I. mit »frugale(r) Reinheit«, die »Bescheidenheit, nicht Anspruchslosigkeit des Innenlebens« und »allgemein menschenwürdige Wohnsitten« hervorrufe.[34]
Die architektonischen Visionen Bruno Tauts kristallisierten sich – im doppelten Sinne des Wortes – in seinem eigenen Haus, das er sich 1926/27 in der Wiesenstraße von **Dahlewitz** bei

Schutzumschlag der Erstauflage von »Die Neue Wohnung – Die Frau als Schöpferin«, nach dem Entwurf von Johannes Molzahn, 1924

Bruno Tauts erste Wohnung in Dahlewitz bei Berlin mit Wohn-, Schlaf- und Besprechungszimmer, 1919

Ansicht des Hauses Taut in Dahlewitz (II.) von Osten, 1927

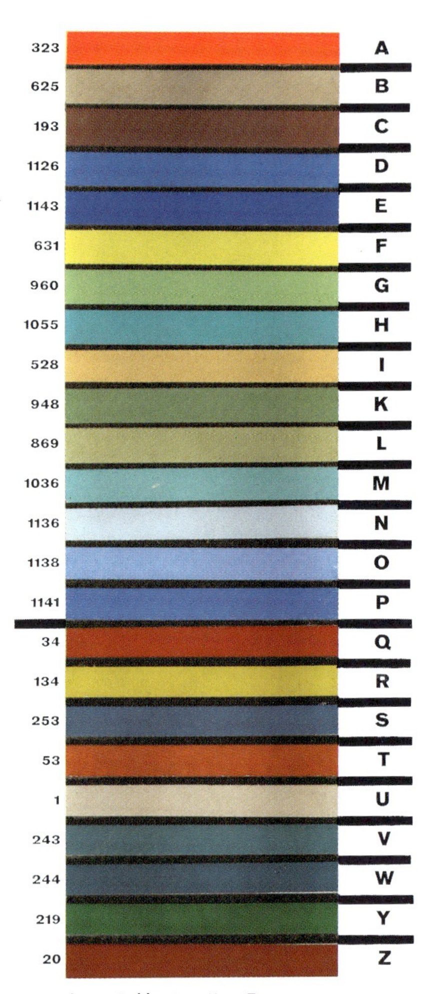

Karte der im Dahlewitzer Haus Taut verwandten Farben, 1927

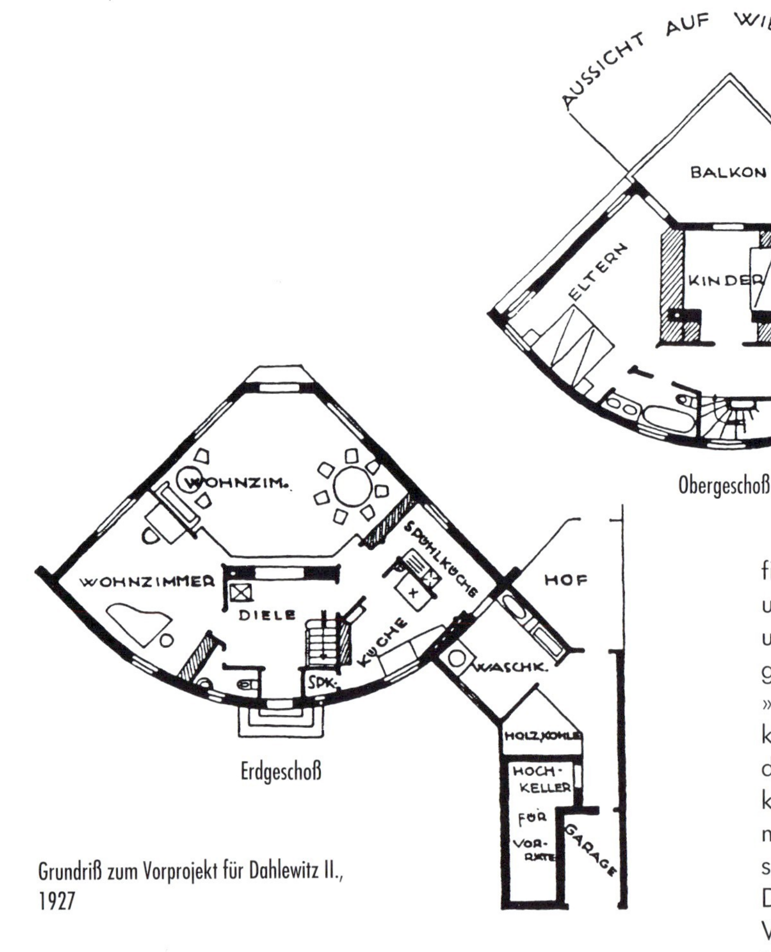

Obergeschoß

Erdgeschoß

Grundriß zum Vorprojekt für Dahlewitz II., 1927

Berlin – angeblich nur auf Drängen seiner Architekten-Freunde – errichtete. Es liegt dem bis dahin bewohnten Haus Dahlewitz I. gegenüber und ist, abgesehen von Umbauten im Küchenbereich, zum Teil noch in Originalfarben, erhalten. Taut hatte den außergewöhnlichen Grundriß schon 1925 publiziert.[35] Zu diesem Bau gab er selbst im Jahr der Fertigstellung ein erläuterndes Buch mit dem Titel »Ein Wohnhaus« heraus.[36] Im Titel klingt das Exemplarische dieses Baus an, dem Extrakt seines jahrzehntelangen architektonischen Empfindens und Schaffens. In diesem Buch schilderte Taut exakt Aufbau, Funktion und Ausstattung des Hauses mit einer Farbkarte der verwendeten Wand- und Ölfarben im Anhang. Mit 104 Fotografien und 72 Zeichnungen wurde dieses Haus in 13 Kapiteln unter allen Gesichtspunkten, technischen bis ethischen, erklärt und gerechtfertigt. Es sollte anregen und gewisse allgemeingültige Grundtendenzen verdeutlichen, ohne damit einen »Typ« als Schablone anzubieten. Wie ein Lehrstück gebaut und kommentiert, realisierte Taut hierin noch einmal die Verbindung des guten Baus mit Natur und All. Ein Nachklang an die kristallinen Farbstrukturen des vorangehenden Jahrzehnts mag man in den unregelmäßig vieleckigen Zimmergrundrissen erblicken.

Das Gebäude erhebt sich über einem Grundriß in Form eines Viertelkreises, dessen Spitze in die offene Landschaft gerichtet ist. Die gerundete Außenwand ist schwarz gestrichen zum Sammeln der Morgensonnenstrahlen und mit wenigen kleinen, unregelmäßig verteilten Fenstern versehen. Die Mittelachse ist breitflächig in Glasbausteine aufgelöst, wohinter das Treppenhaus liegt. Diese Rundung schirmt das häusliche Leben von der Straße ab. Ein eingeschossiger, längsrechteckiger Wirtschaftstrakt schließt sich nördlich an den Viertelkreis an. Dort ist die Garage über einen Wirtschaftsgang mit Abzweigungen in Vorrats- und Kohlenräume mit der Küche verbunden. Das Haupthaus hat zwei Geschosse, die flachgedeckt sind. Da die Räumlichkeiten in dem genannten Buch ausführlich erläutert sind, werden die darin enthaltenen Angaben hier tabellarisch zusammengefaßt.

Raumelement	WOHNZIMMER		BLAUES ZIMMER		WINDFANG		FLUR		TREPPENHAUS	
Uhrzeigersinn	Farbe	Licht von	Farbe	Licht von	Farbe	Licht von	Farbe	Licht von	Farbe	Licht von
1. Wand	sandgrau	–	blau	–	blau	–	weiß	–	weiß	–
2. Wand	sandgrau	–	gelb	SO	blau	–	weiß	O	weiß	O
3. Wand	weinrot	SW	blau	SW	blau	–	weiß	–	weiß	O
4. Wand	weinrot	NW	blau	–		W		W	weiß	–
Decke	leuchtendrot		ultramarinblau		unbekannt		hellgrün		weiß	
Boden	grau, blau; Linoleum		schwarz, hellgrau; Linoleum		Solnhofener Platten		Solnhofener Platten		weiß	
Türen	Glasflügeltür, gelb rot, schwarz, weiß		natur, blau umrahmt		weiß		natur; schwarz umrahmt		hellgrau; Linoleum	
Heizkörper Heizleitung	rot, blau blau, rot		gelb, rot rot, gelb		–		–		–	
Einbauten	Anrichte, 4 Schübe; schwarz, blau, rot, grau		Bücherschrank; verglast, dunkelblau		–		–		Treppengeländer schwarz, rot	

Raumelement	TAUTS ZIMMER		MITTELZIMMER		RECHTES ZIMMER		KAMMER		BAD	
Uhrzeigersinn	Farbe	Licht von	Farbe	Licht von	Farbe	Licht von	Farbe	Licht von	Farbe	Licht von
1. Wand	weiß	–	orange-gelb	NW	moosgrün	NW	hellblau	NNO	weiß	–
2. Wand	leuchtend rot	SSO/SSW	leuchtend rot	–	gelb	–	mittelblau	–	weiß	O/SO
3. Wand	gelb	S	blau	SW	tiefblau	WSW	leuchtend blau	–	weiß	–
4. Wand	ultram. blau	WNW	schwarz	W	moosgrün	WNW	–		–	–
Decke	weiß		hellrot		blaugrün		orange		unbekannt	
Boden	hellgrau, blau, dunkelgrau, Linoleum		schwarz; Linoleum		grüngrau; Linoleum		graublau; Linoleum		natur; Linoleum	
Türen	natur, schwarz umrahmt		natur, schwarz umrahmt		natur, schwarz umrahmt		natur, schwarz umrahmt		natur, schwarz umrahmt	
Heizkörper	gelb gelb		blau blau		tief dunkelgrün		–		–	
Einbauten	Wäscheschrank, natur, schwarz umrahmt; Registraturschrank, natur, schwarz umrahmt; Ecklampe, weiß, schwarz und rot umrahmt		Wäscheschränke, natur, schwarz umrahmt; Ecklampe, weiß, schwarz und rot umrahmt		Wäscheschrank, natur, weiß umrahmt; Ecklampe, grünlich schwarz und rot umrahmt		Wäscheschrank, natur, schwarz umrahmt		Wäscheschrank natur, schwarz umrahmt	

Der Grundriß des Hauses gibt die Lage der Räume nach erwünschtem Lichteinfall und Ausblick an. Die Fenster sind von innen her, den Beleuchtungsbedürfnissen und nicht dem Diktat der Symmetrie entsprechend eingeschnitten. Die keilförmige Außenform bedingt scheinbar die unregelmäßig vieleckigen Grundrisse der Räume. Das sechsseitige Wohnzimmer hat drei Türen, die den drei Fenstern jeweils genau gegenüberliegen. Der Raum ist etwas vertieft angelegt und wird deshalb über ein dreistufiges Podest betreten, das sich an der Wand zum Flur entlangzieht. Das Wohnzimmer ist der belebte, nach vielen Seiten hin offene Mittelpunkt des Hauses, das rote Herzstück inmitten des scharfkantigen Raumgefüges.

Die Wandgliederung erfolgt im ganzen Haus durch die Anordnung der Öffnungen und – besonders im ersten Stockwerk – durch eingebaute Schränke. Im Obergeschoß sind die Schlafräume zusammengefaßt. Dort bot das hellste Zimmer in einer Nische den Arbeitsplatz für den Hausherrn mit fest installierten Einrichtungen für seine zeichnerische Tätigkeit. Die durch die Wandschränke entstandenen Nischen sind in allen Schlafzimmern mit Waschbecken und Ecklampen ausgestattet. Die Lage von Wandschränken, Waschtischen und Betten zueinander entspricht jeweils den rationellsten Maßgaben. Die Einbauschränke sind wie die Zimmertüren in Rotbuche naturbelassen und schwarz gerahmt. Taut riet davon ab, die natürliche Maserung des Holzes durch direkten Kontakt mit starken Farben zu entkräften.

Für die farbige Ausstattung gab Taut verschiedene, voneinander abweichende Begründungen. Beim Wohnzimmer sind Landschaft und Licht ausschlaggebend. Die Fensterausschnitte geben den Blick frei auf den abwechslungsreichen Garten, so daß bescheidenes Sandgrau als angebrachte Rahmung der Landschaft erscheint. Diesem gegenüber soll das Weinrot der dreigeteilten Rückwand die Strahlen der Abendsonne warm aufnehmen, während das leuchtende Rot der Decke komplementär zum Grün des Gartens wirkt, »ohne den Naturtönen Konkurrenz zu machen«. Das nordwestliche Zimmer im ersten Stock gestaltete Taut farblich für zwei augenleidende Damen. Vier verschiedene, sanfte Grüntöne und ein kräftiges Gelb sollen den Augen angenehm sein. Warum Taut im Norden und im Süden einen großen und einen kleinen Raum blau streichen ließ, ist wohl mit einer Ausrichtung auf den Lichteinfall nicht zu erklären. Da er aber in seinem Buch eine Farbwahl nach »persönlicher subjektiver Neigung« zuließ, mag die unterschiedliche Verwendung der Farbe Blau darauf zurückzuführen sein. Die Farbe sollte primär in direkte Beziehung zum Licht gesetzt werden, darüber hinaus die Raumform beleben und sie »in einfachen Flächen und reinen Tönen« bekräftigen. Weiterhin sollte Tauts Meinung nach darauf geachtet werden, daß die leuchtenden Farbtöne nicht der direkten Sonnenbestrahlung ausgesetzt werden, sondern im Schatten oder Streiflicht liegen, damit sie sich nicht aufdrängen. Tatsächlich fällt das direkte Licht in Dahlewitz II. meist auf Blau oder Tiefrot, außer in Tauts ehemaliger Arbeitsnische: Dort reflektiert strahlendes Gelb das Südwestlicht.

Die Möblierung dieser »gebauten Idee« entsprach vollkommen Tauts seit 1920 vehement postulierten Vorgaben: Alte Möbelstücke wurden geglättet, schwarz lackiert und mit schwarzem Stoff bezogen. Zum Teil waren es auch einfache, handelsübliche Waren wie Thonet-Stühle oder die Bauhaus-Tischlampe von Wilhelm Wagenfeld. Den runden Eßtisch und den Teetisch ließ Taut nach eigenen Entwürfen anfertigen. Selbstverständlich wurden an den Fenstern keine Gardinen angebracht. Statt dessen sind die Rahmen zwei- bis dreifarbig gestrichen: gelb, weiß, rot und schwarz, zum Teil auch blau.

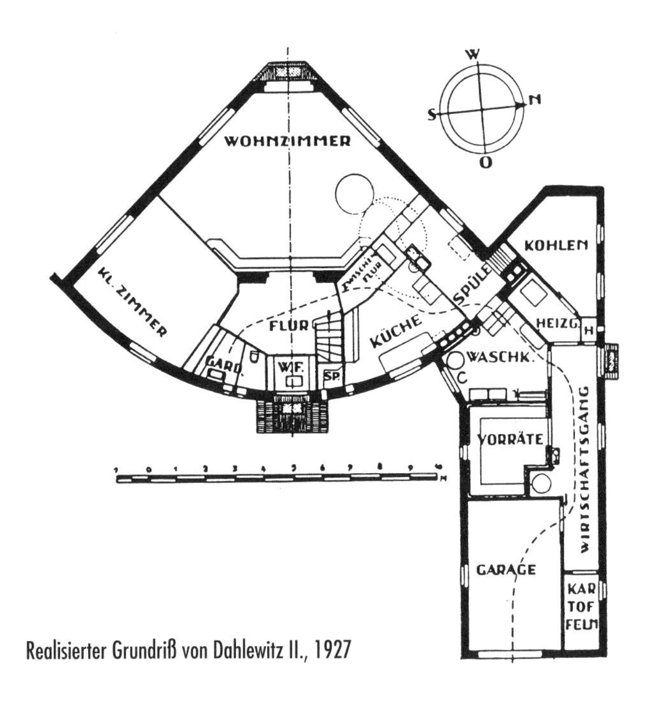

Realisierter Grundriß von Dahlewitz II., 1927

Der Grundriß des Hauses Taut ist ungewöhnlich, die Farbgebung sehr eigenwillig. Wie reagierten Zeitgenossen und moderne Kritiker auf diese Kristallisation von Bruno Tauts Architekturempfinden, auf diese beispielhafte Wohnkultur?

Heinrich Taut äußerte sich als einziges der vier Taut-Kinder zum Leben in Dahlewitz, obwohl gerade er nie längere Zeit dort wohnte.[37] Dahlewitz II. wurde seines Wissens nach »ausgiebiger Beratung« mit Hausfrauen, Fachberatern und unter Hinzuziehung von Fachzeitschriften entworfen. Außer der höchstmöglichen Vereinfachung des technischen Ablaufs und größter Bescheidenheit in der Ausstattung war die Ausrichtung des Baukörpers auf die »meteorologischen Beziehungen« ausschlaggebend für die Gestalt des Hauses. Der Vorstoß der weißen Spitze in die ebene, grüne Landschaft, das Einfangen der morgendlichen Sonnenstrahlen in der schwarzen Ostrundung und des Mondlichts in den Prismensteinen des Treppenaufgangs versinnbildlichen die sensible Ausnutzung von klimatischen und geologischen Voraussetzungen – ohne daß das Einspannen des Baukörpers in diese Bezugsgrößen zum Dogma erhoben worden wäre. Den Innenraum habe Bruno Taut, so der Sohn, nach folgenden Prinzipien gestalten wollen: Klarheit, Übersichtlichkeit, Schlichtheit, dabei ästhetische Ausgewogenheit im Sinne der Proportion und der Ausrichtung nach dem Lichteinfall. Seine Art von »Gemütlichkeit« stimulierte zu Besinnung und Selbstfindung, zu Kommunikation und »optimaler geistiger Aktivität«. Die wohlproportionierten, stark farbig akzentuierten Räume forderten eine Auseinandersetzung des Menschen mit seiner Wohnumwelt, die mit bürgerlichen Klischees von opulenter Einrichtung brach und neues,

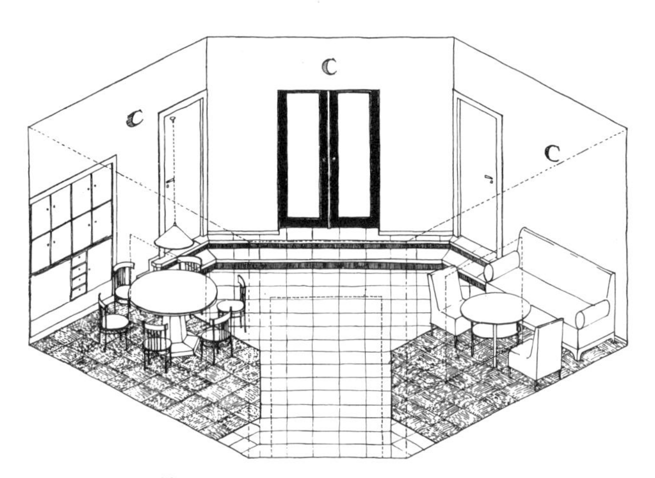

Wohnraum des Dahlewitzer Hauses, 1927 (1989)

Bruno Tauts Arbeitsnische im Obergeschoß, 1927

schöpferisches Tun verlangte. Die Bescheidenheit und Humanität des Vaters, die sich in diesem Bau manifestierte, schätzte der Sohn ebenso wie die zahlreichen Besucher, an die Heinrich Taut sich erinnert.

In den Architekturzeitschriften finden sich die Urteile einiger Zeitgenossen über Bau und Buch. Der »Wohnkeil«[38] wurde von vielen reaktionären Kritikern – zum Beispiel Konrad Nonn und Werner Hegemann – als »expressionistischer Inflationswitz« heftig angegriffen. Sie tadelten besonders den unregelmäßigen, auf den ersten Blick widersinnig erscheinenden Grundriß, dem lediglich eine exzentrische, vorgefaßte Idee zugrunde liege.

Die Küchenplanung dagegen wurde zum gelungensten Teil des Hauses erklärt. Adolf Behne bezeichnete die Küche als »betriebstechnisch in sich konsequent« durchgebildeten Raum von höchster Brauchbarkeit und Rationalität, der »mit dem Ganzen des Hauses glatt zusammengeschliffen« sei.[39] Insgesamt urteilte er positiv über das Privathaus seines Freundes Bruno Taut, ohne daß er euphorisch die ehemals gemeinsam gehegte Bauidee darin verwirklicht gesehen hätte: »Es geht durch Aufspüren und Berücksichtigung der Funktionsnotwendigkeiten ein einheitlicher Lebensstrom durch diesen Grundriß, der (...) lebendiger Bewegung folgt.«[40] Jakobus Goettel, den Taut während des Ersten Weltkriegs in Bergisch-Gladbach kennengelernt hatte, fand nur gute Worte für dieses Experiment. Hier zeige Bruno Taut »lebendige, sinnvolle Ideen«, er passe den Wohnbau »Natur, Licht und Klima« an. Alles sei »praktisch durchdacht und organisch gefügt«. Sein positives Urteil über die anfechtbare Farbigkeit entsprang sicherlich der eigenen Farbgebung in seinen Siedlungsbauten. Er schrieb: »(...) die farbige Behandlung eines jeden Raumes ist sinnvoll, zweckmäßig und schön.«[41] Goettel gab sich der Hoffnung hin, durch die Lektüre dieses Buchs werde nun endlich das »Pfingsten« der Baubeamten nahen – ihre Läuterung durch den kristallreinen Bau?

Die spätere Rezeption erfolgte jedoch auch in ganz anderer Weise: Der Schüler Bruno Tauts an der Technischen Hochschule Berlin, Gerhard Kosel, erinnert sich seiner ersten Bekanntschaft mit dem Buch »Ein Wohnhaus«, die er als Oberschüler machte.[42] Er setzte die Anregungen Bruno Tauts unter dem Protest seiner Eltern in deren Haus »nach Tautscher Methode« um: Graue Zimmer verwandelte er mit Hilfe reiner Farben in eine »leuchtende Welt«, die Möbel wurden glattgesägt. Denn Tauts Konzeption, »jeden überflüssigen Dekor wegzulassen« und die Wandflächen »ihrer ästhetischen und physiologischen Funktion entsprechend zu tönen«, faszinierte Kosel. Seine Umgestaltungen wirkten in dem Dorf Schreiberhau im Riesengebirge angeblich vorbildhaft. Kosel zog die Konsequenz: »Es wurde zu meinem sehnlichsten Wunsch, selbst solche zweckmäßigen und schönen Dinge zu machen wie das Dahlewitzer Haus.«

Bruno Tauts Biograph, Kurt Junghanns, handelte diese baugewordene Essenz von Tauts architektonischer Denk- und Arbeitsweise in knappen 27 Zeilen ab. Dies mag zum einen darauf beruhen, daß Junghanns selber bis 1985 nie das Haus in Dahlewitz im Original gesehen hat.[43] Zum anderen liegt bei ihm wie bei der nachfolgenden Forschungsliteratur der siebziger und achtziger Jahre der Akzent eindeutig auf Tauts Sied-

lungsbau. Junghanns hat Dahlewitz II. nicht als den Kristallisationspunkt langgehegter Tautscher Bauideen interpretiert.
Auch die moderne Architekturhistoriographie erwähnte Haus und Buch nur beiläufig.[44] Eine intensivere Bearbeitung erfuhr Dahlewitz II. 1986 in Italien. Die Übersetzung des inzwischen sechzig Jahre alten Buches »Ein Wohnhaus« ins Italienische und die Erstellung eines Videofilms zum aktuellen Zustand des Hauses leistete Gian Domenico Salotti. Diesem gilt das eigenartige Wohnhaus in Dahlewitz als Hauptwerk Bruno Tauts. Seiner Meinung nach wollte Taut mit diesem Bau und Buch ein Muster vorführen, wie vom »albergare« zum »abitare« fortgeschritten werden könne. Das Persönliche, aufgezeigt in einem allgemeinen Rahmen, sei hier zu einem Mikrokosmos zusammengefügt – getragen von der Summe seiner Erfahrungen und Ausdruck seiner »Besessenheit des Wohnens«. Das Haus setze sich aus vielen »Basiselementen« zusammen, kombiniere Rechtwinkligkeit und Rundung, vereinige »menschliche Horizonte« und »angewandte Kunst« in sich, ohne übersteigert zu wirken. Als »ogetto d'uso« habe Dahlewitz II. zu gelten, als undogmatisches, anregendes Lehrstück, Frucht aller Bemühungen Bruno Tauts.[45]
Laut Auskunft der Familie, die Dahlewitz II. in den Jahren 1934 bis 1937 bewohnte, war das Haus nach Tauts Flucht im März 1933 beschlagnahmt worden. Zunächst beabsichtigte man, ausgerechnet dieses Symbol der »Systemzeit« zum Kameradschaftsheim der SA umzufunktionieren. Statt dessen aber konnte die genannte Familie einziehen. Sie fand das Haus noch nahezu unverändert vor: Die Wände waren »bunt, knallig«, die Einbaumöbel vollständig erhalten, und selbst der große runde Eßtisch, den Taut selbst entworfen hatte, war noch vorhanden. Allerdings wies die Glaswand am Treppenhaus Löcher auf, durch die es so sehr zog, daß sie im Winter mit Watte abgedichtet wurden. Die Erinnerungen des damals fünf- bis achtjährigen Sohnes der Familie reichen von der Assoziation einer »viertel Gasanstalt« über den »herrschaftlichen Eingang« bis zur Kennzeichnung »extravagant und elegant«.[46]
Die heutigen Bewohner sind der Ansicht: »Dieses Haus ist eine gebaute Idee!«[47] Damit stützen sie aus praktischer Erfahrung heraus die wissenschaftliche These Norbert Huses, der feststellte, Taut sei primär an Ideen und nicht an Formen interessiert gewesen. Huse urteilte über Bruno Tauts Haus in Dahlewitz: Verglichen mit Einzelhäusern von Walter Gropius oder Ludwig Mies van der Rohe zeige es »geradezu dilettantische Züge«.[48] Dies mag mit Tauts merkwürdigem Empfinden zusammenhängen, das er 1920 dem Dramaturgen Ludwig Berger gestanden hatte: »Ich bin für Seltenheit aber gleichzeitig für restlose Beschaulichkeit.«[49]
In Dahlewitz II. aber realisierte Bruno Taut, was er in unzähligen Erklärungen als seine Konzeption hatte erkennen lassen. Dieses bis ins Detail auf die menschlichen Bedürfnisse abgestimmte Manifest Tautscher Architekturtheorie ist beispielhaft für seine humane Architektur und – wenn auch nur modifiziert anwendbar – ein Denkmodell für zeitgemäße Bauweise. An der Brauchbarkeit lassen sich nach nunmehr sechzig Jahren Schwächen in diesem beinahe perfekten Modell feststellen und in neue Planungen einbeziehen, ohne daß sie es selbst außer Kraft setzen. Als Gesamtwerk von künstlerischer Qualität bildet dieses Haus in seiner funktionalen Durcharbeitung die Grundlage für einen wohlorganisierten Wohnablauf. Die Räume von papierner, heiterer Leichtigkeit werden ursprünglich appetitlich und klar gewirkt haben. Die Wechselbeziehung von Klima und Landschaft bis hinein in den Innenraum, die Verstärkung des Lichts durch die Farben und die klare Struktur schaffen Räume, die der Entwicklung der Persönlichkeit des Bewohners dienen. Hierin liegt die psychologisch-moralische Komponente dieser Architektur. Dahlewitz II. ist der am persönlichsten geprägte Bau, den Bruno Taut schuf. Er ist ganz auf seinen eigenen Bedarf abgestimmt und einigen sehr individuellen »Kristallbauideen« verpflichtet – als solcher also nicht allgemeingültig in Serie zu bringen. Doch er mag als Vorbild für Wohnarchitektur gelten, welche die optimale Ausgangsbasis zur freien Entfaltung des Menschen ergibt.

Unter demselben Gesichtspunkt der Öffnung des Baus zu Natur und Kosmos läßt sich Tauts **Haus in Ortaköy** bei Istanbul subsumieren. »Una casa del'anima« nannten es bezeichnenderweise Tauts türkische Schüler. Er selber soll an seinen Magdeburger Freund Carl Krayl geschrieben haben: »...ein neues Dahlewitz steigt herauf, ganz anders, am tiefblauen Bosporus, auf 15 m hohen Betonpfeilern, ein ›Taubenschlag‹ des bald 900jährigen Noah.«[50]
Während seines letzten Aufenthalts im türkischen Exil hatte Bruno Taut 1937 den Bau eines Wohnhauses am Berghang über dem Bosporus bei Ortaköy begonnen. Er hatte es für sich selbst geplant, erlebte die Fertigstellung jedoch nicht mehr. Dieses Haus ist erhalten und inzwischen mit einem Anbau versehen worden.
Es handelt sich um ein einstöckiges Landhaus mit einem achteckigen Turmzimmer über dem erkerartig vorspringenden großen Wohnraum. Das rechteckige Gebäude ruht nur zu etwa einem Fünftel auf dem Fels – ist also rundum von Atmosphäre umgeben. Eine Betonplatte auf sechs bis zu 15 Meter hohen Pfeilern trägt das am Hang fast freischwebende Haus. Wie ein Kristall entwächst das Haus dem Gestein. Es ist mit einem landesüblichen, abgewalmten Ziegeldach mit Fußwalm gedeckt. Zwischen Dachfirst und Fußwalm ist ein Drempelgeschoß mit Oberlichten eingefügt. Das vieleckige Wohnzimmer bildet, ähnlich einer Aussichtskanzel, den Kopfbau und öffnet sich nach drei Seiten zum Bosporus. Es läßt den aus dem Innenraum Betrachtenden seelisch eins werden mit dem großartigen Naturpanorama und suggeriert das Aufgehobensein des Menschen in der Unendlichkeit der Atmosphäre. Rund um das Haupthaus ziehen sich Balkons entlang, die diese Unmittelbarkeit zum Kosmos faktisch ermöglichen.
Die Nachzeichnung des Grundrisses ist unbeschriftet, so daß sich über die Raumnutzung lediglich Spekulationen anstellen lassen. Vom Eingang betritt man über eine Balustrade den Flur. Dieser weitet sich rechts über die abgerundete Ecke des angrenzenden Raumes und leitet zum Wohnzimmer im Kopfbau. Links neben dem Entree liegen hinter einer Schiebetür Garderobe und Gäste-WC und eventuell ein Gästebad. Dementsprechend wäre es plausibel, wenn der Raum mit abgerundeter Ecke ein Gästezimmer darstellte. Der Schlaftrakt ist mit einer Tür vom Flur ganz in sich abgeschlossen und umfaßt zwei größere Zimmer. Der stark durch Wandnischen gegliederte Raum zwischen Eingangs- und Schlafbereich läßt sich als

Badezimmer zu den beiden Schlafräumen denken. Links vor dem Wohnzimmer liegt ein Raum, der möglicherweise als Bibliothekszimmer gedacht war. Er ist vom Flur her zugänglich und mit einer Schiebetür an das Wohnzimmer angeschlossen. Der Bibliothek gegenüber ist offenbar die Küche plaziert, die über eine Durchreiche mit der Eßecke des Wohnzimmers in Verbindung steht. Von der ursprünglichen Innenausstattung ist nur die Treppe vom Wohnzimmer zum Turmzimmer bekannt. Sie ist erstaunlicherweise ganz ähnlich geschwungen und aufgebaut wie die Treppen der Reihenhäuser in der Berliner Siedlung »Onkel Tom«. Dies kann vorläufig als Hinweis darauf gelten, daß Bruno Taut bei der Auswahl und dem Entwurf von Normteilen für die Großsiedlungen in Berlin nach seinem persönlichem Formempfinden entschieden hat. Außerdem scheinen in Ortaköy zahlreiche Einbauschränke integriert gewesen zu sein.

Tauts türkische Studenten betonten den »japanischen Charakter« dieses Baus, der einer Pagode gleiche: »In seinem eigenen Haus in Ortaköy hat Bruno Taut japanische Erinnerungen formal konserviert.«[51] Den Vorwurf, eine »formale Konserve« erbaut zu haben, hätte Taut weit von sich gewiesen, war er doch der Auffassung, seine Architektur immer an die jeweiligen regionalen Gegebenheiten anzupassen. In der Tat erscheinen Pagoden als Vergleichsbeispiele nur entfernt zutreffend. Während die Türken Anklänge japanischer Architektur in diesem Bau entdeckten, der Japaner Tokuguen Mihara demgegenüber Bruno Taut für gänzlich dem Orient verhaftet hielt,[52] scheint ihm in diesem Wohnhaus vielmehr eine Synthese erlebter Eindrücke, klimatischer Erfordernisse und persönlicher Bedürfnisse gelungen zu sein. Dahingehend faßte auch Tauts türkischer Schüler Bülent Özer die Bedeutung dieses Hauses im Gesamtwerk Bruno Tauts zusammen: »(It) is a perfect synthesis of his whole career shaken by antithetical tendencies but profoundly imbued with humanism.«[53] Und so sei es eben die gelungene Synthese von türkischer und japanischer Architektur, deren »abstract essence« in dieser vollkommen neuartigen Konfiguration zum Tragen komme. Junghanns ist ähnlicher Meinung: »Ideen und Träume seiner Jugend waren hier noch einmal lebendig geworden und mit den sachlichen Grundsätzen funktioneller Hausgestaltung und dem Wissen um das Wesen der Baukunst in einem Werk zusammengefaßt, in dem sich seine Architekturvorstellungen (...) in reinster Form offenbaren.«[54] Dem ist kaum etwas hinzuzufügen: Dieses Haus hat einen wohldurchdachten Grundriß mit intensiver Nutzung von Licht, Luft und Sonne und entspricht der Sehnsucht nach Weite, nach Teilhabe an Natur und Kosmos. Das Haus Taut in Ortaköy ist die baugewordene »optimale Hülle« des freien Menschen.

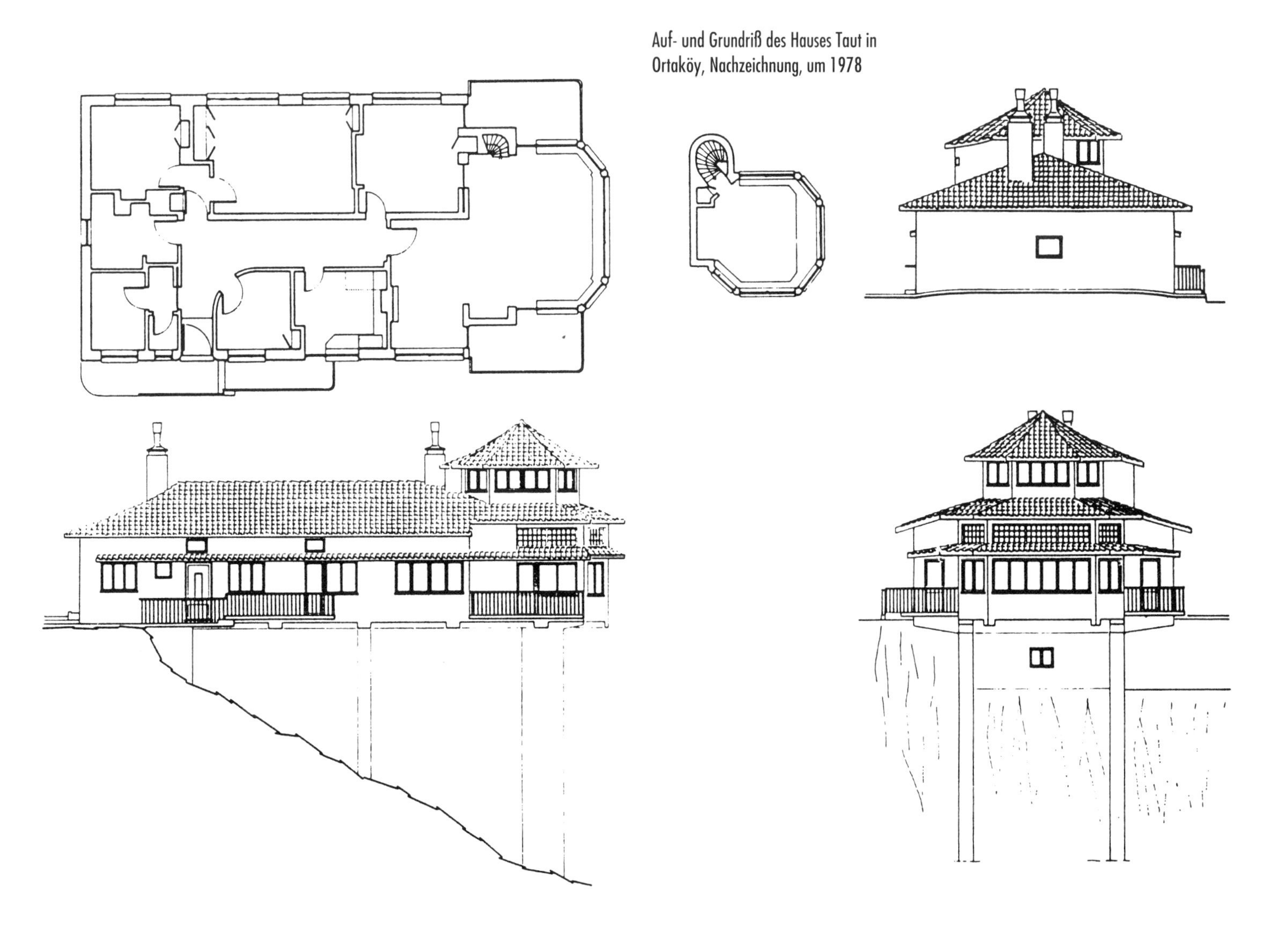

Auf- und Grundriß des Hauses Taut in Ortaköy, Nachzeichnung, um 1978

Blick in den Wohnraum des Hauses Taut in Ortaköy, um 1978

Treppe ins Obergeschoß des Kopfbaus, um 1978

Haus Bruno Tauts in Ortaköy/Türkei, 1938, Zustand um 1978

In engem Zusammenhang mit der Beeinflussung durch den »Sturm«-Kreis muß abschließend für diese »visionäre Ära« noch einmal der »Kunstdiktator« Bruno Taut betrachtet werden. Anfangs war davon die Rede, daß sich Taut zum Protagonisten der nietzscheanischen Mission vom Künstler, speziell des Architekten, als dem »Diktator der Lebensformen« aufgeschwungen hatte: »Jeder Gedanke sozialer Absicht soll vermieden werden. Das Ganze muß sich exklusiv geben, wie eben große Kunst immer erst im Künstler allein da ist. Das Volk möge sich dann von selbst an ihr erziehen oder warten, bis seine Erzieher kommen.«[55]

Sofern Taut oder seine Freunde vom »Volk« sprachen, assoziierten sie immer eine idealisierte Menschengemeinschaft, die es zu lichten Höhen hehrer Kunst zu geleiten gälte. »Der Architekt, mit diesem Leuchten in sich, fühlt in sich die Einheit, die Einheit mit seinem Volk, mit allen Menschen.« Mit der sozialistischen klassenlosen Masse oder gar dem Proletariat pflegte man in Expressionistenkreisen kaum Verbindung. Zur Verdeutlichung von Tauts Begriff des »Kunstdiktators« und seinem Verhältnis zu »Volk« und »Proletariat« müssen an dieser Stelle einige seiner Äußerungen genannt werden. Sie belegen – so unangenehm dies den etablierten Taut-Interpreten auch sein mag, die diese Texte bis heute niemals zitierten – daß Bruno Taut zu keinem Zeitpunkt ein politisch motivierter »sozialistischer Arbeiterarchitekt« gewesen ist. »Was geht den Künstler Machtpolitik an? (...) Sein Schaffen ist ja immer nur Dienst dem Ganzen, seinem Volk, der Menschheit. Wie muß er hoffen, wenn er die Fahne des Sozialismus hocherhoben sieht, die Lehre von der Brüderlichkeit der Menschen. Seine Hoffnung, Freude und Hingabe beschwingt sich, er sieht seine Brüder selber zu Künstlern ihres Lebens, ihrer Einheit werden, wenn die Massen dieses Ideal bewegt.«[56]

Tauts »sozialer Gedanke« war apolitischer, emotionaler Natur. Für die Unkenntnis und die Ablehnung seines erzieherischen Kunstideals im Proletariat, auch für die »Spießer« im revolutionierten Rußland fand er die schärfsten Worte – was dem eminent menschenfreundlichen Impetus seines gesamten Schaffens jedoch keinerlei Abbruch tut.

Eine Stellungnahme zu den Äußerungen des sowjetischen Volkskommissars Lunatscharski in Berlin wirft ein weiteres Mal Licht auf den »Sozialismus« Bruno Tauts. Er griff darin die Kunstauffassung Lunatscharskis scharf an, derzufolge jedem Sowjetbürger in Kunstdingen freieste Entscheidung überlassen bliebe: »(...) eine Toleranz, die im Endeffekt die Mittelmäßigkeit begünstigt. Somit wird dem Nippes in den Sozialistischen Republiken kein Einhalt geboten zugunsten eines in die Zukunft weisenden Kunst-Baubegriffes, keine Erziehung des Volkes durch den wahren Künstler (...). Dann finden sie auch in Rußland ihre gemütliche Sofaecke. Die proletarische Diktatur ist also wohl nicht so schlimm.«[57] Mit solch sarkastischen Worten sprach Taut selbst der bewunderten Sowjetunion die Möglichkeit ab, in eine »kommende und schaffende« Zeit einzutreten, solange die geistschaffende Frage der Wohnkultur sträflichem »Laisser-faire« anheimgestellt bliebe. Voraussetzung für die Verwirklichung des »wahren Sozialismus« sei zuallererst die Klärung der Wohnkultur eines Volkes und nicht die Revolution von oben. Dabei, so hatte Taut bei einer dreiwöchigen Reise durch die Sowjetunion feststellen können, verzichte der russische Arbeiter zumeist aus Not auf den »üblichen Krimskrams«.[58] Diese ungeliebte, erzwungene Kahlheit müsse zur »Grundlage für die sich neubildende Wohnungskultur« positiv umgewertet werden. »Danach dürfte es ein Leichtes sein, auch das einfachste und sinnenfreudigste Gestaltungselement der Arbeiterwohnung zur vollen Auswirkung zu bringen: die reine, leuchtende Farbe.« Soweit aber schien ihm die Arbeiterkultur, trotz traditioneller Einfachheit und Farbenfreude, doch noch nicht gediehen zu sein. Denn gerade dieser notgedrungene Verzicht, so folgerte Taut scharfsichtig, fördere den Wunsch nach Statussymbolen in der Wohnung.

Seine Äußerungen tat er in allerbester Absicht gerade in den Organen des institutionalisierten Sozialismus. Einige Rezensionen zu Neuerscheinungen im Bausektor publizierte Taut im Parteiorgan der USPD, »Freiheit«. Zu Robert Adolphs Publikation »Einküchenwirtschaft als soziale Aufgabe«[59] nahm er darin, auch schon im Hinblick auf die Entlastung der Hausfrau, wohlmeinend Stellung und konstatierte, daß eine Lösung »der gesamten Wohnungsfrage nur aufgrund einer kommunistischen Gesinnung letzten Endes geschehen« könne. Jedoch: »Freilich dürfte es zu weit gehen, das kleine Bürgertum als den Mutterboden der Kultur zu bezeichnen, wie es der Verfasser (R. Adolph) tut, da es doch eher zu wünschen ist, daß die in diesem Kreis wuchernden Auswüchse der ›Bildung‹ erst einmal ordentlich ausgerodet werden und einem schlichten Menschentum Platz schaffen, das keine Sucht nach Titeln und Wünschen kennt.«[60] Auch in seiner Rezension von Müller-Wulkows »Aufbau-Architektur«[61] charakterisierte Taut das Publikum recht despektierlich: Es setze wahrer Architektur »erdrückende Hemmungen« entgegen, »weil es von der Unerbittlichkeit der künstlerischen Konsequenz sich zu den gefälligen Verwässerern genialer Gedanken flüchtete«. Taut hielt zu diesem Zeitpunkt eine »Kulturrevolution von oben« unter der Leitung eines »Kunstdiktators« für notwendig. Denn noch sei es nicht soweit, daß »die Architektur (...) auf den Schultern der Gesamtheit« ruhe.

Im Jahre 1920 kam Taut in einem besonders brisanten Artikel auf die gesellschaftserneuernde Kraft der Architektur zurück. Er bezog sich darin auf sein »Glashaus« von 1914, das den »Zukunftssehnsüchtigen (...) das Leichte, die Befreiung vom Alltag (...) im seelischen Strom« habe vermitteln wollen.[62] Doch statt eines solchen »Bauens, das jede Maske unmöglich macht«, beherrschten noch immer »Öldruck und Muschelmöbel« das Feld. Dies käme der Prostitution der heiligen Kunst gleich, deren Baumeister geradezu Priester seien. Tauts apolitisches Motto lautete: »Ein neues Bewußtsein in Einheit von Hand und Kopf, eine wahrhaft geistige Arbeit, eine neue Zeit!«[63] Zum Wiederaufbau des Leipziger Volkshauses im Jahre 1920 mußte Taut feststellen, daß immer noch klassizistische Pathosformeln einer Architektursprache der Herrschenden für eine Bauaufgabe der Arbeiterklasse von dieser selbst gefordert würde.[64] »Hat das Proletariat überhaupt einen revolutionären Willen, oder ist dieser Wille nicht bloß ein rein materieller, ein Aufrückenwollen in eine besser situierte Schicht, d.h. im Grunde Kleinbürgertum? (...) Der große Bau ist der steingewordene Rhythmus eines Liedes, das eine Gesamtheit singen kann, und wo heute das Proletariat baut, da muß der Bau ertönen wie die Rhythmen der Arbeitermarseillaise.«[65]

Einige Jahre später stellte Taut fest, wie müßig die Hoffnungen auf eine solidarische und rein »proletarische« Baukunst und Wohnkultur bleiben mußten. Dagegen tat er, was in seiner Macht stand: Er baute mit seinen Siedlungsanlagen die Katalysatoren für eine – wie immer geartete – »neue« Solidargemeinschaft »guter« Menschen. In seinen zahllosen Artikeln ließ er nicht davon ab, seine Erziehungsziele zu propagieren.
Ein konkreter Vorschlag des »Kunstdiktators« Taut richtete sich gegen die nervenzerrüttende Übermacht der Öldrucke in Privatwohnräumen. In einer Abhandlung über das Phänomen der Bildschreine erläuterte Taut seine Idealvorstellung. Das Bild als Kunstwerk würde zwischen »Alltagskram« in üblichen Wohnungen zwangsläufig durch »barbarische Unkultur« profanisiert. Es müsse jedoch zelebriert und nur zu diesem Zwecke – wie in Japan – einem Bildschrein entnommen werden.[66] Daß dieses Konzept von bewußtem Kunstgenuß nicht nur für platzbeschränkte und im Hinblick auf Kitsch besonders gefährdete Arbeiterwohnungen gedacht war, legen die letzten Sätze über das Bild des »neuen Malers« nahe: Die Verhüllung des Bildes im Bildschrein werde die Verwendung von »Gold, Silber, Edelsteine(n), Glas« ermöglichen, da dem Gemälde nun keine Profanisierung mehr drohe. Welcher Arbeiter aber besaß schon ein Bild, das solchermaßen geheiligt zu werden verdiente und die Mittel für dessen Einfassung? Dies gab auch sein Kritiker Hugo Lang in der Zeitschrift »Innendekoration« zu bedenken. Nach einer Stellungnahme zu Tauts Bildschrein-Artikel schloß er: »Sollte die Farbe nicht zunächst doch noch das wichtigste Mittel des Malers bleiben? Und soll also in der Prunkwohnung des Kapitalkräftigen etwa links der verschlossene, kostbare Bildschrein mit seinem Gold-, Silber-, Edelsteinbunten Inhalt, rechts das verschlossene Likörschränkchen mit seinen Kostbarkeiten eingebaut werden? Welcher Schrein wird wohl öfters geöffnet? Heiligenbilder ohne Heilige? Kostbarste Reliquienschreine, Haustempelchen in unseren profanen Wohngemächern, – neben dem Grammophon-Tempelchen? ... Lieber Taut ... ich weiß nicht ... Ich bin für Klarheit!«[67]
Ein Beispiel für ein Haus mit »Bildschrein« gab Bruno Taut 1925 in der Ergänzung zur vierten Auflage der »Neuen Wohnung«.[68] Er bezeichnete es als **»Landhaus eines Kunstgelehrten«**, welchem selbstverständlich oberste Autorität im Umgang mit Kunstwerken zugestanden werden mußte. Es ist bisher nicht nachweisbar, doch liegt es nahe, daß dieser Entwurf für Adolf Behne bestimmt war.
Das Kernstück des Hauses und als solches am besten durchdacht, bildet das Arbeitszimmer des Gelehrten. Dort sind alle Wandflächen entweder in Fenster aufgelöst oder mit Bibliotheksschränken gänzlich ausgenutzt, so daß für das Aufhängen von Bildern keine Wandfläche freibleibt. Statt dessen »können Kunstwerke aus den dort befindlichen Schränken herausgenommen und frei aufgestellt werden: Ein Schrank zum Wohnzimmer erlaubt es durch Öffnungen nach beiden Seiten Bilder hier und dort zu zeigen, unter besonderer Vorrichtung für die Aufbewahrung von Ölgemälden.«[69]
Mit diesem Entwurf präzisierte Taut, was er 1919 zum Umgang mit Kunstwerken veröffentlicht hatte.[70] Die hier vorgeschlagene Umsetzung der Bildschreinidee innerhalb eines Wohnhauses war als Vorbild gedacht, das, nach Gegebenheiten modifiziert, bis in die Volkswohnung hinein wirken sollte. Für die Arbeiterwohnung postulierte er farbig gefaßte, bilderlose Zimmerwände und das Anlegen von Bildermappen statt des eingebauten Bildschreins.
Der Grundriß weist eine Zusammenfassung des Koch- und Eßbereichs auf, wobei der Anrichteraum auch als Windfang, Geruchsschleuse und Verbindung zu Keller, Veranda und Eßecke dient. Das Wohnzimmer als der zentrale Raum ist wiederum von mehreren Seiten zugänglich, von der Halle her anscheinend durch repräsentative Flügeltüren. Zwei Austritte und ein durchfensterter Vorbau stellen eine enge Verbindung mit dem Garten her. Die relativ großen Verkehrsflächen von Flur und Treppenhaus sind zum Teil durch Einbauschränke ausgenutzt. Ein wiederkehrendes Merkmal liegt im Zugang vom Elternschlafzimmer zum Bad, der den Eltern den Vorrang bei der allmorgendlich umstrittenen Badbenutzung sichert.

Bruno Tauts Visionen vom idealen Bau finden bei aller himmelstrebenden Phantastik immer wieder die Rückbindung an die Notwendigkeiten einer Alltagsarchitektur. Seine Experimente und im Ansatz verwirklichten Träume des Jahrzehnts um den Ersten Weltkrieg stehen in engstem Zusammenhang mit dem Kreis der Expressionisten. Obwohl aber Taut als der Protagonist »expressionistischer Architektur« zu verstehen ist, hat er selbst nie in »expressionistischer Manier« gebaut, wie man dies Peter Behrens bei der Halle der Farbwerke in Höchst, Walter Gropius für das Haus Sommerfeld oder Otto Bartning für seine Kirchenbauten bescheinigen kann. Taut löste seine schöpferischen Kräfte zu Beginn der zwanziger Jahre von der theoretischen Erörterung einer besseren Welt: Sobald sich die Gelegenheit ergab, lenkte er seine Kreativität auf die Schaffung humanen Massenwohnbaus, dem er den Impetus seiner Utopien zugrunde legte.

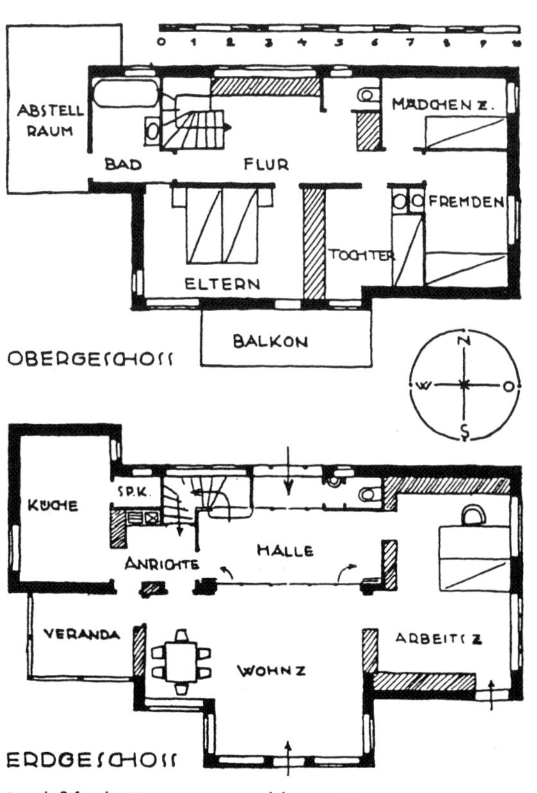

Grundriß für das Haus eines Kunstgelehrten, 1925

Anmerkungen

1 Nachlaß Max Taut, AdK Berlin
2 A. Behne: Bruno Taut, 1913, S. 538
3 B. Taut: Eine Notwendigkeit. In: Der Sturm 4 (1913), Heft 196/197, S. 174 f.
4 B. Taut: Brief an Max Taut vom 1. 3. 1906: »Die reine Kindlichkeit ist für den Künstler der wertvollste Besitz.« AdK Berlin
5 B. Taut: Eine Notwendigkeit, 1913, S. 174
6 A. Behne: Bruno Taut, 1913, S. 538
7 B. Taut: Bildvorführungen für liegende Zuschauer. In: Bauwelt 15 (1924), Heft 32, S. 743
8 B. Taut: Zum Neuen Theaterbau. In: Das Hohe Ufer 1 (1919), S. 204–208
9 B. Taut: Brief an Ludwig Berger vom 11. 12. 1920, AdK Berlin
10 B. Taut: Theaterbau, 1919, S. 204
11 W. Pehnt: Kern und Schale, 1982, S. 17
12 A. Behne: Das Monument des Eisens von Taut & Hoffmann auf der IBA in Leipzig. In: Kunstgewerbeblatt N.F. 25 (1914), S. 86–88. Siehe auch: Deutsche Bauzeitung 47 (1913), S. 626
13 Bollerey/Hartmann: Bruno Taut. In: AdK, 1980, S. 42
14 Deutsche Bauzeitung 47 (1913), S. 626
15 B. Taut: Glashaus (1914). In: Frühe Kölner Kunstausstellungen. Sonderbund 1912, Werkbund 1914, Pressa USSR 1928. Hrsg.: Wulf Herzogenrath. Köln 1981, S. 287–292
16 B. Taut im Brief an die ausführende Berliner Firma Puhl & Wagner vom 6. 1. 1914. Archiv Puhl & Wagner, Berlinische Galerie, Berlin
17 B. Taut: Glaserzeugung und Glasbau. In: Qualität 1 (1920), S. 9; ders.: Glasarchitektur. In: Glocke 6 (1921), S. 1374
18 B. Taut: Brief an Ludwig Berger vom 13. 10. 1920, AdK Berlin
19 A. Behne: Bruno Taut, 1914, S. 14
20 Fritz Neumeyer: Aufbruch zur Moderne: Neues Bauen in Berlin. In: Berlin 1900–1933. Hrsg.: Tilmann Buddensieg, Berlin 1987, S. 48
21 Abb. in: K. Junghanns: Bruno Taut, 1983, Nr. 5
22 Abb. in: AdK, 1980, Nr. 6.1, S. 167; Nr. 22.2, S. 169 und Nr. 169.1, S. 255
23 Ruf zum Bauen. Hrsg.: Arbeitsrat für Kunst. Berlin 1920, S. 35, Abb. 33
24 NW-FaS, Abb. 40,42, 43; S. 46–52
25 NW-FaS, S. 50
26 B. Taut: Die Stadtkrone. Jena 1919, S. 69
27 Hans Luckhardt in: Neudeutsche Bauzeitung 15 (1919), S. 172
28 B. Taut: Die Auflösung der Städte. Hagen 1920, S. 7
29 B. Taut: Glasarchitektur, 1921, S. 1376
30 B. Taut: Ex oriente lux. Aufruf an die Architekten. In: Neue Blätter für Kunst und Dichtung 2 (1919/20), Heft 4, S. 15
31 B. Taut: Eindrücke aus Kowno. In: Sozialistische Monatshefte 5 (1918), S. 897–900
32 B. Taut: Kosmische Farbenliebe. In: Frühlicht 1 (1920), S. 66. Diese Beschreibung entspricht der Abbildung 35 in NW-FaS
33 B. Taut: Farbenwirkungen aus meiner Praxis. In: Das Hohe Ufer 1 (1919), Heft 11, S. 265
34 B. Taut: Farbenwirkungen, 1919, S. 263–266
35 Publ. in: NW-FaS, Ergänzung zur 4. Aufl., S. 121. Außerdem in: Leberecht Migge: Deutsche Binnenkolonisation. Berlin 1926, S. 54
36 B. Taut: Ein Wohnhaus. Stuttgart 1927
37 Brief Heinrich Taut an Verf. vom 25. 8. 1985. Im folgenden beziehen sich alle Zitate auf diesen Brief, sofern keine andere Quelle angegeben ist
38 Hans Josef Zechlin in: Wasmuths Monatshefte 11 (1927), S. 380–385
39 Adolf Behne: Eine Stunde Architektur. Stuttgart 1928, S. 49
40 A. Behne: Eine Stunde Architektur, 1928, S. 50
41 Jakobus Goettel in: Gartenstadt 11 (1927), S. 83
42 Gerhard Kosel: Mein Lehrer Bruno Taut. In: Architektur der DDR 29 (1980), Heft 4, S. 204–208
43 Kurt Junghanns im Gespräch mit Verf. am 12. 7. 1985
44 Vgl. Tilmann Buddensieg: Gemeinschaftsbildende Architektur, 1980, S. 50; Norbert Huse: Neues Bauen 1918–1933. München 1975, S. 95 f.; Kurt Lembcke: Der soziale Wohnungsbau 1918–1945. Diss. Weimar 1964, S. 238; Der Westdeutsche Impuls. Kunst und Gesellschaft in der Weimarer Republik. Berlin 1977, S. 141; Reyner Banham: The Well-Tempered Environment. Chicago 1969, 2. Aufl. 1982, S. 132–134
45 Gian Domenico Salotti (Hrsg.): Una Casa di Habitazione. Mailand 1986, Nachwort S. 69
46 Diesen Hinweis verdanke ich Brigitte Lamberts, Düsseldorf
47 Frau Schwab im Gespräch mit Verf. am 19. 11. 1985
48 N. Huse: Neues Bauen, München 1975, S. 96
49 B. Taut: Brief an Ludwig Berger vom 8. 12. 1920, AdK Berlin
50 B. Taut: Brief an Carl Krayl vom 5. 6. 1938. Zit. nach: K. Junghanns: Bruno Taut, 1983, S. 111
51 Ömer Gülsen et al.: Erinnerungen an Bruno Taut. In: Bauwelt 75 (1984), Heft 39, S. 1675
52 Tokuguen Mihara: Bruno Taut: Herstellung von Kunsthandwerk in Takasaki. In: AdK, 1980, S. 139
53 Bülent Özer: A Home of the Soul. In: Domus 611/1980, S. 28
54 K. Junghanns: Bruno Taut, 1983, S. 111
55 B. Taut: Eine Notwendigkeit, 1914, S. 175
56 B. Taut: Der Sozialismus des Künstlers. In: Sozialistische Monatshefte 25 (1919), S. 264
57 B. Taut: Der neue Bauherr. In: Weltbühne 22 (1926), S. 502
58 B. Taut: Vom Moskauer Wohnungsbau. In: Bauwelt 18 (1927), Heft 4, S. 78–81
59 Robert Adolph: Einküchenwirtschaft als soziale Aufgabe. Berlin 1919. Rezension von Bruno Taut in: Freiheit, Berlin 12. 11. 1919
60 B. Taut in: Freiheit, 12. 11. 1919
61 Walter Müller-Wulckow: Aufbau-Architektur. Berlin 1918. Rezension von Bruno Taut in: Freiheit, Berlin 5. 7. 1920
62 B. Taut: Glaserzeugung, 1920, S. 9–14
63 B. Taut: Glaserzeugung, 1920, S. 10
64 Wolfgang Niess: Volkshäuser. In: Arch+ 16 (1984), Nr. 74, S. 14 f.,75
65 B. Taut: Der Neuaufbau des Leipziger Volkshauses. In: Freiheit, 29. 9. 1920
66 B. Taut: Bildschreine. In: Das Hohe Ufer 1 (1919), S. 305
67 Hugo Lang: Der Bild-Schrein. Eine kleine Auseinandersetzung mit Bruno Taut. In: Innendekoration 31 (1920), Heft 11, S. 362–366
68 Vgl. NW-FaS, Abb. 68 und S. 117 f.
69 Vgl. NW-FaS, S. 118
70 B. Taut: Bildschreine, 1919

III. »... Die Aufgabe der Architektur ist die Schaffung des schönen Gebrauchs ...«

Die produktiven Jahre 1923 bis 1933

Bruno Taut hat in ungewöhnlich hohem Maße auch publizistisch in die Diskussionen um die Wohnreform eingegriffen. Die Grundzüge seiner Innenraum-Konzeption gehen aus den zahlreichen Artikeln, die er nach dem Ersten Weltkrieg veröffentlichte, hervor; auch sein stetes Engagement für die Gestaltung des Innenraums tritt darin unleugbar zutage. Es scheint, als habe Taut die Veröffentlichungen jeweils – ohne seine Überzeugung je zu verlassen – nach baupolitischer Notwendigkeit verfaßt. Seine Begrifflichkeit ist mit höchster Vorsicht zu genießen, da er keine eindeutigen Definitionen ausbildete und gleiche Termini häufig in unterschiedlichem Sinne anwandte. Keinesfalls darf die heutige, erkenntnistheoretisch erarbeitete Terminologie mit der Bruno Tauts gleichgesetzt werden. So schrieb er zum Beispiel vom Funktionalismus und von der Industrialisierung des Massenwohnungsbaus, baute jedoch niemals »funktionalistisch«.
Aus der Summe der schriftlichen Quellen lassen sich drei konstante Gestaltungskriterien für den Innenraum herauskristallisieren, die sich einem obersten Prinzip, der *Harmonie*, unterordnen und sich in ihrer Komplexität zu einer harmonischen Einheit zusammenfügen sollen. Diese drei Komponenten sind *Farbe*, *Licht* und *Wahrheit*. Wahrheit im Sinne von Klarheit der Form, Übereinstimmung von Grundriß und Mauerwerk – vor allem aber ein den Lebenswahrheiten des Bewohners entsprechendes Ambiente. Kernaussage Tautscher Theoreme ist, daß Bescheidenheit im Äußeren zur Entfaltung »inneren Reichtums« führe; daß die Wohnung des Menschen die Wohnung seiner Ideen sein sollte; daß also die geistige Haltung des Bewohners das Aussehen der Hülle, die er seinem Geist gibt, präge und diese auch umgekehrt positive, befreiende Wirkung auf Geist und Habitus des Bewohners ausübe. Da sich die meisten Menschen der Inkongruenz von »Schale und Inhalt« in üblichen Wohnungen nicht bewußt seien, müsse hier Erziehungsarbeit geleistet werden. Dies ist der Motor für seine nahezu unerschöpfliche publizistische Tätigkeit.
Nach seinen »utopischen« Bilderbüchern verfaßte Taut, orientiert an der Baupraxis der zwanziger Jahre, noch fünf Baubücher, die zum Teil als »Gebrauchsanweisungen« für das »Neue Wohnen« zu lesen waren und im übrigen Tauts Architekturauffassung als solche spiegeln. 1924 erschien das im Kontext des Innenwohnraums wichtigste Buch, »Die Neue Wohnung – Die Frau als Schöpferin«, nach fast vierjähriger Vorbereitungszeit, das gesondert erörtert wird.
Dieser Publikation folgte 1926 das Buch »Bauen – Der Neue Wohnbau«. Bruno Taut gab es im Auftrag der Architektenvereinigung »Der Ring« heraus. Der polemische Stil und die kontrastierenden Bildunterschriften weisen deutlich Bruno Taut als den Verfasser aus. In diesem Buch vertrat er die Auffassung, daß sich der Wert von Wohnarchitektur primär an der Raumanordnung ablesen lasse – ein Resultat seiner langjährigen Überlegungen. Zur vernünftigen Aufteilung gehöre eine optimale Ausnutzung der Baumasse, Zugänglichkeit aller Zimmer vom Flur und die Anbindung des Balkons an Küche und Wohnraum sowie angemessene Größe für jeden Raum und eine gesunde Durchsonnung und Lüftung. Zwischen einem solchen guten Grundriß und der baulichen »Hülle« müsse Harmonie herrschen. Arbeitserleichterungen durch Einbauten, besonders in der Küche, müßten sie ergänzen. Die Publikation wurde weitgehend positiv aufgenommen, ihre Polemik zuweilen getadelt. Einer der Rezensenten griff noch einmal die Ambivalenz des Tautschen Bauwillens auf, den Behne 1914 und andere nach dem Ersten Weltkrieg bereits konstatiert hatten, indem er schrieb: »In Bruno Taut kreuzen sich zwei Welten: die eine hoch über allen Wolken und die andere, die ganz hier unten mit sorglichster Mühe der Fassung des gemeinen Lebens dient.«[1]
Im darauffolgenden Jahr, 1927, legte Taut in dem Buch »Ein Wohnhaus« Rechenschaft über seine persönliche Einlösung der lange propagierten Ansprüche ab. In didaktisch aufbereiteter Form lieferte er damit eine Monographie des Hauses, das er für sich selbst in Dahlewitz bei Berlin errichtet hatte, ohne anderen als seinen höchst eigenen Maximen folgen zu müssen.
Anläßlich seiner Englandreise im Juni/Juli 1929 verfaßte Taut das Buch »Neues Bauen in Europa und Amerika«. Es wurde zunächst vom Studio-Verlag London unter dem Titel »Modern Architecture« herausgebracht, bevor es in deutscher Sprache verlegt wurde.[2] Darin übte Taut wiederum Kritik an den »absurden Unklarheiten der gegenwärtigen Kultur«, an deren »Rückwärtsgerichtetsein« und »Lächerlichkeit«. Er hob die Verbesserungen des Grundrisses sowie die Errungenschaft des Expressionismus, und zwar die Befreiung der Farbe, hervor. Die Frage »Was ist also die neue Bewegung?« beantwortete Taut bezüglich des Innenraums mit einer Paraphrasierung von Otto Wagners Ausspruch: »Unpraktisches kann nie schön sein«, denn: »Was gut funktioniert, sieht auch gut aus. Wir

glauben einfach nicht mehr daran, daß etwas schlecht aussieht und doch gut funktioniert. Die Aufgabe der Architektur ist die Schaffung des schönen Gebrauchs.«

Aus diesem Kernsatz Tautscher Innenraumkonzeption resultiert, daß die Benutzbarkeit einer Wohnung als der »Inhalt der Ästhetik« zu gelten habe und der Grundriß eine Voraussetzung für die Schönheit eines Baues darstelle. Noch 1929 hielt Taut – trotz gegenteiliger Erfahrungen – daran fest, daß die gute Anlage des Hauses die darin Wohnenden »zu einer besseren Haltung in ihren gegenseitigen Beziehungen« führe. Bruno Taut verurteilte in dieser Publikation aber auch die dogmatische Durchsetzung zeitgenössischer Postulate wie Licht, Luft und Glas. Diese Elemente wollte er vielmehr im Kontext soziologischer, volkswirtschaftlicher und traditionsbezogener Erwägungen berücksichtigt wissen.

Am Ende seines Lebens trug Bruno Taut all seine Theorien und praktischen Erfahrungen in einer »Architekturlehre« zusammen, die zunächst in türkischer und japanischer Sprache erschien.[3] »Architektur ist die Kunst der Proportion«, lautete sein Resümee. Dabei müssen Technik, Konstruktion und Funktion in eine Harmonie gebracht werden, die mit dem benutzenden Menschen und dem Zweck übereinstimmt: »Für die Proportion ist die Funktion: Die schöne Brauchbarkeit und Der schöne Gebrauch.«[4] Laut Tagebucheintrag waren im Januar 1936 bereits sieben Kapitel der »Architekturüberlegungen« auf 170 Seiten fertiggestellt.[5] Im Brief vom 24. Juni 1936 an Martin Wagner, Istanbul, schrieb Taut über seine »Architekturlehre«: »Man kommt dabei manchmal zu überraschenden Ergebnissen, zu negativer Kritik auch gegen sich selbst, zu manchem, was man für einen Schlüssel zu halten glaubt.«[6]

Die einzelnen Artikel Bruno Tauts in den Architektur- und Genossenschaftsblättern gruppierten sich, außer um die anlaßgebenden aktuellen Baufragen, um seine konstanten Gestaltungsthemen: Wohnsitten, Farbe, Licht und Grundrißorganisation. Hatte er in seinen transzendentalen Architekturvisionen die Menschen durch kristallklare Bauten zu läutern gehofft, so ging er mit Wiederbeginn der Bautätigkeit zu konkreten Vorschlägen für die Wohnsitten seiner Mitmenschen über. Seine Artikel gerieten zu Gebrauchsanweisungen für die Neubauten nach seinem Entwurf.

In einer Denkschrift, die Taut als Stadtbaurat von Magdeburg 1922 zur Reform der dortigen Kunstgewerbeschule verfaßt hatte, verdeutlichte er, daß er prinzipiell nach dem Einklang des Konstruktiven mit dem Räumlichen suchte. Taut nannte dies seine »Einheitsauffassung von der Kunst«.[7] Dies beinhaltete auch, daß jegliche Möbelstücke in ihrem konstruktiven Aufbau den Raumelementen entsprechen müßten, da sie »ihrer Natur nach Glieder des Raumes sind und durch ihre körperliche und farbige Erscheinung den Raum zu einem ganzen machen«[8]. Taut sah also den Raum immer gemeinsam mit den sekundären Elementen, den Möbeln und Farbflächen, und nicht die raumschaffenden Bauglieder isoliert in ihrer – womöglich skulpturalen – Wirkung.

Bereits 1920 und damit zum ersten Mal hatte Taut zielgerichtet zur Gestaltung der Arbeiterwohnung Stellung genommen.[9] Er hatte seine Auffassung von der Wand dargelegt: in freudigen Farben ohne Bilder, ergänzt durch farbige Füllungen der (Einbau-)-Möbel sollte sie sein. Diese Möbel entsprächen ihren tektonischen Bedingungen und erfüllten Nutzwert und Proportionsbedürfnis auf schlichte, übersichtliche Weise. Die Wohnung, so lautet Tauts zentrale Aussage zum Innenwohnraum, ist nur das Gehäuse, der Rahmen für den Reichtum an innerem Leben ihres Bewohners. Auch die kleinste Wohnung sollte doch immer noch die »Wohnung der Ideen« des Bewohners sein und Freiräume für individuelle Umgangsformen bieten: Die Bescheidenheit im Äußeren gibt dem Innenleben Raum zur Entfaltung. In diesem Sinne betrieb er fortan unablässig in Wort und Tat die »Klärung« der Wohnsitten, indem er die Befreiung von muffigen, schlechten Traditionen vor Augen führte.

Im Jahre 1924, zu Beginn seiner »sieben fetten Jahre« als Baupraktiker, erschien Bruno Tauts Buch »Die Neue Wohnung – Die Frau als Schöpferin«. Er stellte dieses Schlüsselwerk selbst in diversen Artikeln vor und lieferte den Zeitschriften Textauszüge oder Kurzfassungen von Inhalt und Anliegen. Er nutzte die publizistischen Medien, ergänzt durch Dia-Vorträge in den Neubausiedlungen, zur Popularisierung seiner Gedanken über den Innenraum. Er ahnte trotz allem, daß seine Bestrebungen nur kleine Kreise erreichen würden: »die Auswirkung im Großen verpufft ganz und gar, das breite Publikum sieht diese bestenfalls als ›interessante‹ Literatur an.«[10]

Die nun in ihren Eigenschaften konkretisierte »neue Wohnung« sollte Spielraum für das Individuum bieten unter besonderer Berücksichtigung der Entfaltung der Frau. Die Wohnung als das »Gefäß« für alle Vorgänge des täglichen Lebens mußte geeignet sein, dem Bewohner die größte geistige Ruhe und Beweglichkeit zu garantieren. Die »aktive Bejahung« der neuen Einfachheit basiere auf der Umstellung der Lebensauffassung, der Klärung und dem Bewußtwerden dessen, was »Leben« eigentlich beinhalte. Immer wieder betonte Taut neben den Forderungen nach Farbe und Sachlichkeit das »innerliche« Element bei der Umgestaltung der Wohnung: Geht der äußerlichen Veränderung kein Umdenken voraus, so entstehe nicht Kunst, sondern Mode.

Einen weiteren Text von zentraler Bedeutung veröffentlichte er 1926 in der »Weltbühne«: »Der neue Bauherr«.[11] Hier stellte Taut den direkten Zusammenhang zwischen äußerer Erscheinung und Innenausstattung her. Zum Gesamtorganismus des Baus gehöre auch seine Einrichtung, die Möbel, die Tapeten, der Hausrat, alles, womit sich der Mensch alltäglich umgebe. In fast lyrischer Polemik karikierte er die Anhänglichkeit des menschlichen Gemütes an Nippes und setzte sie mit der Nostalgie einer sterbenden Welt gleich. Diese verlange zwar auch »das Reine, Saubere, Klare, sie möchte es aber nicht allein, sondern vermengt wenigstens noch ein bißchen von dem, was abzieht vom bloßen eigenen Leben«. Taut setzte dem die Auffassung entgegen, daß erst die Befreiung vom »Krimskrams« den Menschen zu wahrer Kreativität befähige und über das bloße Leben erhebe. »Der Mensch, das ist (...) der individuelle Teil der Gesamtheit, der zu um so größerem Recht kommen soll, je stärker, positiver und bewußter er sein eigenes Leben in seinem Gehäuse führen kann.« Der Mensch müsse »innerhalb seiner Gebrauchsgegenstände, seiner Häuser und auch seiner großen Bauten zur Hauptsache erhoben werden«. Statt das Alte zu bewundern, zu reproduzieren, solle im Wissen um Tradition Neues geschaffen werden, auch im Innenraum, der mit dem Außenbau eine untrennbare Einheit bilde.

1927 bereits glaubte Taut – in Verkennung der Tatsachen – die Umsetzung seiner läuternden Wohnidee feststellen zu dürfen: »Wir sind mitten drin in der Verwirklichung der Sache, für die wir uns seit Jahren eingesetzt haben.« So enthusiastisch äußerte er sich im einleitenden Vortrag bei der Baufachtagung am 28. März 1927 in Frankfurt/Main zur ethischen Eigenschaft der Wohnungsrationalisierung als einer geistigen Form der Gesellschaftsumbildung. Die Aufgabe bestehe darin, den immer weiter verbesserten Massenartikel über das allein Praktische, Zweckmäßige hinauszuführen zu einem Katalysator »neuer Kultur«.[12] »Klare, einfache und übersichtliche Formen schaffen, mit offenen Augen die Umwelt formen, das sind die Forderungen an die Bauenden, ihre ethische Bestimmung.« Hiermit bekannte Taut ausdrücklich, was all seinen Äußerungen immanent war: daß die »Wohnungsangelegenheit« für ihn eine »Weltanschauungsfrage« darstelle. In den Schlußworten rückte er von seiner Utopie der unmittelbaren Nachkriegsjahre ab, eine schöne Zukunft durch den Bau allein schaffen zu können. Er modifizierte sie dahingehend, daß der Architekt zunächst den alltäglichen Anforderungen entsprechend dem Ganzen zu dienen habe: »Es ist ja auch nicht nötig, daß die Zukunft schön sein muß, es genügt, daß wir überhaupt aufbauen...«. Doch seinen Traum, der Mensch möge durch die richtige Wohnung ein geläutertes Geistes- und Gemeinschaftswesen werden, gab er in Wahrheit niemals auf.

Im selben Jahr 1927 appellierte Taut an die unverbildete Jugend, den Wohnorganismus entsprechend den Lebensabläufen zu vervollkommnen und die »Harmonie zwischen Schale und Inhalt« herbeizuführen.[13] Für diese Gedanken suchte er die Jugend als Bahnbrecher zu gewinnen. Denn vergeblich, so mußte er nun doch resignierend feststellen, hatte er sich bemüht, die »Alten« aus ihren schlechten Gewohnheiten zu befreien. Zwischen seinen grundsätzlichen, sachlichen Äußerungen erscheinen immer wieder leidenschaftliche Appelle. Es läßt sich daraus schließen, wie wenig seine Mission bis dahin aufgenommen worden war, ja daß er sogar gegen rückläufige Tendenzen zu kämpfen hatte. Vier Jahre später, 1931, warnte er in seinem Beitrag »Durchhalten«[14] zum Fest im Fischtalgrund in der Waldsiedlung »Onkel Tom« in Zehlendorf eindringlich vor dem »gefährlichen, unkontrollierbaren Rückfall in die Plüschsofaherrlichkeit«. Denn darin verrieten sich reaktionäre Strömungen, die den Gemeinschaftsgeist einer Siedlung zerstörten. Nippes auf der Loggia und schlechte Gardinen an klaren Fenstern zeugten von mangelndem Schamgefühl der Mieter. In einem weiteren Artikel, »Der Schrei nach dem Bilde«,[15] stellte er betroffen die Rückkehr vom »Räume-Dein-Heim« zum »Schmücke-Dein-Heim« fest. Er fürchtete, mißverstanden worden zu sein, und erklärte nochmals, daß nicht die Wand, sondern das Bild und dessen Beziehung zum Bewohner entscheide, ob ein Bild aufgehängt werden sollte. Die Gestaltung des Raums erfolge aus seinen Elementen, aus Licht und Farbe und aus »der Schaffung des schönen Gebrauchs statt des schönen Aussehens«. Die Abwesenheit von Dekoration werde lediglich als »neumodische Dekoration« mißbraucht, was Taut scharf verurteilte.

Der 23. Deutsche Architekten- und Ingenieurtag in Ludwigshafen bot Bruno Taut 1928 nochmals Gelegenheit, seine grundlegenden architektonischen Thesen öffentlich zu formulieren: Aufgabe der Architektur sei es, die Spannung zwischen Zweck und Materie unter Berücksichtigung der menschlichen Bedürfnisse zur Harmonie zu führen. Zweckerfüllung sei das wichtigste ästhetische Element, die Schaffung des schönen Gebrauchs das oberste Ziel. In diesem Sinne sei Architektur als »gesellschaftsethischer Faktor« wirksam.[16]

Zur Läuterung der Wohnsitten und als Mittel der Erziehung zu freudigem, solidarischem Menschentum führte Taut konsequent kräftige Farben auch in das Innere seiner Bauten ein. Licht und Farbe galten Taut als die zentralen Elemente in der neuen Wohnung.[17] Die Farbverteilung sah er nicht abhängig von der Konstruktion des Raums, sondern vom Licht. Konkret gab Taut einmal an: »Eine Wand gegen das Licht kann tief, z.B. blau, die Wand mit Streiflicht orange, die reflektierende chromgelb und diejenige unmittelbar an der Lichtquelle rein weiß sein, die Decke leuchtend rot.«[18]

Dabei diente die Farbe der Wände unter anderem dem Zweck, das bürgerliche Tafelbild hochwertig zu ersetzen. Die Wirkung des Lichts auf den farbigen Flächen der Wände, die Ausstattung mit Wandschränken und nur den notwendigen Möbeln sollten eine harmonische Einheit bilden, in der das Bild als wandverdrängende Illusion überflüssig würde.[19]

Die Befreiung von der Salonkunst erkannte Taut als soziale Notwendigkeit für die Masse des Volkes, dessen Selbstbewußtsein er durch die Rückführung zu seinen Wurzeln, zur ursprünglichen Farbigkeit, stärken wollte. Während einer Reise ins litauische Kowno bestätigten sich für Bruno Taut diese zentralen Gedanken im Erleben der dortigen bodenständigen Bauart.[20] Er erkannte die raffinierte Einfachheit, »die lieblich und unverbildet wirkt. Und eine südliche, fröhliche Farbigkeit. Die Fabel, daß das Bunte nur in südlicher Sonne berechtigt ist, muß fallengelassen werden (...). Geben wir uns einmal die Mühe, ein Haus zu errichten, dann müssen wir auch dafür sorgen, daß es in der Sonne lebt.« Er begeisterte sich für die reinen Farben und forderte den Mut zur rein farbigen Wand auch im westlichen Europa. Denn Sonnenlicht in der Farbe aufzufangen schaffe Lebensfreude. Durch das unmittelbar volkstümliche Ausleben dieser Freude aber entstehe »Kunst«. Diesen Kunstbegriff entwickelte Taut spontan aus dem intensiven Erlebnis der »Volkstümlichkeit« heraus.

Die Belichtung des Innenraums blieb in der Folgezeit ein Hauptthema seiner Artikel. Fenster zum Beispiel sollten unterschieden werden in Öffnungen zur Belichtung und solche zum Hinaussehen. Und allein nach diesen Gesichtspunkten erfolgte ihre Anordnung im Raum. Diese Auffassung unterschied Bruno Taut von seinen Kollegen, die ohne jegliche thermische oder andere berechtigte Bedenken ganze Hauswände in Glasfronten auflösten.

Daß die Farbe ein zentraler Punkt seiner Anschauungen war, lehrte der Vortrag, den Taut beim »Ersten Deutschen Farbentag« 1925 in Hamburg hielt.[21] Dort entwickelte er geradezu eine »Philosophie« der Farbe: Die aktuelle Freude am Licht sei eigentlich die Freude an der Farbe – einem elementaren Bedürfnis des Menschen. Man könne sich selbstbewußt von den Geschmacksnormen des Bürgertums emanzipieren, indem man diesem zutiefst menschlichen Farbbedürfnis in der Wohnungsgestaltung nachgebe. Die Farbe gewinne über ihre

Funktion in der konstruktiven Gesamtheit der architektonischen Form hinaus einen moralischen Wert. Sie sei Ausdruck für die Freiheit und Selbstbestimmung des Geistes und Aufforderung zur Auseinandersetzung mit der Wohnumwelt. Durch die Schaffung einer harmonischen Wohnung und die Förderung der Freude durch reine Farben und klare Formen hoffte Taut, erzieherisch wirken zu können. Die Farbe erschien ihm als probates Mittel, das kulturelle Niveau zu heben und es über die Spießbürgerlichkeit hinauszuführen zur Kultur einer Solidargemeinschaft mit neuem Bewußtsein. In seinem Beitrag zur Farbenfrage im »Schlesischen Heim« formulierte er, daß der farbige Raum ein Malen im Großen sei, er umgebe den Wohnenden vollständig mit seiner sinnlich-sittlichen Wirkung.[22]

Tauts Formulierungen wurden von Malermeistern rezipiert und überwiegend willkürlich angewandt, was Taut einen schlechten Ruf einhandelte. Es kursierte Mitte der zwanziger Jahre der Vers: »Wenn sich doch mal einer traute und dem Taut den Pinsel klaute!« Der hielt jedoch an der Farbe als dem hervorragenden Bauelement fest und forderte eine genaue Kenntnis der optischen Eigenschaften und Beziehungen der reinen Farbtöne zueinander.[23]

Das mondäne Weiß der Avantgarde und die verweichlichten Mischtöne lehnte er rigoros ab. Pastellfarben waren ihm ein Greuel; schon in seinen frühesten Werken hatte er kräftige Farben eingesetzt. Doch die in den Siedlungswohnungen tatsächlich aufgebrachten Wandfarben waren gar nicht von der chromatischen Reinheit, wie sie zum Beispiel die De Stijl-Künstler für Wohnbauten forderten. Obwohl Taut zu Beginn der zwanziger Jahre sicherlich von J. J. P. Oud und der holländischen Bauweise beeinflußt worden war und obwohl er von der farbigen Wand als »Bildersatz« sprach, erlangte er die »klassische Reinheit« in der »Blankheit der Farbe« (J. J. P. Oud) und damit die neoplastizistische Wirkung der Farbe im aufgebrochenen Raum nicht. Seine gleichfarbige Gestaltung aller vier Wände eines Raumes in den Siedlungswohnungen machte die Raumbegrenzung – wenn auch vielleicht unbeabsichtigt – erst recht erfahrbar. Demgegenüber sprengte die von Wand zu Wand unterschiedliche Farbgebung des De Stijl-Interieurs mit ihrer plastischen Wirkung den Raumabschluß.

Obwohl Bruno Taut ursprünglich innerhalb der Avantgarde einer der Vorreiter des rationalisierten Grundrisses war, stellte er sich seit 1928 vehement gegen die mathematisch erarbeitete Kleinstwohnung von Alexander Klein. Diese bildete den Ausgangspunkt für die »Wohnung für das Existenzminimum«, die Bestimmungen der Reichsforschungsgesellschaft für Wirtschaftlichkeit im Bau- und Wohnungswesen und die Congrès Internationaux d'Architecture Moderne (CIAM). Für die Wohnung, so lautete Tauts Meinung, gebe es keine allgemeingültige Formel. Die spezifischen Bedürfnisse, Gewohnheiten und Wünsche der verschiedenen sozialen Schichten und die Unterschiedlichkeit der Landstriche müßten unbedingt berücksichtigt werden. Damit berief sich Taut wieder auf seine »Fischerschen Prinzipien«. Taut stellte sich auf den Standpunkt, daß auch bei der kleinsten Wohneinheit Mindestanforderungen entsprochen werden müsse. Dazu zählte er Bad, WC und Küche als selbständige Räume und Zugänglichkeit aller Zimmer vom Flur sowie das Anfügen eines Balkons. Die Wohnräume sollten darüber hinaus funktionsneutral, also gleichwertig ausfallen. Dabei dürfe die Quadratmeterzahl von zwölf pro Raum nicht unterschritten werden, für die Wohnung insgesamt nicht die von 45 Quadratmetern. Mit diesen Forderungen schwamm Taut »gegen den Strom«, gegen die »Psychose der Kleinstwohnung« zugunsten der von ihm immer propagierten Menschenwürdigkeit von Neubauwohnungen.[24]

Das restriktive Wohnungsbauprogramm der Reichsregierung von 1931 erschien Taut als ein »Mittel zur Geburtenverhinderung« und somit als ein Verstoß gegen die damalige Fassung des § 218 StGB.[25]

Unter dem Titel »Die vollkommene Wohnung« publizierte Taut in der »Wohnungswirtschaft« eine Rezension zu Sigfried Giedions Buch »Befreites Wohnen«.[26] Er zitierte diese Publikation sinnentstellend als »Die befreite Wohnung« und beanstandete die inaugurierte Festlegung der Wohnfunktionen durch den Grundriß. Er glaubte darin das Diktat des zur Willkür befreiten Architekten, also einen in dieser Bauaufgabe unangebrachten Künstler-Individualismus zu entdecken. Demgegenüber sollte seiner Meinung nach die allerbeste Wohnung absolute Neutralität wahren und alle »Schikanen«, Funktionszuweisungen und jede aufdringliche »Handschrift« des Architekten vermeiden.

Le Corbusier als Vertreter derselben Richtung des »International Style« bedachte Taut bald darauf mit noch beißenderer Kritik als Giedion: »(...) seine Architektur wird die bürgerliche Welt niemals beunruhigen. Sie beruht auf einer höchst talentierten Salonästhetik. Der Architekt baut hier so, wie der Ateliermaler sein Bild malt, d.h. er baut Bilder. Die Trennung von Fassade und Grundriß hat Corbusier konsequent ausgesprochen (...).«[27]

Diese Bauauffassung stand in deutlichem Gegensatz zu der Tauts, der immer auch von innen her zu bauen versuchte und die Fassade, bei aller Raffinesse, als Entsprechung und nicht als verselbständigte Haut auffaßte. Auch J. J. P. Oud blieb zu diesem Zeitpunkt nicht mehr von Tauts Vorwurf verschont: Seine Bauten wirkten wie »Linienzeichnungen, welche man in Stein aufgeführt hat, und nicht wie körperhafte Gebilde«.[28] Doch warf er Oud keine Diskrepanz zwischen Innen und Außen vor, nur einen gewissen »intellektuellen Puritanismus«.

Gegen die Beschlüsse seiner Kollegen bei den jeweiligen »Internationalen Kongressen für Neues Bauen« (CIAM) wehrte sich Bruno Taut in seinen Schriften vehement. Neben der »Wohnung für das Existenzminimum« erteilte er auch der starren Zeilenbauweise seine scharfe Kritik.[29] Er hielt es für unzulässig, einen solchen Formalismus über die Gebote der Landschaft und des Klimas zu stellen.

Die Sachlichkeit zum Dogma zu erheben, verurteilte Taut aufs schärfste: »Während er [der Architekt] sich früher um die Bedürfnisse, die zu einem Bau führten, gar nicht oder wenig gekümmert hat, so möchte er jetzt diese Bedürfnisse selbst korrigieren. Das drastischste Beispiel dafür ist die Arbeiterwohnung, wenn er sie nach seinen Ideen reformieren will und sich dafür den ›neuen Bewohner‹ konstruiert. Es läßt sich schon an verschiedenen Tagesbeispielen bei uns nachweisen, daß das Leben des Arbeiters durch solche Experimente, wenn sie zur Regel würden, noch viel mehr als früher proletarisiert werden

würde. Man muß allerdings, um dies zu verstehen, beim Betrachten von Grundrissen und Ausstellungswohnungen die Phantasie anwenden können, welche durch die Kenntnis des Arbeiterlebens, kurz der Armut selbst, ihren Inhalt findet; dann erscheinen einem diese Dinge wie ein ›Wohltätigkeitstee zum Besten der Armen‹.«[30]
Ende der zwanziger Jahre focht Bruno Taut einen schweren Kampf »gegen den Strom« der rationalisierten Kleinwohnung und der Stahlrohr-Manie. In beidem sah er die fatalen Konsequenzen der Bauhaus-Tätigkeit. Das Mobiliar, das er im Weißenhof 1927 noch als »Kühnheit« geschätzt hatte, befand er in der Berliner Bauausstellung von 1931 als »arriviert« und zu »snobistischen Kurfürstendamm-Möbeln« degradiert. Das Stahlrohrmöbel der Schickeria geriet ihm zum Symbol für den *falschen* Weg zur »neuen Wohnung«. Diese Einschätzung teilten auch Adolf Behne und der Kritiker Ernst Kállai, dessen Angriffe auf die »Salonästhetik« in dieselbe Richtung gingen. Kállai verlangte von einer Wohnungseinrichtung, sie solle »eine neutrale Pause« im arbeitsamen Leben bieten.[31]
Im Jahre 1929 erhielt Bruno Taut die Gelegenheit, seine Architekturauffassung vor einem englischen Publikum zu präzisieren.[32] Sein obenerwähnter Vortrag beim 28. Architektentag in Frankfurt/Main erschien gekürzt und von Heinrich Taut ins Englische übersetzt in der renommierten Kunstzeitschrift »The Studio«. Hier betonte er hinsichtlich des Innenwohnraums: »(...) the architect is concerned with translating material terms into human terms. (...) He has to influence the life, the habits and even the conduct of the people who are to inhabit this house, in such a way that their standard of living is raised to the highest possible plane. The understanding of sociological conditions is therefore a part of an architects equipment and a necessary principle of beauty.« Zur Farbenfrage äußerte er: »For instance, colour which in the interior is an asset by virtue of its relation to ideas of space and lightning; and on the exterior establishes a relation with the surroundings (...).« Eine Atmosphäre von »honesty and simplicity, (...) of an essential frugality«, die in der englischen Tradition des Wohnbaus herrsche, sei noch immer gültig, vorbildlich und ihm zutiefst verwandt. Bezeichnenderweise fand der »International Style« in England nur als Import deutscher Emigranten statt.
Im japanischen Exil schaute Bruno Taut zurück auf seine propagandistischen Tätigkeiten für eine neue Wohnkultur: »Nach 1920 wurde mit der Frage der Sparsamkeit in der Haushaltung die Vereinfachung des Wohnapparats kultiviert. 1923 schrieb ich die ›Neue Wohnung‹ mit solchen Forderungen und verlangte darin die Entfernung aller Bilder und aller überflüssigen Dinge. Japan war in dieser Frage unser großes Vorbild. (...) Damals verspottete man mich. Heute haben die guten Wohnungseinrichtungen entweder gar keine oder nur sehr wenige Bilder, um nur einen Punkt zu nennen.«[33]
Der zitierte Sonderdruck eines Vortrags, den Taut in einer Vortragsreihe in der Kaiserlichen Universität zu Tokio 1934 hielt, erlaubt eine entscheidende Umdatierung der »Siedlungsmemoiren«, die bislang als um 1936 entstanden gelten.[34]
Am vierten Vortragsabend, dem 12. Juli 1934, sagte Taut: »Wie sich die Lage des Architekten in diesem Gebiet zeigte, ersieht man am besten aus meinen eigenen Siedlungsmemorien (sic!).« Die Ankündigung des Vortrags beinhaltete folgenden Wortlaut: »Verlesung der Siedlungsmemorien und Bilder«. Die Urschrift der »Siedlungsmemoiren«, von Erica Taut handschriftlich aufgezeichnet, ist auf den 30.8.1933 datiert. Der zuerst von Junghanns edierte Text, der allgemein übernommen wurde, ist gegenüber dem Original um aufschlußreiche Überlegungen zum Verhältnis von Staat, Architekt und Siedlungsbau verkürzt.[35]
Bruno Taut folgte 1936 einer Einladung des türkischen Staates, der zu dieser Zeit vielen deutschen Künstlern Gastfreundschaft gewährte. Aus dieser Zeit sind nur maschinenschriftliche Manuskripte überliefert, die in unzugänglichen Privatsammlungen aufbewahrt werden. Publiziert ist lediglich ein Teil der Ansprache zur Eröffnung der Taut-Ausstellung in Istanbul am 4. Juni 1938.[36] Darin ist von der Suche nach dem Weg des Architekten die Rede, »bei dem die Wahrheit nicht leidet und zu gleicher Zeit das Gefühl nicht hungert.« Dies bezeichnet die humane Dimension in Bruno Tauts gesamtem Schaffen, in seinem Einsatz für die menschenwürdige Wohnstatt.

Neben dieser publizistischen Produktion war Bruno Tauts Buch **»Die Neue Wohnung – Die Frau als Schöpferin«** die nachdrücklichste Aufforderung zur Umsetzung seiner Ästhetik in die Praxis des Alltags. Diese Publikation bildete den Höhe- und Kristallisationspunkt seiner theoretischen Erörterungen zur Innenraumkonzeption. Es erschien 1924 im Verlag Klinkhardt & Biermann in Leipzig; 104 Seiten stark und mit 65 Abbildungen versehen, war die Erstauflage zum Preis von 3,50 RM geheftet und 4,40 RM gebunden erhältlich. Den Umschlag gestaltete der Graphiker Johannes Molzahn, der 1923 an die Kunstgewerbeschule Magdeburg zum Leiter der Klasse für Gebrauchsgraphik berufen worden war. Es kann angenommen werden, daß Taut den progressiven Künstler in dieser traditionellen Schule mit diesem Auftrag hatte protegieren wollen. Die Publikation faßt in sieben Kapiteln Bruno Tauts Anschauungen zur Wohnkultur so beispielhaft zusammen, daß es einer gesonderten Betrachtung bedarf.
In diesem didaktisch aufgebauten Werk bediente sich Taut einer populären Sprache, die zum Teil polemisch und sehr direkt ist; der realitätsnahe, den Leser beteiligende Stil mag dazu beigetragen haben, daß »Die Neue Wohnung« weite Verbreitung fand. Es ist wahrscheinlich, daß dieses Buch, ähnlich wie einige Jahre später »Unser Heim« von Marga und Heinrich Lützeler,[37] zu Hochzeit und Verlobung verschenkt wurde.
Bruno Taut wandte sich damit explizit an das Kleinbürgertum und die Arbeiterschaft, in erster Linie aber waren nun die Frauen angesprochen. Er überschrieb sein Buch sogar »Den Frauen gewidmet« und stellte eingangs fest: »Die Frau mußte bisher dem Hause den Rücken kehren und wendet sich ihm jetzt wieder zu. Aus bloßer Kritik wird Schöpfertum.« Diese leicht despektierliche Haltung bleibt – bei allem Bemühen um Integration und Emanzipation der Frau – Unterton des Werks.
Im ersten Kapitel wird der unhaltbare Zustand in deutschen Behausungen geschildert und die Richtung angegeben, »nach welcher eine Erleichterung des Hausfrauenloses geschehen kann«. Tauts Motto lautet: »Der Architekt denkt – Die Hausfrau lenkt!« Denn die Sentimentalitäten der Hausfrau mit ihrem »unendlichen Krims-Krams und Gerümpel« verunstalten bis-

Schutzumschlag der Erstauflage von »Die Neue Wohnung – Die Frau als Schöpferin«, nach dem Entwurf von Johannes Molzahn, 1924

lang die von den Architekten so schön und praktisch geplanten Wohnungen. Voraussetzung für eine »wirkliche Architektur« sei, daß die Frauen den »Fetischismus der Gefühlsdinge«, des Nippes und der falschen Gemütlichkeit ablegten, daß sie sich von ihrer Versklavung durch den Haushalt befreiten. Der Autor zählt die historischen Ursachen für die verlogene Wohnkultur auf: Verherrlichung der Kunstindustrie der Gründerjahre und die Unart, historisierende, monumentale Ensembles zum Ideal zu erheben. Der »kleine Mann« mußte in seinem Streben nach möglichst bürgerlichem Anschein auf den »Warenhausschund« zurückgreifen, um seine »Gute Stube« zum geforderten »Gesamtkunstwerk« zu erheben. Hinzu käme das falsche Bild von traditionellen Lebensweisen, wie es die Museen den Besuchern nahebrächten, sowie der Kult um die »gesundheit- und nervenzerstörende Handarbeit zur Vermehrung des Ballastes«.

Im zweiten Kapitel zog Taut drei positive Beispiele historischer Wohnkultur heran: die Klappenschreine der italienischen Renaissance und den japanischen Tokonoma (Bildernische), die beide der Aufbewahrung von Bildern dienen; diese werden nur zum Betrachten hervorgeholt und beanspruchen die Aufmerksamkeit sonst nicht. »Aber abgesehen von solchen psychischen Gründen ist es durchaus barbarisch, die geglättete, gestrichene oder sonstwie behandelte Wand eines Raumes zu vernageln und sie durch Bilder ihrer Eigenschaft des Raumabschließens zu berauben (...).«[38] Das zweite Element, das er in die neue Wohnung zu übertragen wünschte, sind die praktischen Wandschränke osmanischer Häuser auf dem Balkan. Weitere japanische Anregungen ergänzten als dritter Faktor die Aufstellung: Nur die notwendigsten Möbel, das diffuse milde Licht und die klar gegliederten Wände japanischer Häuser galten Taut als erstrebenswert. Für die Raumauffassung ließe sich von den Japanern alles lernen. Taut stellte programmatisch den Menschen über die ästhetischen Anforderungen an eine Wohnung. Menschlichkeit und die Schaffung menschenwürdiger, den Lebenverhältnissen angepaßter Behausungen bewirkten, so hoffte er, von selbst eine neue Ästhetik. Hier formulierte Taut noch einmal griffig seinen Gedanken von der inneren und äußeren Hygiene und deren Auswirkung auf die Wohnung als der »Schale« des Menschen.

Das dritte Kapitel der »Neuen Wohnung« nennt die Prinzipien zukünftig aktiver Gestaltung: »Aus der modernen Wohnung muß alles entfernt werden, was nicht direkt zum Leben notwendig ist.« Das Ornament als »Symbolsprache« sei im alltäglichen Wohnraum mit großer Zurückhaltung anzuwenden. So müßten zunächst die altväterlichen Möbel von ihrem Zierat befreit werden. Außer Interieurs von Klaarhammer, Huszar, Rietveld und Bartning – schlichte, geradlinige Zimmer ohne Verschleierungen und Verunklärungen – bildete Taut an dieser Stelle auch einige richtungweisende Entwürfe für Innenwohnräume ab, die er 1919/20 selbst gezeichnet hatte: den Idealentwurf für eine Villa. Dieser »Spitzentyp« des neuen Hauses von gläserner Durchlässigkeit war nicht für die unteren Schichten realisierbar und dennoch »richtungweisend«. Denn der Weg der Beeinflussung – das beurteilte Taut ganz richtig – verläuft »immer von oben nach unten«. Es sei noch immer ein »Aufrücken-Wollen in eine besser situierte Schicht« zu bemerken: »(...) und der Arbeiter kann in seinem Heim nicht bürgerlich genug werden.«[39]

Statt wie üblich durch ein »Ensemble« von Möbeln und Wandverkleidungen die innere Zusammengehörigkeit der Raumteile zu manifestieren, vertrat Taut die Ansicht: »Es ist tatsächlich in jedem Raum möglich, dann mit großen Farbflächen an Decke und Wänden die eigentlichen nun berechtigten Elemente des Raumes zu einer Einheit zu binden.«[40] Ihm lag an einer neuzuschaffenden Einheit von zweckmäßigem, spärlichem Mobiliar, kräftig bunten Wänden und gewählt gesetzten Öffnungen für den Lichteinfall. Dies zielte à priori weniger auf ein Gesamtkunstwerk, als vielmehr – durch die unsentimentale »Reinigung« der Wohnumwelt – auf »optimale geistige Aktivität«.[41]

Diese »Reinigung« im Sinne einer vollständigen Entrümpelung ist das Thema des vierten Kapitels. Die Hausfrau soll schöpferisch tätig werden, indem sie sich von Nippes und Ballast trennt, um zum Konstruktiven, Notwendigen und Praktischen in der Wohnung zu gelangen. Sie soll die neue Harmonie im Hause schaffen, die ihre Familie birgt und prägt; hier liegt die eigentlich erzieherische Aufgabe der Frau im Rahmen der Wohnungsgestaltung. Sie erhält nun vom Autor praxisbezogene Vorschläge für das Ausräumen von Wohnung und Speicher. Hinsichtlich der Weiterverwertung überflüssiger Möbelstücke unterstützte Taut die Idee der »Schrankbörsen«, die seit dem Ende des Ersten Weltkrieges in Frankfurt am Main und vielen anderen Städten bereits ihre Arbeit aufgenommen hatten. Dorthin sollten alle unnötigen Möbel gebracht und gegen geringes Entgelt an Bedürftige weitergegeben werden. »Diese geschäftlichen Einrichtungen sind die Stellen, die die Aufgabe [der Erziehung zu neuer Wohnkultur] mit viel stärkerem Nachdruck erfüllen könnten, welche die Hausrat-Unternehmungen, Dürerbund u.a., auch der Werkbund erfüllen wollten. Die kulturelle Aufgabe solcher Institute wäre eine eminente.«[42]

Die Möbel jedenfalls, die in der Wohnung nach strengster Maßgabe entbehrlich werden, soll die Hausfrau verkaufen und von dem Erlös einen modern gesonnenen Maler bezahlen, der die nunmehr bilderlosen Wände farbig streicht. Monochrom wie diese sollen auch die Polsterbezüge und die auf das Notwendigste beschränkten Gardinen werden. Geblümtes und Gemustertes wird geächtet, da es den Geist nicht zur Ruhe kommen läßt. Sodann sollen die Möbel auf ihren konstruktiven Körper reduziert, Auswüchse abgesägt, das Verbleibende geglättet und farbig gestrichen werden.

An einigen exemplarischen Grundrissen wies Taut im fünften Kapitel Verbesserungsmöglichkeiten auf. Sie gründen sich vor allem auf den Wegfall der »Guten Stube« und die Einbeziehung der Schlafräume in den Schaffensbereich sowie auf die Rationalisierung der Küche und der Arbeitswege im Haushalt. Damit ist Taut einer der Vorreiter des Taylorismus im Hause. Außerdem forderte er die Neutralität des Grundrisses, so daß Wohn- und Schlafbereich nicht schon durch den Zuschnitt in ihrer Nutzung festgelegt werden.

In einer Stockwerkswohnung zum Beispiel, die einen weiten Weg von der Küche zum Eßzimmer zeigt, plante Taut eine direkte Verbindung der Küche mit der Eßecke des Wohnzimmers. In der Küche selbst hatte er eine »organische Reihenfolge«, also eine dem Arbeitsablauf gemäße Anordnung der Kücheneinrichtung, vorgesehen. Die »Frankfurter Küche« von Grete Schütte-Lihotzky, seit 1926 in Ernst Mays Siedlungen in Frankfurt/Main serienmäßig eingebaut, rekurriert auf diese rationalisierte Küche Bruno Tauts. Das Modell seiner Küche entwickelte er anhand der Ergebnisse, die Christine Fredericks 1912 bei der Anwendung tayloristischer Rationalitätsmaßstäbe auf den privaten Haushalt erarbeitet hatte.[43]

Tauts individuelle Komponente stellt die raffinierte Verbindung zum Eßzimmer dar: ein Wandschrank mit Durchreiche, dessen Fächer sich teils vom Eßzimmer, teils von der Küche her benutzen lassen, bildet die Zimmerwand. Dies ist nur ein Vorschlag für Wandschränke, die Taut serienmäßig einbauen lassen wollte. Wie seine Auflistung der Baukosten zu beweisen versucht, könnte sozialer Wohnungsbau durch Einbau fester Bestandteile wie Wandschränke, Einbauküche und Kompaktbad auf Dauer rentabler werden. Jedoch: »Höchstes Kriterium einer guten Wohnungseinrichtung ist die geringste Arbeit der Frau.«[44] Dieser Aspekt sollte Vorrang vor den ökonomischen Erwägungen behalten. Was die Bewohner in solchermaßen ›geläuterte‹ Wohnungen hineintrügen, »ist nur noch ihr eigenes Leben und das ihm entsprechende bewegliche Gerät«.

Das sechste Kapitel faßt die bis hierher entwickelten Gedanken auf philosophisch-moralischer Ebene zusammen. Die Idealwohnung im Sinne Bruno Tauts ist die optimale »Hülle des Menschen, sein Schutz, sein Gefäß der ersten und letzten Gedanken, Worte und Handlungen, sein Nest«. Sein Einrichtungsideal wollte Taut jedoch nicht vorfabrizieren zur marktgerechten Adaption, sondern lediglich die Prämissen dafür aufzeigen. Er vermied in diesem Buch die Verabsolutierung seines ästhetischen Anspruchs, verfolgte aber herrisch sein erzieherisches Ziel. Das Resultat seiner niedergeschriebenen Überlegungen lautet: »An der Spitze steht keine einzelne Eigenschaft der Wohnung, sondern die Gesamtheit aller ihrer Eigenschaften. Es muß ein Organismus erreicht werden, der die absolut korrespondierende Hülle ist; sie ist also darin der Kleidung verwandt, sozusagen ihre Erweiterung. Die Fruchtbarkeit des Menschen, sein Schöpfertum, nicht bloß des Einzelnen, sondern gerade auch der Gesamtheit, liegt wie immer in der Umgestaltung der Dinge.«[45]

Umgestaltung eines »bürgerlichen Wohnzimmers«, 1923

Damit sind die gesellschaftsrelevanten Aspekte der Innenraum-Auffassung Bruno Tauts zusammengefaßt. »Die Utopie des neuen Wohnens kann einen praktischen Wert bekommen. Und das Praktische ist in seiner Vollendung zugleich ästhetisch und ethisch.«[46] Tauts Bauidee hatte insgesamt, besonders aber hinsichtlich des Innenraums, einen eminent moralischen Anspruch.

Zuletzt führte Taut den Leser von diesen Sozialutopien zurück in die Realität des Bauens. Hier war Taut wieder Praktiker, der Experimente mit den neuen Bauweisen und -materialien forderte, um zu sparsamsten, doch qualitätvollen Lösungen zu kommen. Die Befreiung der Frau zu sachlicheren Wohnsitten ermöglicht den neuen Haus- und Wohnungsbau klar und frei

Umgestaltung eines »Arbeiterwohnzimmers«, 1923

denkender Architekten, ganz nach dem Motto: »Der Architekt denkt – die Hausfrau lenkt!«
Taut ergänzte dies mit konkreten Beispielen für Wohnungsumgestaltungen. Mit Hilfe eines Vorher-Nachher-Vergleichs übertrug er hier seine prononciert geäußerten Thesen in Regieanweisungen. Zu diesem Zweck werden in der »Neuen Wohnung« Fotografien von typischen Wohnzimmern der Zeit kontrastiert mit Zeichnungen, welche dieselben Räume nach einer Reinigung im Tautschen Sinne des »neuen Wohnens« wiedergeben. Die Abbildung eines als »bürgerlich« bezeichneten Wohnzimmers gibt einen Ausschnitt mit Fenster- und Stirnwand wieder. Im derart begrenzten Raum finden sich Möbel für verschiedene Zwecke: das Wohnen, Arbeiten, Lesen, Essen, Aufbewahren und Ausstellen. Die Vermischung historischer Stile und die vielen verschiedenen Einzelteile der Bestückung wirken beengend. In seiner Zeichnung befreite Taut Bücherwand und Fenster von den Vorhängen, das Büffet von seinem oberen Teil und den Beschlägen, die Wand von den Sideboards mit Zinngeräten und hellte die Raumfarben auf. Trotz dieser Reduzierungen sind die wichtigsten Funktionen des Zimmers weiterhin gewährleistet. Ein einfacher, heller Kubus aus Papier oder Stoff ersetzt den altmodischen Lampenschirm. Der Raum wirkt somit viel freundlicher und klarer in Aufbau und Gestaltung.
Das »Arbeiterwohnzimmer« als kleinbürgerliches Muster städtischer Wohnkultur repräsentiert den seit 1880 nahezu unverändert tradierten Inbegriff der »Guten Stube«. In einem Raum von geringer Grundfläche drängen sich das obligate Plüschsofa mit Spitzendeckchen, ein Tisch mit Troddeldecke, gedrechselte Stühle und ein Sideboard mit Nippesfigürchen. Ein reichverzierter Wandregulator, zwei Landschaftsbilder und ein pompöser Wandspiegel mit Muschelaufsatz, das Vertiko mit seinem Drechslerzierat und die Lampe mit buntem Glasperlenbehang vollenden das Arrangement. Obwohl alle Möbel, außer dem Spiegel, der am Schlafzimmerschrank Verwendung findet, beibehalten werden, zeigt Tauts Zeichnung scheinbar einen anderen Raum: Die Verwandlung vom dumpfen Sonntagssalon zum heiteren, benutzbaren Zimmer für die tägliche Erholungspause ist vollzogen. Den tiefsten Eindruck hinterläßt die befreite, klargegliederte Stirnwand. Sie ist völlig leergeräumt und in Farbrechtecke aufgeteilt worden. Am Vertiko erweist sich Tauts Handschrift als Designer am deutlichsten: Das Möbel wurde auf seine konstruktiven Elemente reduziert, der Aufsatz und die aufgelegten Drechslerarbeiten wurden abgesägt und der eigentliche Korpus, seiner Gliederung entsprechend, zweifarbig angestrichen. Einziges Relikt repräsentativ dargebotener Objekte ist eine Schale mit frischem Obst auf dem ehemaligen Vertiko: Symbol für die künftige körperliche und geistige Gesundheit?

Innerhalb eines Jahres erfuhr die »Neue Wohnung« drei Auflagen, 1926 die vierte, erweiterte. Die fünfte von 1928 wurde in den Zeitschriften wiederum stark beachtet, wohl aufgrund der inzwischen zum Teil fertiggestellten, spektakulären Großsiedlungen Bruno Tauts. Für den jungen, engagierten Teil der Mieterschaft scheint »Die Neue Wohnung« ein Kultbuch gewesen zu sein. Den meisten Taut-Siedlungen waren Volksbüchereien angegliedert, zu deren Bestand »Die Neue Wohnung« gewiß gehörte.[47] Auch die Vorträge, die Taut zur Einrichtung »seiner« Siedlungswohnungen hielt, müssen gut besucht gewesen sein. Diese Publikumserfolge garantierten jedoch nicht unbedingt tatsächliche Umgestaltungen im Lebensbereich der Bewohner.
An den Nachworten zu den einzelnen Auflagen lassen sich die Reaktionen des Publikums auf »Die Neue Wohnung« ablesen, denn sie stellen jeweils die Erwiderung auf die öffentliche Meinung dar.[48] Im Nachwort zur zweiten Auflage sah sich der Autor noch einmal genötigt zu betonen, daß seine Vorschläge nur als Anregungen und nicht als verbindliche Rezepte gelten sollten. Darauf verwies er auch an anderer Stelle so oft, daß der Schluß naheliegt, er habe sich gegen Vorwürfe der Radikalität, des Formalismus und der Gefühllosigkeit erwehren müssen. Jeglicher Verbissenheit und Dogmatik setzte Taut »das Lächeln« entgegen, »das allein Neues schafft«.[49] Er verteidigte die Radikalität seiner Anweisungen‹ mit dem Argument, der Kampf gegen Nippes, Bild und Ornament richte sich doch im Grunde gegen eine »seelische Muffigkeit«, die den neuen Geist und somit auch den neuen Bau hemme. »Die neue Raumlösung in alten Wohnungen mit alten korrigierten Möbeln (...) ist schon ein Stück Neubildung« – ein erster Schritt in Richtung eines revolutionierten Wohnungsbaus, den er in diesem Nachwort an fünf Arbeiten aus seiner eigenen Entwurfstätigkeit exemplifizierte.[50]
Diese Entwürfe von 1924/25 nahmen Bauten vorweg, die 1927 verwirklicht werden sollten. Hier erfuhren das Haus Berthold,

Haus Taut II. in Dahlewitz und ein Prototyp für die Weißenhofsiedlung ihre erste Publikation durch den Architekten selbst.

Die vorhergehende Ergänzung zur dritten Auflage vom Dezember 1924 ist aufschlußreich im Hinblick auf die Rolle, die Taut der Frau zuzuweisen bereit war. Er entwickelte hier eine biologistische Dialektik, welche die Rollenzuweisungen der patriarchalischen Gesellschaft nicht in Frage stellte; er verwies in Nebensätzen wiederholt auf die Genialität des Mannes und den Pflegetrieb der Frau. Taut definierte hier die Frau als Mutter, fixierte sie aufs Haus und schrieb sie in dieser Rolle fest. Bestehende Familienstrukturen blieben von ihm unangetastet; eine Arbeitsteilung oder eine Integration der Frau im öffentlichen Leben erschienen ihm noch nicht diskutabel. In diesem engeren Sinne handelte es sich bei Tauts Bestrebungen nicht um die Beförderung eines emanzipatorischen Prozesses der Frau in der Gesellschaft. Die Tatsache, daß weiterhin an der Frau »alle Verantwortung und Arbeitslast hängenbleibt«, wurde von ihm festgestellt, doch nicht auf ihre wahren Ursachen hinterfragt. Die tradierte Rolle der Frau tastete Taut im Grunde nicht an, auch wenn er erste bemerkenswerte Schritte zur Aufwertung ihrer gesellschaftlichen Funktion tat. »Migräne, Überreiztheit, Nervosität (...) sogar Kränklichkeit und Mißhelligkeiten im Familienleben« galten Taut als Opfer an die Gemütlichkeit und wurden von ihm keineswegs als Folge des Belassens aller häuslichen Organisation bei der mehrfach belasteten Hausfrau, Mutter und Mitverdienerin erkannt. Die Mitarbeit des Mannes bei der Hausarbeit erwog Taut nicht. Es ist überaus erstaunlich, daß ein Jahrzehnt so intensiv um die Arbeitserleichterung der Frau unter reger Beteiligung beider Geschlechter rang, ohne auch nur einmal die Rolle des Mannes im Haushalt zu überprüfen.
Auch in Tauts Weltbild sollte die Frau *innerhalb* des Hauses für eine Atmosphäre geistiger Regsamkeit sorgen, die ihre Familienmitglieder zu Teilhabern am »neuen Menschentum« befähigte. Er hatte weniger das Bild der »modernen Frau« vor Augen als vielmehr die Vision einer insgesamt veränderten Gesellschaft. Die Wohnung wirke dabei sowohl wie ein Indikator als auch wie ein Gestalter des Seelenlebens. Taut erkannte, daß die Frau in diesem Umgestaltungsprozeß eine Schlüsselposition innehabe. Denn die Wohnung blieb unangefochtene Domäne der Frau. Ist also die »neue Wohnung« Voraussetzung für die Bildung einer solidarischen Menschengemeinschaft, so trägt die Frau die Verantwortung dafür. Folgerichtig setzte Taut hier den Hebel an: Er lenkte die erhaltende, erziehende Schöpferkraft der Frau in gesellschaftsrelevante Bahnen.
Bruno Taut war sich vollkommen bewußt, daß – wie Josef August Lux bereits um 1910 festgestellt hatte – im Kampf um eine neue Kultur vor allem die Frauen gewonnen werden müßten.[51] Lux hatte nicht etwa gemeint, daß auf weiblicher Seite eine »geistige Unfruchtbarkeit« vorliege, nein, vielmehr bedürfe es einer »energischen Aufforderung«, damit Frauen um ihre »geistige Gleichberechtigung« kämpften. Taut hatte mit der Publikation der »Neuen Wohnung« Lux' Forderung sozusagen eingelöst. Dabei ging er didaktisch klug vor: Mittels attraktiver Arbeitserleichterungen und des Zugeständnisses eigener Schöpferkraft der Frau wollte er das Fühlen und Denken der Hausfrauen auf sein gesellschaftliches Wohnkonzept verpflichten.
Die Frauen der zwanziger Jahre waren nun aufgerufen, sich beim Aufbau einer neuen Gesellschaft als wichtigstes Glied zu erkennen. Sie erhielten den Auftrag, über das Medium ihrer Wohnungen sich selbst und damit ihre Familien als geistig flexible Geschöpfe auszubilden. Sie sollten endlich aufhören, ihren Geist durch »ganz und gar überflüssige Arbeitslast« klein zu halten und mit der daraus resultierenden Unzufriedenheit den freien Geist des Mannes zu hemmen. Tauts Schlachtruf »Weg mit dem Nippes!«, verbunden mit einer auf Arbeitserleichterung abzielenden, rationelleren Bauweise, bildete die Grundlage für die »Menschwerdung der Hausfrau«. Diese sollte dezidiert nicht im Sinne einer Emanzipation der Frau vom Manne, sondern »von der durch die Überflüssigkeiten aufgebürdeten Arbeitslast« verstanden werden.
Trotz Tauts traditionellem Rollenverständnis muß als seine persönliche Leistung anerkannt werden, daß er bereits zu dieser Zeit als Architekt und damit als Mann in exponierter Stellung versuchte, die Frauen zu seinen verantwortungsvollen Mitstreiterinnen zu machen, ihnen ein Forum öffentlicher Diskussion bereitete und konkrete Schritte zur Verbesserung ihrer Lebensumstände anbot. In den Wohnensembles des Reformers Henry van de Velde hatten die Frauen noch als Staffage gedient. Auch Josef August Lux, obwohl er bereits 14 Jahre zuvor ganz ähnliche Gestaltungsprinzipien vertreten hatte wie Bruno Taut in der »Neuen Wohnung« (1924), hatte sich noch ausschließlich an ein männliches Publikum gewandt. Sein Lehrbuch »Der Geschmack im Alltag« behandelte das Wohnungsproblem geschlechtsunspezifisch, was zu dieser Zeit eindeutig auf den Mann bezogen war. Die Frau schilderte er hierin als Objekt der Erziehung und in den letzten Kapiteln auch als die Schuldige, als »Hemmschuh der Kulturentwicklung«. Durch ihr »Hindämmern«, ihre »stumpfe Teilnahmslosigkeit« verhindere sie die Qualitätsentwicklung des deutschen Kunstgewerbes und somit die Weltgeltung der deutschen Nation. Diese unverhohlene Werkbund-Ideologie wurde etwas relativiert, indem er auf die Geschmacksbildung als eine auch das Weltbild und die »geistige Struktur« verändernde Kraft verwies. Lux legte jedoch die Frau als ein Wesen fest, *über* das und nicht *mit* dem man sprechen könne. Dies unterschied Lux wesentlich von Bruno Taut – nicht jedoch seine Prinzipien, nach denen insbesondere die »einfachsten Arbeiterwohnungen« durch das Zutun der Frauen zu »edler, schlichter und wahrhafter Schönheit« geführt werden sollten.
Bereits bei Lux fanden sich die Gedanken der Bildermappe für Künstlerdrucke, der farbigen Innenwände und Fensterrahmen und der schlichtesten Möbelgestaltung durch persönliche Handarbeit: »Selbsthilfe im Arbeiterheim aufgrund klarer Erkenntnis«. Er war auch der Meinung, daß auf diese Weise »mit wenig Geld, aber mit um so mehr geistiger und seelischer Betätigung« der Zustand des Heimes, der »das ganze Gehabe der Menschen (...) bedingt«, aus der »Verlogenheit« herausgeführt werde.[52] Bruno Taut popularisierte jene Ideen und richtete seine Appelle gerade an die weiblichen »Hemmschuhe« der Volkskultur, indem er nicht mehr primär mit der Bedeutung der Frau für das nationale Ansehen, sondern mit der Erleichterung ihrer Hausarbeit warb.

Ohne Zweifel sprach Taut die Hausfrauen aller Gesellschaftsschichten als »Schöpferinnen« an. Wie nahmen sie diesen Ruf auf? Wie reagierten sie auf diese Einbeziehung in einen öffentlichen Gestaltungsprozeß? Grundlage dieser Untersuchung bildet der noch verfügbare Teil einschlägiger Architektur-, Frauen- und Genossenschafts-Zeitschriften der zwanziger Jahre. Die hohe Zahl der Beiträge, die seit 1924 zum Thema »Frau und Wohnung« erschienen, legt die Vermutung nahe, Bruno Taut habe mit seiner Publikation ein seit langem schwelendes Thema erneut angefacht.
Seit einem Vierteljahrhundert waren Wohnungsreformen in der Diskussion, und auch ein Teil der Frauen war seit langem öffentlich aktiv. In Berlin hatte 1912 – im gleichen Jahr, als Christine Fredericks ihre Thesen zum taylorisierten Haushalt erstmals in Amerika veröffentlichte – der Deutsche Frauenkongreß stattgefunden. In besonders vielschichtiger Weise spiegelt der Artikel »Die Wohnungsfrage und die Frauen«, der 1915 in Berliner Arbeiterwohnungen verteilt wurde,[53] die Bemühungen engagierter Frauen, im Wohnungsbauprozeß mitzuwirken.
All jene ästhetisch und sozial motivierten Bestrebungen der Vorkriegszeit waren durch den verheerenden Verlauf des Ersten Weltkriegs zunächst völlig in den Hintergrund gedrängt worden. Nach dem Krieg setzten die Reformbemühungen allerorts wieder ein, nicht zuletzt aufgrund der extremen Notsituation. Hausratgesellschaften und Kleinwohnungsbauvereine nahmen ihre soziale Aufgabe wahr.[54]
Die Einküchenwirtschaft erschien 1919 erneut als Lösungsmöglichkeit.[55] Auch Taut zeigte sich der Idee der Einküchenwirtschaft gegenüber aufgeschlossen. Eine Publikation von Robert Adolph zu diesem Thema beurteilte er positiv: »Der Verfasser sieht mit Recht in der überflüssigen Kleinarbeit der Hausfrau den Hauptschaden.« Taut zufolge seien die Vorteile des Einküchensystems »in der Entlastung der Hausfrau, in der Verbesserung der Beziehungen zwischen Mann und Frau« zu erkennen.[56]
Die Einküchenwirtschaft entwickelte sich zu einer der sozialen Fragen der Nachkriegszeit. Otl Aicher stellte im Rückblick für die junge Sowjetunion fest: »Es ging in der russischen Revolution auch um das prosaische Problem, anstelle der Wohnungsküche eine gemeinschaftliche Hausküche zu propagieren, die Kleinhaushalte aufzulösen zugunsten einer Küche für alle Parteien einer Wohnanlage. Dies sollte zugleich die Frau aus ihrer Isolation befreien, sie in die Gesellschaft und den industriellen Arbeitsprozeß eingliedern und sie am Aufbau einer neuen Gesellschaft beteiligen.«[57]
Im Deutschland der Nachkriegszeit konnte sich die Einküchenwirtschaft nicht durchsetzen. Diese Einrichtungen waren von vornherein zum Scheitern verurteilt.[58] Familien ungesicherter Lohnempfänger konnten den Service der Gemeinschaftsküche nicht individuell ihren wechselnden Finanzverhältnissen anpassen, wie sie es im Einzelhaushalt gezwungenermaßen getan hätten. Somit blieb diese Errungenschaft dem besser situierten Bürgertum vorbehalten, das einen oktroyierten Lebensstandard aufrechterhalten konnte. Die Mehrheit der Frauen in Deutschland hatte jedoch zunächst Hand und Kopf gebrauchen müssen, um die ärgste individuelle Not zu organisieren, anstatt sich mit allgemeingesellschaftlichen, emanzipatorischen oder ästhetischen Aspekten einer kommenden Zeit beschäftigen zu können.
Nach der Normalisierung der Verhältnisse um 1923/24 aber schien der Zeitpunkt gekommen: Bruno Taut küßte die deutsche Frau aus ihrem Dornröschenschlaf. Durch sein Buch »Die Neue Wohnung« gelangten die schlummernden Reformkonzepte ins Licht einer breiteren Öffentlichkeit und in den Gesichtskreis der Betroffenen: der Frauen.
Einen ersten Versuch hatte Taut bereits im Jahre 1920 in der Zeitschrift »Die Volkswohnung« unternommen, dabei jedoch nur in einem Satz auf die Rolle der Hausfrau bei der Reformierung der Wohnung hingewiesen: »Die gesamte Einrichtung muß die Mühen der Hausfrau zur Reinigung auf das Äußerste zurückführen.«[59]
Obwohl dieser Artikel, die Thesen zur Wohnungsgestaltung betreffend, eine Schlüsselfunktion innehatte, brachte doch erst die »Neue Wohnung« im Jahre 1924 mit der ausdrücklichen Widmung an die Frauen den Durchbruch: Der Medienwirbel, von Taut selbst geschickt lanciert, begann, als er das Buch in verschiedenen Zeitschriften präsentierte. Er stellte Kapitel auszugsweise zur Verfügung, gab seine Thesen knapp wieder oder kleidete sie zum Beispiel in die Form eines »Frauengespräch(s) zwischen Frau Schubert und Frau Tausendschön«. Zahlreiche Rezensionen begleiteten wortreich jede Neuauflage. Damit war der Startschuß zu *der* Diskussion der Zeit, der Wohnungsfrage, abgegeben. Der Architekturkritiker Gustav Adolf Platz sah im Rückblick die Initialzündung durch Bruno Taut gegeben: »Den Anstoß« zum Zusammenwirken von Architekt und Hausfrau »gab Bruno Tauts Schrift ›Die Neue Wohnung – die Frau als Schöpferin‹«. Die Wirkung der »Taut'schen Laienpredigt« habe sich »mit erstaunlicher Schnelle über Deutschland und die von ihm beeinflußten Länder verbreitet«.[60] Inwieweit die Diskussion über die Schicht der Intellektuellen hinaus tatsächlich ›die Frau im Volke‹ erreichte und ob die Bemühungen in der Zielgruppe auch Resonanz fanden, läßt sich aus der Presse kaum herausfiltern. Es können nur Aussagen über Frauen gemacht werden, die sich angesprochen und zu Reaktionen herausgefordert fühlten.
Als Hauptvertreterin der von Taut eingeschlagenen Richtung ist die Haushaltswissenschaftlerin Erna Meyer anzusehen. Im Jahre 1924 noch Mitarbeiterin Ernst Mays bei der Zeitschrift »Schlesisches Heim«, entwickelte sie 1926/27 die »Stuttgarter Kleinküche« und veröffentlichte 1926 das Buch »Der neue Haushalt«[61]. Zunächst propagierte sie Tauts Gedankengut und ergänzte es mit konkreten Forderungen: vernünftige Lage der Räume zueinander; angemessene Größe der Räume; einladende, wenig gegliederte Fenster und pflegeleichter Fußbodenbelag. Sie betonte den »geistigen Gehalt« der Wohnung als Arbeitsstätte und Spiegel der Frau und legte den Schwerpunkt auf die Selbstbefreiung der Hausfrau: »Ob Sklavin ihrer Pflichten, ob schöpferische Meisterin, das macht einen gewaltigen Unterschied für die Frau selbst, ihre Familie und damit für das Ganze unseres Volkes aus.«[62] Erna Meyer zitierte Literatur zum Wohnungsproblem, »aus deren Fülle als anregendstes und lehrreichstes Buch hier nur das von Bruno Taut ›Die neue Wohnung‹ genannt werden soll, weil es in seinen Mittelpunkt zum erstenmal in diesem Zusammenhang die schöpferische Frau stellt.« Sie fuhr fort: »An diesem Buch kann keine Frau,

die bis zum Wesentlichen in sich selbst kommen und diesem inneren Wachstum in ihrer Wohnung Ausdruck verleihen will, vorübergehen, auch dann nicht, wenn ihr die darin aufgestellten Forderungen viel zu radikal erscheinen und sie diese Forderungen, was in solchem Fall das einzig Richtige, weil Wahrhaftigste ist, nicht erfüllt. Als Ansporn aber und als Mittel, sich selbst über die wichtigsten Einzelfragen klar zu werden und dann eigene Stellung zu ihnen zu nehmen, sollte dieses Buch von jeder, auch der die Einzelheiten ablehnenden Frau durchdacht werden.«[63]
Ähnlicher Wortlaut findet sich in nahezu allen Stellungnahmen, sei es seitens der Frauen oder der Rezensenten, der »Herren Kunsthistoriker« (Bruno Taut): Das Buch wurde als Anstoß gewertet, über die Gestaltung der Wohnung nachzudenken und zum Wesentlichen des Lebens vorzudringen. Man kam zu dem Ergebnis, daß der »Taut'sche Rigorismus« die entscheidende, zukunftsweisende Botschaft der »Neuen Wohnung« nicht verringern dürfe. Nachdem der Kunsthistoriker und Freund Tauts, Adolf Behne, sein Buch »Neues Wohnen – Neues Bauen«[64] (1927) veröffentlicht hatte, das als Vermittlungsversuch zwischen den Architekten der Avantgarde und dem Publikum gelten kann, nahm seine Ehefrau Elfriede Behne 1929 noch einmal Stellung zu der »Neuen Wohnung«.[65] Sie beurteilte zum Beispiel Tauts Zehlendorfer Küchenmodell als vom Standpunkt der Hausfrauen sehr gelungen. Taut habe das, wofür er sich in der »Neuen Wohnung« eingesetzt hatte, in den Siedlungsbauten verwirklicht. Er habe sich auch als »einer der ersten« dafür stark gemacht, »daß sich die Hausfrauen an dem Aufbau einer neuen Wohnkultur beteiligen« sollten.[66]
Im »Schlesischen Heim« unterstützte auch eine gewisse Erna Behne aus Hamburg Tauts Gedankengut: klare Umrißlinien, einfache Möbel und Einbauschränke, Licht, Farbe und eine befreiende Küchenanordnung forderte sie. Dabei deckte sich ihr Hauptgedanke mit dem Bruno Tauts: »Der Mensch ist es, um dessentwillen die Gegenstände da sind (...)«.[67]
Im allgemeinen wurde Tauts Leistung zur Entwicklung des weiblichen Lebens von den Angesprochenen mit Dankbarkeit aufgenommen und zum Teil sogar emphatisch gelobt. Ellie Bommersheim bewies in der konservativ orientierten Zeitschrift »Deutsche Frauenkleidung und Frauenkultur«, daß Tauts geistiger Impetus seitens vieler Frauen gänzlich internalisiert wurde: »Er [Bruno Taut] gibt uns damit einen Ansporn zu einer Arbeit, die unserem Wesen sehr gemäß ist (...). Nur Verzicht auf Materiell-Äußeres ermöglicht, den Geist für wichtigere Werke frei zu machen.« Sie meinte, »(...) daß man ihm [Bruno Taut] dankbar sein muß und diesem bilderreichen Büchlein weiteste Verbreitung in Frauenkreisen aller Schichten wünschen möchte.«[68]
Tauts Wegweisung wurde als Chance begriffen, einerseits das Beste aus alten Möbeln und schlechten Wohnungen zu machen, die lästige Hausarbeit zu reduzieren und andererseits zu sich selbst und den eigentlich weiblichen Aufgaben in der Volksgemeinschaft zu finden. Darunter wurde nach wie vor die Reproduktion der Schaffenskraft des Mannes und die Erziehung der Kinder verstanden. Die Frau solle »in ihrem Heim wieder die Stelle einer Beherrscherin und Schöpferin« einnehmen.[69]
Ähnlich faßten es auch die christlichen Frauenvereine auf: »Unser Verfasser [Bruno Taut] glaubt fest daran, daß wir Frauen ›gesunden Frauensinn‹ und Schöpferkraft im Hause entfesseln können, wenn wir nur wollen. (...) Hinter dem Buch steht jedenfalls ein warmer Freund der feinstrebenden Frauenseele und ein bedeutender Bahnbrecher edelster Kultur unserer Zeit.«[70] Denn die »Aufgabe des Frauenlebens« dürfe sich doch nicht in »nie enden wollende(r) Hausarbeit« erschöpfen, sondern müsse sich in den »Dienst höherer Werte« stellen.[71]
Diese Bewertungen der Publikation Bruno Tauts werfen Schlaglichter vor allem auf das Selbstverständnis der Frauen in den »Goldenen zwanziger Jahren«. Sie reflektierten durchaus ihre Situation und ließen sich Wege aufzeigen, sie zu verbessern, begannen um Mitsprache zu kämpfen. An der dienenden Funktion jedoch, die ihnen von alters her und nicht zuletzt von Bruno Taut zugewiesen war, (ver-)zweifelten sie nicht. So hieß es: »Und vielleicht kommt doch mal wieder eine Zeit, in der wir Frauen unsere Last spielend tragen und mit Anmut durchs Leben schreiten.« und: »Die deutsche Frau ist nun einmal gern Hausfrau, d.h. sie ist in ihrem eigenen Haus lieber Kindermutter, Köchin und auch Reinemachefrau, Schneiderin und Gärtnerin als müßige Salondame. Nun, so sei sie dies auch ohne Scheu, nur sorge sie dafür, daß sie sich von schönen Geräten umgeben zeige.«[72]
Zumindest aber entwickelten Frauen nun Initiativen: Die »Neue Wohnung« wurde bei Verbandsabenden der Katholischen Frauen Deutschlands (KFD) gemeinsam gelesen, gegenseitige Aufforderungen zum Einmischen in gesellschaftliche Prozesse wurden ausgetauscht, Mitarbeit gefordert und männlicherseits auch vereinzelt zugelassen. So übertrugen manche Architekten die Innengestaltung ihrer Projekte qualifizierten Frauen: Grete Schütte-Lihotzky arbeitete bei Ernst May, Frau Bontjes van Beek bei Erich Mendelsohn, Frau Lancelle bei Max Taut, Gertrud Linke bei Lüdecke, Lilly Reich mit Ludwig Mies van der Rohe, Else Oppler-Legband mit Peter Behrens. Zu einigen Siedlungsprojekten wurden tatsächlich die örtlichen Hausfrauenvereine beratend hinzugezogen, zum Beispiel in Frankfurt/Main und beim Weißenhof-Projekt in Stuttgart. Es wurden außerdem in den wenigen Jahren des Aufblühens zahllose Ausstellungen organisiert, in deren Mittelpunkt immer wieder die Frau in Wohnung und Küche standen. Diese Öffentlichkeit hatte Bruno Taut hergestellt; das Ausstellungswesen war von Reichskunstwart Edwin Redslob sehr erwünscht und gefördert worden.[73]
Der Internationale Frauenkongreß vom Juli 1924 erhob die Bestrebungen der Frauen, auf Wohnlichkeit und bequeme Wirtschaftsführung in den Neubauten Einfluß zu nehmen, zu ihrem Anliegen.[74] Die wenigen im Reichstag vertretenen weiblichen Abgeordneten nahmen sich besonders dieses Themenkomplexes an, darunter Marie Lüders, Gertrud Bäumer und Hildegard Grünbaum-Sachs.[75] Eine Anerkennung der Hausarbeit als vollwertige, entlohnbare Arbeit hat sich jedoch damals – und bis heute – nicht durchzusetzen vermocht.

Disqualifizierten sich aber Frauen schließlich selbst in diesem Kampf, wenn sie sich beispielsweise zu Gefühlswerten bekannten und sich durch Bruno Taut in ihrem fraulich-traulichen Gemüt aufgeschreckt fühlten? Wenn sie zum Beispiel schrieben: »Solche Gefühlswerte sind vorsichtig zu behan-

deln.« »Freilich wehrt sich unser Frauengemüt, wenn Taub (sic!) z.B. die Wand in ihrer raumabschließenden Eigenschaft so rein betont wissen will, daß er kein Bild an ihr dulden mag. Unser religiöses Empfinden, Tradition und Pietät (alte Familienbilder), Triebe zur Kunst, pädagogischer Wille (...) lehnen mit Recht solche Forderungen ab.«[76]
Es ist schwer zu ermessen, welche Geisteshaltung dahinter stand, wenn ausgerechnet Männer an Bruno Tauts »Neuer Wohnung« die Ablehnung von Sentimentalitäten scharf kritisierten. Während in den untersuchten Texten die Frauen *immer* einlenkten, indem sie Tauts Forderungen zwar überzogen doch wertvoll und bedenkenswert nannten, vermochte mancher männliche Rezensent überhaupt nichts Gutes in seinen »Gefühllosigkeiten« zu erkennen.[77] Taut triebe Werkbundbemühungen ins »Extreme und Absurde«, wolle mit seiner »Puristerei die Wohnung in die Stimmung der Dynamo- und Schalthalle des Kraftwerkes« versetzen, denn der Mensch selbst störe nur in dieser »Neuen Wohnung«.[78] Und: »In einer Atmosphäre äußerster Reinheit abstraktester Kunst kann der Mensch nicht leben.«[79] Man(n) warf Taut vor: »Die Frau zur Schöpfung des neuen Hauses aufzufordern, ist gewagt, denn bekanntlich hängt die Frau noch mehr als der Mann an dem Althergebrachten.«[80]
Auf diese Weise wurde das eigentliche Problem der Wohnkultur und der auch damit zusammenhängenden Reduktion der Frau bagatellisiert und auf eine Frage von »Gefühl« oder »Kälte« reduziert.
Insgesamt jedoch wurde das Buch »Die Neue Wohnung – Die Frau als Schöpferin« auch von zahlreichen männlichen Kritikern als Anstoß zum Nachdenken gewertet. Meist überwog in den Rezensionen der rationalistische, technische Aspekt der Raum- und Zeitersparnis den geistigen Gehalt der Forderungen Tauts. Architekten und Kritiker begriffen es als ihre Aufgabe, die materiellräumlichen Voraussetzungen dafür zu schaffen, daß die Frauen ihre Überbelastung »schnittiger« meistern könnten. Keinesfalls erwogen sie, sich selbst an der Erledigung der anfallenden Arbeit konkret zu beteiligen.
In erstaunlicher Weise gerieten Tauts Prinzipien für eine neue Wohnkultur sehr bald zur Mode. Verquickt mit dem Ästhetizismus des Bauhauses und des Art Déco zum mondänen Geschmack der »Kurfürstendamm-Schickeria« (Bruno Taut), waren seine Ideen rasch entstellt. Die »innerlich bedingte Neuschöpfung des Haushalts verflachte zu dem nach ihm wenig geschmackvoll benannten ›*Tauten*‹ zu einem recht leeren und äußerlichen Sport, der an der wirklichen Problemstellung der alten Wohnung vorbeiging«.[81]
Dafür waren auch die Frauen verantwortlich, die ihr Weltbild aus der Boulevard-Presse bezogen. Mit Meisterschaft persiflierte Vicky Baum darin das Phänomen: Sie plauderte in der Zeitschrift »Die Dame« von »der modernen Frau Ypsi«, die um jeden Preis mit der Zeit gehen will. »Man müßte sie [Ypsi] bewundern, was alles sie auf sich nimmt. Ehebruch, Kokain, Operation, unbequeme Stühle aus Aluminium in ihrer getauteten Wohnung.«[82]
Selbst im Zusammenhang mit einer Bewertung der amerikanischen Wohnweise wurde das Bonmot des »Tautens« angeführt: »In dieser Wohnung, die wir in Deutschland als reichlich ›getautet‹ bezeichnen würden – ich [die Autorin I. Reicke] hörte diesen Ausdruck mehrfach als die Befolgung der Wohnungsreformgesetze von Bruno Taut – in dieser Wohnung ist das Interessanteste und Schönste die Küche.«[83] Das geforderte Engagement der Frauen im »Neuen Bauen« wurde in der Zeitschrift »Dame« aber auch völlig verfremdet. Was dort unter einem »Frauen-Architekt« verstanden wurde, hatte mit der Wohnungsbewegung und Bruno Taut nicht das Geringste zu tun: »Ein Frauen-Architekt (oder selbstverständlich auch eine Architektin) berät die Frauen, zeigt ihnen in einem großen Spiegelzimmer alle ihre Möglichkeiten, schminkt sie, ordnet ihre Haare neu (...) drapiert – und zwar ›auf Krankenkasse‹.«[84] Von der Lebenserleichterung *dieser* Frauen hatte Taut freilich nicht gesprochen. So hatten jene auch nur Anlaß, die »getautete Wohnung« als Zerrbild wahren Lebensstils zu desavouieren.
Bruno Tauts vieldiskutierte Publikation »Die Neue Wohnung – Die Frau als Schöpferin« bewegte sich also im prekären Spielraum zwischen Emanzipation und Tradition, lavierte zwischen Frau und Kultur und stellte – neben vielen anderen Implikationen – eines klar: daß ein innerer Zusammenhang bestehen müsse zwischen der Gestaltung der Wohnung und der gesellschaftlichen Aufwertung der Frau.

Zu Beginn der dreißiger Jahre zeichnete sich deutlich eine Gegenbewegung ab. Ausgerechnet in den Blättern der aus Tradition fortschrittlichen »Baugenossenschaft von 1892« wurden nun die noch fünf Jahre zuvor vehement verteidigten Taut-Prinzipien bekämpft. Ohne korrigierenden Kommentar wurden dort Artikel von Frauen publiziert, die verstärkt der Heimtätigkeit zur Verschönerung der Wohnung das Wort redeten. Nun hieß es bereits wieder: »Die Wohnung ist und schenkt uns unendlich viel, aber sie fordert dafür auch unsere freundschaftliche, ja mütterliche Liebe (...). Durch Marthageschäftigkeit bereiten wir den Boden für Marieninnerlichkeit.«[85]
Diese Formulierung verdeutlicht in erschütternder Weise, daß Bruno Tauts humanistisch intendiertes Konzept nicht alle Frauen erreicht, ja viele sogar abgestoßen hatte, die sich nun in ihrer alten Rolle um so hingebungsvoller aller Verantwortung zur Selbstfindung zu entziehen gedachten. 1932 wurde die Rückkehr zur »Wohnkultur« mit »netten Kissen« und Tapeten in »sanftem und sattem Ton« als Mittel gegen die »Verrohung« propagiert, die als Folge der Wirtschaftskrise zu befürchten war – ein Erziehungsanspruch mit umgekehrter Stoßrichtung.[86] Die »schmückende Hand der Frau« war wieder angesagt, auch hier unter Verweis auf deren »wesensmäßige« Bestimmung: »Sie bietet eine unerschöpfliche Quelle angenehmer Beschäftigung in stillen Stunden und ihre Ergebnisse werden zum Schmuck im Heim.«[87]
Die »Baugenossenschaft von 1892«, die Bruno Taut immer als »ihren Architekten« vereinnahmt hatte, konterkarierte auf diese Weise dessen gesamte weltanschaulich-didaktische Konzeption. Die Rückwärtsentwicklung und die Verweigerung gegenüber der »Neuen Wohnung« wurde zwischen 1930 und 1933 von den Protagonisten des Befreiungskampfes für Frau und Wohnung selbst registriert.[88] Der Rückfall der Wohnkultur in die Reaktion nach dem starken Aufrütteln und öffentlichen Bewußtmachen der zwanziger Jahre war offenbar nicht aufzuhalten. Vielleicht wurde sie sogar ersehnt in der Unsicherheit

der Weltwirtschaftskrise, als »alte Werte« die einzigen waren, auf die man sich noch verlassen zu können glaubte. Die Bewußtseinsbildung hatte im Lager der »Geistesarbeiter«, der Engagierten und Freidenker stattgefunden.
Aus der zeitlichen Distanz von fast sechzig Jahren wird die Befreiung der Frau durch die Wohnungsreformen heute stark angezweifelt.[89] Die angestrebte Umorientierung, besonders hinsichtlich der Küchengestaltung, habe, so resümierte Otl Aicher, »das Selbstwertgefühl der Frau insofern etwas gestärkt, als sie auch in den Genuß der technischen Ausstattung kam, die sonst zur Szenerie der Männerwelt gehört.« Doch sei die Küchenarbeit durch ihren ausschließlichen Fertigungscharakter im Stellenwert zurückgefallen »gegenüber der Arbeit im Büro, im Warenhaus oder in der Arztpraxis. Die emanzipierte Frau stand nicht in der Küche.« Seiner Meinung nach mußte sich die Frau in der Neuen Küche ausgesperrt vorkommen: »Deshalb ist eine Küche mit einer Arbeitsfläche für eine Person ein Indiz für eine schikanöse Männerwelt.«[90]
Lion Murard und Patrick Zylberman beurteilten die Rolle der Frau in ihrem Katalogbeitrag zur Ausstellung »Paris-Berlin« (1977) höchst negativ, doch nicht ganz unrichtig: »Übrigens war auch die Hausfrau, Managerin des Heimes und Verbündete der Ärzte, dazu bereit, sich zu einer leistungsfähigeren Arbeitskraft zu emanzipieren und wurde somit zur Verbündeten der Psychotechniker.«[91] In dieser Kritik wird die Bereitwilligkeit der Frauen getadelt, auf Neuerungen einzugehen, die ihnen gar keine wirkliche Verbesserung erwirkten und somit auch keinen gesellschaftlichen Strukturwandel bewirkten.
In einer Studie von 1978 wies Myra Warhaftig sogar die »Behinderung der Emanzipation der Frau durch die Wohnung« nach.[92] Sie ging von den Konzepten der Weimarer Wohnungspolitik aus und beklagte die bedenkenlose Anknüpfung des Sozialen Wohnungsbaus nach dem Zweiten Weltkrieg an die Prinzipien der *späten* zwanziger Jahre, an die »Wohnung für das Existenzminimum«, an den CIAM und die Charta von Athen (1933). Auch Werner Durth hat kürzlich bemerkenswerte Kontinuitäten zwischen dem »Stab zum Wiederaufbau zerbombter Städte« unter Albert Speer und den Protagonisten des Sozialen Wohnungsbaus der Adenauer-Ära offengelegt.[93]
In der Nachkriegszeit orientierte man sich noch bis weit in die sechziger Jahre hinein an diesen Vorgaben, als das »Existenzminimum« schon lange kein Argument mehr war. Warhaftig kritisierte die unausweichliche Funktionszuweisung der einzelnen Zimmer einer modernen Sozialwohnung und die dafür zum Teil völlig fehlkalkulierte Quadratmeterzahl. Der funktionsorientierte Grundriß leite sich letztlich von der Aufteilung der Bürgerwohnung des 19. Jahrhunderts in Repräsentations- und Familienbereich her. 1929 sei lediglich die in Tag- und Nachtbereich geteilte Vorderhauswohnung von 1880, stark reduziert, neu aufgelegt worden. Dies wirke sich um so negativer aus, als der »neue« Grundriß weniger Räume und diese wiederum weniger Fläche aufwiesen. Somit führte die Aufteilung der Zweieinhalb-Zimmer-Wohnung von 1929 oder 1972 zu den Repräsentationsformen des 19. Jahrhunderts zurück. Gegenüber einer Taut-Wohnung wurden Flur, Eßbereich und Wohnzimmer – respektive Fernsehraum – vergrößert, Küche, zweiter Hauptraum und das halbe Zimmer, gewöhnlich das Kinderzimmer, noch verkleinert. Die Frau hat in der normierten Neubauwohnung keinen Freiraum mehr zu schöpferischer Entfaltung. In der rationalisierten Kleinküche kann sie sich für den Koch- und Spülprozeß nur noch alleine aufhalten, was gleichzeitig die Hilfeleistung von Mann und Kindern verhindert und das Dienstboten-Image der Hausfrau und Mutter auch im Weltbild der Kinder verankert. Im repräsentablen, übergroßen Norm-Wohnzimmer ist ebenfalls kein Raum für ein Eigenleben der Frau gegeben, ebensowenig im Schlafzimmer, einem toten Raum, in dem lediglich ein Doppelbett und die obligatorische Schrankwand Platz finden. Das Kinderzimmer ist für die Kinder selbst eine Zumutung: Sie können nur auf ihren Betten spielen. Für die Mutter ist in diesem Raum überhaupt kein Platz, um sich kreativ mit den Heranwachsenden zu beschäftigen.
Die Vorkämpfer des Funktionalismus, die Rationalisten der Endzwanziger, hatten in ihrem Bemühen um menschengerechte Wohnungen unter anderem den Grundstein dafür gelegt, die Frau in ihrem Menschsein einzuschränken. Sie hatten nicht wahrhaben wollen, daß sich in ihren riesigen Wohnräumen immer wieder und in allen Schichten leere Repräsentation statt vielfältigen Lebens ausbreiten würde. Bruno Taut hatte demgegenüber in seinen Siedlungsprojekten versucht, gleichgewichtige Räume und abwechselnd Wohn-, Eß- und Arbeitsküchen durchzusetzen. Was Warhaftig als Voraussetzung für die Emanzipation der Frau ansieht, nämlich die Aufhebung der Arbeitsverteilung nach »Naturgegebenheit«, war zwar noch nicht Tauts Anliegen. Daß jedoch seine Grundrisse die Bedürfnisse der Hausfrauen berücksichtigten, geht aus den Analysen seiner realisierten Bauten hervor.

Die Siedlungswohnungen sind die prominenstesten und eindeutigsten Zeugen für die Innenraumqualitäten der Häuser Bruno Tauts. Er war der Urheber von ca. 10 000 Mietwohnungen, die in den zwanziger Jahren unter der Regie der »Gemeinnützigen Heimstätten-Aktiengesellschaft« (GEHAG) in Berlin gebaut wurden. Als deren »künstlerischer Berater« war er für die Herausbildung dessen verantwortlich, was Zeitgenossen als **»die GEHAG-Wohnung«** bezeichneten und mit spezifischen Merkmalen identifizierten. Sie prägte das Gesicht Berlins mit den Siedlungen »Schillerpark« im Wedding, der »Hufeisen-Siedlung« in Britz, der Waldsiedlung »Onkel Tom« in Zehlendorf, »Freie Scholle« in Tegel, »Ideal« in Britz, der Wohnstadt »Carl Legien« am Prenzlauer Berg, der »Attilahöhe« in Tempelhof und einem Wohnblock an der Ossastraße in Neukölln. Zur Rekonstruktion des Entwurfsprozesses und zur Erschließung der Merkmale der GEHAG-Wohnung bilden Blaupausen der Berliner Bauaufsichtsämter, Originalzeichnungen aus dem Besitz der beteiligten Berliner Baugenossenschaften, publizierte Grundrisse und Aussagen von Bruno Taut selbst sowie Interviews mit einigen seiner engsten Mitarbeiter im Entwurfsbüro der GEHAG die Basis.
Als Taut 1924 von Stadtbaurat Martin Wagner zum leitenden künstlerischen Berater ins Entwurfsbüro der GEHAG berufen wurde, erhielt er die Gelegenheit zur Verwirklichung seiner Vorgaben im großen Stil. Er übernahm die von ihm persönlich erarbeiteten Prinzipien der Grundrißgestaltung in die Arbeit des GEHAG-Planungsbüros. Sie bildeten dort die Grundlage der Entwurfstätigkeit. Tauts Hauptaufgabe im Siedlungsbau der GEHAG bestand in der Schaffung einer gültigen Grund-

riß- und Ausstattungsnorm und deren Anpassung an die von ihm inaugurierten Bebauungspläne. Dabei entwickelte er die Bauten nur scheinbar aus dem Grundriß heraus. Er folgte gar nicht dem englischen Vorbild, nach dem der individuelle Grundriß die Gestalt der »Außenhaut« determinierte. Er reihte auch nicht wie viele seiner Kollegen Optimalzellen aneinander. Vielmehr entstanden die Gefüge seiner unverwechselbaren Stadträume »im großen Wurf« einer künstlerischen Inspiration unter Berücksichtigung der lokalen Verhältnisse. Daraufhin verlieh er den rhythmisch gegliederten Baugruppen ein einprägsames »Gesicht«, indem er ihnen den weitgehend normierten Grundriß einschrieb und diesen sich nach außen hin in Vor- und Rücksprüngen aussprechen ließ. Die Mitarbeiter im Entwurfsbüro konkretisierten die vorgegebenen Grundrisse und zeichneten sie »ins Reine«. Gemeinsam mit Atelierchef Franz Hillinger und Bruno Taut wurden sie immer wieder diskutiert. Verbesserungsvorschläge von Mitarbeitern und Mietern wurden soweit wie möglich einbezogen. Taut bezeichnete diese Arbeitsweise 1930 als »horizontale Arbeitsgemeinschaft«.[94]

Aus derselben Zeit stammt eine Erläuterung zur Arbeitsweise des GEHAG-Entwurfsbüros, die anomym in den GEHAG-Nachrichten publiziert wurde. Der Text rührt entweder, der Diktion zufolge, von Taut selbst oder von einem ihm nahestehenden Mitglied des Führungsstabs der GEHAG her. Darin heißt es: »Und für die Arbeitsweise ergibt sich (...), daß, wie die Bauten selbst kollektiv entstehen, so auch sie, das heißt die Anfertigung des Entwurfs, bereits eine kollektive sein muß. (...) Es ist also für dieses Berufsgebiet des Architekten (Siedlungsbau), bei dem zum Segen der Baukunst eine weitgehende Entpersönlichung die wichtigste Forderung ist, nur logisch, auch dem Entwurfsbüro die entsprechende, d.h. überpersönliche Form zu geben. Es muß wie ein in sich natürlich und einfach laufender Apparat sein, der nichts weiter braucht, als die stete Wachsamkeit gegenüber Rückfällen in alte Fehler, den Antrieb zu jener ständigen Verbesserung, und schließlich die Verarbeitung der großen Gesichtspunkte, welche für neue Aufgaben neu auftreten. Der Grundzug ist also das Aufbauen auf den einmal gefundenen Elementen und ihre elastische Anwendung. Die nicht zu entbehrende Elastizität, welche von einem bloßen ›Apparat‹ nicht verlangt werden kann, muß durch die Führung gegeben werden, welche die Direktion selbst, die technische Leitung und schließlich die Beratung durch den unabhängigen Architekten darstellt (...).«[95]

1920 hatte Taut noch betont, daß der Architekt ganz unaufdringlich als Vorbild für die Wünsche und Bedürfnisse »des Volkes« zu wirken habe, ohne als Diktator auftreten zu dürfen. »Diese Architekten haben dann nichts anderes zu tun, als ständig in den Versammlungen der Siedlungsgenossenschaften, Arbeitslosen- und Landarbeiterverbände usw. durch Vorträge, Wirkung von Mensch zu Mensch, Entgegennahme von Wünschen, Beratung im Einzelnen und durch Verbreitung von verschiedenartigen Typen für Häuser und Gärten, in billigster Weise nach Art von Bilderbogen hergestellt, für ein gesundes Bauen einzutreten.«[96]

Verbal verfocht Bruno Taut immer den Dialog des Architekten mit den Bauenden, wenn auch bereits die Praxis in »Falkenberg« und »Reform« (1913) gelehrt hatte, daß er um des architektonischen Kunstwerks willen nicht ohne Restriktionen auskommen konnte. Gerne verknüpfte er in der Folgezeit seinen nie verlassenen Standpunkt, »Diktator der Lebensformen« zu sein, mit der Propaganda für solidarisch zu schaffende Architektur. Dabei behielt er immer sein konkretes Ziel vor Augen. Zu dessen Durchsetzung zog er alle möglichen Register, paßte seine Argumentation oft dem an, was »man« hören wollte, um keinen Widerstand zu provozieren, und blieb doch inhaltlich unverrückbar bei seiner Überzeugung, die Menschen mittels Baukunst formen zu können. Er erreichte offenbar einen diplomatischen Mittelweg, so daß er unter Beteiligung anderer Baufachleute seine Vorstellungen weitgehend verwirklichen konnte, ohne den Mitarbeitern seinen starken Willen allzu spürbar aufzuzwingen. So erinnerte sich zum Beispiel seine Sekretärin in Magdeburg (1921–1924), Gertrud Zabel, an eine »positive Zeit« mit Taut; er sei »nicht diktatorisch«, sondern ein »wunderbarer Mensch« gewesen.[97] Auch der Architekt Hans Hoffmann, der von 1929 bis 1932 im Entwurfsbüro der GEHAG angestellt war, beschwor, daß Bruno Taut »überhaupt nicht diktatorisch« vorgegangen sei. Die Zusammenarbeit mit ihm sei »ganz große Klasse« gewesen: »Ein Chef, wie man sich einen wünscht!«[98]

Anscheinend befähigte der ungebrochene Idealismus Bruno Taut zur Motivation seiner unmittelbaren, am Aufbau beteiligten Mitarbeiter.

Im Rückblick von 1933 charakterisierte er den Entwurfsprozeß der GEHAG-Siedlungen noch einmal so: »Das Verdienst an diesen Standardformen kann kein einzelner Architekt für sich in Anspruch nehmen. (...) Worauf beruhte diese Stetigkeit [im GEHAG-Stil]? Darauf, daß jedes Projekt auf kameradschaftlichem Einverständnis beruhte, daß es bis zu geringfügigen Details keine Einzelheit gab, die aus diktatorischem Willen entstanden war. (...) Die Grundrißtypen wurden technisch und ökonomisch schrittweise verbessert, wir versuchten die bescheidenste und beste Lösung der kleinen Wohnung, in der sich jeder leidlich einrichten kann. (...) Für die Einzelheiten der Dächer, Fenster und Türen, der Balkons u.a. machten wir Normenblätter für unseren eigenen Bedarf, die je nach Erfahrungen geändert wurden. (...) Es gab in bestimmten Zeitabschnitten Sitzungen im Büro der GEHAG, bei denen dem gesamten technischen Stab Verbesserungen und Veränderungen zur Pflicht gemacht wurden. Die Bauabschnitte der verschiedenen großen Siedlungen zeigen sehr deutlich diese Veränderungen.«[99]

Und im Kontext seiner Erläuterungen zur »Proportion« in der »Architekturlehre« (1938) kam er nochmals auf seinen persönlichen Entwurfsprozeß zurück: »(...) die Grundrisse der einzelnen Typen hat man bereits fertig. Die Häuser werden im Büro gezeichnet. (...) Auch über die Grundrisse und die Details gab es viele und lange Konferenzen, auch sie hat man in stillen Stunden zu Hause nach Möglichkeit verfeinert, die Masse, Profile u.s.w. möglichst praktisch und möglichst schön gemacht. Doch nun werden im Büro die Häuser aufgezeichnet. Gewiss, sie sollen einfach sein. Aber die Zeichnungen des Büros sind trocken, trotzdem gegen ihre technische Durcharbeitung nichts zu sagen ist. (...) Man fühlt diese Zeichnungen als schwere Last, die man mit sich nach Hause nimmt. Man hängt sie da über den Arbeitstisch, lässt sie tagelang hängen, besieht sie sich immer wieder und prüft sie (...). Schliesslich aber beginnt man zu fühlen, dass hier oder da fünf oder zehn Zentimeter nach rechts oder nach links oder nach unten oder oben sowie andere ›Kleinigkeiten‹ nichts daran ändern, dass die Sache ebenso praktisch und ebenso technisch richtig bleibt. So kommt schliesslich eine neue Nachtarbeit; man legt Transparentpapier über die Zeichnungen und die Hand zeichnet wieder – der Kopf hat sie frei gegeben ...«.[100]

Die kollektive Erarbeitung wurde also immer wieder von der künstlerischen Intuition des Architekten verfeinert. Seine GEHAG-Typenwohnungen wurden nach »innerer Besitznahme« (Julius Posener) in nächtlichen Visionen ihres Schöpfers stets aufs neue modifiziert.

Der Geschäftsführer der GEHAG in den zwanziger Jahren, Richard Linnecke, stellte in einem Interview vom Mai 1979 die Rolle Tauts im »Triumvirat« Wagner-Taut-Linnecke etwas differenzierter und sozusagen aus der gegenüberliegenden Perspektive dar.[101] Taut sei mehr »Ideologe und Ideenlieferant« gewesen. »Taut war der geistige und künstlerische Mann, der mit Wagner im Grundton übereinstimmte.« Die drei leitenden Herren »sprachen dieselbe Sprache«. Wenn Taut mit »irgendwelchen abstrusen Sachen ankam«, konnte Linnecke sagen: »So nicht!«. Taut erstellte die Skizzen, die in diesem Rahmen diskutiert wurden. »Wir haben damals bei Taut im Garten in Dahlewitz manches ausgeheckt, Ideen besprochen«. Er überließ dann die Durcharbeitung dem GEHAG-Büro, das unter Franz Hillingers Leitung stand. Dieser verstand sich so gut mit Taut, daß er ihm als Assistent an die Technische Hochschule folgte. Die Architekten-Auswahl für das Entwurfsbüro und deren Koordination leitete meist Bruno Taut selbst, ebenso die Verhandlungen mit den auftraggebenden Genossenschaften. Dabei soll er sich als »psychologisch geschickter Verhandlungsführer« profiliert haben. Die Zusammenarbeit innerhalb dieses Führungsgremiums der GEHAG habe »ausgezeichnet funktioniert«.

Hans Hoffmann, der drei Jahre lang unter Bruno Taut gearbeitet hatte, rundete in einem Interview das Bild des Arbeitsprozesses im Entwurfsbüro ab. Seiner Erinnerung zufolge übernahm Bruno Taut die Gesamtplanung der Projekte und die Verantwortung für die Atelierarbeit. Die Grundrisse waren 1929, als Hoffmann dazukam, »schon da«. Aufgrund der Tautschen Vorgaben zeichneten die Mitarbeiter die Baupläne, nachdem sie oft tagelang »daran geknobelt hatten«, die günstigsten Grundrißdispositionen einzuschreiben. Sie versuchten, beobachtete technische Mängel zu mildern, indem sie stets »die Problematiken gemeinsam diskutierten«. Zum Teil setzten die technischen Zeichner auch selbständig Akzente, Hoffmann zum Beispiel größere Fenster in den späteren Bauabschnitten der Siedlung »Onkel Tom«, die Taut ohne weiteres akzeptiert habe. So blieb den Mitarbeitern wohl einiger Freiraum, doch koordinierte Atelierchef Hillinger immer die verschiedenen Anregungen und sorgte dafür, »daß es Tauts Handschrift blieb«. Dieser kam alle acht bis vierzehn Tage ins Büro, um die Ergebnisse zu diskutieren, sie zu korrigieren und gegebenfalls durch seine Unterschrift zu legitimieren. Auf den Baustellen habe sich Taut immer dann sehen lassen, meinte Hoffmann, wenn die Anstriche ausgeführt werden sollten: »Er beaufsichtigte persönlich die Mischung der Farbe.«

Die Analyse der Grundrisse, die nach den geschilderten Bedingungen unter Tauts Ägide für die GEHAG entstanden, bestätigt eine so bewegliche Handhabung in der Planung. Eine allgemeingültige Grundrißformel schien ausgeschlossen: In den subjektiv begründeten Verschiebungen, im Jonglieren mit dem Grundriß spiegelt sich Tauts genialischer Umgang mit den Raumgefügen nach Maßgabe der lokalen, wirtschaftlichen, bedürfnisorientierten und nicht zuletzt der ästhetischen Voraussetzungen. Trotzdem lassen sich gewisse Konstanten in den Wohnungen feststellen und darin Bruno Tauts theoretische Ansprüche in der Realisation der Siedlungswohnungen wiedererkennen.

Bruno Taut bevorzugte den Zweispänner mit eher breiten als tiefen Wohneinheiten. Damit setzte er seine Forderungen nach Querlüftbarkeit und separaten Zugängen zu den Zimmern um, sofern ihm die Mittel zur Verfügung standen. Drei Wohnungen an einem Treppenabsatz realisierte er nur in »Schillerpark« (1924) und in der »Freien Scholle«. Im Wissen um das hohe Niveau der Neubaumieten und die Diskrepanz zur Zahlungsfähigkeit der Zielgruppe, nämlich minderbemittelter Arbeiter und Angestellter, versuchte er, ab der Zweieinhalb-Zimmer-Wohnung eine Kammer im Wirtschaftsbereich etwas zu isolieren und den Wohnbereich der Familie in den abgelegeneren Teil der Wohneinheit zu verlegen. Dadurch erleichterte er das Weitervermieten ohne übermäßige Beeinträchtigung der Familien. »Familie« verstand Taut immer als die städtische Kernfamilie von Mutter, Vater und einigen Kindern. Er versuchte nie, diese überkommenen Familienstrukturen mittels innovativer Grundriß- und Hausformen aufzubrechen, obwohl er »Dom Commun« und Einküchenhaus wenige Jahre zuvor durchaus als gesellschaftliche Chance begriffen hatte.

Bruno Tauts Realisationen – von der Ein-Zimmer- bis zur Viereinhalb-Zimmer-Wohnung decken sich in einem ganz wesentlichen Punkte mit seiner Konzeption: Der »Guten Stube« versagte er durch die rationellste Raumausnutzung die Existenz. Dies stellt in hohem Maße einen didaktischen Effekt seiner Grundrißdispositionen dar. Damit traf er den Kern der in der »Neuen Wohnung« (1924) formulierten Wohnkultur. Die Räume sind nach Möglichkeit gleichgroß gehalten, um ihre Nutzung nicht festzuschreiben, außerdem quadratisch, also bescheiden und wenig extravagant oder inventiv geschnitten, um sinnvolle Stell- und ruhige Wandflächen zu erhalten. Dies dürfte bei der objektiven Kleinheit der Zimmer von großer psychologischer Wichtigkeit gewesen sein. Oft ist eine Wohnraumerweiterung auch durch die Verbindungstüren zwischen Küche und Wohnraum und Wohnraum und Schlafzimmer gegeben; außerdem sind sie ausreichend durchfenstert. Mindestens ein Raum ist zum Außenwohnraum erweitert und holt diesen hinein in den Wohnorganismus. Einbauten, die konstitutiv für die Grundrisse gewesen wären, hat Bruno Taut nicht in dem Maße verwirklichen können, wie er es postuliert hatte. Zum Teil aber wurden Küchen fest eingebaut, fast immer Fensterschränke, manchmal auch Speise- und Besenkammer in der Küche oder auf dem Balkon, selten ein Einbauschrank im Flur. Serienmäßig waren Bäder mit Wanne, WC und Kohlebadeofen selbst in die kleinsten Wohneinheiten integriert. Die Errungenschaft des eigenständigen Baderaums wurde in den Nachfolgebauten der GEHAG in Britz, der sogenannten

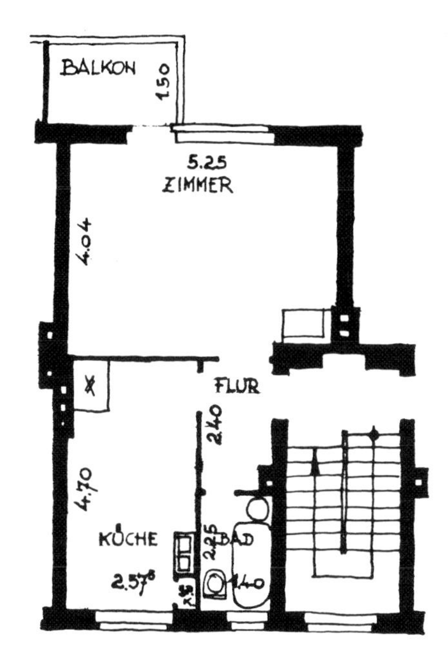

Grundriß einer Ein-Zimmer-Siedlungswohnung

»Schlageter-Siedlung für Frontkämpfer«, wieder aufgegeben.[102]

Sofern sich der Bau von Ein-Zimmer-Wohnungen nicht verhindern ließ, fügte Taut selbst dieser kleinsten »Ration Wohnung« möglichst einen Balkon an. Außerdem erhielten sie eine selbständige Wohnküche, die wie der Wohn-Schlafraum separat zugänglich blieb. Ähnlich selten wie Ein-Zimmer-Wohnungen wurden aus Gründen der Erschwinglichkeit Viereinhalb-Zimmer-Wohnungen von der GEHAG nur in den Eckbauten des »Hufeisens« und in einem Teil der Siedlung »Ideal« verwirklicht.

Dagegen wurden schon früh (1925/26) geschickt geschnittene Dreieinhalb-Zimmer-Wohnungen disponiert, bei denen besonders der zweifache Zugang zum durchweg großen Balkon auffällt. Verbindung zum Außenraum, Neutralität des Grundrisses und separate Zugänglichkeit der Haupträume sowie die Querlüftbarkeit gehören ebenfalls zu deren Qualitäten. Die sinnvolle Anlage von Küche und Bad an einem Wasserstrang und die Isolation einer Kammer in der Nähe der Wohnungstür zur günstigen, wenn auch meist verbotenen Weitervermietung ergänzen den umsichtigen Plan. Obwohl in keiner der Dreieinhalb-Zimmer-Wohnungen eine direkte Verbindung zwischen Wirtschaftsküche und Wohnraum geschaffen ist, können sie als die bestgeschnittenen Massenwohnungen Bruno Tauts gelten.

Der weitaus am häufigsten gebaute Grundrißtyp ist der für die Zweieinhalb-Zimmer-Wohnung. Diese entsprach am ehesten dem Postulat, leidlich ausreichenden Raum für Familien zu erschwinglichen Preisen zu schaffen. In diesem Typ wurden auch die meisten Variationen realisiert, ohne daß anhand einer Chronologie eine stete Verbesserung nachzuweisen wäre. Sie lassen sich in einen »Abvermietungstyp« mit Kammer nahe der Eingangstür und in einen »Integrationstyp« unterscheiden, dessen Kammer als gefangenes Zimmer unmittelbar in den Lebensraum der Familie integriert ist. Vom sozialhygienischen Standpunkt ist diese Kammer zur Untervermietung

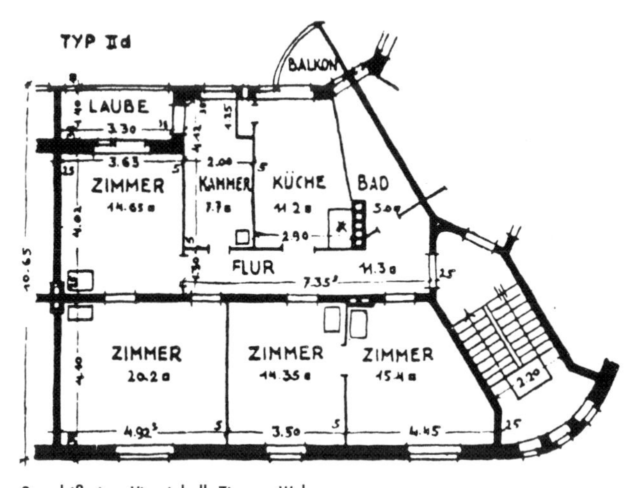

Grundriß einer Viereinhalb-Zimmer-Wohnung in der Hufeisen-Siedlung, Berlin-Britz

Dreieinhalb-Zimmer-Wohnung

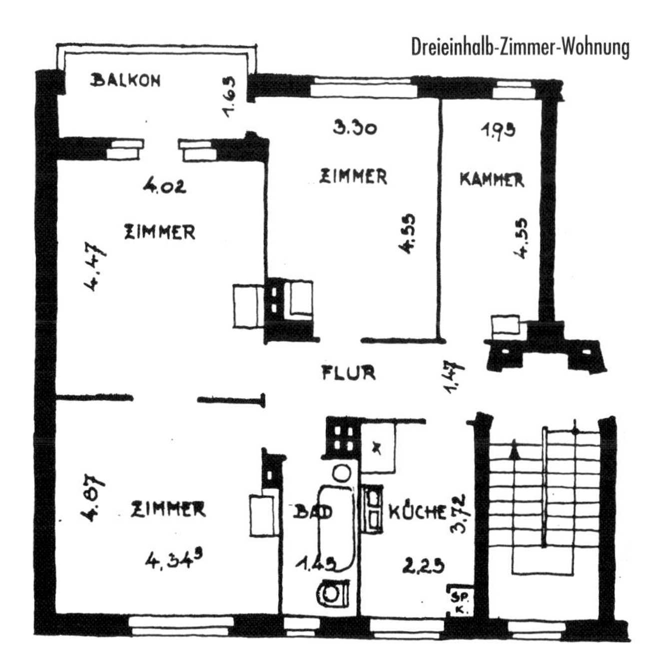

Zweieinhalb-Zimmer-Wohnung

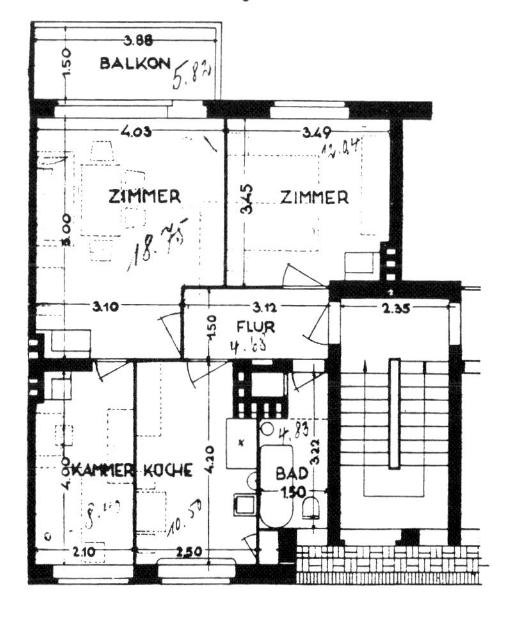

absolut ungeeignet. In den meisten Siedlungen sind beide Typen ausgeführt worden.
Das Bemühen Bruno Tauts, in der praktischen Umsetzung seiner theoretisch geäußerten Grundsätze zur optimalen Lösung der Wohnung zu gelangen, ist an den GEHAG-Grundrissen ablesbar. Sie offenbaren Flexibilität und Anpassungsfähigkeit an die zugrundeliegenden organisatorischen Zwänge. Die Variabilität in den Grundrißlösungen erklärt sich auch aus der Diskutierbarkeit einmal gefundener Normen.
Die Baubeschreibung für die Reihenhäuser »Am Fischtal« in der Zehlendorfer Waldsiedlung »Onkel Tom« (1928) läßt sich mit geringfügigen Abweichungen auf alle GEHAG-Siedlungen aus Tauts Feder übertragen und gibt einen Eindruck vom seriellen Standard der Innenausstattung:
– Fußboden: in den Wohnräumen kieferne Dielen, zumeist rotbraun lackiert; in Küche und Bad Terrazzo oder Steinholz; in den Kellerräumen Zementestrich;
– Wände und Decken: in den Wohnräumen »verschiedenartig getönter Leimfarbenanstrich« mit »einfachem Abschlußstrich«, die Deckenfläche weiß; in Küche, Bad und Flur ein Ölfarbenpaneel von 1,50 m Höhe, darüber Leimfarbenanstrich;
– Einbauten: in der Küche ein Fensterspind als Ersatz für die Speisekammer, kombinierter Gas-Kohle-Herd, Ausguß, Spültisch mit Holzunterbau, zum Teil Durchreiche zum Wohnzimmer; im Bad eine emaillierte Badewanne, Gasbadeofen, Waschbecken und ein »Fayenceklosett mit Buchenholzsitz und Druckspülung«.[103]
Man kann davon ausgehen, daß Bruno Taut die Detailbehandlung seiner eigenen ästhetischen Entscheidungsgewalt unterzog. So können die verwendeten Tür- und Fensterformen sowie deren Beschläge, die Kacheln und Lampen zwar nicht Bruno Taut als dessen Eigenentwürfe zugeschrieben werden. Doch wurden diese handelsüblichen Waren von Taut selbst als ästhetisch ausreichend anspruchsvoll erachtet und in die Normblätter der GEHAG aufgenommen, um in seinen ausgewogenen Räumen ein angenehmes Ambiente zu schaffen: angenehm im Sinne einer universellen Brauchbarkeit, reich an taktilen und optischen Reizen und in einer bescheidenen, leicht zu reinigenden Form.
Die Fenster- und Türrahmen entstanden alle in Schneidemühl in einem Betrieb des Bauunternehmers Adolf Sommerfeld, der unter anderem den Bauplatz für »Onkel Tom« zur Verfügung gestellt hatte. Sie wurden zwei- bis dreifarbig lackiert. Die Wohnungstüren waren immer weiß gestrichen, drei- bis fünfmal kassettiert, teilweise mit Oberlicht und stets aus billigem Vollholz gefertigt. Die Fensteroliven kommen in zwei Varianten vor: Entweder ist der Drehgriff als Langoval ausgebildet, das seine glatte, wie gemugelt wirkende Oberfläche dem Benutzer präsentiert, oder er weist seine Schmalseite mit abgeflachten Ecken dem Benutzer. Die Türklinken, in derselben Serie entstanden wie die abgeflachten Drehgriffe, hatten überall die gleiche Form: Der rechtwinklig abgeknickte, abgeflachte Vierkant läuft in einem schmalen Griff mit abgeschrägten Kanten aus. Die Form wirkt wie in langer Tradition bewährt und gediegen. Als Schließbleche wurden entweder lange, schmale Messingovale oder langrechteckige Blätter mit sanft abgerundeten Enden angebracht. Die »Siedlungsbeschläge« der GEHAG wirken handwerklich-individuell und trotz ihrer unprätentiösen

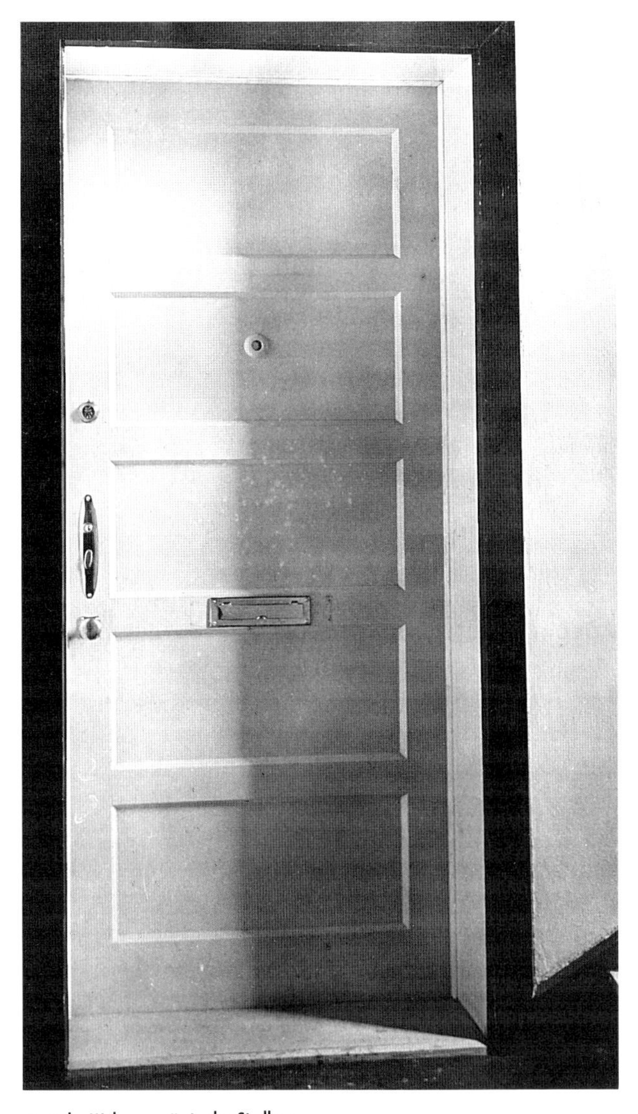

Typische Wohnungstür in der Siedlung »Onkel Tom« in Berlin-Zehlendorf

GEHAG-Norm-Türgriff, Messing

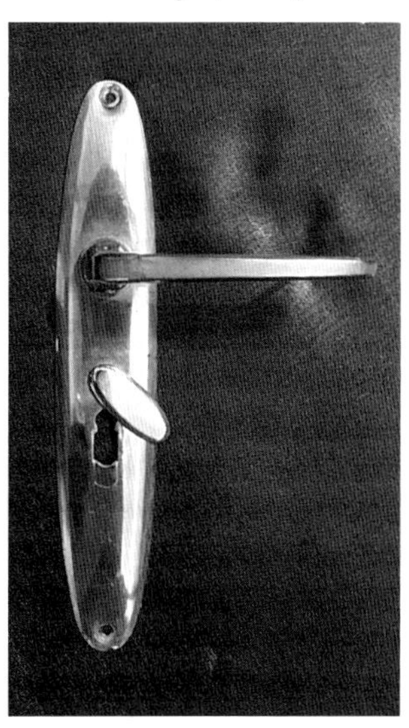

GEHAG-Norm-Fensterolive, Messing

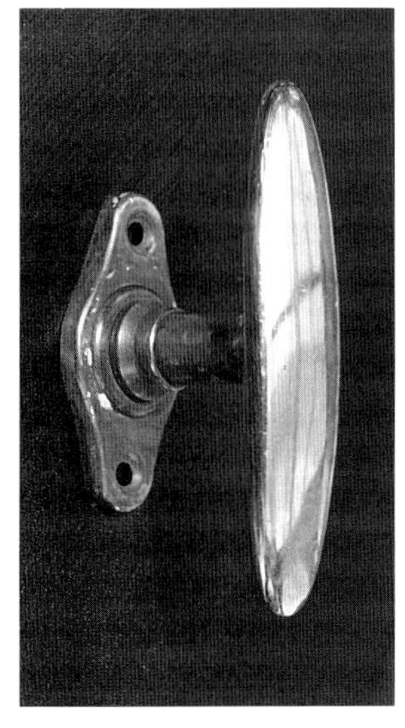

Einfachheit durch das traditionelle Material geradezu wertvoll. Damit befriedigen sie zugleich Schönheitsbedürfnis und Gefühlswerte. Die zu gleicher Zeit entwickelten Frankfurter Klinken von Ferdinand Kramer, maschinell in vernickeltem Material hergestellt, mögen den Zeitgenossen dagegen »ärmlich« erschienen sein. Bruno Taut bezeichnete 1931 selbst in seiner Kritik der Berliner Bauausstellung gerade Nickel abwertend als »Requisit« modernistischer Innenausstattung.[104]
Sofern nicht wie in »Schillerpark«, »Carl Legien« und »Attilahöhe« siedlungseigene Zentralheizungsanlagen installiert wurden, setzte man in den Wohnungen Kachelöfen. Diese wurden in allen Siedlungen aus einfarbigen, unprofilierten und quadratischen Kacheln aus den »Vereinigten Meißener Keramik-Werken« aufgemauert. Die Oberfläche der Kacheln zeigt bei unterschiedlicher Belichtung reizvolle Farbenspiele, die sich aus dem natürlichen Fluß der leicht unebenen Glasur auf wolkigem Farbauftrag ergeben. Taut hatte den Reiz solcher Fliesen im Kontext des Keramiksaales für St. Louis (1903/04) und der Universität Jena (1905/06) intensiv studieren können. Er selbst führte im »Monument des Eisens« die Kachelung ganzer Räume ein. In der Frage der Zuordnung von Wand- und Kachelfarbe in den Siedlungswohnungen sind die Angaben uneinheitlich: Es gibt Aussagen über die Übereinstimmung von Kachel- und Wandfarben und über Komplementärkontraste, zum Beispiel die Kombination Rot-Grün. Es sollen aber auch ockergelbe Kacheln bei roter Wand und grüne Kacheln bei blauer Wand verwandt worden sein, als wäre ein Zusammenklang der Farbfamilien beabsichtigt gewesen. Hingegen ergibt sich ein ziemlich einheitliches Bild über die Abfolge der Kachelfarben in den Stockwerken der Reihenhäuser: Gewöhnlich soll im Erdgeschoß der Kachelofen grün, im ersten Stock gelb und im zweiten rotbraun gewesen sein.
Abschließend läßt sich zusammenfassen: Die GEHAG-Wohnung nach Bruno Tauts Entwürfen ist keine spektakuläre Erscheinung wie die Wohnräume Le Corbusiers oder Mies van der Rohes mit skulptural wirksamen Raumelementen. Sie ist das Ergebnis einer rationalisierten Organisation traditionell notwendiger Räume in einem kompakten, rhythmisierten Baukörper. Dabei entstanden weder ästhetisch abstrahierte noch himmelstrebend-kosmische, noch mathematisch errechnete Gebilde, sondern Wohnhäuser von menschengerechten Dimensionen und bekannten Raumerlebnissen mit dem besonderen Akzent der Farbigkeit. Somit schuf Taut keinen abstrakten, neuartigen Begriff vom Raum; vielmehr grenzte er aus dem regionalen Umfeld Kapseln oder Kernbereiche aus, deren zwangsläufige Begrenztheit er mittels Farbe innen und außen zu überwinden suchte. Mit Recht aber spricht Posener vom »Kunst-Charakter« der Tautschen Siedlungsbauten.

Der traditionsreiche »Berliner Spar- und Bauverein von 1892« plante seit 1914 in Fortführung seines beachtlichen Arbeiterwohnungsbaus vom Ende des 19. Jahrhunderts eine »Ansiedelung« am **Schillerpark im Wedding**.[105] Dieses Projekt mußte, durch Krieg und Inflation behindert, bis 1924 aufgeschoben werden. Bei der Auswahl des Architekten erwies sich, dreißig Jahre nach Alfred Messels Pioniertaten für diese Genossenschaft, ein weiteres Mal die umsichtige, qualitätsbewußte und fast avantgardistische Weitsicht des genossenschaftlichen Gremiums, denn Bruno Taut wurde mit der Planung der Ansiedlung »Schillerpark« betraut und fortan »der Architekt von 1892«, »unser Architekt« genannt.
In den geplanten Häusern sollten »gesunde und zweckmäßig eingerichtete Wohnungen« entstehen, wobei ein »von der bisherigen Bauart vollständig abweichendes Straßenbild« mit flachen Dächern angekündigt wurde. Erstmals wollte man hier von den üblichen Gemeinschaftsbädern absehen. Jede Wohnung erhielt Bad, Küche, Speise- und Besenkammer. Die Bauten im »Schillerpark« wurden als »die neuzeitlichen Wohnungen überhaupt« deklariert und ihre Vorzüge ganz dem Architekten zugeschrieben. Taut umriß sein Vorhaben bei der Grundsteinlegung am 14. Dezember 1924 so: »Der Grundriß der Wohnungen ist an der Architektur abzulesen, was bei den bisherigen Mietshäusern undiszipliniert und wirr auftrat, ist jedoch organisch verbunden und klar gestaltet. Erker, Balkons und Loggien bilden jetzt das eigentliche System der Architektur, das jedes weitere Schmuckmittel erübrigt. Die Logik der Grundrißanlage spricht sich darin aus.«[106]
Damit bekräftigte er sein Postulat von der Übereinstimmung der Außenhaut mit den inneren Gegebenheiten. In diesem Projekt läßt es sich tatsächlich weitgehend an den Fassaden ablesen. Selbstbewußt wertete Taut diesen ersten Versuch im Stockwerkswohnungsbau innerhalb Berlins als »wichtigen Schritt zur Verbesserung des Massenmietshauses in Deutschland«. Denn »jedenfalls geben diese Bauten den ersten wirklichen Anstoß in Deutschland zur durchgreifenden Verbesserung der Massenwohnungen und sie werden ihre entsprechende Wirkung ausüben. (...) Immerhin wird damit der erste Versuch zur harmonischen Übereinstimmung zwischen praktischer Forderung und den sozialen Verhältnissen getan; die kleinere Wohnung wird der größeren nicht untergeordnet sein – ihre Kleinheit soll lediglich auf der geringeren Zahl der Bewohner beruhen.«[107]
Taut konstruierte hier in der Ein-Zimmer-Wohnung des Dreispännertyps ein raffiniertes, bis dahin wohl einmaliges Lüftungssystem, indem er die Kopfwohnung aus der Fassade herauszog und das Hauptzimmer seitlich über die Loggien belüftete. Die Ein-Zimmer-Wohnung wurde dadurch im Komfort

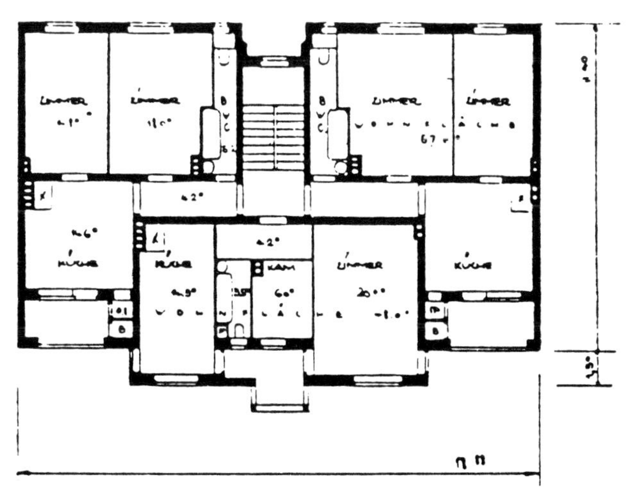

Dreispänner-Geschoßgrundriß in der Siedlung »Schillerpark« in Berlin-Wedding

aufgewertet als optimale Lösung des wirtschaftlich und hygienisch so schwierigen Problems. Der »Bauverein von 1892« teilte 1925 mit, daß der Typ der Ein-Zimmer-Wohnung mit Kammer »als besonders gelungen (...) allseitig anerkannt« würde, wobei Taut sich in den Wohnungstypen nach den »Wünschen und Angaben« der Bauherren gerichtet habe.[108]
Im zweiten Bauabschnitt kamen die vorgezogenen Kopfwohnungen nicht mehr zur Ausführung, obwohl sie zunächst am schnellsten vermietet werden konnten. Vermutlich waren die Wohnküchen zu groß und die Loggien zu klein für die realen Bedürfnisse der Bewohner. Nach dem Zweiten Weltkrieg wurde »in den meisten dieser Wohnungen die Kammer zur Küche und die große Küche zu einem Zimmer umgebaut.«[109]
Dies erscheint bei geringerer Belegung, als sie noch für 1925 anzunehmen war, zum Beispiel für ein kinderloses Paar oder eine Einzelperson, als durchaus sinnvoll und steht nicht im Gegensatz zu Tauts Auffassung von der flexiblen Nutzung seiner Wohnungen. Daß selbst die kleinste Loggia einen unermeßlichen Gewinn gegenüber den typischen Berliner Hinterhof- und Souterrain-Wohnungen darstellt, ist unbestreitbar. Die subjektive Wertschätzung einer solchen sehr kleinen Wohnung steht und fällt mit den Gewohnheiten, Ansprüchen und Belegungszahlen der Mieter, während ihre objektive Qualität konstant bleibt.
Für Bruno Tauts Realisation seiner Vorstellungen vom Innenwohnraum ist das Projekt »Schillerpark« auch insofern ein Gradmesser, als er hier direkt an seine Appelle der »Neuen Wohnung« anknüpfen konnte, sowohl hinsichtlich der Umsetzung in einen realen Bau als auch im Hinblick auf dessen didaktische Wirksamkeit. Heißt es doch in der »Wohnungswirtschaft« entsprechend Tauts Worten bei der Grundsteinlegung: »Ist hier im Grundriß schon auf eine Erleichterung der Arbeit der Hausfrau durch Ersparnis an unnötigen Wegen Rücksicht genommen (vgl. die Anordnung des Wohnzimmers neben der Küche in der Drei-Zimmer-Wohnung) (...), so muß vielleicht auch der weitere Schritt getan werden, nämlich der zum Einbau aller notwendigen Schränke in Küchen und Zimmern. Der Architekt, welcher ja in seinem Buche ›Die neue Wohnung‹ in volkstümlicher Einfachheit die Arbeitserleichterung der Hausfrau durch bessere Häuser und Einrichtungen nachgewiesen hat, wird hier schon während des Bauens versuchen, junge Ehepaare von der durch Wandschränke und dgl. hervorgerufenen Ersparnis zu überzeugen.«[110]
Einige Ansätze wie Speise-, Besen-, Fenster- und Flurschrank hat Taut schon in diesem Projekt verwirklichen können. Bei einer Befragung der Bewohner von »Schillerpark« 1968 bezeichneten die meisten den Einbau von Spinden und die Anlage der Küche im engen Zusammenhang mit dem Wohnzimmer als vorbildlich.[111] Der umfassende Einbau von Wandschränken jedoch gelang Taut nur, dort allerdings in hohem Maße, im privaten Wohnungsbau. Ob Taut im »Schillerpark« seine Forderungen nach farbiger Wandgestaltung in den Wohnungen hatte durchsetzen können, ist fraglich; es gibt bisher keine Hinweise auf Innenfarbigkeit. Die Treppenhäuser, Membranen zwischen Innen und Außen, Öffentlichkeit und Privatheit, hatte er jedenfalls nach seinen Angaben farbig gestalten lassen. Die Decken sollen schwarz, die Wände und Türen rot oder orange gestrichen gewesen sein.[112]

Siedlungseigener Kindergarten im »Schillerpark«, nach 1933

Verschreckte Reaktionen auf diese außerordentlich kühne Farbgebung versuchte der »Bauverein von 1892« der Mieterschaft gegenüber mit diplomatischen Worten abzufangen: »Bei Festsetzung der Farbtöne haben wir den Künstler Bruno Taut allein sprechen lassen. Wir können uns denken, daß der Beschauer die Vielseitigkeit der insbesondere in den Treppenhäusern verwendeten Farben vielleicht abfällig kritisiert, weil wir mehr oder weniger nur eintönige oder nur ganz leicht voneinander abweichende Farbtöne kennen und gewöhnt sind. Daher muß man sich beim Betrachten der krassen Farbunterschiede in den Treppenhäusern unserer neuen Ansiedlung in die Seele des Künstlers hineinversetzen. Von diesem Gesichtspunkt aus betrachtet werden wir unzweifelhaft erkennen und zugestehen müssen, daß der Künstler Bruno Taut in unserer Ansiedlung im Schillerpark sein Wollen und Können im ganzen Ausmaße gezeigt hat.«[113]

In dieser ersten von Tauts städtischen Siedlungen nach Erscheinen der »Neuen Wohnung« war die Beeinflussung der Wohnsitten und damit des Lebensgefühls unübersehbar intendiert. Es handelte sich um die ersten Wohnungen, deren äußeres Bild und innere Eigenschaften objektiv so angelegt waren, daß sie nach den Prinzipien der »Neuen Wohnung« hätten bewohnt werden können.

Die Umsetzung Tautscher Anregungen auf die gelebte Wohnkultur läßt sich in diesem Falle nur noch an wenigen Fotografien aus den späten vierziger Jahren annähernd nachvollziehen. Sie stellen jedoch keine repräsentativen Beispiele für »die Wohnkultur« im »Schillerpark« dar. Möglicherweise fungierten sie auch als Musterwohnungen. Die abgebildeten Räume entsprechen in ihrer Einrichtung ziemlich exakt den publizistischen Vorgaben der Zwischenkriegszeit: sie geben sich schlicht, weitgehend schmucklos, hell und »funktional«. Handliche Anbaumöbel der Deutschen Werkstätten/WK-Verband von 1949 bilden den Rahmen für die grazilen geflochtenen Sesselmodelle »Vostra« von Jens Rison (1941/42). Zwar wird das leichte, an die »befreite Wohnkultur« anknüpfende Mobiliar mit Hilfe rustikaler Wandbehänge und Kissen mit »Nakkenschlag« rückgebunden an gängige Geschmacksmuster, doch ist der Umbruch deutlich, den nicht zuletzt die von Taut vorangetriebene Wohndiskussion der Weimarer Republik zeitigte.[114]

Auch der Kindergarten im »Schillerpark« wurde als ein Instrument der Erziehung zu neuer Wohnkultur genutzt. In einer Erdgeschoßwohnung von zweieinhalb Zimmern in der Bristolstraße 19 wurde er eingerichtet und am 2. November 1930 eingeweiht. Wenn auch auf der vorliegenden Reproduktion das Klavier inzwischen mit Hakenkreuzfähnchen und Hitler-Konterfei »dekoriert« ist, so stammte doch die Einrichtung des Kindergartens noch aus dem Eröffnungsjahr 1930. Sie war äußerst schlicht, farbenfroh und funktional ausgeführt. Doch bereits im Frühjahr 1934 wurde dieser Kindergarten »erneuert«. Von Farbtöpfen und »auseinandergenommenen Möbelstücken« ist die Rede in den Mitteilungsblättern des »Bauvereins von 1892«. Über den tatsächlichen Anlaß und das Ergebnis der Umgestaltung läßt sich nur mutmaßen. Möglicherweise war die Ausmerzung der »proletarischen« Farben Tauts intendiert.

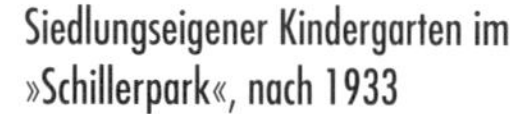

Siedlungseigener Kindergarten im »Schillerpark«, nach 1933

Der Symbolcharakter der Britzer »**Hufeisen-Siedlung**«, dieser Siedlungskomposition in Hufeisenform, ist hinlänglich bekannt. Im Hinblick auf den Innenwohnraum jedoch ist die revolutionierende Beispielhaftigkeit dieser Massenwohnungen bislang nicht in ihrer ganzen Tragweite gewürdigt worden. Denn gerade hier schuf Bruno Taut in weit höherem Maße als je zuvor die Leitbilder der von ihm angestrebten Wohnkultur.
Taut erreichte in diesem »Stadtraum« verstärkt die Einbeziehung der Natur in den Wohnbereich. Dies gelang ihm einerseits durch die optisch reizvollen Platzanlagen, die aufgrund der bewußten Verteilung der Häuserblocks und der Zwischenraumbepflanzungen des Worpsweder Gartenarchitekten Leberecht Migge entstanden. Außerdem führte er die privaten Nutz- und Blumengärten direkt an die mehrstöckigen Mietshäuser heran. Eine zusätzliche Annäherung an die Natur wird in der Ausbildung membranartiger Zwischenräume spürbar, die einen Austausch zwischen Innen- und Außenraum intendieren: Eingangssituationen, die wirkliche Übergänge zwischen innerem und äußerem Lebensraum bilden. Es handelt sich dabei nicht um fließende Grenzen, wie Ludwig Mies van der Rohe sie inszenierte; bei Bruno Taut sind Über- und Durchgänge nicht als körperloses Hinübergleiten ermöglicht – statt dessen bilden sie eine Semipermeable, die dem Willen des Innewohnenden gehorcht und doch unmerklich dessen Lebensgefühl, Gemeinschafts- und Privatleben mitbestimmt. Nicht im Sinne einer Abgrenzung oder Abkapselung von der Gemeinschaft und einer Entfremdung von der Natur, sondern im Hinblick auf einen ständigen Austausch mit Rückzugsmöglichkeit ist hier die Innen-Außen-Funktion gegeben. Taut prägte für seine spezifische Umraumgestaltung den Begriff »Außenwohnraum«.[115] Die Anstrengungen der Mieter, sich durch Repräsentationsformeln in diesen Zwischenräumen – Loggien, Terrassen, Eingangsbereichen – vom Nachbarn abzugrenzen, torpedierten jedoch das Anliegen Bruno Tauts.
Bei der »Hufeisen-Siedlung« ist die farbige Behandlung der Wohnungsinnenräume definitiv nachzuweisen, obwohl keine schriftlichen Quellen der ausführenden GEHAG zur Innenfarbigkeit verfügbar waren. Altmieter aber gaben bei einer Fragebogenaktion übereinstimmend an, daß die ursprüngliche Wandbehandlung in den Wohnungen prinzipiell farbig gewesen sei. Dies habe der Architekt so vorgesehen, um den Mietern die Verpflichtung, in den ersten Jahren bis zum Austrocknen des Mauerwerks und des Putzes keine Tapeten anzubringen, erträglich zu machen. Diese Begründung für die Innenfarbigkeit klingt zwar durchaus plausibel; an Tauts bereits erörterter, ideologischer Konzeption gemessen, mutet sie jedoch allzu pragmatisch an.
Über die Farbigkeit der Wohnungen innerhalb des zentralen

Reihenhausgarten in der »Hufeisen-Siedlung«, Berlin-Britz, 1934

Loggia in der »Hufeisen-Siedlung«

Hufeisenbogens gibt ein Projektbericht der Technischen Universität Berlin von 1980 Auskunft: »Das Zimmer zum Inneren des Hufeisens war rot gestrichen, das Straßenzimmer blau, die Kammer olivgrün, Bad und Flur unten gelb und von der oberen Seite durch einen schwarzen Trennungsstrich getrennt, die Küche war weiß und die Loggia in kräftigem Blau. Der Fußboden war in allen Zimmern dunkelbraun gestrichen und die Decken in den jeweiligen Wandfarben hell getönt.«[116]
Sollte diese Farbverteilung für das gesamte »Hufeisen« verbindlich gewesen sein, so bedeutet dies, daß die blau und olivgrün gestrichenen Zimmer des einen Drittels im Zusammenspiel mit dem Nordlicht ein recht bedrückendes Wohngefühl provoziert hätten. Das gleiche gilt für die roten Räume und blauen Loggien im südlichen Drittel des »Hufeisens«, die den ganzen Tag kein Sonnenlicht erhalten, höchstens einen Strahl der untergehenden Sommersonne. Eventuell hat sich hier Tauts erklärtes Prinzip der Farbwahl nach dem Lichteinfall der konzeptionellen Leitidee des Rundovals untergeordnet.
So zeichnet sich bereits in der frühen »Hufeisen-Siedlung« ein Farbkonzept auch für den Innenwohnraum ab. Es darf als gesichert gelten, daß die Fassadenfarben Rot, Grün, Blau, Gelb und Weiß auch im Innern der Wohnungen Verwendung fanden. In der Regel war das Wohnzimmer zum Erstbezug rot gestrichen, das Schlafzimmer grün und die Kammer blau, wobei vor allem die beiden letztgenannten Raumfunktionen der Definition der Mieter anheimgestellt blieben. Dies geschah unabhängig von Lichteinfall und gegenüberliegender Fassadenfarbe. So muß zunächst eine Farbzuweisung aufgrund der Raumfunktionen angenommen werden.

Die Farbenfrage ist eines der komplexesten Probleme in Bruno Tauts Gestaltung des Innenraums. Farbendiktat und Unverkennbarkeit des Schöpfers stehen im Widerspruch zu seinen Postulaten von der Souveränität des Volkes als Bauherr und der neutralen Allgemeingültigkeit des künstlerischen Bauwerks. Tauts Vorträge in der »Hufeisen-Siedlung« über Wohnkultur stehen zwar im Einklang mit seinen erzieherischen Ambitionen, deuten aber gleichzeitig auf eine gewisse Unduldsamkeit bei Nichtbeachtung seiner Zielvorstellungen. Der »Wille, wohnkulturell neue Wege zu gehen«,[117] veranlaßte Taut auch in Britz, wie es zuvor (1923/24) bereits für Magdeburg und Hannover belegt ist, Vorträge über die neue, gesinnungsbildende Wohnkultur zu halten. Im Geiste seiner »Neuen Wohnung« brachte er den interessierten Zuhörern nahe, wie seiner Ansicht nach diese Wohnungen zu bewohnen seien. Während Adolf Behne schon in den Errungenschaften der Durchsonnung und Belüftung, dem Vorhandensein von Bad und WC und der Zuordnung der Räume zueinander kulturelle Wirksamkeit erkannte – »(...) die Kleinwohnung in Britz leistet kulturell mehr als ein Schloß. Mag diese Wohnung klein sein, so ist sie nach der Sonne orientiert, und sie hat ein Bad und laufendes Wasser, hat einen Abort, Luft kann durch sie hindurchstreifen, und Treppe, Küche, Wohnraum liegen bequem zueinander.«[118] – ging Taut einige Schritte weiter in seinen Forderungen bezüglich Wandbehandlung, Farbigkeit und Möblierung. Eine Altmieterin erinnert sich: »Nach dem Einzug war auch Taut selbst hier in den verschiedenen Wohnungen und hat erklärt, wie die Wohnungen einzurichten wären.«[119] In der Berliner Kunstgewerbeschule und in der Lessing-Hochschule sowie bei zahlreichen von der GEHAG organisierten Besichtigungen fand Taut immer wieder Gelegenheit, seine gewissermaßen asketische Ästhetik zu vertreten.
Die GEHAG unterstützte Tauts persönlichen Einsatz für eine adäquate Wohnkultur, indem sie 1930 in der Parchimer Allee Musterwohnungen einrichten ließ. Die Ausstattung selbst ist nicht überliefert. Ihre Designer waren Adolf Schneck und Karl Bertsch, Mitglieder der Deutschen Werkstätten, die im Grunde nicht Tauts Linie vertraten, doch in ihren Entwürfen dem Trend der »geistigen Arbeiterschaft« zur Schlichtheit entsprachen. Dabei stattete Schneck die »billige Wohnung« aus, während Bertsch bezeichnenderweise den Part für mittlere und gehobene Preislagen übernahm. Die Aufgabenstellung der GEHAG an die Deutschen Werkstätten sei hier zitiert, weil sie besonders aufschlußreich ist für den geistigen Impuls, dem Taut auch durch die GEHAG Stoßkraft zu verleihen suchte:
»Die Deutschen Werkstätten hatten vor allem die Aufgabe gestellt erhalten, zu beweisen, daß Architektur, Innenräume, Wandausstattung und Möbel in einen harmonischen Gleichklang zu bringen sind, ohne daß allzuviel Kosten entstehen. Der Raum ist zum Wohnen eingerichtet und darf nie zu einer Lagerstätte unnützer Möbel werden. Man muß durch das Zimmer schreiten können. Die Wände sind allein schon genug Raumbegrenzung, sie brauchen keine Unterstützung in ihrer

Wirkung durch schwere Möbelstücke. Auch die Fenster sind nicht darum so groß angelegt, um den Künsten der Hausfrau in der Anbringung von vielen Gardinen mit Rüschen und Schleifchen ein Betätigungsfeld zu geben, sondern zu dem Zweck, die Räume hell und licht zu machen. (...) Und nun zeigt die Ausstellung praktische Möbelstellung und Möbelausstattung. (...) Die Deutschen Werkstätten sind bezüglich Form, Ausführung und Preiswürdigkeit bekannt. Diese mustergültigen Wohnungen werden allen Interessenten und Mietern die besten Anregungen geben.«[120]

Die Deutschen Werkstätten sollten offenbar als Korrektiv zwischen hergebrachter Nippes-Kultur und Tauts Radikalität fungieren. Ihnen oblag es, zwischen beiden Polen zu vermitteln und die Wohngesinnung richtungsweisend zu beeinflussen.

Die Hoffnungen, die Bruno Taut diesem Exempel gesellschaftsrelevanter Architektur gegenüber hegte, bestanden im Aushebeln der schlechten Wohnsitten zur Schaffung einer bewußt lebenden, sozial ausgeglichenen Solidargemeinschaft.

Die einzige Siedlung, die Bruno Taut gemeinsam mit den ebenfalls bedeutenden Architekten Otto Rudolf Salvisberg und Hugo Häring im Team der GEHAG erbaute, ist die Zehlendorfer **Waldsiedlung »Onkel Tom«**. Sie wurde nach dem nahegelegenen populären Ausflugslokal »Onkel Toms Hütte« benannt. Salvisberg und Häring bauten über denselben Grundrissen wie Taut, doch gab jeder der Architekten den Fassaden eine andere Ausprägung – ein Indiz dafür, daß *ein* Grundriß nicht zwangsläufig *ein* Gesicht ergibt, auch wenn angeblich »aus dem Grundriß heraus« gebaut wird und die Grundrißanlage die Erscheinung der Fassade determinieren soll. Da der Kiefernbestand als Planungselement integriert wurde, ist hier in höchstem Maße die Verbindung von Natur und Wohnung erreicht. Die aufgelösten Fronten sind so in die Bewaldung eingefügt, daß sie eine Symbiose mit dem Baumbestand einzugehen scheinen.

Das äußere Farbkonzept dieser Siedlung ist inzwischen nahezu lückenlos rekonstruiert. Zur Innenfarbigkeit erbrachte die Auswertung aller verfügbaren Daten, daß der Originalzustand in allen Wohnungen ein von Zimmer zu Zimmer unterschiedlich farbiger Mineral- oder Leimfarbenanstrich gewesen ist. Das gilt ebenso für die Einfamilien-Reihenhäuser im Bauabschnitt nördlich des Hochsitzweges, die von vornherein an private Eigentümer verkauft wurden, sowie für die Wohnungen in der Sven-Hedin-Straße, die erst nach der Machtergreifung der Nationalsozialisten ohne weitere Einflußnahme Tauts gebaut wurden.[121]

Vermutungen darüber, daß ähnlich wie bei der Außengestaltung ein festgelegtes Farbkonzept zugrunde gelegen habe, das aus Tauts erzieherischem Willen entstanden sei, verstummen nicht; sie wurden von den Vertretern dieser These bislang jedoch nicht eindeutig belegt. Die Resultate einer Bewohnerbefragung ergeben ein differenzierteres Bild als angenommen. Allein für die Deckenbehandlung in »Onkel Tom« sind mehrere von der Baubeschreibung abweichende Ausführungen nachweisbar. Während offiziell die »Deckenflächen weiß, Wandflächen verschiedenartig getönt, mit einfachem Abschlußstrich« gewesen sein sollen, wurde laut Aussagen von Zeitgenossen die kräftige Farbe entweder ganz bis zur weißen Decke oder bis ca. zehn Zentimeter unterhalb oder aber bis zur Voute am Übergang von der Decke zur Wand heraufgeführt, wobei Abschlußstriche nicht eindeutig nachgewiesen werden konnten. Zum Teil soll das Weiß der Decke sogar bis auf die Höhe des Türsturzes herabgezogen oder die Wandfarbe aufgehellt auch für die Decke verwendet worden sein. Diese Angaben über faktische Abweichungen von der offiziellen Baubeschreibung erhärten die Aussagen eines Malermeisters und Bewohners aus der Siedlung »Onkel Tom«, der vielfach etwa ein Jahr nach Bezug mit Neuanstrichen oder Tapezierungen in den Taut-Häusern der Nachbarschaft beauftragt wurde: Die GEHAG habe gelegentlich Sonderwünsche bezüglich der Farbe zum Erstbezug der Wohnungen gegen Aufpreis berücksichtigt. So sei es zum Beispiel möglich gewesen, Absätze und Trennungslinien anbringen oder gar die vier Wände eines Zimmers in unterschiedlichen Farben ausführen zu lassen.[122]

Gelegentlich sollen auch die vier Grundfarben Rot, Blau, Grün und Gelb nach Zimmern austauschbar, die Verteilung also von den Mietern zu bestimmen gewesen sein. In der Regel waren

Blick aus einer Stockwerkswohnung der Waldsiedlung »Onkel Tom« in Berlin-Zehlendorf, 1933

die farbigen Anstriche bei Bezug jedoch bereits ausgeführt. Ocker und Mauve ergänzten das Farbprogramm, wenn in einer Wohnung mehr als vier Räume zu streichen waren. Die genannten Farben fielen in ihrer Intensität unterschiedlich aus, obwohl Taut häufig persönlich die Ausführung der Malerarbeiten beaufsichtigte und zum Teil heftig kritisierte. Abweichungen ergaben sich aus technischen Problemen: verschiedene Firmen mischten die Farben selbst und führten die Malerarbeiten handwerklich unterschiedlich aus. So erklären sich auch die Farbbewertungen der Altmieter, deren Skala von »pastellig« über »kräftig« bis zu »krass, plump, schreiend« reicht. Die Malerarbeiten mußten unter Zeitdruck nach »Schema F« sehr rasch ausgeführt werden. Obwohl nach einer gewissen Anlaufzeit, in der die Farben vehement abgelehnt wurden, der Gewöhnungsprozeß so etwas wie eine »Mode« erzeugt haben soll, wurde nach dem »Trockenwohnen« nahezu überall umgehend tapeziert.

Selbst wenn die Aussagen aus der Erinnerung gewisse Unschärfen aufweisen und das Farbgedächtnis erfahrungsgemäß eines der schlechtesten des menschlichen Erinnerungsvermögens darstellt, so ergeben sich doch einige Konstanten in der Farbverteilung der Innenwohnräume: Das größte Zimmer war fast durchweg rot, die kleineren grün und blau, die Verkehrs- und Wirtschaftsflächen gelb gestrichen. Dies gilt für alle Bauabschnitte und Wohnungstypen in »Onkel Tom«, unabhängig von Lichteinfall oder gegenüberliegender Wandfarbe. Ein Erklärungsmodell des Tautschen Farbkonzeptes geht von der Annahme aus, daß die Räume die Farbe der gegenüberliegenden Hauswand erhielten, um einen komplexen Zusammenhang zwischen innen und außen oder auch eine optische Erweiterung des Lebensraumes durch die Integration des Hauptraumes in die Gesamtkomposition zu erwirken.[123] Dies klingt auf der Folie von Tauts theoretischen Erörterungen zur Anwendung des »Baumaterials Farbe« durchaus plausibel, erweist sich nach Überprüfung der tatsächlichen Gegebenheiten jedoch als unhaltbar. Auch für die Ausrichtung nach dem Lichteinfall, die Taut zeitweilig propagiert hatte, gibt es zu viele Gegenbeispiele, als daß man Tauts theoretische Grundsätze in seinen Realisationen konsequent nachweisen könnte. Da er für den Außenwohnraum die Ansicht vertrat, »tiefer, satter Anstrich« vergrößere die Hausabstände,[124] läßt sich diese Faustregel Tauts eventuell auch auf den Innenwohnraum übertragen, so daß sich die Farbgebung als Korrektiv zur Raumrationierung interpretieren ließe. Doch keine der drei hier aufgeführten Thesen läßt sich an den realisierten Bauten eindeutig bestätigen. Unzweifelhaft bleibt allein, daß Bruno Taut seine Forderung nach farbigem Innenraum, ungeachtet einer präzisen und nachvollziehbaren »Farbtheorie«, gegebenenfalls auch diktatorisch in fast 10 000 Wohnungen durchsetzte.

Eine Innovation im Siedlungbau stellte der Einbau kompletter Küchenausstattungen in achtzig Etagenwohnungen des ersten Bauabschnitts (1926) dar. Die Initiative zu diesem zunächst kostspieligen Experiment ging mit großer Wahrscheinlichkeit von Bruno Taut selbst aus, hatte er doch in der »Neuen Wohnung« dahingehende Vorschläge zur Erleichterung der Hausarbeit veröffentlicht. In seinem eigenen Haus, Dahlewitz II., das gleichzeitig mit dieser ersten Bauphase von »Onkel Tom« entstand, legte er größten Wert auf eine rationelle, den Arbeitsgängen entsprechende Anlage und Ausstattung der Küche. In »Onkel Tom« konnte Taut sein Konzept in größerem Umfang umsetzen, wenn auch der Anteil von achtzig Küchen bei 1915 Wohneinheiten zunächst gering erscheint. Über diesen ersten Ansatz hinaus wurden hier keine vollständigen Kücheneinrichtungen nach seinem Entwurf mehr installiert. Immerhin verteuerte die Einbauküche die in der Relation zum Einkommenslevel bereits überhöhte Miete von 70 RM für ca. 60 m^2 um weitere 3 RM.[125]

Über die übliche Standardausstattung der Küchen mit kombiniertem Gas-Kohle-Herd, Spüle mit Ablaufbrett und Fensterschrank hinaus erhielten diese achtzig Einheiten zusätzlich eine verkachelte Kochstelle, einen halbovalen Klapptisch mit zwei Hockern, einen weiteren eingebauten, halbhohen Wandschrank unter der verglasten Durchreiche zum Balkon und einen nach modernen Maßstäben eingeteilten Küchenschrank mit Schiebetüren, Schubladen und sechs Porzellanschütten für lose Grundnahrungsmittel. Sämtliche Holzteile waren glatt gehobelt und weiß lackiert. Die Auflageflächen wie Tisch-, Schrank- und Fensterplatten sowie die Sitzflächen der Hocker

Einbauküche nach Bruno Tauts Entwurf in der Siedlung »Onkel Tom«, 1926

wurden mit blauem Linoleum zwischen dunklen Hartholzkanten belegt. Die nahezu quadratische Anlage der Grundfläche bietet Sitzgelegenheit für drei Personen.[126]
Es handelt sich nicht um eine ausgesprochene Wohnküche, doch auch nicht um eine reine Wirtschaftsküche, wie sie die Frankfurter Küche exemplarisch darstellt. Sie kann als Eß- und Arbeitsküche bezeichnet werden, welche die Kommunikation mit weiteren Personen *in* der Küche zuläßt und zudem Kommunikation zum Balkon hin ermöglicht. Somit ist die Isolation der Hausfrau zumindest nicht vorprogrammiert. Demgegenüber kann in der Kleinstküche nach dem Entwurf Grete Schütte-Lihotzkys bei extrem durchorganisierter Ausstattung nur eine einzige Person, die Hausfrau also, wirtschaften. Der vielfach erhobene Vorwurf gegen die Frankfurter Küche, die Frau müsse sich darin ausgesperrt fühlen, trifft auf Tauts Modellküche nicht zu. Die Anordnung in Bruno Tauts Küche zeigt ein Hintereinanderschalten der Arbeitsabläufe von links über die Fensterseite nach rechts: Herausnehmen der Nahrungsmittel und Geräte aus dem Vorratsschrank, Vorbereitung der Speisen sitzend am Klapptisch, Zubereitung auf dem Herd und Abspülen der Kochgeräte. So sind unnötige Wege, stehende oder gebückte Haltung beim Arbeiten und das Aufstellen überflüssiger Möbelstücke vermieden. Dennoch verbleibt, im Unterschied zur Frankfurter oder zur vielzitierten Mitropa-Küche, in der Küche nach Bruno Tauts Entwurf noch einiger Spielraum für individuelle Arbeitsverrichtung oder Muße. Obwohl diese Küche nur einen guten halben Quadratmeter mehr Grundfläche aufweist als die Frankfurter (6,5 m^2 gegenüber 5,97 m^2), ist durch den quadratischen statt schlauchartigen Zuschnitt optische und faktische Weiträumigkeit gegeben. Sämtliche Küchenwände in »Onkel Tom« waren hell, vermutlich gelb gestrichen und wirken in Kombination mit den weißen Holzteilen in ihrer Gesamterscheinung freundlich, wohl dem Grundsatz folgend: »Die Farbe der Küche hat auf die Stimmung und der durch sie bedingten Leistungsfähigkeit der Hausfrau einen großen Einfluß. Der Grund für unansehnlich wirkende Küchen und unlustig in ihnen Arbeitende wird oft in dem Farbanstrich liegen. Unter allen Umständen ist hellen Farben, auch weiß, der Vorzug zu geben.«[127] Dies kann als eine praktische Anwendung der Farbpsychologie zur Motivation der Frau angesehen werden, in ihrem angestammten Arbeitsfeld noch mehr zu leisten ...
Die Einfamilien-Reihenhäuser in »Onkel Tom« weisen in ihrer Grundausstattung Elemente auf, die über die übliche Ausstattung der GEHAG-Wohnung hinausgehen. Dazu gehört die Treppe, die auf engstem Raum und dadurch sehr schmal und steil vom Erd- in die Obergeschosse führt. Laut Brenne ist sie von Bruno Taut selbst entwickelt und als standardisiertes Bauelement in der »Hufeisen-Siedlung« und in »Onkel Tom« eingebaut worden. Sie scheint wie ein Rückgrat das ganze Haus zu versteifen. In sanftem Schwung geleitet das kompakte Geländer, durch schmale Kassetten gegliedert, nach oben. Weiß lackiert liegt es auf der schwarzen Wange auf. Der ebenfalls schwarze Handlauf ist handschmeichlerisch glatt und voll ausgebildet und vollzieht einen wellenartigen Schwung. Am engen Wendepunkt des Geländers wirkt das Holz geradezu skulptural durchgebildet. Hier löst sich die Wange aus der Wandebene und zeigt ihre Unterkante, die so abgeschrägt ist, daß das Holz in sich verdreht erscheint. Darüber setzt ganz gerade die Wange zum zweiten Obergeschoß an. Dieses Treppengeländer folgt in seiner traditionellen Eleganz der Treppe im Sommerhaus Haarmann (1908) und steht im Kontrast zu den labilen Gebilden aus Stahlrohr, die zur selben Zeit allenthalben installiert wurden. Da das kompakte Geländer den Flur verdunkelt und optisch verkleinert, haben es manche Hausbesitzer abgenommen. Damit erzielten sie größere Transparenz im Eingangsbereich, aber auch eine noch gefährlichere Stiege. Als konsequente Antwort auf die faktische Unbrauchbarkeit der Treppe beim Möbeltransport in die oberen Stockwerke wurde im nördlichen Bauabschnitt um 1930 serienmäßig ein aushängbares Fenster im ersten und zweiten Stock eingebaut: das drei- bis vierteilige Fenster hatte einen herausnehmbaren Holm mit Metallasche. Die zeitgenössische Karikatur demonstriert, wie auf diesem Wege Kastenmöbel, von denen sich die neuen Bewohner trotz aller Bemühungen Bruno Tauts nicht hatten trennen wollen, ins Haus gehievt wurden. Vor dieser »Verbesserung« im Sinne der zukünftigen Bewohner gestaltete sich die Einrichtung mit überkommenen Möbeln durchaus problematisch: »Schränke, die zu groß für die Tür sind, bleiben – der Weg durchs Fenster war noch nicht entdeckt – auf der halbfertigen Pergola über Nacht. Am nächsten Tag fand sich ein Mann, der sich Tischler nannte, sie für schweres Geld zersägte und im Haus wieder zusammensetzte. Ihre Schönheit hat darunter gelitten, aber sie waren drin.«[128]
Sicherlich hatte Bruno Taut auch in erzieherischer Absicht die Hausöffnungen so klein gewählt, damit die alten Möbelmonstren nicht in die neuen Wohnungen mit hineingenommen werden konnten.
Für die Siedlung »Onkel Tom« ist belegt, daß die Baugesellschaft AHAG Adolf Sommerfeld, die den Verkauf der Eigenheime nördlich des Hochsitzweges übernahm, gegen Zuzahlung Sonderwünsche in der Grundausstattung berücksichtigte. So wurden zum Beispiel auf Wunsch die von Taut ausgewählten Messing-Garnituren der Fenster und Türen matt oder blank

Karikatur zum Bezug der Siedlung »Onkel Tom«, 1930

Was Herr Plattbaff in unserer Siedlung sah

Bild und Vers von A. Giering, Zehlendorf

Herr Plattbaff, der allein dasteht,
sehr oft und gern ins Grüne geht.

Hier will er aus dem Bahnof U
doch läßt der Sand das oft nicht zu.

Forstmeister-, Damwild-, Niederjagd-,
Eisvogelweg, Waldhüterpfad.

verdaut er anfangs ziemlich schwer,
na, ändern konnt' er doch nichts mehr.

Weil manches ist hier furchtbar klein,
so bringt man Möbel anders rein.

Nun, um den Garten anzuseh'n,
muß'er durch Wirtschaftswege geh'n,

doch – kennt er nicht der Tücke List,
da dieser Weg nur Rennbahn ist.

Er sieht den Kampf um täglich Brot,
mit Früchteernten hat man Not,

und Akrobatik bester Art,
gezeigt von Kindern fein und zart.

Antennen, Luft und Licht sind da,
auch abgeholzten Wald er sah.

Dann geht Herr Plattbaff mit Genuß
durchs Fischtal hin zum Autobus.

zwar muß er auf dem Trittbrett steh'n,
doch bald gibt es ein Wiederseh'n.

Musterwohnung in der Siedlung »Onkel Tom«, um 1930 (oben) und Musterwohnung mit Möbeln der Firma »Gildenhall« in der Siedlung »Onkel Tom«, um 1930

vernickelt oder durch Weißbronze-Garnituren ersetzt. Dieser Mehraufwand kostete bei Vernickelung 5,20 RM pro Türgarnitur und 1,30 RM pro Fensterolive, in Weißbronze 9 RM oder 2,10 RM pro Stück.[129] In Relation zur Finanzkraft der Käuferschichten, die dieser soziale Wohnungsbau ansprechen sollte, liegen die Preise sehr hoch. Daß derartige Sonderwünsche angeboten und gelegentlich ausgeführt wurden, ist jedoch ein Indiz dafür, daß zumindest die Käufer aus gehobeneren, gesicherten finanziellen Verhältnissen stammten.

Die **»Freie Scholle«**, eine der bedeutendsten Baugenossenschaften, die seit 1897 nicht nur in Berlin wohnreformerisch aktiv war, beauftragte 1925 die GEHAG, ihre weiteren Bauvorhaben zu betreuen. Bruno Taut entwickelte daraufhin für das Schollen-Gelände im grünen Bezirk Tegel eine stadträumliche Komposition, die mindestens ebenso bemerkenswert ist wie die beiden »Starsiedlungen« der GEHAG, »Hufeisen-Siedlung« und »Onkel Tom«. Auch sie darf als Inbegriff Tautscher Baukunst gelten.
Die Zeichnungen für die ersten Doppelhäuser im Schollenweg und die Reihenhäuser im Moorweg sind auf die Sommermonate 1925 datiert, mit dem Stempel »Entwurfsbüro GEHAG« versehen und von Richard Linnecke unterzeichnet. Duktus und Beschriftung weichen von der Art Bruno Tauts wesentlich ab. Diese Zweifamilienhäuser inmitten großer Gärten mit primitiver Badeeinrichtung und Steildach können Taut nicht zugeschrieben werden. Die Tautsche Erweiterung der Siedlung mit Reihenhäusern im Steilpfad weist Verbesserungen im Badebereich auf, das steile Dach aber wurde zunächst von ihm beibehalten. Die späteren Reihenhäuser erhielten Flachdächer zur besseren Ausnutzung der Obergeschoßräume. Verhaltene Kritik an den Grundrißlösungen mancher Reihenhaustypen wurde im Genossenschaftsorgan »Die Freie Scholle« durch die Zusage abgemildert, daß die GEHAG sich stets um die Beseitigung beobachteter Mängel bemühe und daß die Wohnungen zumindest »vorbildliche, (...) ästhetisch einwandfreie (...), gesundheitlichen Forderungen angepaßte und im höchsten Maße wirtschaftliche Lösungen«[130] beinhalteten.
In den Jahren von 1927 bis 1929 baute Bruno Taut den Schollenhof, eine fast rautenförmige Blockrandbebauung mit großem Wohnhof, der den Außenwohnraum für die Stockwerkswohnungen bildete. Darüber hinaus hatte jede Wohnung des Schollenhofs einen Balkon an der jeweils hofabgewandten Seite mit Speise- und Besenkammer. Für die Gestaltung des Schollenhofs existiert ein Lageplan, der eine hufeisenförmige Rasenfläche und Baumbepflanzung vorsah, die jedoch nicht in dieser Form ausgeführt wurde. Auch für die Siedlung »Schillerpark« hatte Taut 1927 und 1929 hufeisenförmige Bepflanzungen vorgesehen.[131] Das Hufeisen gehörte zu den Leitmotiven in Tauts Formensprache im Kontext seiner gemeinschaftsbildenden Architekturensembles.
In den Protokollen der gemeinsam mit Vertretern der GEHAG abgehaltenen Vorstandssitzungen findet sich kein einziger Hinweis auf die farbige Grundausstattung der Wohnungen. Aussagen von Altmietern bestätigen aber die Annahme, daß auch hier die Wohnungsinnenwände von Zimmer zu Zimmer unterschiedlich farbig gestrichen waren. So waren vermutlich in Reihenhäusern und Wohnungen gleichermaßen die Wohnzimmer rot, die Schlafzimmer grün oder blau und die Kammern gelb gestrichen. Im Unterschied zu den hellen Küchen in »Onkel Tom« und der »Hufeisen-Siedlung«, gibt es für die »Freie Scholle« Hinweise darauf, daß die Küchen grün oder blau gestrichen waren. Zur Erhärtung der These von farbigen Innenräumen können die Aquarelle von der Hand des Schollenbewohners Paul Lempert herangezogen werden. Sie datieren vom 17. August 1945 und zeigen Häuser der Schollen-Siedlung nach einem Luftangriff. Sie gewähren Einblick in die zerstörten Innenräume, die jeweils grün, violett und türkisblau gestrichen erscheinen, was vermutlich mit Grün, Rot und Blau gleichzusetzen ist.
In den Vorstandsprotokollen finden sich Anzeichen starker gegenseitiger Einflußnahme, die an einen untergründigen Machtkampf zwischen GEHAG und Genossenschaft denken lassen. In einem GEHAG-Schreiben an die Baugenossenschaft »Freie Scholle« vom 4. Januar 1928 heißt es: »Herr Baurat Taut hat bei seiner letzten Baubesichtigung festgestellt, daß in dem ersten Bauabschnitt von einzelnen Genossen Lauben, hölzerne Brüstungen und ähnl. derart in die Gärten gestellt worden ist, daß der Straßeneindruck in seiner architektonischen Erscheinung erheblich gestört wird. Dazu kommt, daß bei den größe-

ren blau gestrichenen Häusern Einbauten verschiedenster Art in die ursprünglich offenen Veranden von den Mietern vorgenommen worden sind, die ebenfalls den Eindruck ungünstig beeinflussen. Wir möchten Sie höflichst bitten, uns bei derartigen Veränderungen und Zutaten zu Rate zu ziehen, weil wir es sowohl in Ihrem Interesse als in dem unsrigen liegend halten, daß der ursprünglich vorgesehene Gesamteindruck gewahrt wird (...) .«[132]

Der Protokollant der gemeinsamen Sitzung vom 10. Mai 1928 vermerkte dazu lapidar: »Es wird ein Beschluß darüber herbeigeführt, daß die Anbringung von Blumenkästen vor den Fenstern in der neuen Scholle nicht gestattet werden soll.« Allein dieser »Verweis« belegt die Empfindlichkeit Bruno Tauts gegenüber unsachgemäßen Veränderungen seines »Gesamtkunstwerks der neuen Gesellschaft«. Sein künstlerischer Gestaltungswille war nur soweit bereit, mit den Genossen zu kooperieren, wie sein Konzept ohne Verfälschung durch Eigenaktivitäten dieser Bauherren angenommen wurde. Er war nicht nur ein Pragmatiker und Sozialreformer, sondern in hohem Maße ein Augenmensch mit hochempfindlichen Sensoren für Proportionen und klare Harmoniewerte.

Als am 7. Februar 1929 Herr Molitz von der GEHAG dem Vorstand das neue Bauvorhaben von 75 Wohnungen in Reihenhausbauweise mit Flachdach vorstellte, wurden die Grundrisse im Vorstand intensiv besprochen mit dem Ergebnis, daß die GEHAG neue Grundrisse »nach Richtlinien der Baugenossen« auszuarbeiten hatte. Bruno Taut schreibt in seinen Siedlungsmemoiren: »Als wir 1924 mit unseren Projekten für die Freie Scholle begannen, konnten wir den Vorstand nur allmählich für die neue Auffassung gewinnen. Schrittweise in sieben Abschnitten wurde bis zum Jahre 1931 gebaut, mit jedem Schritt in zunehmend modernerer Weise.«

Bezüglich der Außenanstriche lassen sich in den Protokollen keine Auseinandersetzungen nachweisen. Allerdings bleibt ungeklärt, ob der Vorstand, der bereits am 16. April 1931 seine Absicht kundtat, »Farben zum Neuanstrich von Türen, Fenster, Balkongitter, Fußböden usw.« zu beschaffen, dies tatsächlich nur wegen der starken Baumängel beabsichtigte. Aus der Ankündigung geht nicht hervor, ob die ursprünglich von Bruno Taut festgelegten Farben aufgefrischt oder aber ganz andere Töne angebracht werden sollten. Auch ob die Neuanstriche tatsächlich erfolgten, ließ sich aus dem Quellenmaterial nicht ermitteln. Sicher ist jedoch, daß im Oktober 1934 »Türen, Fenster und Fensterläden (...) neu gestrichen werden« sollten. Auch hier ist nicht von konkreten Farbtönen die Rede. Farbdias vom Schollenfest 1937 zeigen jedoch deutlich Abweichungen in der Farbigkeit zum Beispiel der Fensterleisten und -läden gegenüber den schwarz-weißen Fotografien des Architekturfotografen Arthur Köster von 1932/33.[133]

Letztere geben gestochen scharf eindeutige Hell-Dunkel-

Der »Schollenhof« mit der ursprünglich hufeisenförmig geplanten Bepflanzung

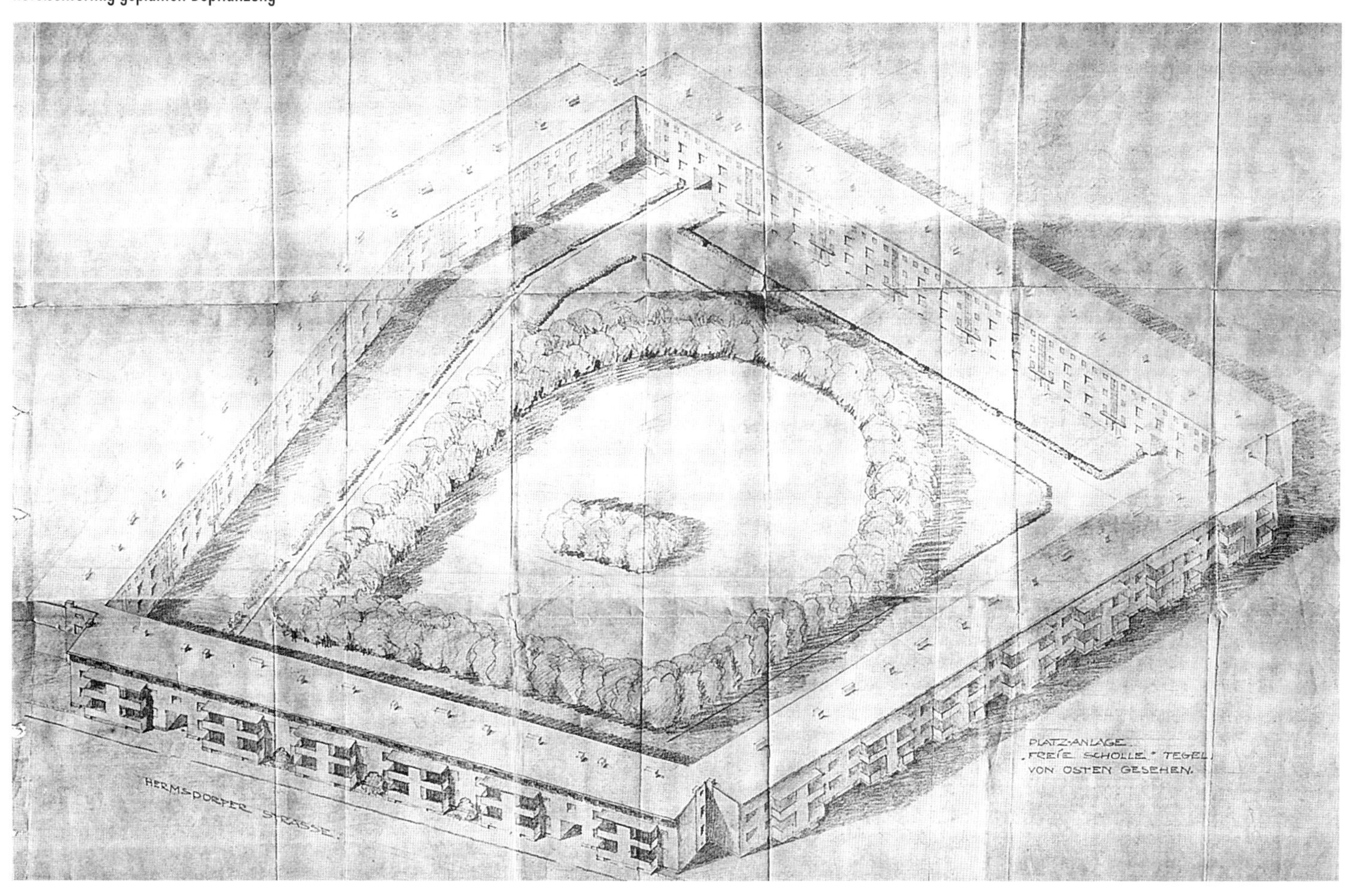

Unterteilungen am Schollenhof und an den Reihenhäusern wieder, die auf den Dias von 1937 einheitlich beige und weiß gefaßt sind. Dies gilt auch für die Fensterläden, die anfangs innen zweifarbige und außen zwei dunkle diagonale Latten auf hellem Untergrund aufwiesen.
Auch in dieser wie in allen anderen Baugenossenschaften war bereits kurz nach der Machtübernahme durch die Nationalsozialisten die Gleichschaltung erfolgt. Der Vorstand wurde im Juni 1933 durch Parteigenossen der NSDAP ersetzt, und linientreue Blockwarte wurden eingeschleust, wie man sinngemäß dem siedlungseigenen Mitteilungsblatt »Die Freie Scholle« entnehmen konnte.[134]
Ab Januar 1934 erhielt das Blatt ein »altdeutsches« Layout, ab Juli 1937 wurde es in »Schollenbote« umgetauft. Dementsprechend deutlich ist auch der Umschwung der Texte von der Propaganda für das »Neue Wohnen« zu der für die »neue Volksgemeinschaft des Tausendjährigen Reiches«. Der Genossenschaftsgedanke wurde schlichtweg umgemünzt zum Modell für die Volksgenossen des Dritten Reiches. Hatte das Blatt bis 1933 immer wieder Texte zur neuartigen Wohnkultur im Sinne Tauts publiziert, Vorträge von Taut annonciert und für Besichtigungstouren zu vorbildlichen Neubausiedlungen geworben, so wurde es nun zum Sprachrohr überwachungsstaatlicher Gesinnung und plump heimattümelnder Volksverdummung.
Besonders subtil erscheint die Vereinnahmung der »Entrümpelungsidee« Bruno Tauts, deren ursprüngliche Zielsetzung die Schaffung von Freiräumen für die geistige und menschliche Entfaltung beinhaltete, zu nunmehr kriegsdienlichen Zwecken. Denn zum 1. September 1937 wurde eine allgemeine Entrümpelungsaktion für sämtliche Dachböden der Reichshauptstadt angeordnet. Die unnötigen, ausrangierten Gebrauchsgegenstände sollten, eigentlich ganz im Sinne von Tauts Tauschbörsen, jetzt mit Hilfe der Nationalsozialistischen Volkswohlfahrt (NSV) »bedürftigen Volksgenossen« zugänglich gemacht werden.[135]
Diese Aktion hatte scheinbar »lediglich den Sinn, Hausbesitzern und Mietern die Arbeit zu erleichtern und die Kosten herabzusetzen.« Die Tatsache, daß der Reichsluftschutzbund im Einverständnis mit dem Reichsluftfahrtministerium diese Verordnung durchsetzte, läßt andere Motive vermuten. Noch im selben Jahr 1937 wurde auf dem Dach von Tauts Mietsblock Leinestraße am Tempelhofer Flughafen ein Flakscheinwerfer installiert. Ein solches Gerät diente im Kriegsfall zum Absuchen des Luftraumes nach feindlichen Flugkörpern. Hier zeichnen sich also Belege für eine massive Kriegsvorbereitung bereits 1937 ab. Die bittere Ironie liegt unter anderem darin, daß Bruno Taut mit seiner »Entrümpelung« die Menschen zu einem neuen Leben hatte befreien wollen, während die Nationalsozialisten sie unter demselben harmlosen und inzwischen eingeführten Stichwort in einen von langer Hand vorbereiteten Vernichtungskrieg führten.

Häuser der »Freien Scholle« nach den Luftangriffen. Aquarell von Paul Lempert, 17. 8. 1945

Die Baugenossenschaft **»Ideal« in Britz** erweist sich als Beispiel für eine Genossenschaft, die sich der GEHAG gegenüber in selbstbewußter Weise durchzusetzen vermochte. Die Sonderwünsche des Vorstands richteten sich vor allem gegen die vorprogrammierte und programmatische Innenfarbigkeit, was im Umkehrschluß ein weiteres Mal die serielle Ausführung von farbigem Innenanstrich durch die GEHAG belegt. Die 1907 gegründete Genossenschaft »Ideal« vergab 1928 den Auftrag für Entwurfsarbeiten zur Bebauung eines 12 000 m² großen Geländes westlich der Rungiusstraße in Britz an die GEHAG und somit an Bruno Taut. Unter dessen Leitung entstanden in drei Bauabschnitten zwischen 1928 und 1930 333 Wohnungen in flachgedeckter Zeilenrandbebauung mit großen Hofräumen, deren Gestaltung der Worpsweder Gartenkünstler Leberecht Migge übernahm. Im östlichen Abschnitt der Franz-Körner-Straße wurden zehn Einfamilien-Reihenhäuser gebaut, die ihrer Küchen wegen von besonderem Interesse sind. Auch diese Genossenschaft erstrebte »den Bau gesunder und kultureller Wohnungen«. Die Wahl Bruno Tauts erschien der Bauherrin als »Gewähr dafür, daß die Bauten in künstlerischer, technischer und wohnkultureller Hinsicht einwandfrei ausgeführt« würden.[136]
Bruno Taut erinnerte sich in seinen Siedlungsmemoiren gerne der Zusammenarbeit mit dieser Genossenschaft, wobei er die Arbeitsaufnahme auf 1925 datierte.[137] Er schrieb darin: »Sie [die Herren im Vorstand von «Ideal»] waren aber in ihren Idealen jung geblieben. So sind die etwa 400 Wohnungen mit einem zentralen Waschhaus die modernsten und zugleich die am liebevollsten geschaffenen und besonders gut gepflegten neuen Bauten Berlins geworden.« Ein zusammenfassender Typenplan weist für den Hauptteil der Siedlung einen Einein-

Reihenhäuser der Siedlung »Ideal«

Grundrißtypen im zweiten Bauabschnitt der Siedlung »Ideal«, 1929

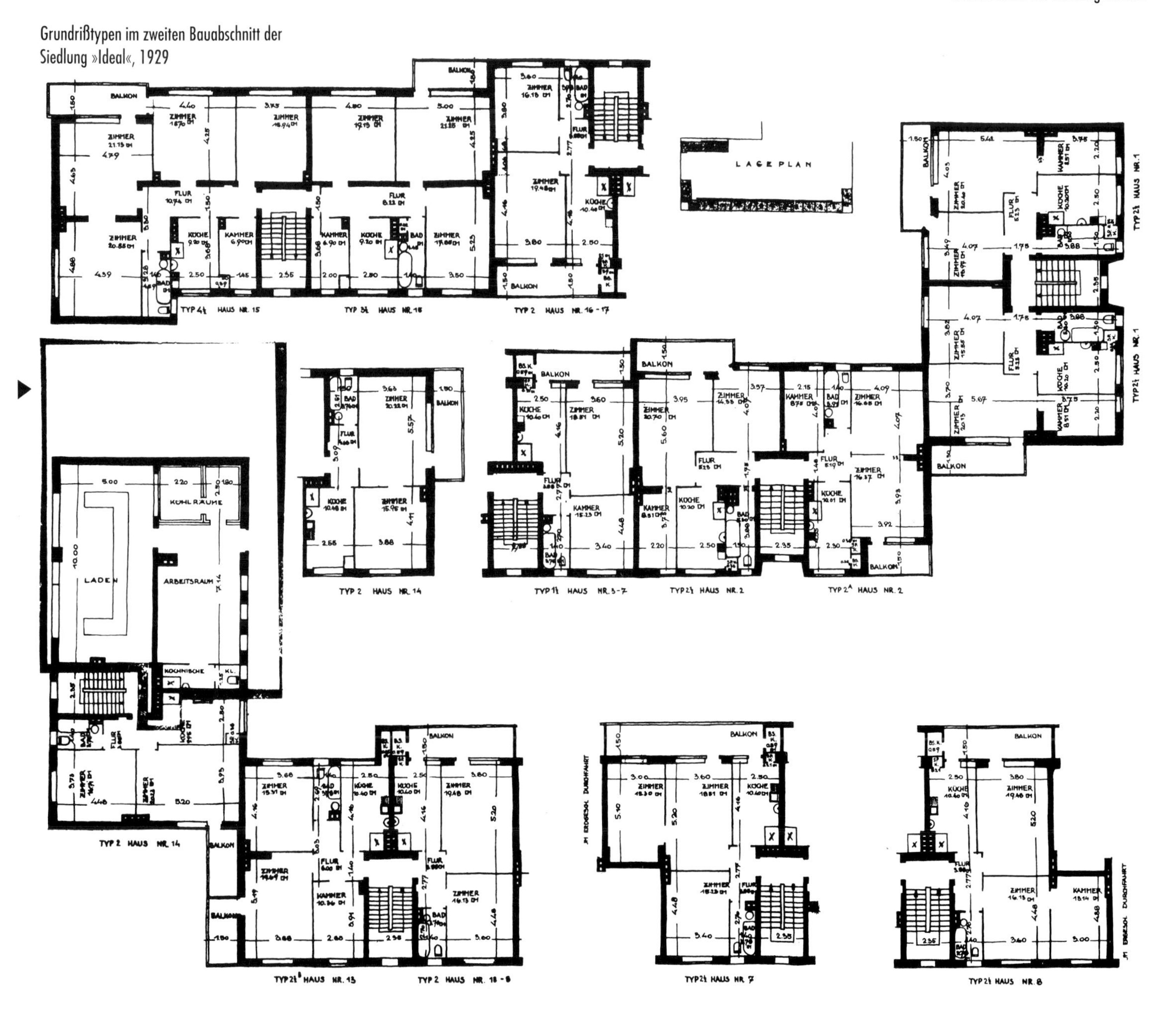

halb-Zimmer-Typ, vier verschiedene Zwei-Zimmer-Typen, sieben Zweieinhalb-Zimmer-Typen, je einen Dreieinhalb-Zimmer- und Viereinhalb-Zimmer-Typ auf. Die Unterschiede innerhalb eines Typs ergeben sich vor allem aus der Anbringung der Balkons an unterschiedlichen Seiten der Normalwohnung; das Raumprogramm bleibt weitgehend gleich. Diese Typen übernahm Tauts Nachfolger im GEHAG-Entwurfsbüro, Walter Fuchs, zumindest für die »Ideal«-Bauten von 1938/39 nahezu unverändert.

Die zehn Einfamilien-Reihenhäuser haben ein entschieden avantgardistischeres Aussehen als jene in der »Hufeisen-Siedlung« und »Onkel Tom«. Bei ca. vier Metern Breite ist das große Treppenhaus vollverglast, und in jedem Stockwerk hat das Gartenzimmer ein dreiflügeliges Fensterband. Zur Straße hin befinden sich im voll nutzbaren, flachgedeckten Dachgeschoß eine Kammer mit winzigem Fensterpaar, im ersten Obergeschoß das Bad und darunter, am selben Versorgungsstrang gelegen, die Küche. Diese ist als Wirtschaftsküche mit Zugang zum Hauptraum und zum Flur ausgebildet und wurde den Mietern komplett ausgestattet übergeben. Das Verblüffende ist, daß in diese Taut-Bauten auf Veranlassung der auftraggebenden Genossenschaft »Ideal« Normbauteile der originalen Frankfurter Küche Grete Schütte-Lihotzkys eingebaut wurden, sogar in der blauen Originalfarbe, die Schütte-Lihotzky und ihre Mitarbeiter für »fliegenabweisend« befunden hatten. Allerdings ist die ursprüngliche Frankfurter Zusammenstellung zugunsten einer noch benutzerfreundlicheren Einteilung verändert. Diese Lösung erscheint in manchen Punkten sogar durchdachter als der Grundtyp der Frankfurter Küche. So ist zum Beispiel der Heizkörper im Rücken des Arbeitsplatzes in Fensternähe angebracht, statt, wie in der Frankfurter Küche, zwischen Außentür und Kochherd (!) eingeklemmt; auf eine Kochkiste, deren Nachteile der Haushaltswissenschaft 1926 bereits bekannt waren, wurde verzichtet; anstelle von vier Schubladen und 18 Metallschütten entschied sich »Ideal« für acht Schubladen und zwölf Schütten. Die Vielzahl der Schütten in der Frankfurter Küche, deren Prägestempel den Inhalt bezeichneten, intendierte eine derartige Spezialisierung der Vorratshaltung, daß manche Schütten, mangels Materials, leerstanden oder zweckentfremdet benutzt wurden. In der »Ideal«-Küche wurden die Schütten aus der Boden-Bück-Position hinaufverlegt und in Griffhöhe in den Schrankkomplex integriert; der Schubladenschrank wurde an die Stelle der Frankfurter »Schüttenorgel« gesetzt. Im übrigen wurde der durchgehende Oberschrank der Frankfurter Küche mit Schiebetüren zwar eingebaut, das glatte, empfindliche Glas aber gegen robusteres, geriffeltes ausgetauscht.

Dieses Beispiel zeigt, wie eine aufgeschlossene, engagierte Baugenossenschaft ihren Genossen die fortschrittliche Technik in überlegener Adaption nutzbar machte. Das Weiterdenken positiver Ansätze, wie der Normküche aus Frankfurt, im Dienste einer radikalen, doch behutsam und überlegt eingeführten Erneuerung der Lebensgewohnheiten war vom Architekten durchaus beabsichtigt. In diesen Kontext kann Bruno Tauts Erinnerung eingeordnet werden, in der Siedlung »Ideal« seien seine »am liebevollsten geschaffenen« Bauten entstanden. Die Überlegungen, die in dieser Genossenschaft zur gesamten Innenausstattung der Baublocks angestellt wurden, entsprechen jenem Emanzipationsprinzip, das Bruno Taut, trotz gelegentlicher Lehrmeisterlichkeit, doch für die »neue Gesellschaft« erstrebte. Dieser selbstbewußte Umgang mit fortschrittlichem Gedankengut und neuen Entwicklungen mag ihm imponiert haben.

Ausgerechnet bei der Innenfarbigkeit mußte Taut hier aller-

Frankfurter Küche nach dem Entwurf von Grete Schütte-Lihotzky, 1926

Einbauküche in den Reihenhäusern der Siedlung »Ideal« mit Elementen der Frankfurter Küche, 1930

dings eine schwere Enttäuschung hinnehmen. Am 19. Juni 1929 teilte der Geschäftsführende Vorstand von »Ideal« der GEHAG mit, für die Bauteile I und II bestünde »der Wunsch, die gesamten Wohnräume in den Etagenhäusern, sowohl als in den Einfamilienhäusern, nicht mit Leimfarbe zu streichen, sondern zu tapezieren«.[138]

Für den ersten Bauabschnitt existiert noch ein genauestens durchgearbeiteter »Tapetenplan« für die Einfamilien- und Stockwerkshäuser mit den einzelnen Warennummern der renommierten Berliner Firma Untermann und der Verteilung der Muster in den Räumen. Für die Kammern war farbiges Maschinenpapier vorgesehen. Handschriftlich ist vermerkt: »Rücksprache mit Herbst, daß Tapeten einer Wohnung unbedingt verschiedenartiges Muster haben müssen.« Die Tapeten schlossen, wie üblicherweise auch die Wandfarbe, einige Zentimeter unterhalb der Decke mit einer »Borde« ab.[139] Für Bauteil III ist ebenfalls ein Rechnungseingang der Firma Untermann belegt. Die Tapetenrechnungen wurden von »Ideal« der GEHAG »zur gefälligen Kenntnisnahme und Regelung« zugeleitet.[140]

Aus dem teilweise erhaltenen Briefwechsel ist die erfrischende Souveränität der Baugenossenschaft gegenüber der sich gelegentlich autoritär gebärdenden GEHAG nachvollziehbar. Für den Hauptteil der Bebauung ist eine Rüge der GEHAG vom 6. Juni 1931 überliefert:

»Wie wir gestern auf der Baustelle feststellen mußten, sind von der Malerhütte einige Außenflächen in anderen Farbtönen als von uns angegeben gestrichen worden. Dieses soll darauf zurückzuführen sein, daß Vertreter der Baugenossenschaft Ideal genannter Firma Sonderangaben gemacht haben. Wir bitten Sie dringend, in den Fällen, in denen Sie mit den von uns angegebenen Farbtönen nicht einverstanden sind, nur mit uns Rücksprache zu nehmen. Wie aus der beiliegenden Kopie hervorgeht, haben wir der Malerhütte aufs Strengste untersagt, in Zukunft von anderen Stellen als von uns, für Arbeiten, für die wir die Verantwortung tragen – wie in vorliegendem Falle – Angaben oder Anweisungen entgegenzunehmen.«[141] Dieser Verweis wurde vom zuständigen Genossen mit der handschriftlichen Notiz gekontert: »dazu ist erforderlich, daß die entsprechenden Farbvorschläge rechtzeitig vor Ausführung der Arbeiten unterbreitet werden. Wenn jedoch die Rüstung bereits steht und Maler warten auf Entscheidung, so ist uns keine Möglichkeit zur Einhaltung des Instanzenweges gegeben.«

Auch bei der Auftragsvergabe kam die GEHAG nicht im üblichen Maße zum Zuge: »Ideal« machte Vorschläge für ausführende Firmen bezüglich der Tischler- und Anschlägerarbeiten sowie sämtlicher Installationen. Grundierung und Erstanstrich der Fensterrahmen und Türelemente übernahm laut Brief vom 19. Februar 1929 die Genossenschaft sogar selbst. Sie übte Druck auf Termineinhaltung und Qualitätsgarantien aus und stellte dezidiert Forderungen an die Ausführungs- und Betreuungstätigkeit der GEHAG.

Hier wie auch bei allen anderen GEHAG-Bauten war die Bauausführung zum Teil äußerst mangelhaft. Das betraf vor allem die Außenfarbe und die Feuchtigkeitsprobleme durch das Flachdach und machte sich im Innern der Wohnungen besonders unangenehm bemerkbar. Es liegen Zeugnisse vor über verzogene, nicht schließende oder nicht zu öffnende Fensterrahmen und Türen, wellig verlegten Linoleumboden, Steinholzfußboden minderer Qualität, unsachgemäße Anbringung der Beschläge, Ofenexplosionen, wolkige Ausführung des Innenanstrichs und besonders über Leckstellen im Dach-Kamin-Bereich, wodurch die Wände feucht wurden und der Putz samt Tapete abblätterte. Die Faktoren, die zu diesen Schäden führten, werden unterschiedlicher Art gewesen sein: zu viele zu große und parallel verlaufende Bauvorhaben, dadurch mangelnde Kontrolle, die Notwendigkeit äußerster Sparsamkeit und die übliche Schlamperei sozialisierter Betriebe sowie die Unkenntnis der Bauarbeiter und Ingenieure in den neuen, noch unerprobten Methoden der Bauindustrialisierung. Und doch muß immer wieder festgehalten werden, daß im neuen Wohnungsbau und speziell bei Bruno Taut ungeheure Sorgfalt auf Entwurf und Ausstattung der einzelnen Räume verwandt wurde. Dabei zeichnen sich Wirtschaftsräume, Küche, Bad und Garten gleichermaßen durch Komfort und überlegteste Durchgestaltung aus.

Dies gilt ebenso für den Außenwohnraum. Für »Ideal« liegt der erste Vorschlag für ein stadträumlich recht unbedeutendes »Abstandsgrün« zwischen den letzten Taut-Bauten an der Franz-Körner-Straße aus dem Büro Leberecht Migges vor. Daran wird deutlich, welch große Bedeutung auch dem Außenwohnraum zugemessen wurde. Hatte doch Bruno Taut ausdrücklich betont, daß die Gestaltung des Raumes außerhalb der Wohnung und deren Beziehung zueinander »den größten Einfluß auf die Gefühle von Behaglichkeit, Beschaulichkeit, Stille, harmonische Ruhe, Gemütlichkeit« ausübe. Hier müsse die äußere Lösung für die modernen Flachbausiedlungen »in derselben Weise erfolgen wie im Wohnungsinnern, in dem die praktischen Voraussetzungen selber zur Form werden.«[142]

Um die sinnvolle Nähe und optische Erfahrbarkeit von Orientierungspunkten des solchermaßen organisierten Außenraums zu gewährleisten, setzte Migge die domestizierte Natur komplementär zu Tauts schlichten, farbigen, wohldisponierten Bauten in Beziehung. Der überlieferte Gartenplan gibt bis ins Detail Pflanzenarten und Standorte an und kann als exemplarisch für Migges Sorgfalt gelten. Alle Wohnkomplexe wurden mit einem umlaufenden Band von Blütensträuchern eingefaßt, die zu unterschiedlichen Zeiten blühen und zum Teil immergrün sind. Als Abschirmung gegen die Straße und die genossenschaftsfremde Umgebung sind Baumgruppen plaziert. Rasenflächen am Bürgersteig zur Franz-Körner-Straße werden ebenfalls von Blütensträuchern hinterfangen. Zu den Wohnhöfen hin bilden Birkengruppen, Wildrosen und Zwergkiefern den Übergang. Im Innern der Wohnhöfe wurden, wie Taut es forderte, die »praktischen Voraussetzungen selber zur Form«: der Hof, der von zwei Eingangsseiten begrenzt wird, ist als eine von Rosen- und Zierapfelhecken eingefaßte Spielwiese vorgesehen. An der Seite der Gebäude, wo der Wohnbereich nicht unmittelbar betroffen ist, wird den Kindern Gelegenheit zum selbstverständlich lärmenden Spiel gegeben. Der Haupthof, auf den die meistbenutzten Wohnräume und die Balkons orientiert sind, ist zum Spielen ungeeignet, dafür aber optisch um so reizvoller gestaltet: Zwei mehrfach gebrochene Plattenwege schlängeln sich zu einer Kiesterrasse mit sechs Sitzbän-

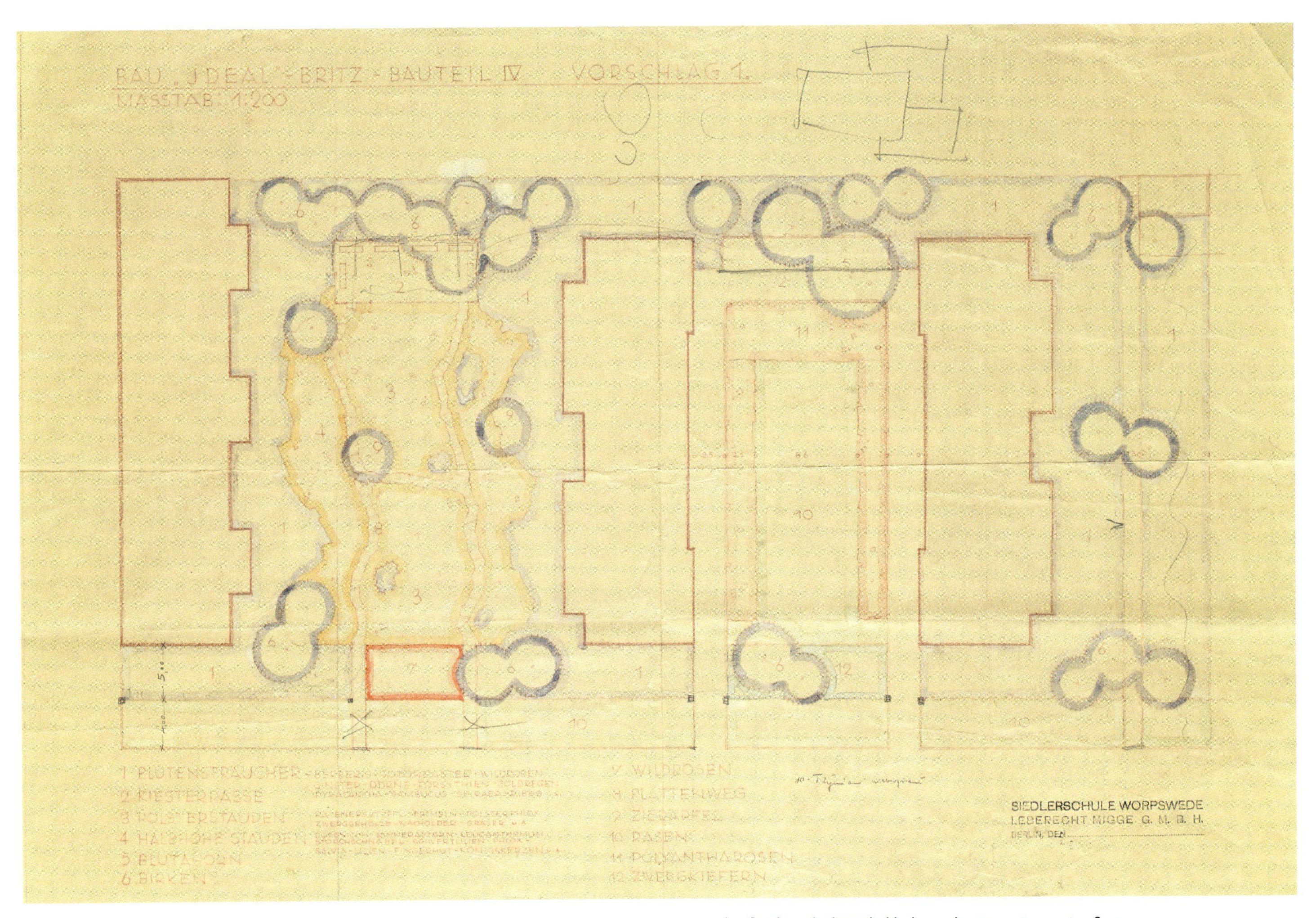

Gartenplan für die »Ideal«-Wohnblocks an der Franz-Körner-Straße in Berlin-Britz von Leberecht Migge, um 1930

ken. Unregelmäßige Flächen mit halbhohen Stauden umgeben die Polsterpflanzen in der Mitte. Diese aufgelöste, farbenfrohe Komposition wird durch einzelne Birken und Zierapfelsträucher zusätzlich akzentuiert. Von Wohnzimmer, Balkon oder Küchenfenster ergibt sich also der Blick auf einen abwechslungsreichen Ziergarten, der allen gehört und doch einen individuellen Charakter besitzt.

Ähnliche Funktion für die Gemeinschaft besaß der Versammlungsraum für die Genossen. Er wurde im Mai 1930 im GEHAG-Büro gezeichnet.[143] Es handelte sich um den Kellerraum eines Eckbaus mit vierpaarig angeordneten Oberlichten. Unter den Oberlichten der Längsseite sind zwei Sitzbänke in das mannshohe, glatte Holzpaneel eingelassen. Zu deren Verdeutlichung sind im Entwurf mit rascher Hand Rückenkissen eingezeichnet worden. Zwischen den beiden Bänken und fast ebenso tief wie diese sind zwei Schränke eingebaut. Der kolorierte Aufriß der Hauptwand läßt Buchenholz und warme, orangegelbe Farbe an den Wänden vermuten, womit das dunkle Grün der Vorhänge angenehm kontrastiert. Diese Planung mit umlaufender Holzvertäfelung und Wandschränken könnte weitgehend der Ausführung des Gemeinschaftsraums in dem ebenfalls von Taut erbauten »Lichtenberger Gartenheim« in Mahlsdorf entsprochen haben.

Für einen anderen **Versammlungsraum** – im Verwaltungsgebäude des **»Bauvereins von 1892«** – wird die Akribie und Umsicht, mit der Taut solche Gemeinschaftsräume ausstattete, anhand schriftlicher Belege nachvollziehbar.[144] Er ging darin soweit, selbst die Saaluhr und die Deckenlampe zu entwerfen und sie nach seinen detaillierten Zeichnungen in Auftrag zu geben. Jegliches Ausstattungsobjekt wurde schriftlich festgelegt, seien es die Türdrückergarnituren S. A. Loewy Nr. 3582/I, die Thonetbestuhlung oder die Holzart der Vertäfelung: »Vogelaugenahorn, fein geschliffen, hell silbergrau gebeizt und mattiert«. Vor Einholung der Kostenvoranschläge schrieb Taut am 1. März 1930, wie dieser Innenraum auszusehen habe:

»Erläuterung zur Ausgestaltung des Sitzungssaales für den Berliner Spar- und Bauverein e.G.m.b.H.

Der bestehende Saal hat an der Längswand B einen durchlaufenden Unterzug. Dieser ist massgebend für die im vorliegenden Projekt dargestellte Wute, die rings an der Decke durchläuft und indirekte Beleuchtung erhält (aus geriffeltem Stuck, farbig abgestimmt auf die Decke, Leimfarben). Die Beleuchtung kann entweder wandweise oder auf alle vier Wände gleichmässig verteilt, ganz oder halb hell geschaltet werden.

Die Wände erhalten ein Holzpaneel (s.o.), welches in Höhe der Fensterbretter durchläuft (Fensterrahmen innen Bleiweiss mit Japanlackierung), die Verkleidung der (schwarz lackierten)

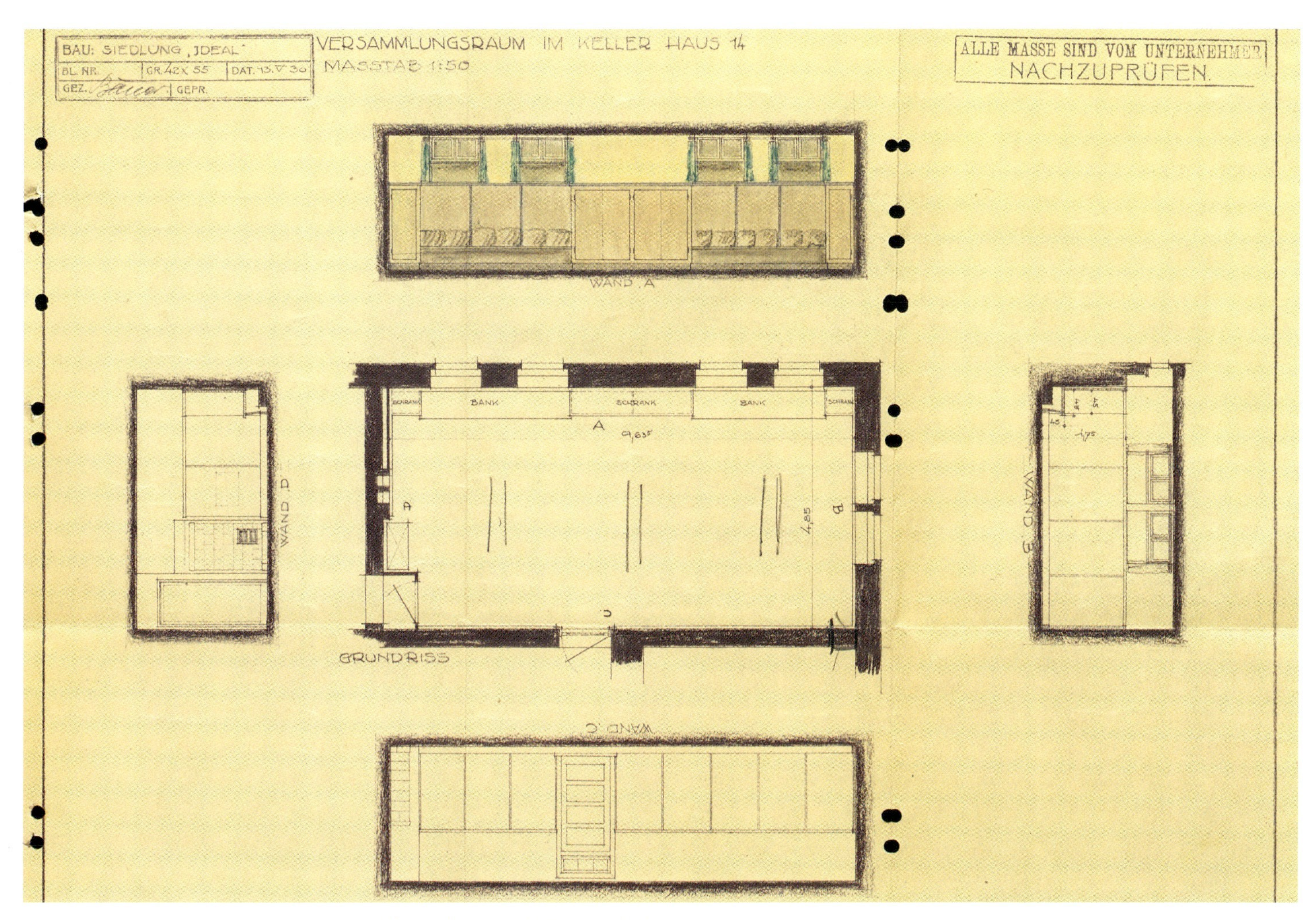

Versammlungsraum der Genossenschaft »Ideal«, 13. 5. 1930

Versammlungsraum der Siedlungsgenossenschaft »Lichtenberger Gartenheim«, um 1930

Heizkörper (in schwarz gestrichenen Nischen) ist aus Messing Maschendraht mit der Wand bündig liegend.
Ueber dem Holzpaneel sind die Wände sowie die Stützen (mit abgerundeter, ausgefälzter Holzleiste) der Wand B mit Stoff bespannt. Die Fensterwände C und D erhalten denselben Stoff wie die Vorhänge, damit, wenn diese zugezogen sind, eine einheitliche Raumwirkung gewährleistet ist.
Die Führung der Vorhänge geschieht durch eine unsichtbar eingelassene Vorhangschiene. In die vorhandene Nische der Wand B wird ein Schrank (Unterteil in Höhe des Wandpaneels mit vier Schiebetüren) eingebaut. Er enthält Fächer für Akten etc., Schiebetüren, oben aus Glas (drei Kristallglasschiebetüren), unten aus Holz, sowie Auszüge in Höhe der durchlaufenden Wandleisten.
Die Türen sowie das Zifferblatt der Uhr über der Haupttür sind aus gleichem bzw. ähnlichem Material gedacht wie das Paneel.
Der Fussboden ist aus Gummiplatten projektiert, schachbrettartig in einen Rahmen verlegt.
Der große Sitzungstisch (u-förmig, 15,25 m lang, 0,80 m breit, 3,25 m quer) erhält farbigen Gummibelag.
Ausser den 29 Sitzplätzen sind 2 Sitzecken mit je 2 Sesseln und einem kleinen Rauchtisch vorgesehen.
Ausgesuchte Stoff-, Gummi-, Holz- und Farbenmuster werden Ihnen noch zur Auswahl vorgelegt.«

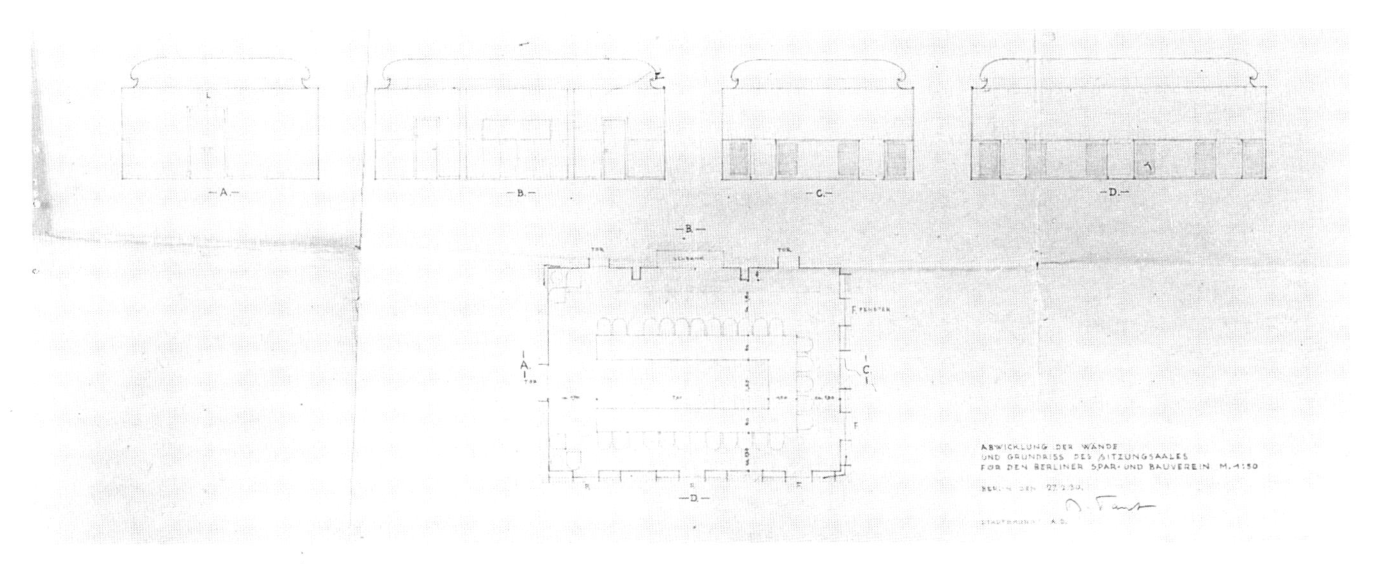

Wandabwicklung für den Sitzungssaal des Berliner Spar- und Bauvereins von 1892, 31. 3. 1930

Der berühmte Städtebauer Bruno Taut kümmerte sich also um jede Kleinigkeit der von ihm geschaffenen Innenräume bis hin zur Stoffauswahl. Er handhabte dies noch 1930 genauso wie in seinem ersten Hauptwerk von 1909, dem Ettershaus. Die Innenraumgestaltung gehört untrennbar zu den konstitutiven Elementen all seiner Bauten.

Bei dem **Volksfesthaus für Falkenberg**, einem anderen Gemeinschaftsraum, kam Tauts Raumauffassung stärker zum Tragen als das Ausstattungsprinzip. Das Fehlen detaillierter Angaben zur Ausstattung mag auf dem fiktiven Charakter dieses Entwurfs beruhen, denn Taut machte dermaßen detaillierte Angaben nur für Innenräume, die zum Bau gelangten.
Im März 1924 hatte er ein multifunktionales Volksfesthaus für die feierfreudigen Falkenberger Baugenossen entworfen, da »ein so lebendiger Geist schließlich auch auf eine Fassung seines Inhaltes in der Form eines Baues« hinstrebe.[145]
Die Zeichnung erscheint als ein graphisches Kunstwerk: Innerhalb eines rechteckigen Rahmens sind in jeweils unterschiedlich ausgeführten Leisten aus Tusche Grund- und Aufriß, Lageplan, Vogelschau, Ansicht und Innenansicht zusammengefaßt. In verschieden unterlegten »Kästchen« sind die Beischriften integriert. Von der künstlerischen Qualität des entworfenen Gebäudekomplexes selbst abgesehen, besticht die Skizze durch den Variantenreichtum der Strichlagen und ihre Dynamik.
Taut staffelte die Kuben des Baukörpers in horizontaler und vertikaler Dimension L-förmig so, daß er eine Vielzahl von Gebäudeebenen und damit eine günstige Anpassung an das Gelände erreicht hätte. Das Hauptgebäude birgt laut Zeichnung unter seinem gestuften Flachdach einen Saal für 600 Personen mit einer Bühne an der Stirnwand. Die pyramidal gestufte Kontur dieser Saalwand erscheint in horizontaler Ebene im Eingangsbereich wieder. Durch die Nischenbildung ergibt sich dort ein überdachter Bühnenraum im Freien. Als solcher wird er vor allem durch die fünf Türen nutzbar, die den Laienschauspielern immer neue Auftrittsmöglichkeiten bieten. Überdies ermöglichen sie bei einsetzendem Regen das rasche Einströmen der Zuschauermenge ins Gebäude. Bei der Planung dieses funktional erweiterten Eingangsbereiches ist der Lichteinfall im Hinblick auf seine dramatische Wirkung besonders berücksichtigt worden. Die Zuschauer können zudem den natürlichen Abhang davor als Logenplätze nutzen. Der schmalere Flügel der Anlage beherbergt eine Gaststätte mit großer Terrasse.
Im Hauptsaal hat Taut die Konstruktion bloßgelegt: Das Stahlgerüst mit eingehängten Platten ist zum Dach hin zweifach abgestuft und wird von einer diagonalen Binderkonstruktion getragen. Diese Dachkonstruktion ist nach außen und innen gleichermaßen sichtbar und nimmt damit ebenso Elemente des gotischen Kirchen- wie des modernen Industriebaus auf. Dies verleiht dem weiten Raum eine innere Spannung, die den Weihecharakter des Saales mit einer faszinierenden Technikdemonstration kontrastiert. Trotz der spitzwinkligen Anlage der Stahlbinderkonstruktion sind das Hauptdach und die »Stufendächer« jeweils flachgedeckt und von modernistischen Fensterbänder vertikal betont. Auf diese Weise ergibt sich ein lichtdurchfluteter, stark rhythmisierter Innenraum. Die Bühne an der Stirnwand gewinnt eine gewisse Tiefe durch die stufige Profilierung des Rahmenfeldes. Taut nahm hier sein Motiv der Farbstreifen für den Bodenbelag wieder auf.
Dieser Festbau erscheint nach dem Pavillon für das Träger-Verkaufs-Kontor (1910) und der Magdeburger Mehrzweckhalle »Stadt und Land« (1922) als Bruno Tauts interessanteste Stahlkonstruktion, die im Falle einer Realisation zu einem der spektakulären Bauten sowohl in Tauts Oeuvre als auch in der Baugestaltung der Weimarer Republik hätte gezählt werden können.
In der Gesamtanlage findet sich Bruno Tauts Zentralmotiv, das leere Rund, wieder: Zwischen dem kreisrunden, von Pfeilern eingefaßten Tanzboden auf dem Festplatz vor diesem Volksfesthaus und dem Kreis flammender Pfeiler um die »große Kirche« aus der »Auflösung der Städte« (1920) besteht eine frappante Ähnlichkeit. Taut hatte noch einmal die Hoffnung

genährt, den mystisch-utopischen Gehalt gemeinschaftsbildender Symbolik in der Lebensgemeinschaft am Falkenberg umsetzen zu können.

In der von Bruno Taut projektierten Form wurde das Volksfesthaus aufgrund finanzieller Schwierigkeiten nie verwirklicht. Bei der improvisierten Lösung von 1930 handelt es sich um den Ausbau eines Teils des alten Gutes Falkenberg zu einem Festsaal. Die Zeichnung, keinesfalls von Tauts Hand und Büro stammend, gibt Lageplan, Grund- und Aufriß an.[146]

In den bereits vorhandenen Bau wurde eine Bühne mit rückwärtigen Nebenräumen eingebaut, dahinter ein Sitzungszimmer. Der Saal vor der Bühne gab 250 Personen Sitzgelegenheit. In diesem Provisorium sind die ursprünglichen Vorgaben des Tautschen Entwurfs von 1924 nur andeutungsweise realisiert: Der langrechteckige, flachgedeckte Raum hat eine einfach gestufte Decke, die von einem Strebensystem schräggestellter Holzbalken getragen wird. Diesen entsprechen die vertikalen Holzpfeiler an den Seitenwänden, die das System stützen. Zwei Reihen einfach gefaßter Glühlampen direkt unter der Decke und drei oder vier Hängelampen spendeten das nötige Licht. Der Fußboden bestand aus rohen Holzdielen. Der Blick wurde durch Farbstreifen an der leicht eingetieften Stirnwand auf ein Podium mit Flügel gezogen. Ein lackierter Rundpfeiler bildete die geometrische und farbliche Mitte.

Der so realisierte Festraum wirkte entschieden weniger feierlich als der projektierte, doch heiter und schlicht, was der Absicht Tauts und führender Genossen durchaus entsprach. Er wurde für private und genossenschaftliche Feiern, Versammlungen und Kurse eifrig genutzt.[147]

»Utopische Träume vergangener Zeiten sind Wirklichkeit geworden, ein Beispiel ist gegeben, daß eine neue Kulturepoche im Werden ist.«[148]

Festsaal im Gutshaus Falkenberg, um 1931 (rechts), und
Volksfesthaus für Falkenberg in Berlin-Grünau, 1924

Inwieweit lassen sich so überschwengliche Töne angesichts der anlaßgebenden **»Wohnstadt Carl Legien«** in Berlin-Prenzlauer Berg rechtfertigen? Hat Taut hier uneingeschränkt realisieren können, wofür er so hoffnungsfroh gekämpft hatte? Wieso fand man ausgerechnet für diese innerstädtische Siedlung und nicht für die symbolträchtige »Hufeisen-Siedlung« oder die friedliche »Freie Scholle« derart emphatische Worte?

Die Fakten ergeben zunächst, daß zwischen 1929 und 1930 im Innerberliner Stadtbezirk Prenzlauer Berg unter Bruno Tauts und Franz Hillingers Leitung 1145 Wohnungen in vier- bis fünfstöckigen Blocks errichtet wurden. Die Wohnungsgrößen reichten von Eineinhalb-Zimmer- zu geräumigen Dreieinhalb-Zimmer-Wohnungen in den um ein Stockwerk erhöhten Eckbauten mit herumgezogenem, übergroßem Balkon. Die Mieten lagen mit 62 RM für die kleinste Wohnung von 55 m^2 bis 115 RM für die Dreieinhalb-Zimmer-Wohnungen im oberen Durchschnitt des Preisniveaus für »Sozialwohnungen«. Die hier gebauten Wohnungstypen gehören von der Grundrißdisposition her zu den besten, die die GEHAG je zur Ausführung brachte: Selbst in den kleinsten Wohnungen mit eineinhalb Zimmern sind alle Räume separat zugänglich, Kammer und Bad liegen sinnvoll zueinander, und immer ist ein im Sommer als weiterer Wohnraum nutzbarer Balkon angegliedert. Dabei wurde schon ab der Zweieinhalb-Zimmer-Wohnung darauf geachtet, daß der große Balkon von Küche *und* Hauptraum erreichbar und mit einer Besenkammer ausgestattet war. Die Eckwohnungen sind aufgrund der an beiden Hauskanten über Eck geführten Verglasung und wegen der Balkons mit beinahe ganztägigem Sonneneinfall die reizvollsten der Anlage.

Eine soziale Durchmischung wurde damals außer durch die unterschiedlichen Größen auch dadurch ermöglicht, daß ein Teil der Wohnungen die preiswertere Ofenheizung erhielt, während der andere ans siedlungseigene Zentralheizsystem angeschlossen wurde. Zwei Waschhäuser standen zur Verfügung. Trotz der relativ zentralen Lage der »Wohnstadt Carl

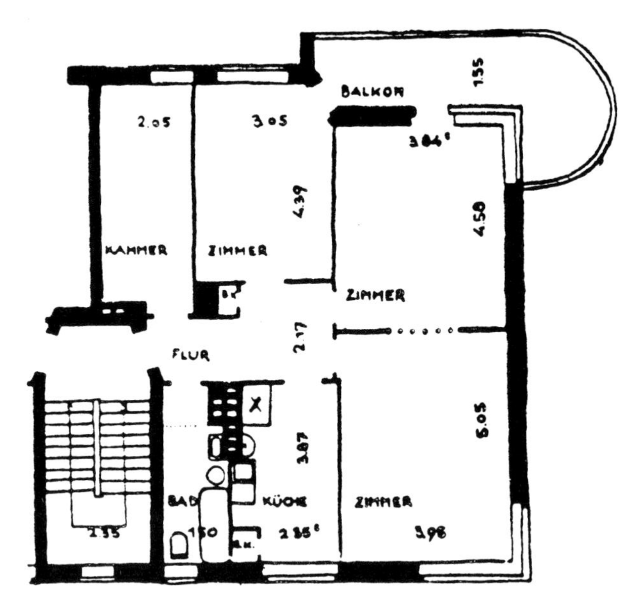

Grundriß einer Eckwohnung in der Wohnstadt »Carl Legien«

Wohnblocks in der Wohnstadt »Carl Legien« in Berlin, Prenzlauer Berg

Legien« war diese, wie alle größeren Siedlungskomplexe der GEHAG, durch die Entwicklung einer eigenen Infrastruktur weitgehend autark von den Geschäftszentren der Innenstadt.
Die Rekonstruktion der Innenausstattung war nur insoweit möglich, daß es als gesichert gelten darf, daß die Küchen mit Gasherd, Spülbecken und Speiseschrank und die Bäder mit Gasbadeofen und Wanne ausgestattet waren; überall verlegte man Linoleumboden. Im Falle der »Wohnstadt Carl Legien« wurde zum ersten Mal in den Selbstdarstellungen der EINFA, dem Verwaltungsorgan der GEHAG, in aller Deutlichkeit ausgesagt, daß alle Wohnräume in »frohen, hellen, aber kräftigen Farben« gestrichen waren.[149]
Sowohl im EINFA-Nachrichtenblatt als auch in der öffentlichen Meinung wurden immer dieselben Kriterien der hier erreichten Wohnqualität aufgelistet. Vor allem die Lage der Räume zu Licht und Luft wurde als kulturfördernd bezeichnet, ebenso die lebensbejahende Wirkung der Farben und die zweckmäßige und geräumige Anlage jeder einzelnen Wohnung. Die ausgeprägten Balkons und Loggien wurden als erhebliche Erweiterung des Wohnraumes begrüßt. Besondere Aufmerksamkeit widmete man in den Zeitungen den arbeitserleichternden Elementen wie Linoleum-Fußboden, Küchenausstattung, Zentralheizung und Waschanlage: wie sehr doch den Hausfrauen auf diese Weise ihr Los erleichtert, wie »mit aller Bequemlichkeit für die Hausfrau« ihr »Wirken in der Wohnung angenehm und leicht« gemacht werde.[150]
Wieso aber wurde ausgerechnet an diesem Siedlungsbeispiel betont, daß »alles (...) für die vorteilhafteste Wohnweise eingerichtet« sei und daß zum Beispiel die Eineinhalb-Zimmer-Kleinstwohnung »das schönste und beste (sic!)« darstelle, »was auf dem Gebiet des modernen Wohnungsbaus geleistet worden ist«.[151]
Diese Taut-Siedlung sollte vorwiegend als innerstädtisches Phänomen betrachtet werden. Während zum Beispiel bei den Siedlungen »Hufeisen«, »Onkel Tom« oder »Freie Scholle«, die alle am Stadtrand lagen, ein vorgefaßter Gestaltungswille Bruno Taut veranlaßte, bestimmte, wirkungsvolle Gebäudegruppierungen zu inszenieren, woraufhin die Wohnungen nicht immer günstig zur Sonne lagen, vollzog er in »Carl Legien« aufgrund des begrenzten städtischen Raums einen wichtigen Schritt zum reinen Zeilenbau. Hier wurden alle Wohnungen durch die gesamte Breite der Häuserblocks geführt und damit in allen Fällen gute Querlüftung und Besonnung gewährleistet. Die Hauptwohnräume sind auf die Grünflächen zwischen den Blocks ausgerichtet. Diese Art eines humanen Zeilenbaus bildet den Gegenpol zu den benachbarten Mietskasernen, aber auch zum zeitgenössischen, phantasielos praktizierten Zeilenbau. Die stadträumliche Konzeption ist auch in »Carl Legien« überlegt und im gegebenen Rahmen mit Kühnheit durchgeführt: Bruno Taut schuf mit der Konfiguration von Baukörpern und deren kräftiger Akzentuierung auch in diesem großstädtischen Bereich unverkennbare Identifikationsräume. Statt des dörflichen Charakters oder der Zwitterstellung der bis dahin erbauten Großsiedlungen Tauts zeigte er in der »Wohnstadt Carl Legien« erstmals die programmatische Anerkennung des großstädtischen Charakters für die Bauaufgabe der Siedlung. Diese Wohnform hatte nichts mehr mit dem »Häuschen im Grünen« zu tun, sie verkörperte den Traum vom menschenwürdigen Wohnen innerhalb der modernen Lebensbedingungen städtischer Industriearbeiter.
Die überaus positive Resonanz erklärt sich unter anderem daraus, daß Bruno Taut mit diesen Grundrissen »die übliche Anlage des Mietshauses geradezu auf den Kopf gestellt« hatte, wie Junghanns resümierte: »Taut hatte damit gleichermaßen die engen freudlosen Hinterhöfe der üblichen dichten Bebauung aufgerissen, sie in grüne Oasen verwandelt und die verachtete Hofwohnung auf einem ebenen und reizlosen Gelände zu einem unerwarteten Triumph geführt.«[152]

Ebenfalls zwischen 1929 und 1930 übernahm das Büro »Brüder Taut & Hoffmann« – unabhängig von der GEHAG, aber unter Verwendung von deren Grundrissen – im Auftrag des »Bau- und Sparvereins von 1892« einen Teilbereich der Bebauung **»Attilahöhe«** in Tempelhof. Bruno Taut entwarf zwei Seiten eines rautenförmigen Bauabschnitts an der Tankred- und Alboinstraße; die zweite Hälfte dieser Bebauung führte sein Kompagnon Franz Hoffmann 1934 bis 1937 mit Satteldach und einförmiger Fensterverteilung weiter. Die Randbebauung nördlich dieses Komplexes unterstand der Leitung Otto Rudolf Salvisbergs und wurde zeitgleich mit Tauts Bauten errichtet.
Bei diesem Projekt fällt der extensive Einsatz von Glasflächen auf, der sich in der Vorderansicht und in den gleichmäßig großen, zweiflügeligen Fenstern, der Verglasung der Treppenhäuser und besonders in der Rasterverglasung der Laden- und Genossenschaftslokale zeigt. Die Gartenansicht ist fast voll-

Kopfbau des Bauteils von Bruno Taut auf der »Attilahöhe«, 1929, und Hofansicht des Kopfbaus auf der »Attilahöhe« (unten)

ständig in Fenster aufgelöst, je zwei mal drei Flügel pro Wohnung und Balkon. Sie wird jedoch von den fünf kräftigen Schornsteinen und dem kompakten Drempelgeschoß optisch fest zusammengehalten und erreicht nicht die Tranzparenz der Bauten Salvisbergs in der unmittelbaren Nachbarschaft.
Mit der Gestaltung der Frontseite, besonders des Kindergartens, vollzog Taut eine Annäherung an die »Bauhaus-Architektur«. Taut, der immer kritische Distanz zur Avantgarde-Architektur seiner Zeit hielt, hat in seinen Siedlungen der zwanziger Jahre an keiner anderen Stelle ein so funktionalistisch wirkendes, gänzlich in stahlgerahmtes Glas aufgelöstes Interieur gestaltet wie diesen Kindergartenraum. Für die Wohnungen selbst aber ließ Taut keine Stahlfensterrahmen zu. Er blieb trotz der weitgehenden Durchfensterung seinem Prinzip treu, Wohnungen nicht als gläserne Käfige, sondern als in sinnvollen Proportionen durchbrochene Kapseln zu bauen. Er setzte auch hier die mehrgliedrigen und -farbigen Holzrahmenfenster entsprechend der 1924 erarbeiteten GEHAG-Normblätter ein. Denn nicht nur das Hereinholen von Sonnenlicht, sondern auch der Schutz davor sollte durch die Fenster gewährleistet bleiben.
Beim Waschhaus wurde das für die Arbeitsvorgänge des Waschens und Mangelns erforderliche Tageslicht durch Oberlichte aus Luxfer-Prismensteinen über dem flachgedeckten Mittelgang und einen Obergaden zugeführt. Die seitlichen Glaswände sind ganz traditionell zwischen den tragenden Wandpfeilern eingesetzt und haben nichts gemein mit dem »curtain wall« von Walter Gropius oder Mies van der Rohe, obwohl dieser ein längst eingeführtes Element des »Neuen Bauens« darstellte.
Die mit Möbelsymbolen versehenen Grundrißtypen, die Bruno Taut am 18. August 1928 für die »Attilahöhe« unterzeichnete, geben eine einfache, das Notwendige berücksichtigende Möbelstellung vor. Die Zimmerwände bieten ausreichend Stellfläche, um im Raum Bewegungsfreiheit zu garantieren und doch die Wandfläche in ihrer ruhigen Wirkung nicht übermäßig zu verstellen. Gewiß ließen diese nach dem Maßstab realer menschlicher Bedürfnisse dimensionierten Massenwohnungen kaum spektakuläre, ästhetische Wohnerlebnisse zu. Doch sie boten einen geeigneten Rahmen für einen wohlorganisierten Wohnablauf. Über einen farbigen Anstrich und die Tapezierung der inneren Wohnungswände geben die Akten keinen Aufschluß.
Am 21. September 1933 erging das »II. Gesetz zur Verminderung der Arbeitslosigkeit« der NS-Regierung, das eine Subventionierung von Wohnungsinstandsetzungen beinhaltete. Bis zum 31. März 1934 sollten insgesamt 500 Millionen Reichsmark diejenigen belohnen, die »sogenannte Schönheitsreparaturen, d.h. Anstrich der Decken, Wände, Fußböden, Fenster und Türen in den Wohnungen (...) vornehmen ließen«.[153] Diese Maßnahme diente mit Sicherheit der Bekämpfung der »proletarischen« Farbgebung in den Siedlungen aus der »Systemzeit«.
Vom Aussehen der Siedlungsbauten aus der NS-Zeit her beurteilt, liegt der Rückschluß nahe, daß unauffällige Erdfarben der »deutschen Wohnkultur« (innen) und weiterreichenden Strategien (außen) förderlicher seien als Bruno Tauts leuchtende und differenzierte Farbenpracht.
Die »wahre innere Sauberkeit« der Bewohner wurde 1934 durch einen Erlaß des Vorstandes von »1892« eingefordert. Der von Taut intendierte Aufbau einer offenen Siedlergemeinschaft erfuhr nun eine tragische Perversion:
»Wir bitten (...), fortan uns nicht nur über die Siedlungs- oder sonstigen größeren Zusammenkünfte eine Abschrift der Protokolle oder einen Bericht zu übersenden, sondern auch regelmäßig monatlich über alle Vorkommnisse in der Siedlung einen Bericht zu erstatten. In diesem sind auch Beobachtungen, Wünsche, Vorschläge usw. aufzunehmen, desgleichen auch Mitteilungen von Tagesgesprächen zu machen, die in der Siedlung oftmals von Mund zu Mund gehen und von denen der Vorstand meist nur durch einen Zufall Kenntnis erhält.«[154]
Die Wohnform der Großsiedlung mit vielen, gut belegten Wohnungen auf wenig Raum eignete sich ausgezeichnet für die Einrichtung staatlicher Überwachungsmechanismen.

Blick zur Straße aus dem 1932 eröffneten Kindergarten auf der »Attilahöhe«

Rückwärtiger Teil des Kindergartens auf der »Attilahöhe«

Als Beispiel für eine weitere einfache Lückenschließung innerhalb bestehender städtischer Mietshausbebauung dient der Wohnblock an der **Fulda- / Ossa- / Weichselstraße in Neukölln**.

Im frühen Planungsstadium hatte Bruno Taut Anfang 1926 im Auftrag der Gemeinnützigen Baugenossenschaft Berlin-Ost einen Lageplan für drei Blöcke mit den dazugehörigen Grundrißtypen entwickelt. Außer dem Seitenflügel am Block in der Fuldastraße südlich wurden alle drei Projekte 1928 nach diesem Plan erbaut. Taut vermied konsequent Hinterhäuser zugunsten großer, begrünter Höfe, die Süd- und Westlicht in Wohnräume und Loggien dringen lassen.

Es liegen kolorierte Originalzeichnungen von Bruno Tauts Hand für diese Wohnblocks vor. Anhand verschiedenfarbiger Schraffuren läßt sich die Verteilung der Wohnungstypen exakt nachvollziehen. Außer in den Ecklösungen des leicht geschwungenen Baukörpers an der Ossastraße (Dreieinhalb-Zimmer-Wohnung) bezeichnet die braune Schraffur immer die Eineinhalb-Zimmer-Wohnung links des Treppenhauses, die grüne das rechtsgelegene Pendant (Typ I), die rote die Zweieinhalb-Zimmer-Wohnung links und die blaue dieselbe rechts der Treppe (Typ II). Diese Typen wurden paarig in alternierender Folge in fünf Etagen übereinander angeordnet und erhielten alle eine Loggia in südwestlicher Richtung. Während die Zweieinhalb-Zimmer-Wohnung und die Sonderformen der Dreieinhalb-Zimmer-Wohnungen keine gefangenen Räume enthalten, wurden die Kammern der Kleinstwohnungen unmittelbar an den Wohnraum angeschlossen und sind nur darüber erreichbar. In allen Fällen kann die Küche als Wohnküche genutzt werden. Durch geringfügige Rücksprünge in den hofseitigen Ecken erreichte Taut, daß die Eckwohnungen, deren Loggien ungünstig zur Straße in nordöstlicher Richtung liegen, über die Küche als dem meistfrequentierten Arbeitsraum an der freundlichen Hofansicht teilhaben.

Die Aussagen von Altmietern, die Wohnungen seien bei Erstbezug grundsätzlich farbig gestrichen gewesen, wurden in diesem Wohnblock durch Farbprobenentnahme gesichert. Eine durchgreifende Modernisierung der Wohnungen bedingte 1987 die zeitweilige Umsiedlung der Mieter und somit mehr oder weniger freien Zugang zu den leeren, aller Tapetenschichten entledigten Wohnungen. Die fest mit dem Putz verbundenen, ursprünglichen Wandfarben waren überall deutlich zu erkennen. Die Beobachtungen ergaben, daß selbst in diesem wenig differenzierten, vergleichsweise kleinen Bauteil ein einheitliches Farbsystem nicht konsequent durchgeführt worden ist. Es kristallisierten sich für die hofseitig gelegenen Wohnräume jedoch weitgehend die Farben Rot und Grün heraus, Gelb für das Küchenpaneel und Grün für die Flure. Die Isometrie entstand auf der Grundlage der fotografisch festgehaltenen Wandfarben der Dreieinhalb-Zimmer-Eckwohnung an der Fulda-/Ossastraße, drittes Obergeschoß rechts. Sie vermittelt einen Eindruck von der Lebhaftigkeit im Innern des bescheiden anmutenden Blocks. Wie gut läßt sich nachvollziehen, daß in diesen knapp bemessenen Raumgefügen von strahlender Farbigkeit äußerste Zurückhaltung in Möblierung und Dekoration angebracht war. Diese Wandflächen mußten unbeeinträchtigt für sich allein wirken, um trotz ihrer Intensität Ruhe ausstrahlen zu können. Mochten sich die Bewohner aber nicht von ihren Dekorations- und Einrichtungsgewohnheiten lösen, so mußten eben diese Wandfarben umgehend verändert werden. Hier wie überall in Bruno Tauts Siedlungswohnungen wurden bei erster Gelegenheit Tapeten angebracht.

Die Grundausstattung der Wohnungen entsprach dem Standard der GEHAG-Wohnungen. Auch die Treppenhäuser, zartfarbene Membranen zwischen der grauen Außenwelt und der lebensvoll-farbigen Innenwelt der Wohnungen, waren mit derselben Sorgfalt behandelt wie zum Beispiel in »Onkel Tom« oder »Schillerpark«. Ein Unterschied besteht allerdings in der Gestaltung der Normtüren in den schräggestellten Wohnungseingängen. Sie erhielten vierteilige Oberlichte aus klarem, an den Rändern geschliffenem Glas.

Ähnlich wie 1929 in der »Hufeisen-Siedlung« und in »Onkel Tom« Musterwohnungen die Neumieter anlocken und überzeugen sollten, warb die vermietende Gesellschaft 1987 in der »Ossastraße« mit Fotografien renovierter Musterwohnungen bei den Mietern um Verständnis für die Modernisierung und die damit verbundene Umsiedlungsmaßnahme. Küche und Wohnraum einer neuzeitlichen Wohnung sollten die Mieter vom positiven Resultat der vorübergehenden Unbequemlichkeiten überzeugen. Das vorgeführte Muster-Wohnzimmer in den von Bruno Taut vorgegebenen Dimensionen von 16 m^2 gliedert sich in zwei Bereiche. Den einen nimmt die Schrankwand ein, die lediglich einem Fernseher in der Ecke am Fenster etwas Raum läßt. Dieser Front gegenüber ist die Polstergarnitur gruppiert, die sich aus einem drei- und einem zweisitzigen Sofa und einem Clubsessel um einen rechteckigen, mit Keramikplatten belegten Couchtisch zusammensetzt. Zwischen Fenster und Sofa ist ein »Dinett«, der Familienbilder trägt, als Votivaltärchen inszeniert und versperrt den Ausgang zur Loggia. Das vierflügelige Fenster wird von leichten Stores eingefaßt, die in halber Höhe abgeschwungen sind und ein wenig Aussicht auf die Hofbegrünung gewähren. Die Beleuchtung des Raumes leistet eine vierflammige Deckenlampe im Stil alter Petroleumleuchten. Diese Einrichtung entspricht vollkommen dem deutschen Normwohnzimmer, dessen Typologie seit den sechziger Jahren des 20. Jahrhunderts festgelegt ist. Immerhin beachtenswert, daß in dieser Musterwohnung die Schrankwand aus glattverarbeitetem Echtholz beinahe »zeitlos« gewählt, die Polstergarnitur zurückhaltend schwarz, die Gardinen hell und durchlässig, die Tapeten geradezu diskret in Farbe und Musterung ausgefallen sind. Der Eindruck, daß die vier verwendeten Holzarten nicht zueinander passen könnten, wird durch das kräftige Muster des Teppichbodens zerstreut. Auch die verbleibenden Wandflächen sind hier nicht mit Bildern aller Art dekoriert. Statt Nippes finden Pokale, Symbole der Leistung in dem den Deutschen so lieb gewordenen Sport, ihre Aufstellung. Sie bilden, der Größe nach pyramidal angeordnet, den abschließenden Fries der Schrankwand. Dieser Raum erweist sich als der »aufgeräumte Schauplatz« gesellschaftsrelevanter Verhaltensweisen.[155] Dafür stehen Hochzeits- und Familienfotos, ferngesteuerter Fernseher, Siegerpokale und ALDI-Plätzchen. Als Fernsehzimmer ist er durchaus übersichtlich und brauchbar. Andere Bedürfnisse außer Fernsehen und Repräsentation, zum Beispiel Lesen, Schreiben oder kreatives Tun, werden in dieser Raumeinteilung kaum berücksichtigt. Die Kumulation obligater, überdi-

Häuserblock an der Ossastraße in Berlin-Neukölln, 1987

Wohnblock an der Ossastraße

mensionierter Möbelstücke provoziert, trotz relativer Übersichtlichkeit, bedrückende Enge, sobald ein lebendiges Wesen den Raum bevölkern sollte – geschweige denn die sechs per Sitzgarnitur vorgesehenen Personen. Das Zimmer wird von Möbeln okkupiert, die zur Aufbewahrung und Sitzplatzbeschaffung unnötig groß und zahlreich sind.
Diese »vorbildliche« Wohnung steht exemplarisch für die aktuelle deutsche Lebens- und Wohnkultur: Sie spiegelt den ausschließlich rezipierenden Menschen in der beigebraunen Staffage schablonierter Statussymbole als Resultat und politische Notwendigkeit. Sich auf das Wesentliche zu konzentrieren, wie

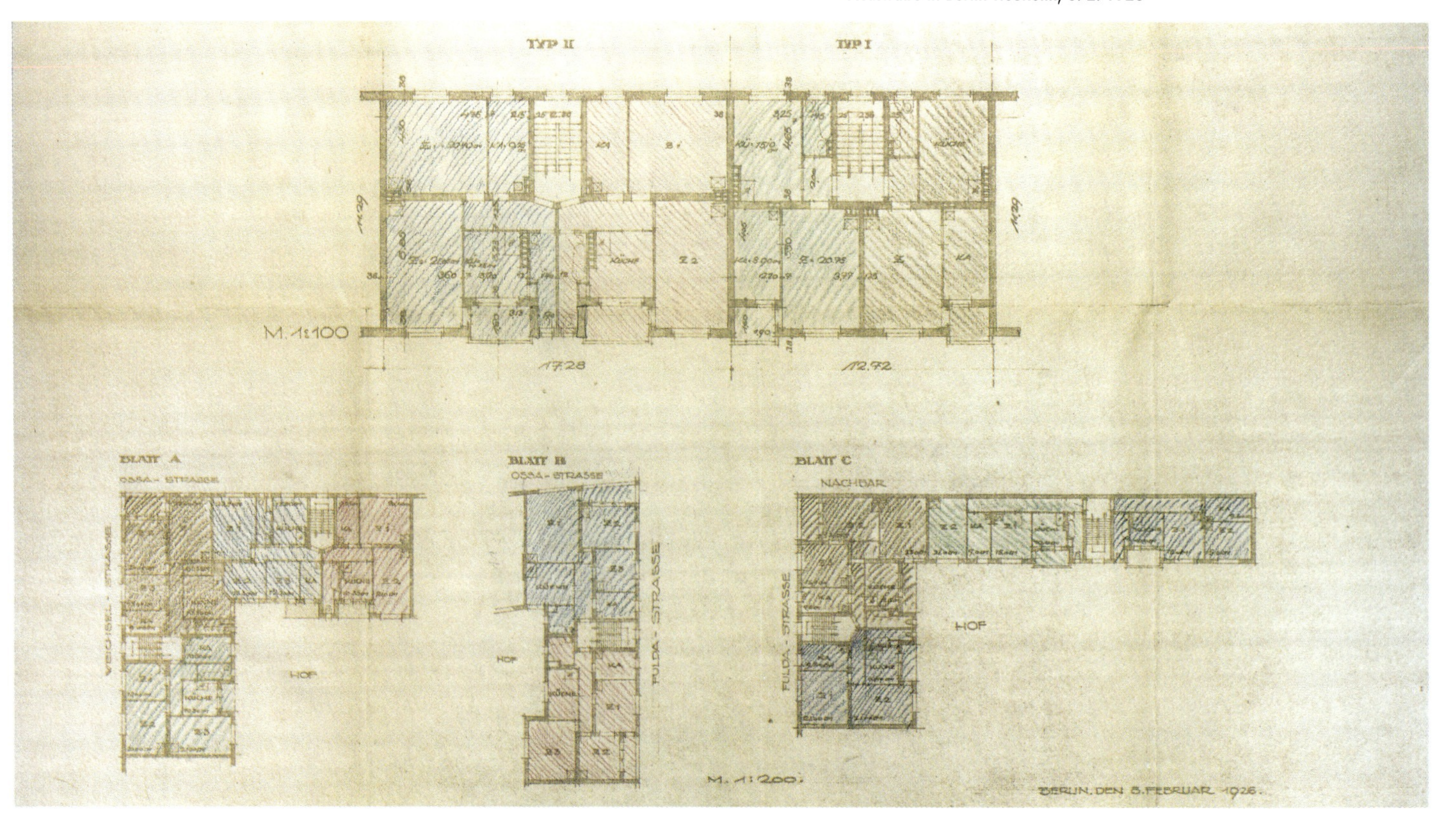

Grundrißtypen für die Miethäuser an der Ossastraße in Berlin-Neukölln, 8. 2. 1926

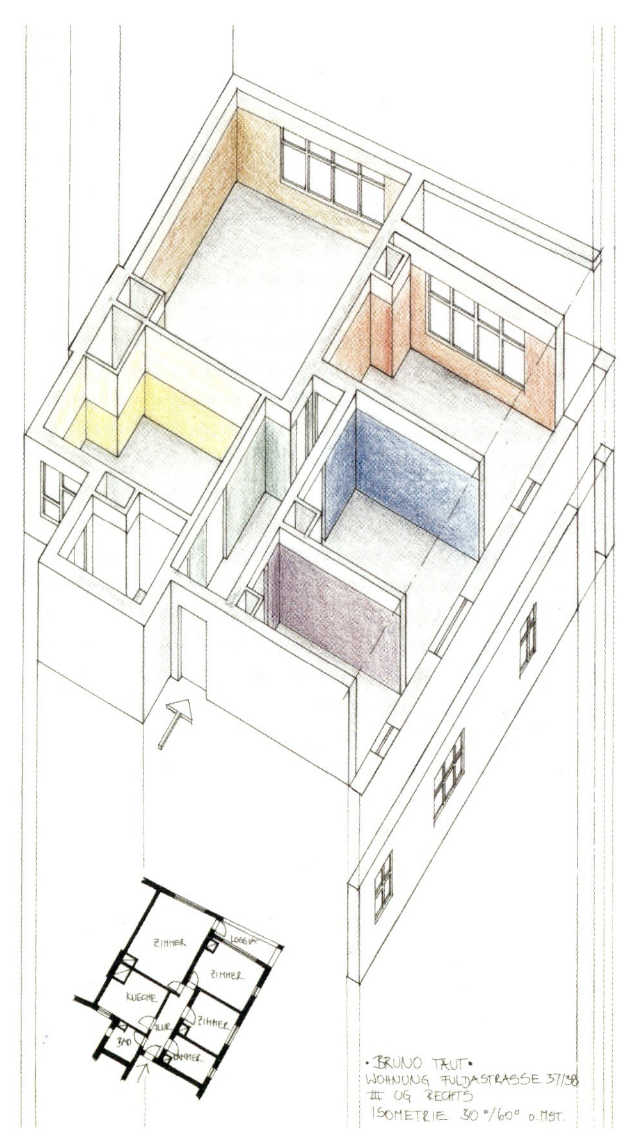

Isometrie der Eckwohnung Fuldastraße 37/38, 3. OG rechts

Bruno Taut es forderte, ist in dieser Zeitgeist-Parabel von 1987 sehr wohl möglich: Das Wesentliche ist der Fernseher. Alles andere, was dieser Raum repräsentiert, leitet sich aus den über dieses Medium vermittelten Weltanschauungen ab. Es muß jedoch unbedingt festgehalten werden, daß nicht Grundriß, Lage und Größe des Wohnzimmers es zu dieser einseitigen Nutzung prädestinieren. Es wäre denkbar, bei Einheit schaffender Farbigkeit in diesem Raum eine Sitzecke, einen Ruhesessel und Bücherschrank unterzubringen und immer noch Platz für einen multifunktionalen Tisch zur kreativen Betätigung zu erübrigen – sofern eben die Möbel auf das konstruktive Gerüst reduziert und ihrem mobilen Charakter, ihrer wahren Funktion angepaßt würden.

In den **Einzelwohnhäusern**, die Bruno Taut auch in den zwanziger Jahren gelegentlich entwarf, war er freier in der Raumdisposition und wandte seine Prinzipien konsequenter an.
In dem Artikel »Die Villa«[156] nahm Bruno Taut 1925 zum Villenbau Stellung, im selben Jahre, als er die vierte Auflage der »Neuen Wohnung« mit fünf eigenen Wohnhausentwürfen vorbereitete. Darin verwarf er das »sogenannte Schöne« üblicher Architektur: Beim Hausbau dürften nicht länger »künstlich« angefügte Architektur die »Kunst« ausmachen, vielmehr müsse der Bau in seiner formalästhetischen Erscheinung konsequent seiner Funktion folgen und somit aus sich selbst heraus »Kunstwerk« sein. Anstatt die Villa der Jetztzeit von den Bauten der Gründerzeit herzuleiten, würde sie vom Massenwohnungsbau her geklärt werden müssen, um »tadellos funktionierende Gebilde von klarer und sauberer Struktur mit übereinstimmender Hülle« zu ergeben. In der ersten Auflage der »Neuen Wohnung« (1924) dagegen hatte Taut noch zu bedenken gegeben, daß die Erneuerung der Bau- und Wohnkultur »von oben«, vom »Luxusmodell Villa« her erfolgen müsse aufgrund der Vorbildfunktion der höheren Stände für die Klassen der Siedlungsbewohner. Dieser Widerspruch in Tauts Herleitung von Massenwohnungs- und Villenbau ist eher aus Gründen opportunistischer Ausdrucksweise in eigener Sache als aus wirklich abweichenden Gedankengängen zu erklären. Denn als Taut in den frühen zwanziger Jahren die »Neue Wohnung« konzipierte, sah er vermutlich zunächst Betätigung im Privathausbau auf sich zukommen. Aufgrund nicht vorhersehbarer Konsolidierung der deutschen Wirtschaft hatte er jedoch bereits 1925 einige große Siedlungsprojekte begonnen und argumentierte nun aus dieser veränderten Perspektive. Das Ziel, ob nun vom Villen- oder vom Siedlungsbau her in Angriff genommen, blieb jedoch dasselbe: dem »neuen Menschen« die adäquate »Hülle« zu erbauen.
In der Praxis war der Ausgangspunkt für Tauts Einzelwohnhausbau stets das spezifische Wohnbedürfnis einer bestimmten Familie. In dieser strengen Ausrichtung auf die formulierten Bedürfnisse der Auftraggeber entwarf und baute Bruno Taut Wohnhäuser von höchster Individualität – jedoch immer orientiert an seinen eigenen Prinzipien.

Wohnzimmer der Musterwohnung in der Ossastraße nach der Modernisierung, 1987

1919 entwarf Taut eine **Villa für die Familie eines Kaufmanns** mit drei Kindern nach den Wünschen des Bauherrn, die offenbar nicht gebaut wurde.[157]
Die U-förmige Anlage des Grundrisses gruppiert sich um eine ebenerdige Loggia. Der Bau ist zweistöckig mit einem weiteren Halbgeschoß unter dem Pultdach. Die Fensteröffnungen wurden nicht nach Kriterien der Symmetrie angelegt, sondern nach den Erfordernissen des Grundrisses. Die Außenwände sollten in unterschiedlichen Farben gestrichen werden: die nach Süden liegenden Stirnwände sehr hell, die überdachte Terrasse dunkel und die darüberliegenden, quasi ein Atrium bildenden Wände im Hell-Dunkel-Wechsel von vier waagerechten Bändern.
Der Grundriß zeigt einen vorgelagerten Eingangsbereich mit Windfang, Garderobe, WC und Diele, der an die vorgelegten »Riegel« der Villa Flamm (1908) und des Sommerhauses Haarmann (1908) anknüpft. In den beiden Ecken dieses Vorsprungs befinden sich die Treppenhäuser, die jeweils mit einer Tür von der Diele geräusch- und geruchsmindernd abgetrennt sind. Im westlichen Teil führt ein separater Eingang zum Wirtschaftstrakt mit Küche, Spüle und Anrichte. Möglichst rationelle Ganglinien bedingen die zum Teil eingebaute Ausstattung des Wirtschaftsbereiches. Von der Anrichte führt eine Tür zur Loggia, die im Sommer als Eßplatz genutzt werden kann, und eine weitere Tür zum zentral gelegenen Eßzimmer. Es ist von der Diele aus über zwei Türen zugänglich und hat drei Ausgänge zur Terrasse. Dieses Architekturelement eines zentralen, vielfach zugänglichen Raumes hat Taut mehrfach eingesetzt. Bei Siedlungswohnungen von 36 bis 64 Quadratmetern hat er dieses Gestaltungsmotiv sinnvollerweise nicht verwendet.
Eine Faltwand teilt das Wohnzimmer, das ebenfalls von der Diele zugänglich ist und einen Ausgang auf die Loggia bietet, in der Villa variabel ab. Den Abschluß des östlichen Traktes bildet das Zimmer der Dame mit einem großen Wintergartenfenster. Auch dieses Zimmer steht in enger Beziehung zum Außenwohnraum. Alle Räume sind mit Einbauschränken versehen. Die Zusammenfassung der Wohnbereiche und deren Variabilität in Erstreckung und Nutzung ist sowohl einem repräsentativen Kaufmannshaushalt als auch einer modernen Wohnweise angemessen.
Im Obergeschoß werden über der großzügigen Grundfläche fünf Schlafzimmer und drei Nutzräume angeordnet. Der Bereich der Eltern ist im Ostflügel zusammengefaßt mit Schlaf-, Ankleide- und Badezimmer. Um den Südbalkon sind die Zimmer der Söhne und der Tochter mit Waschbecken und Einbauschränken gruppiert. Ein Doppelschlafzimmer für Gäste schließt sich im Westflügel an. Zwischen den beiden Treppenhäusern befindet sich ein Schrankzimmer, das vollständig mit Einbauschränken versehen ist, und ein Nähzimmer, das unter Umständen als weiteres Gästezimmer benutzt werden kann. Ein WC für das Obergeschoß liegt an der nordöstlichen Treppe. In diesem Entwurf – wäre er realisiert worden – hätte Taut seine Vorstellung von Einbauten einmal gründlich durchexerziert.
Die Zimmerfolge ist in diesem Einzelhausentwurf sinnvoll gelöst und wird jedem Familienmitglied und Wohnbedürfnis gerecht. Alle Räume sind gut erreichbar und funktional aneinandergefügt. Das kommunikative Zentrum des Hauses ist durch vielfältige Erreichbarkeit, Nutzbarkeit und Anbindung an den Außenwohnraum gekennzeichnet.

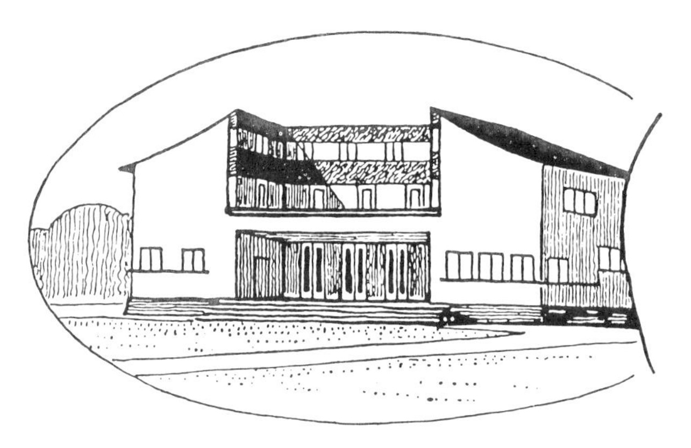

Entwurf für die Villa eines Kaufmanns, Gartenansicht, 1919

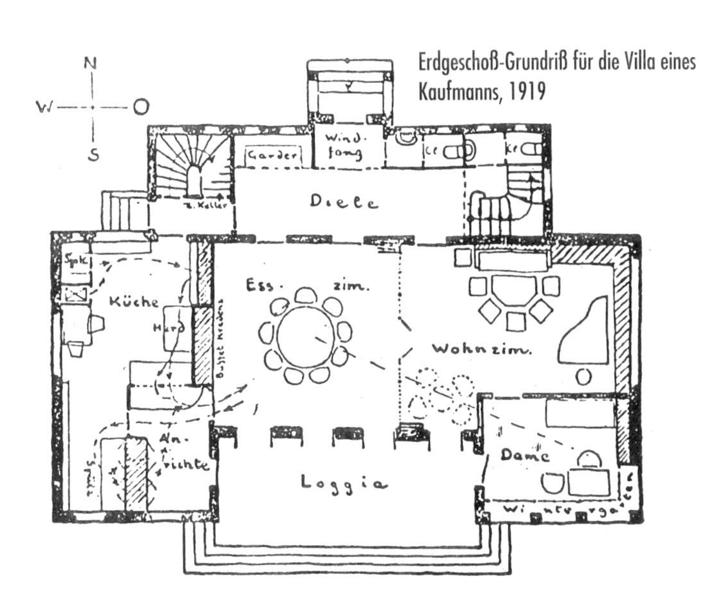

Erdgeschoß-Grundriß für die Villa eines Kaufmanns, 1919

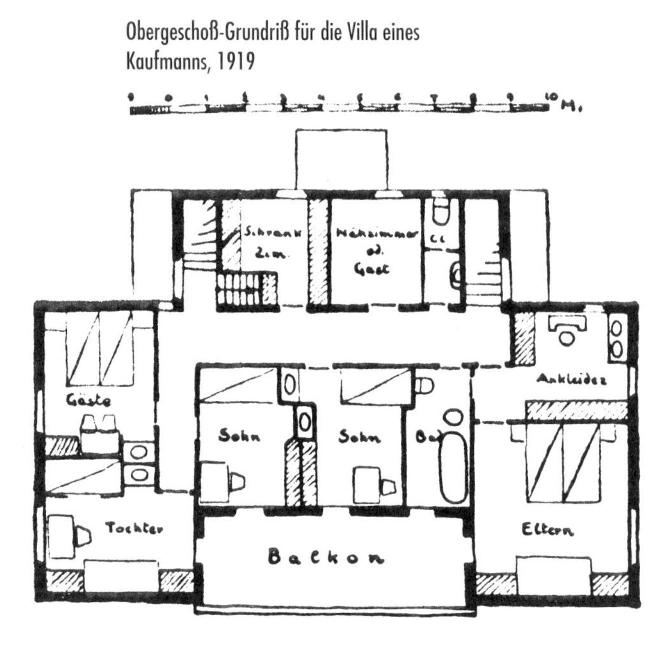

Obergeschoß-Grundriß für die Villa eines Kaufmanns, 1919

Im Jahre 1927 erbaute Taut im Auftrag des damaligen Leipziger Theaterdirektors Wilhelm Berthold ein Einzelhaus für dessen Familie in Markkleeberg bei Leipzig.[158] Die Planungsarbeiten für das **Haus Berthold** hatten bereits im Herbst 1924 begonnen. Der Bau wurde 1927 fertiggestellt. Er ist vollständig erhalten, in den Obergeschossen etwas umgebaut und äußerlich verändert worden.
Das Haus muß mit seinem aus zusammengeschobenen weißen Kuben bestehenden Baukörper provozierend zwischen den umgebenden Gründerzeithäusern gewirkt haben. Es ist in drei Ebenen erbaut: Der zur Straße hin gelegene Flügel setzt sich aus drei Geschossen mit Dachterrasse zusammen. Der Gartenflügel ist zweistöckig, eingeschossig der Wirtschaftsflügel und das beinahe halbkreisförmige Eßzimmer. Alle Bauteile

Haus Berthold in Leipzig-Markkleeberg vor der Fertigstellung, Gartenansicht 1927

Haus Berthold, Eingangsseite nach der Fertigstellung, 1927

Straßenansicht von Haus Berthold mit Bauschild, 1927

Entwurfszeichnung der Eingangsseite, 1926/27

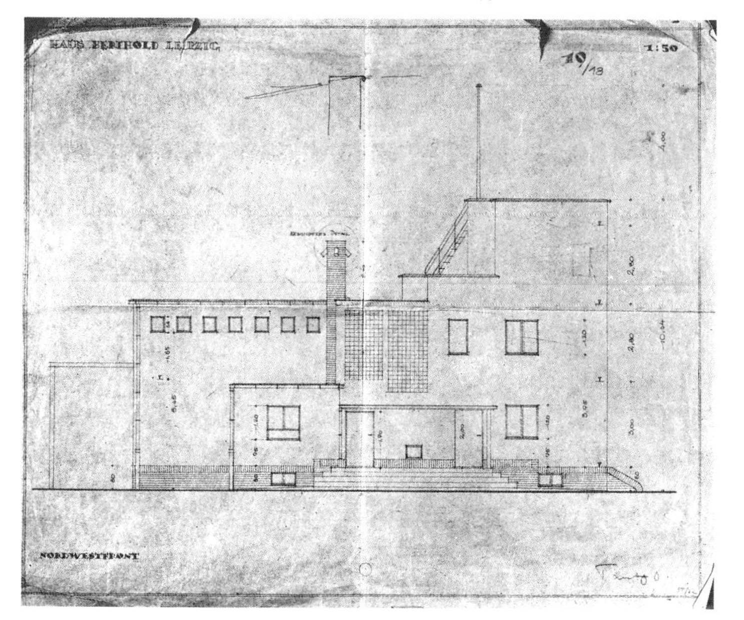

Gartenansicht mit Pergola, 1927 (rechts), und
zwei Längsschnitte mit variierendem Treppenverlauf (unten rechts)

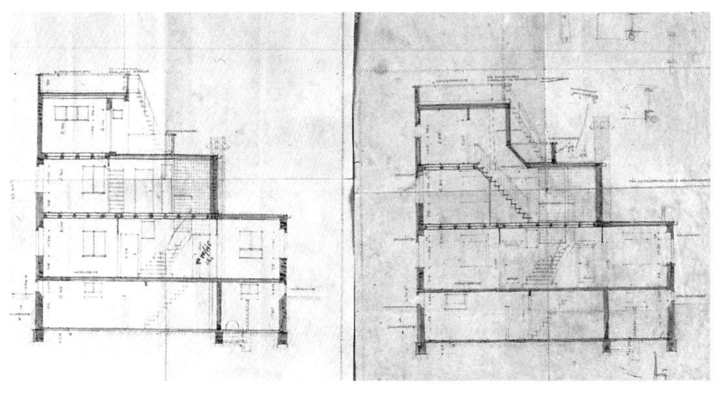

Vorprojekt für Haus Berthold, September 1924

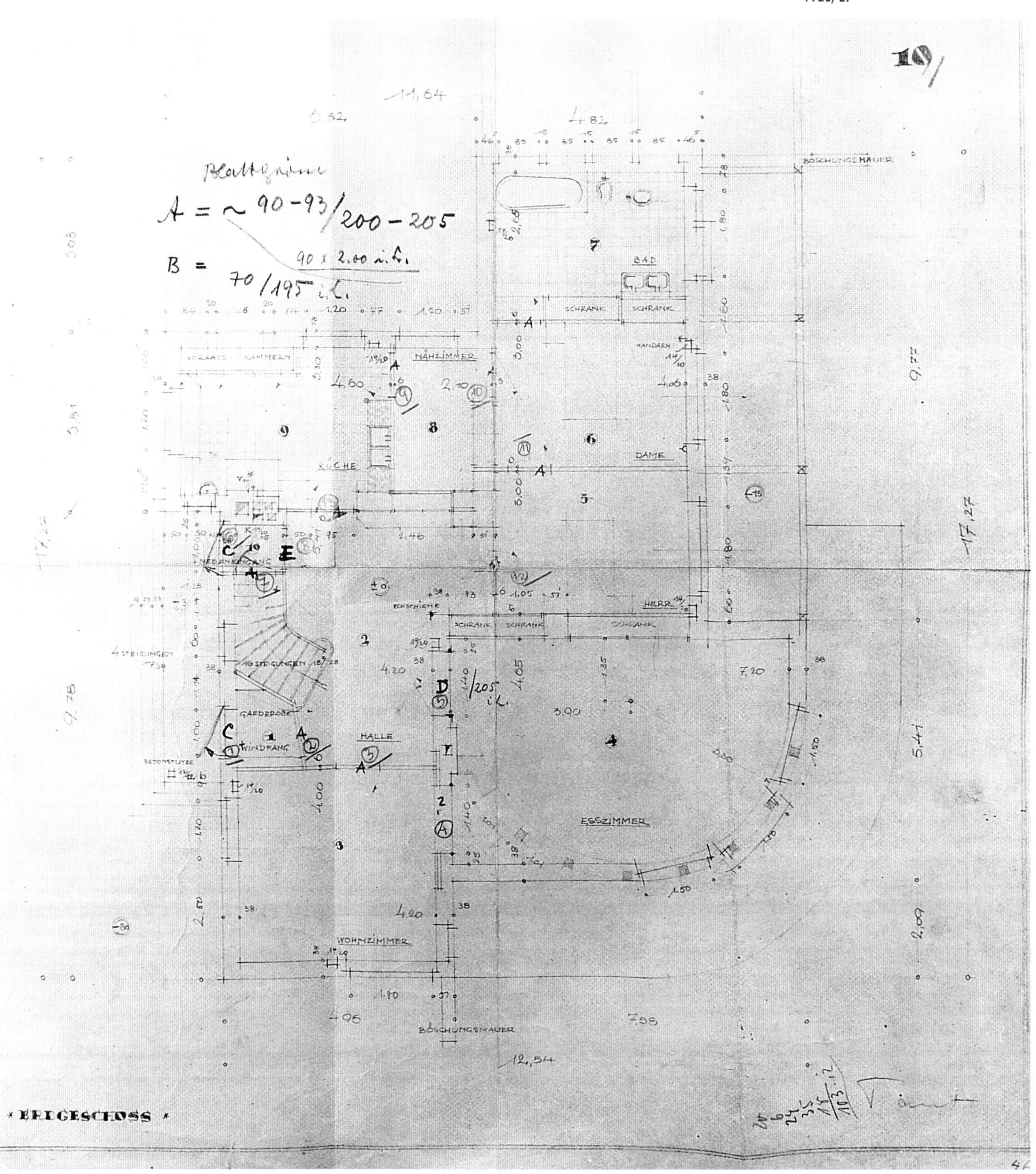

Erdgeschoß-Grundriß des realisierten Baus, 1926/27

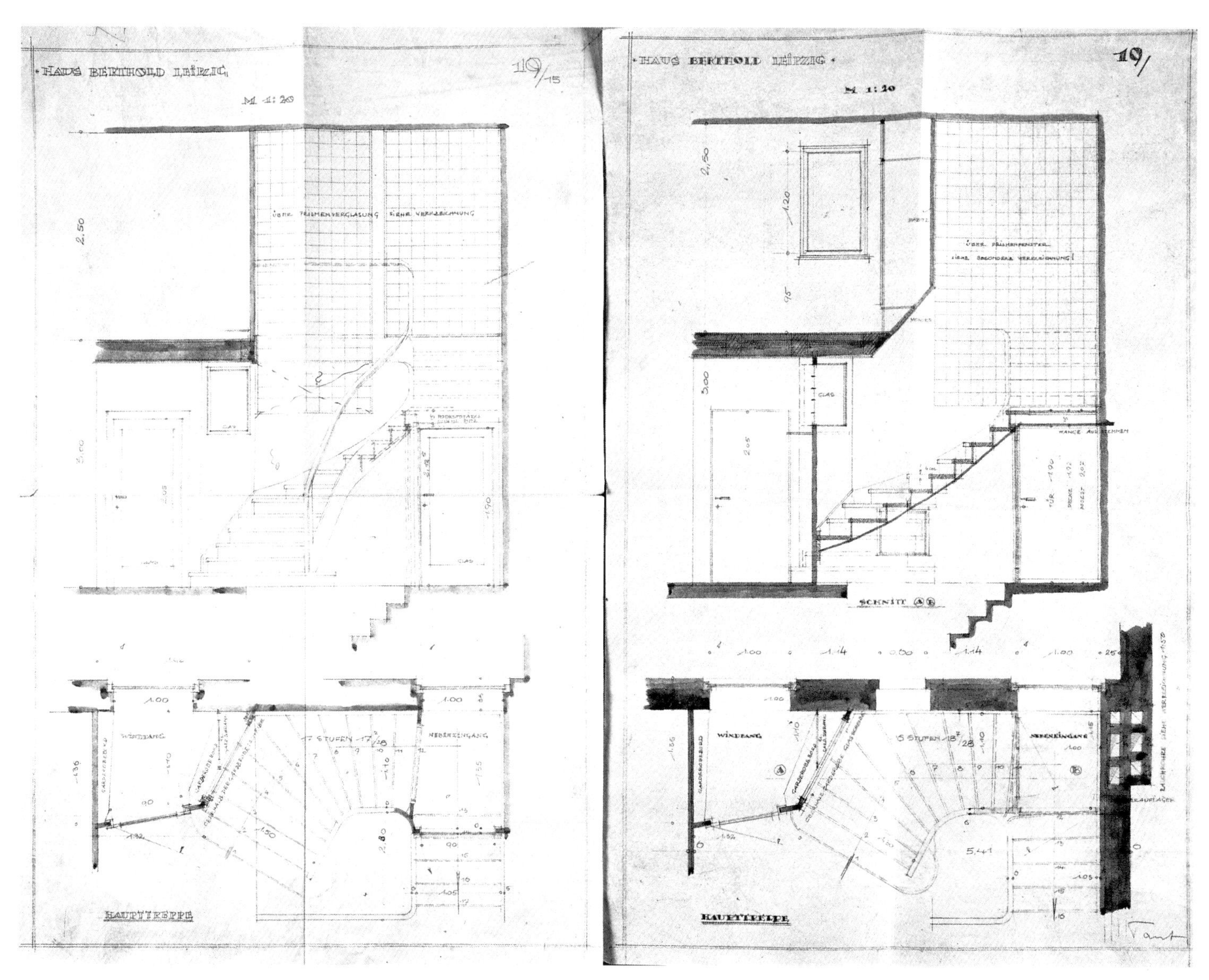

Erdgeschoß-Grundriß des Vorprojekts, 1924

Entwurfszeichnung für das Treppenhaus, 1926/27

sind flach gedeckt. Das Vorprojekt von 1924 erscheint weit weniger rhythmisiert und wegen der geringeren Abstufung durch das Pultdach über dem Schlaftrakt hallenartig breit gelagert. Die architektonischen Kernstücke des Vorgängerentwurfs, Turm, Halbrund mit Luxfer-Obergaden und Pergola als Übergang zum Garten, sind in die endgültige Ausführung übernommen worden. Der Grundriß hat sich allerdings im realisierten Bau gegenüber der ersten Anordnung von 1924 wesentlich verschlechtert: Der schmale Flur im Schlaftrakt entfiel, und das Bad wurde an dessen Ende verlegt. Somit müssen die Schlafzimmer unmittelbar vom Nähzimmer oder vom Anrichteplatz in der Halle aus betreten werden. Das einzige Bad des Hauses kann also nicht ohne Beeinträchtigung der Privatsphäre benutzt werden. Außerdem wurde auf eine Gästetoilette verzichtet. Das zuvor gefangene Kinderzimmer wurde in das erste Obergeschoß verlegt. Bruno Taut betonte sowohl im Begleittext zum ersten Entwurf in der »Neuen Wohnung« als auch in den »Sachlichen Notizen« nach der Fertigstellung, der Grundriß gehe größtenteils auf die Wünsche des Hausherrn ein.[159]

Dabei war die Vorstellung von einer nicht einsehbaren Terrasse fürs Sonnenbad, einem Postulat der körperbewußten zwanziger Jahre, in direkter Verbindung zu den Schlafräumen und dem Bad angeblich ausschlaggebend. Bereits 1924 hatte Taut betont, die Form des Grundrisses sei »aus der Gartenlösung« entstanden.[160] Da der Entwurfsprozeß nicht vollständig erschlossen werden konnte, bleibt fraglich, ob Bauherr oder Baumeister für die einschneidenden Veränderungen verantwortlich zeichnete. Die Tochter des Theaterdirektors, geboren 1920, jedenfalls erinnert sich des guten Einvernehmens zwischen ihrem Vater und seinem Architekten, »auch als das Haus viel teurer wurde als geplant war«. Oftmals habe der Vater Bruno Taut gegenüber Wünsche geäußert.[161]
Zwei gleichartige, farbig gefaßte Haustüren mit Windfang führen von der Haupttreppe in die Eingangshalle. Der linke Eingang steht in direkter Verbindung mit dem Wirtschaftsbereich und erklärt sich aus »dem starken Verkehr zwischen Garten- und Kellerräumen«. Die Haustür zum Wohnbereich erschließt die Halle mit dem eindrucksvollen Treppenhaus aus Luxfer-Prismensteinen sowie Wohn- und Eßzimmer. »Der Schwung der Treppe aufwärts in die Helligkeit der beiden großen Luxferprismen-Fensterwände war herrlich. Diese Diele samt Treppe war ein Äquivalent zum großen halbkreisförmigen Eßzimmer, das andererseits ganz seinen eigenen Charakter hatte.«[162]
Jenes Eßzimmer bildet den Hauptraum des Gebäudes. Halbrund und um ein Halbgeschoß erhöht, ist es in die Rechtwinkligkeit, auf der das Haus im übrigen beruht, eingefügt. Während das Tageslicht mild und diffus durch acht Glasprismenfelder im oberen Bereich der Rundung dringt, geht der Blick fast strahlenförmig hinaus in den Garten. Das Tageslicht wurde damals von einer hellblauen Wand reflektiert, deren Einbaubüffet weitere Farbakzente setzte: Es soll naturfarben und mit schwarzem, weißem, blauem und grauem Lack abgesetzt gewesen sein. Im Bereich der Oberlichter war die Wand ursprünglich rein weiß, die Fensterwand darunter grau gestrichen, die Zimmerdecke gelb. Die Fensterrahmen waren schwarz, weiß und gelb lackiert.[163]
»Das Verschiedenfarbige der Wände im Zusammenspiel mit dem einfallenden Licht (...) ließ den großen Atem der Element-Gestaltung, wie sie im runden Zimmer und im Treppenhaus herrschen, spürbar werden.« In diesem Hauptaufenthalts- und Repräsentationsraum herrschte eine feinfühlige Farbabstimmung, die gegenüber Tauts zeitlich parallel errichteten Häu-

Eßzimmer im Haus Berthold, um 1929

Entwurfszeichnung für die Rundung des Eßzimmers, 1926/27

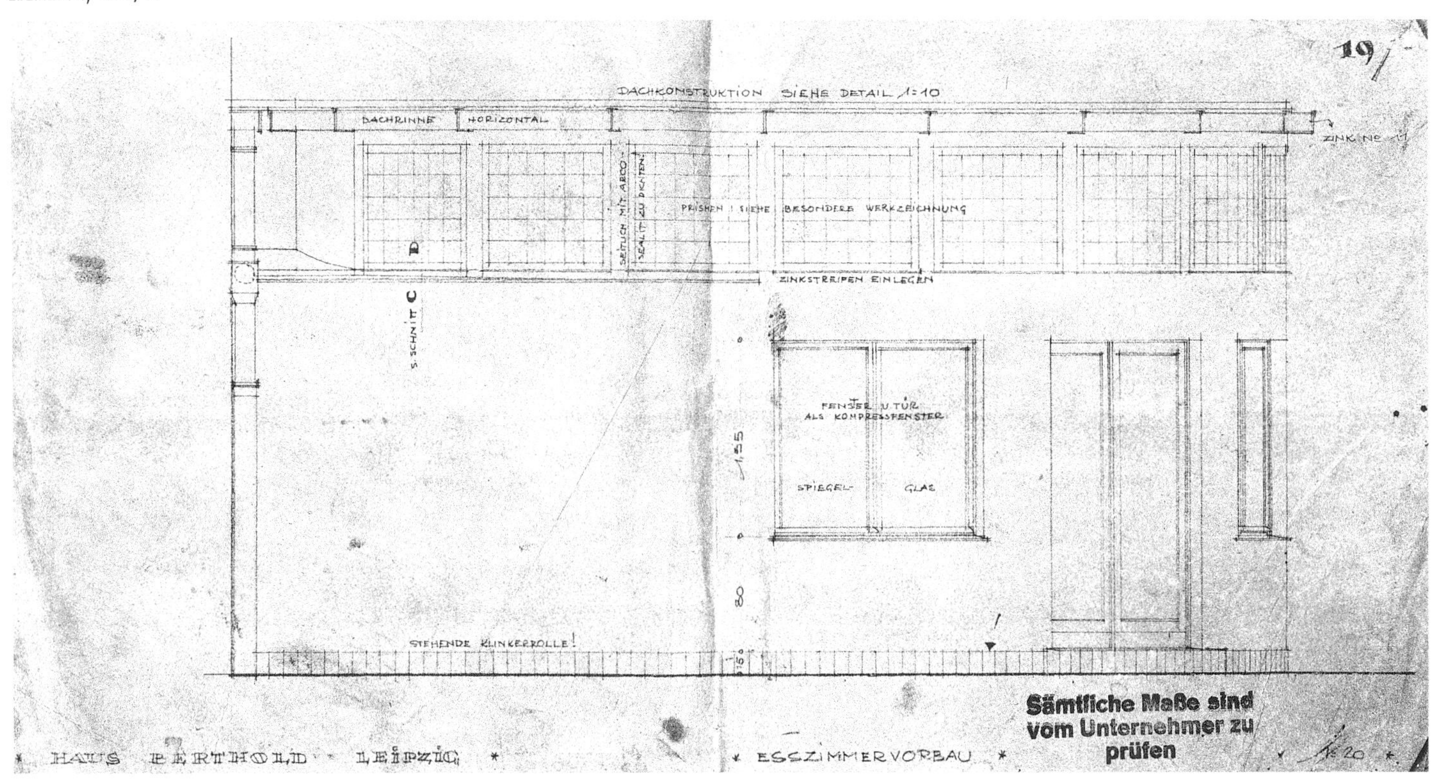

Eingebaute Ecklampe in dem nach 1929 eingebauten Dielenpaneel des Hauses Berthold (1987)

Von Bruno Taut für das Haus Berthold entworfener Türdrücker

sern in Dahlewitz und am Weißenhof in Stuttgart entschieden zurückgenommen erscheint. Die Tochter des Hauses beschrieb die Stimmung des Raumes als lebendige Spannung zwischen dem »zusammenhaltenden Fensterfries« und den ausstrahlenden, »loslassenden« unteren Fenstern zum Garten. Damit erfaßte sie sensibel die Absicht Tauts, die seinen Architekturmotiven des Zusammenbindens und Öffnens immer zugrunde lag.

Am Eßtisch befand sich das Zentrum dieser spannungsvollen Kräfte. »Der Raum hatte wenig Möbel, die Schränke waren wie überall eingebaut, so daß man sich bewegen konnte, aber eben auch den Raum ›erleben‹.« Als Kontrast zur »Helle und Offenheit« des Eßraums wirkte das einfarbig rot gestrichene kleine Eckzimmer »in seiner kubischen Geschlossenheit«.[164]

Die Möbel waren zum Teil antik, die meisten aber stammten von den Deutschen Werkstätten. Deren »unaufdringlich Durchgeformtes« habe sich gut mit der »Stimmigkeit der einfachen Architektur« getroffen. Schrankmöbel waren indes im Hause Berthold völlig überflüssig: 14,80 laufende Meter eingebauter Schrankwände ergaben ausreichend Stauraum. Über die funktionale Brauchbarkeit hinaus waren sie bedeutsam für die Raumgestalt selbst. Sie schufen Freiraum und ästhetische Zusammenhänge: So waren »die Schranktüren flach in die Wand genommen, beteiligt an der Architektur als solcher. Daß sie (...) in jeweils anderer Maserung erschienen, durchaus auch schön zusammengestellt (...), gab ihnen den Charakter von Bildern, aber (...) ohne alle Prätention. (...) Das Elementare des Holzes, die Maserung einfach zur Schau gestellt. Die Verbindung zur Farbe der Raumwände (...) war sowohl durch den Gegensatz charakterisiert als andererseits durch die Einfachheit von Material und Präsentation verbunden, ein handwerklich gutes Anstreichen in großen Flächen, die die Natur der Farbe, das Unbegrenzte, Unendliche betonen.«

Die eingebauten Geschirr- und Besteckschränke im Dielenbereich waren sowohl von der Küche als auch von der Diele her zu benutzen. Wandschränke und Abstellflächen sollten die Halle als eine Anrichte nutzbar machen. Die Holzverkleidung in der Halle, die auch den Heizkörper miteinbezieht, muß nach 1929 entstanden sein, da sie auf den Abbildungen in der Zeitschrift »Das Ideale Heim« von 1929 noch nicht vorhanden ist. Die kassettierten Paneele sind mit Edelholz furniert. Dadurch wird die eingebaute Ecklampe in Bronzerahmung noch hervorgehoben. Eventuell wurde der nachträgliche Einbau als Zugeständnis an die Repräsentationspflichten des Theaterdirektors vorgenommen. Die Türklinken sind keine Normteile, wie Bruno Taut sie in seinen Siedlungen und in seinem eigenen Hause Dahlewitz II. verwandte. Sie wurden vielmehr nach Tauts eigenem Entwurf gefertigt. Drücker und Schlüssellochscharten sind in einem zusammengefaßt; der Handgriff schwingt von der runden Trommel her S-förmig aus und endet in einem vollplastischen Spitzoval aus schwerer Bronze. Zwischen diesen beiden Elementen sind die Übergänge nicht ganz eindeutig formuliert. Wegen der Kombination von Klinke und Schlüsselloch muß dieses Gerät unvollkommen funktioniert haben – dennoch liegt es ausgezeichnet in der Hand.

Die Kritik im »Idealen Heim« fiel positiv aus, wobei man das Faktum nicht verschwieg, daß Bruno Tauts architektonische Ausdrucksweise umstritten war: »Taut, der oft Angegriffene, der viel Umstrittene und doch immer mit gesunder, sich selbst beweisender Kraft sich Durchsetzende gehört zu jenen deutschen Architekten, die wir als Bahnbrecher bezeichnen müssen.«[165] Die Hausform sei »Resultat und Ausdruck der gestalteten Erfüllung der Wohnbedürfnisse und Wohnvorgänge, der Wohnfunktionen«.[166]

Dabei bleiben die unbefriedigende Behandlung von Kinder- und Mädchenzimmer, das Anrichten der Speisen in der großen Halle sowie das Fehlen einer Gästetoilette und eines zweiten Bades unberücksichtigt. Abschließend heißt es: »Es [das Haus Berthold] ist sogar ganz bestimmter Ausdruck unserer Zeit, es ist sachlich, ohne die Sachlichkeit zu übertreiben, schön im modernen Sinne, verstandesmäßig und doch gefühlvoll.«[167]
Das letzte Attribut mag sich auf die vergleichsweise zarte Farbgebung und den Raumeindruck des Hauptzimmers beziehen, die Sachlichkeit auf die glatten Kuben mit den einfach eingeschnittenen Fenstern und Schränken. Die Tochter des Bauherrn jedenfalls erinnert sich eines positiven Lebensgefühls in diesem lichten Haus; unbewußt habe sie immer wieder nach Wohnungen mit vergleichbaren Qualitäten gesucht.[168]

Das **»Arbeiterwohnhaus«**, Bruno Tauts Beitrag zur Ausstellung »Die Wohnung« des Deutschen Werkbunds, entstand 1927 auf dem Ausstellungsgelände **Stuttgart-Weißenhof**.[169]
Der Ausstellungsleiter Ludwig Mies van der Rohe, der immerhin gemeinsam mit Bruno Taut in der Architektenvereinigung »Der Ring« saß, war offenbar bei der Planung der Weißenhofsiedlung nicht von selbst auf den Gedanken gekommen, Bruno Taut als frühen Werkbund-Streiter und Vorkämpfer eben jener »neuen Wohnung«, um die sich in Stuttgart alles drehen sollte, in die Teilnehmerliste aufzunehmen. Mies schrieb am 30. September 1926 an Gustav Stotz nach Stuttgart: »Ich sprach eben mit Max Taut, er ist natürlich auch bereit mitzumachen. Er wies daraufhin, daß es doch nicht richtig sei, seinen Bruder ganz zu übergehen, zumal er gerade sich für die Neugestaltung der Wohnung eingesetzt habe. Ich will nun überlegen, wie und wo wir ihn noch unterbringen.«[170] Bruno Tauts dann doch errichtetes Haus am Weißenhof wurde im Zweiten Weltkrieg restlos zerstört.

Es handelte sich um ein freistehendes Einfamilienhaus mit zwei Geschossen und Flachdach über einem quadratischen Grundriß. Im Erdgeschoß lagen Wohnzimmer, Eltern- und Kinderzimmer, Bad, WC und Küche mit Spülküche; im ersten Stock zwei weitere Zimmer und eine Bodenkammer, die auf eine Dachterrasse führte. Die Wände müssen innen und außen in starken Farben gestrichen gewesen sein. Türen und Fenster waren genormt und schlossen mit den glatten Wänden ab.
Der Grundriß faßt im Erdgeschoß Wohn-, Schlaf- und Wirtschaftsbereich zusammen. Dabei ist die sonst übliche Orientierung nach den Himmelsrichtungen »wegen der Lage des Grundstücks« aufgegeben worden: Der Wohnbereich ist statt wie gewöhnlich nach Südwesten »der Aussicht wegen« nach Nordosten ausgerichtet. Die Schlafräume der Eltern und Kinder sind in den südlichen Teil des Hauses verlegt und haben dementsprechend kleinere Fensteröffnungen »zur Vermeidung der Sonnenglut«. Neben dem Schlafzimmer der Eltern liegt das Bad, dessen Trennwand zum Schlafraum vollständig aus Einbauschränken besteht. Der Flur im Eingangsbereich ist klein gehalten, wofür ein gefangener Raum, das Kinderzimmer, in Kauf genommen werden muß. Dabei ist die ausschließliche Zugänglichkeit des Kinderzimmers über das Wohnzimmer

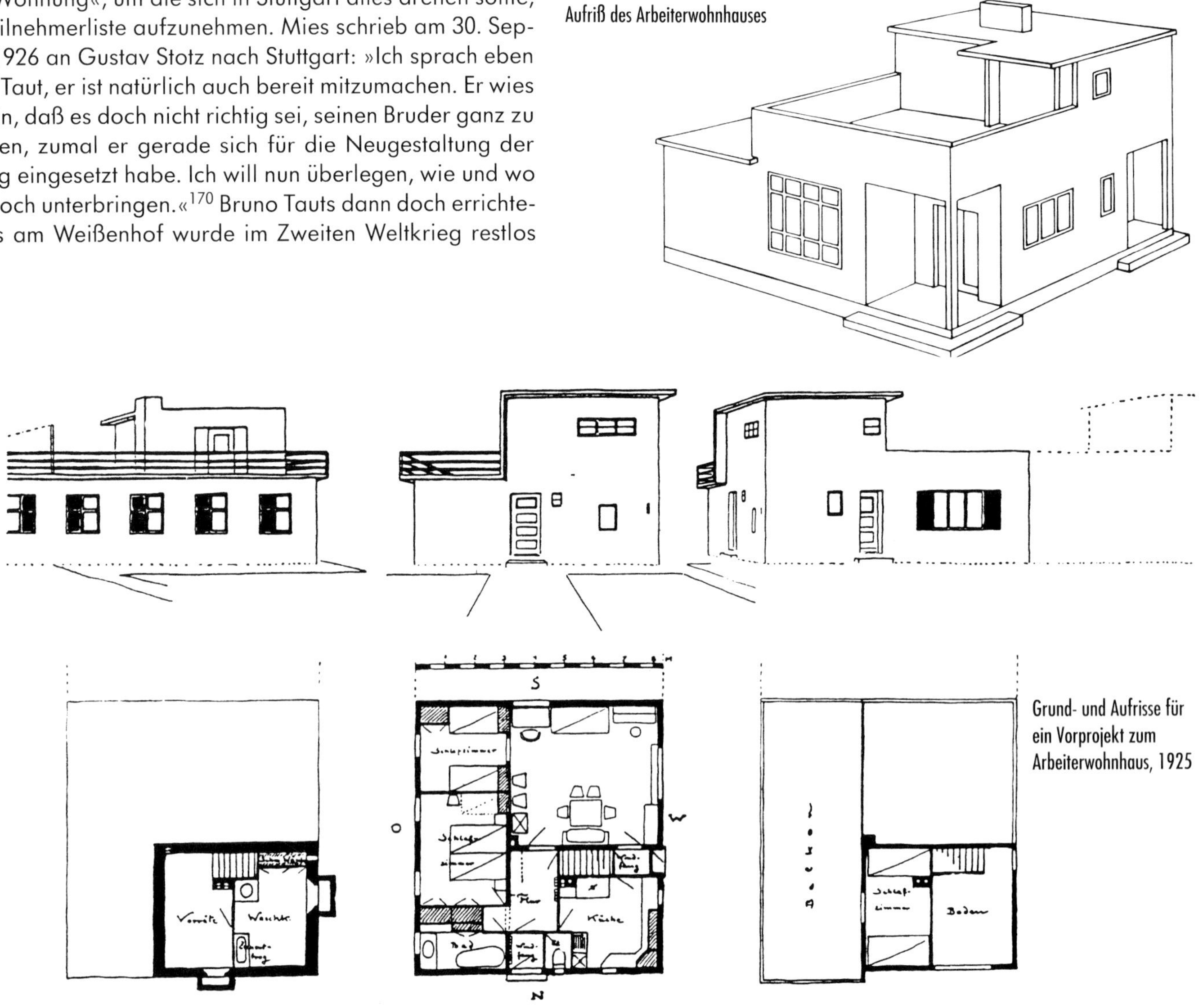

Aufriß des Arbeiterwohnhauses

Grund- und Aufrisse für ein Vorprojekt zum Arbeiterwohnhaus, 1925

besonders ungünstig. So können die Kinder nur darüber oder durch das Elternschlafzimmer zu Bad und WC gelangen. Im Vorentwurf für Haus Berthold (1924) war das Kinderzimmer ebenfalls nur über das »Schlafzimmer der Frau« erreichbar, was ein gravierendes Manko in einem Haus »für eine kinderreiche Familie« darstellt.
Dem Wohnzimmer ist außer der durch eine vierteilige, verglaste Klapptür abteilbaren Eßecke noch eine Arbeitsnische angefügt, die ihrerseits mit einer Lederfaltwand abgetrennt werden kann. Damit griff Taut seine Art der flexiblen Wohnraumnutzung wieder auf, die er bereits 1919 im Entwurf für die Villa eines Kaufmanns eingeführt hatte. Ein Austritt führt von der Eßecke zum Garten. Somit kann der Wohnbereich vier Funktionen erfüllen: Wohnen, Essen, Arbeiten und Luftschöpfen auf dem vorgelagerten Sitzplatz im Freien. Im Obergeschoß, das über die Treppe im Flur erreichbar ist, befinden sich noch zwei kleine Schlafzimmer und eine offene Bodenkammer mit einer Tür zur Dachterrasse, die über dem Wohnzimmer liegt.
Bruno Taut hatte in diesem prompt gelieferten Entwurf seinen Prototyp von 1925 für das kleinstmögliche Einfamilien-Siedlungshaus weiterentwickelt.[171] Der Umriß des Baukörpers sowie Anzahl und Abfolge der Räume blieben gleich, ebenso das gefangene Kinderzimmer und die zahlreich eingeplanten

Grundriß des Arbeiterwohnhauses

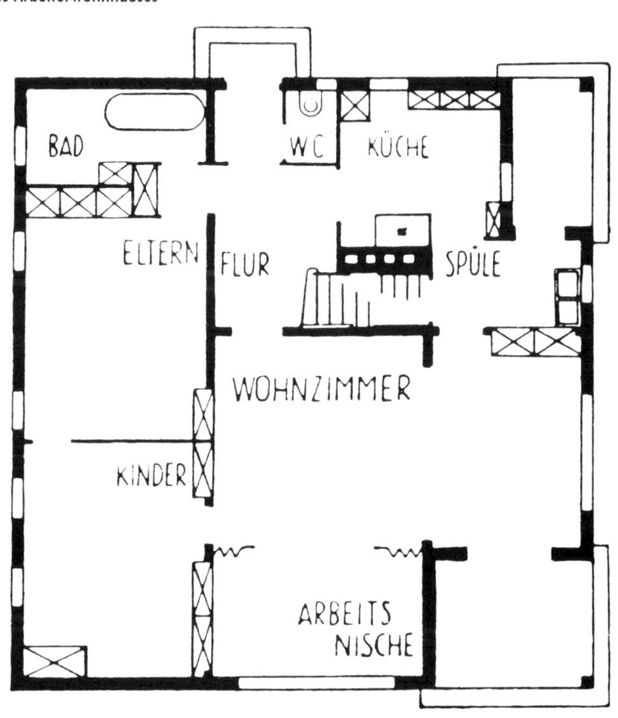

Arbeitsnische mit Faltwand des Weißenhof-Hauses, 1927

Arbeiterwohnhaus bei der Werkbund-Ausstellung in Stuttgart-Weißenhof, 1927

Einbauschränke. Auch die Idee der Dachterrasse wurde übernommen; allerdings reduzierte Taut 1927 die begehbare Fläche des Daches und ersetzte das Strebengeländer durch eine geschlossen aufgemauerte Brüstung. Im Obergeschoß wurden nunmehr zwei bewohnbare Räume ausgebaut. Die Abänderungen im Erdgeschoß für das Weißenhof-Modell stellten, trotz verbleibender Schwächen, Verbesserungen gegenüber dem Vorgängerentwurf von 1925 dar. Dieser sah noch ungünstigere Verkehrsbedingungen für die Kinder im Erd- und Obergeschoß vor; außerdem blieb der Wohnraum darin ungegliedert und damit schlechter nutz- und möblierbar. Die Einschnitte in den Kubus, die 1927 eine Nischenbildung und damit eine Auflockerung des Gesamteindrucks bewirkten und die Verbindung zum Außenraum schufen, waren im Prototyp von 1925 nicht vorgesehen.
Zur Möblierung stellte Karin Kirsch in ihrer Monographie der Weißenhofsiedlung fest, daß ausschließlich »Konfektionsmöbel« im Haus Bruno Taut zur Aufstellung kamen.[172] So wurden der Eßraum mit Thonet-Möbeln und die Schlafzimmer mit Stahlrohrbetten ausgestattet. Die Fertigung der Einbauschränke erfolgte sicher nach Tauts genauen Angaben. Die Beleuchtungskörper wurden nach seinen Entwürfen vom Luxfer-Prismen-Syndikat ausgeführt.
Taut kommentierte sein Musterhaus folgendermaßen: Es sei, als Arbeiterwohnhaus für eine kinderreiche Familie, der »Proletarier« unter den Weißenhof-Häusern. Durch die glattflächige Bauweise, die genormten Teile und die Einbauten glaubte er den Baupreis auf zehn- bis zwölftausend Reichsmark niedrig halten zu können. Die Belebung des wenig gegliederten Hauses durch Farbe innen und außen, die Anpassung an die landschaftlichen Gegebenheiten sowie die Erweiterung der Wohnfläche in den Außenraum durch Dachterrassen und Gartenplätze, außerdem die funktionsgerechte Zusammenfassung der Lebensbereiche und die Variabilität des Wohnraums entsprachen Tauts langgehegten Vorstellungen.
Es erstaunt demgegenüber, daß Bruno Taut in jedem seiner Einzelhausentwürfe mit Mädchenzimmer menschenunwürdig kleine Räume dafür einplante. Dies gilt insbesondere für das Weißenhof-Haus, das von der Typenbeschreibung seitens der Bauleitung – zumal als »Arbeiterwohnhaus« – gar kein Mädchenzimmer vorsah und nicht auf spezifische Bauherrenwünsche einzugehen hatte. Hier war in der 4,3 m^2 großen Mädchenkammer auch noch das Ausdehnungsgefäß für die Heizung untergebracht, was den Raum zusätzlich um einem Kubikmeter verkleinerte. Im Obergeschoß waren auch keine sanitären Einrichtungen eingeplant. Bereits Hildegard Grünbaum-Sachs, die 1929 im Auftrag der Reichforschungsgesellschaft die Weißenhof-Häuser zu beurteilen hatte, mahnte jene »rückständige Behandlung« der Mädchenkammer an.[173]
Die Umfrage bei den Bewohnern des Stuttgarter Taut-Hauses im Jahre 1929 erbrachte herbe Kritik an dessen Bewohnbarkeit.[174] »Im Haus Bruno Taut (...) sind die Schlafzimmer beinahe winzig, mit ungenügender Lüftung – kleine nach Süden gelegene Fenster; den zum Kinderzimmer bestimmten Raum konnte der Bewohner aus denselben Gründen nur als zeitweise benützten Bibliotheksraum, nicht als Wohnraum verwenden.« In seinen Ausmaßen muß es trotz bester Absichten zu klein für eine mehrköpfige Familie gewesen sein. Die räumlichen Zuordnungen waren zu knapp bemessen. Taut rechtfertigte die zahlreichen technischen Mängel mit unsachgemäßer Ausführung.[175]
Zwei wichtige Punkte bezogen sich jedoch direkt auf sein angestrebtes Ziel: Es wurde beanstandet, daß die Wände aufgrund ihrer Konsistenz das Einschlagen von Bilderhaken nicht zuließen – ein im Sinne Tauts willkommener didaktischer Nebeneffekt. Außerdem habe die Farbgebung der Innenräume die Bewohner »irritiert«. Darauf antwortete Taut lakonisch: »Die für die Ausstellung ausgeführten Anstriche können unmöglich jedem Mieter recht sein: sie sind auch nicht in diesem Sinne gemeint.«
Paul Bonatz, ein ehemaliger »Mitschüler« Tauts bei Theodor Fischer und inzwischen der Kopf der »Stuttgarter Schule«, hatte für die Innenfarbigkeit im Haus Taut wenig Schmeichelhaftes übrig: »Und in der Weißenhofsiedlung 1927 hatte er [Bruno Taut] zwei ziemlich gleichgültige, im Grundriß sogar spießbürgerliche Häuser gebaut, aber die Zimmer waren in brutalen Lackfarben, so wie sie in der Farbschachtel lagen, in sechs verschiedenen Tönen bemalt. Die Decke knallgelb, die eine Wand knallblau, die andere knallrot, die dritte knallgrün ... und der Fußboden rabenschwarz – ›pour épater le bourgeois‹ (›um den Bürger zu verblüffen‹).«[176]
Werner Hegemann, erklärter Feind der modernen Bewegung und Anhänger von Paul Bonatz, schrieb: »Was sollen in dem sonst so zahmen Hause die wilden Farben? Kurz nach der Revolution machte man solche Dinge. Wer hat heute für derartige Inflationswitze noch Interesse?«[177]
Doch auch Kritiker, die dem »Neuen Bauen« offen gegenüberstanden, konnten dem Haus Bruno Tauts auf dem Weißenhof kaum etwas Gutes abgewinnen. Robert Tautz, der unermüdliche Mitstreiter Tauts aus Falkenberg, vermied diplomatisch eine eigene Stellungnahme: »Von dem Einfamilienhaus Bruno Tauts, das durch seine in lebhaften Farben gehaltenen Außenwände sich von den anderen Bauten stark abhebt, behauptet die recht undankbare Berliner Malerzeitung, daß in ihm eine wahrhaft barbarische Farbgebung herrsche.«[178]
Rudolf Pfister, der später (1968) eine Monographie über Tauts Lehrmeister Theodor Fischer veröffentlichen sollte, verlieh seinem Abscheu mit dem griffigen Terminus »Anilinwahnsinn« Ausdruck.[179] Die Kritiker warfen Taut hauptsächlich unsensible Farbgebung vor: »In solchen Räumen können sich nur Leute mit ganz abgestumpften Sehnerven, die stärkster Reize bedürfen, gleichsam farbig Schwerhörige, aufhalten.«[180]
Der Berliner Architekt Ludwig Hilberseimer erinnerte sich: »Die Architekten, die an der Weißenhofsiedlung in Stuttgart teilnahmen, kamen überein, daß die Gebäude alle die gleiche Farbe haben sollten: Weiß! Bruno Taut war der einzige, der für sein Haus, innen und außen, starke Farben verwandte. (...) Nur Bruno Taut ignorierte das Übereinkommen. Er strich sein Haus in starken, kontrastreichen Farben an, was in merkwürdigem Gegensatz stand zu dem vorherrschenden Weiß der anderen Häuser – eine der letzten Äußerungen des Expressionismus.«[181]
Der Bericht zur Farbenrekonstruktion im Kontext denkmalpflegerischer Maßnahmen differenziert allerdings das Bild vom »klinisch weißen« Funktionalismus der Weißenhofsiedlung:

Nahezu jedes Haus war in irgendeiner Weise farbig gefaßt.[182]
Anscheinend war Tauts Farbideologie trotz seiner publizistischen Bemühungen nicht klargeworden, hatte man nicht verstanden, daß sein Farbkonzept für den Innenraum tiefere Wurzeln hatte: dem Erziehungsziel einer frohen und befreienden Selbstfindung zu dienen. Bruno Taut soll dem Protest junger, an der Siedlung beteiligter Architekten entgegengehalten haben: »Das menschliche Auge ist degeneriert, es gehört zur Aufgabe der Architektur, das menschliche Auge zu regenerieren.«[183] Dies ist ein wichtiger Argumentationsstrang innerhalb der Prinzipien Tauts zur Farbgestaltung. Womöglich aber entsprachen die Farben, welche die Kritiker monierten, gar nicht Tauts Auswahl. Denn dieser schrieb am 22. Juli 1927 an Mies van der Rohe, daß er die Farbgebung seines Hauses aus der Ferne nicht beurteilen könne. Eventuell seien die Maler nicht exakt nach seinen Anweisungen vorgegangen.[184]
Wenn aber Walter Baedeker zu diesem Wohnhaus bemerkte, es sei »praktisch, aber unpersönlich«,[185] so galt dies Bruno Taut gewiß nicht als Negativkritik. Er hatte hiermit einen Prototyp schaffen wollen, der allerdings das Schicksal aller Musterbauten des Weißenhofs teilte: nicht in die Serienproduktion zu gehen.

Demgegenüber ist Tauts Ausbau des **Hauses Hyuga in Atami** als ein Höhepunkt in seinem baumeisterlichen Schaffen anzusehen. In den dreieinhalb Jahren seines Japan-Aufenthaltes nach der Flucht 1933 hat Bruno Taut keine Gelegenheit erhalten, selbständig einen Bau zu errichten. 1935 schloß er sich zunächst einem Projekt an, dem Bau der Villa Okura in Tokio, die von einem japanischen Architekten bereits nahezu fertiggestellt worden war. Tauts Anteil beschränkte sich dabei auf den Möbelkauf und die Anbringung von Lichtschutz an den Fenstern.
Im Jahr darauf aber erhielt er von einem Bauherrn namens Hyuga den Auftrag, einige Sommerräume in dessen Villa in Atami auszubauen.[186] »Er kaufte im Laden eine Lampe von mir und wollte mich daraufhin kennenlernen.«[187]
Auf diese Weise konnte Taut zumindest im Anbau an ein bestehendes Haus weitgehend das umsetzen, was er als die sinnvolle Synthese von japanischer und europäischer Wohnkultur erachtete: »Interessant ist dabei die Aufgabe, Europäisches und Japanisches in einer Gruppe von 3 Räumen zusammenhängend in Harmonie zu bringen.«[188] Die Japaner selbst würdigten die so entstandene Raumflucht im Hause Hyuga als Versuch, die Schönheit der japanischen Architektur, die Taut unermüdlich gepriesen hatte, »auf Tautsche Art« zu rekonstruieren.

Die Lage dieser Sommerräume in Atami warf ungewöhnliche Schwierigkeiten auf: Sie sollten unterhalb der Veranda des Haupthauses in den Berghang eingeschnitten werden und doch von drei Seiten Licht erhalten. Taut hatte also in das Fundament der Villa selbst hineinzubauen. Es ergab sich ein langgestreckter Unterbau, offen zum umgebenden Garten und mit Blick aufs Meer. Die Räume unterlagen vollständig dem Gestaltungswillen Bruno Tauts. Jedes Detail klärte er, wie üblich, persönlich mit dem Bauherrn ab – »Allein in 3 Spezialpapiergeschäften mit ihm herumgezogen, um eine ganze Kleinigkeit in seinem Wohnzimmer zu verbessern«[189] – und setzte sich intensiv mit dieser Herausforderung auseinander: »Und dann wird es noch viel Arbeit kosten, nicht nur mit Korrektur, auch mit Materialauswahl, Kontrolle, Farben etc. (...) Ich sah beim Zeichnen: es ist auch eine Sache der Kunst, die geraden Linien an der richtigen Stelle zu ziehen. Die Harmonie der Proportionen, ihre flüssige Gesetztmäßigkeit ohne starres Schema ist eine wunderbare Sache. Ich studiere nun Kobori Enshu praktisch und am Detail.«[190]
Von einer Treppe aus dem Flur des Hauptgebäudes erschließt sich eine Flucht von Räumen: der Tanz- und Tischtennissaal mit Sitzecke, das Gästezimmer »im westlichen Stil« und der japanische Tatamiraum. Der Gebäudeteil ist in drei Ebenen komponiert, deren Höhenunterschiede durch Stufen ausgeglichen werden. Seine Orientierung zielt nach draußen auf die Natur vor den großflächigen Schiebefenstern. Jeder Saal ist in der Decken- und Fußbodengestaltung von den anderen unterschieden. Raumteiler in Form von weitgespannten Schiebetüren gestalten die Erstreckung und die Wirkung der Raumfolge variabel. In der ausschließlichen Verwendung natürlicher Materialien, insbesondere von Edelhölzern, liegt der besondere Reiz dieser Innenräume. Die Holzverarbeitung in Fachwerk, Pilastern, Stufen, Decken- und Bodenlatten zeugt von hoher handwerklicher Qualität in japanischer Tradition. Zusätzlich wurden Bambus in verschiedenen Stärken, Reispapier und Seide verarbeitet. Diese Räume leben von dem stark rahmenden Charakter des dunklen Holzes: Es faßt glatte, helle Putz- und Seidenflächen, geflochtenes Material, Bambus und Fensterglas ein.

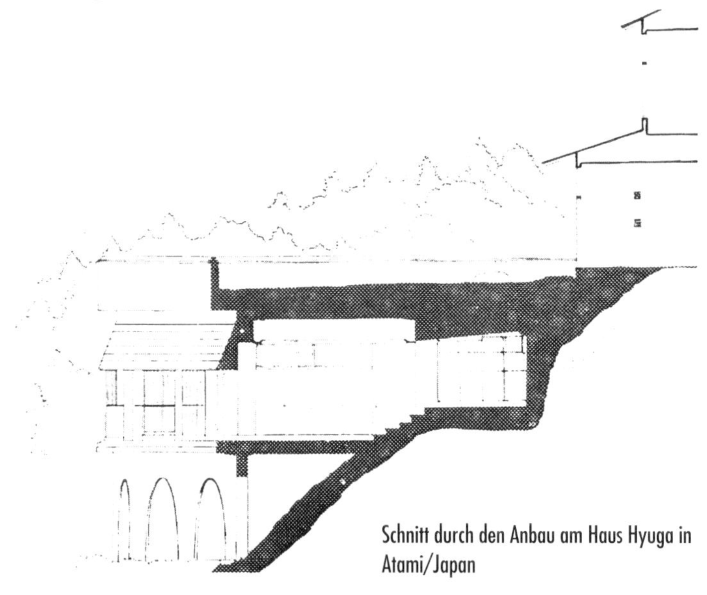
Schnitt durch den Anbau am Haus Hyuga in Atami/Japan

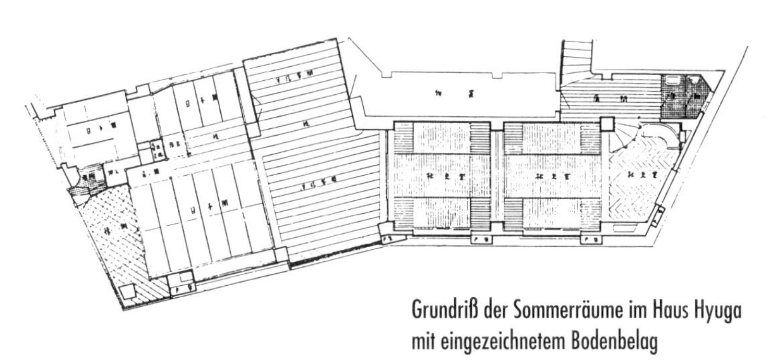
Grundriß der Sommerräume im Haus Hyuga mit eingezeichnetem Bodenbelag

Vorraum mit Bambusrahmen,
Durchblick zum Tanzsaal

Treppe zur Sitznische im Tanzsaal
(rechts oben)
Tanzsaal im Haus Hyuga
(rechts Mitte)
Lichterkette im Tanzsaal
(rechts unten)

Von der Treppe aus dem Haupthaus gelangt man in eine Vorhalle, die von einer Reispapierlampe nach Tauts Entwurf erleuchtet wird. Über ein Bambusgitter zum Tanzsaal in Form eines Uotatsu-Rahmens erhält die Vorhalle natürliches Tageslicht, das durch die großen Glasschiebetüren in den Tanzsaal dringt. Auf diese Weise wird die übliche dumpfe Atmosphäre eines Kellergeschosses aufgehellt. Links neben dem Gitter führt eine fünfstufige Holztreppe hinab in das erste Raumsegment des dreiteiligen Gesellschaftsraumes, eine verwinkelte Sitznische. Die Treppe ist aus unterschiedlichen hochpolierten Hölzern aufgebaut. Die Stufenauflagen wurden an der Außenseite dreiviertelrund herausgezogen, um die Bambusbögen, die das Geländer bilden, hindurchzuführen und so zu befestigen. Vergleichbar weiche Rundungen weist das Ecksofa mit seiner abgeschwungenen Polsterfläche auf. Es wird von einer Wandverkleidung aus jungen Bambusrohren hinterfangen, in die der Pragmatiker Taut fast unsichtbar ein Wandgefach »für ein Telefon oder Radio« einbauen ließ. Die zur Sitzgruppe gehörenden Lehnsessel entwarf der Architekt ebenfalls selbst. Sie erinnern in ihrer Schlichtheit an klassisch skandinavische Möbel. Die Decke in diesem Raumabschnitt besteht aus Holzlatten, die auf die Winkellage der Sitznische ausgerichtet sind. Das Material besteht hier wie bei den großen Pilastern aus dem Holz der »Kaiserlichen Paulownie«. Der Parkettfußboden aus Eichenholz ist hingegen im »Fischgrät« verlegt und entspricht damit der wohnlichen Kleinteiligkeit dieser Plauderecke.
Der Übergang zu den nächsten beiden gleichartigen, je fast quadratischen Raumsegmenten, der eigentlichen Tanzfläche,

wird von den beiderseits vorspringenden Holzpilastern und dem Wechsel der Verlegungsrichtung im Parkettboden markiert. Auf der Tanzfläche sind die Eichendielen in unterschiedlich großen, rechteckigen Flächen parallel verlegt und mit Teakholz eingefaßt. Jedem Raumkompartiment ist eine zweiteilige, gesproßte Glasschiebetür zum Garten zugeordnet. Darüber bilden querrechteckige Füllungen aus hellgelbem, poliertem Putz umlaufend den Übergang zur hölzernen Tragkonstruktion der Decke. Die Raumdecke gliedert sich in drei längsverlaufende Verlegungseinheiten, die von zwei Lichterketten an einer Bambusführung vorgegeben werden. Im Mittelteil verlaufen die Paulownienlatten parallel, korrespondierend zum Bodenbelag; rechts und links davon liegen sie wie in einem abstrahierten Flechtmuster zueinander. Dieses Spiel mit dem faszinierenden Naturmaterial trägt erheblich zur Belebung des Raumeindrucks bei. Schon 1908 in der ovalen Verandadecke des Sommerhauses Haarmann hatte Taut die spielerische Musterung durch Holzlatten gereizt.
Die Lichtinstallation verläuft entlang des gesamten Saales und diagonal hinein in die Sitzecke. Dazu wurde von je einem Dekkenbalken ein starkes Bambusrohr an Gliederketten abgehängt, daran hängen an unterschiedlich langen Metallketten »Miniaturglühbirnen wie Tischtennisbälle wellenförmig« herunter.[191] Am Rande der Tanzfläche sind sehr einfache, fast plumpe Stühle um grazile, einfüßige Cocktailtischchen gruppiert. Ihr Reiz liegt allein in der lebhaften Maserung des Holzes. Die Stühle entstanden vermutlich als eine erweiterte Fassung des Standard-Klappstuhls, den Taut für das japanische Zentrum für Industrie-Design, Kogeishidosho, entworfen hatte. Die Stühle sind eindeutig europäisch gedacht, versuchen jedoch sachlich die Waage zu halten zwischen diesen recht »japanischen« Räumen und dem dort vorgesehenen, westlichen Gesellschaftsleben.
Eine Schiebetür in der Gesamtbreite des Tanzsaales trennt dieses Raumgefüge von dem Gästezimmer »im westlichen Stil«, das sich in einem stumpfen Winkel anschließt. »Westlich« bezeichnet hierbei lediglich den Unterschied zum typisch japanischen Zimmer in Fußbodenbelag und Fenstereinteilung. Die Wandgliederung und das um fünf Stufen höhergelegene Podest im rückwärtigen, fensterlosen Teil des Raumes hat Taut trotzdem in japanischer Manier gestaltet. Ein schlichter Eichendielenboden wurde hier verlegt. Die Decke, die ebenso von einer breiten, hölzernen Tragkonstruktion unterfangen wird wie die des Tanzsaals, wurde in diesem Raum grau verputzt. Die Reflektionen des Tageslichts auf diesem Farbwert sollen den Effekt einer »indirekten Beleuchtung« erzielt haben. »Westlicher« als im Tanz- und im Tatamiraum sind die Fenster gestaltet: Die gesamte Außenwand dieses Raumes ist in einfach unterteilte, gläserne Faltelemente aufgelöst, die auf einer Schiene laufend gänzlich an die Seite geschoben werden können. Die Reminiszenz an faltbare japanische Wandschirme wurde auf diese Weise aufrechterhalten.
Die Gefache an den übrigen Wänden sind mit warmleuchtender roter Seide bespannt. Zum Podest hin, das auch als Aussichtsplatz dient, verdichten sich die Farbakzente. Hier werden weiße und naturfarbene Gefache zwischen rote gesetzt. Die Ansichtsflächen der raumbreiten Stufen sind unterschiedlich lasiert. Die Decke ist in diesem Bereich auf die Höhe der Tragkonstruktion abgehängt und als zart gegliederte Balkendecke ausgeführt. Durch ein mittig eingeschnittenes Karree aus quadratischen Milchglasscheiben erhält das Podest indirektes Licht. Für diesen »westlichen« Gastraum »wurden Tische und Stühle gemäß Tauts Entwürfen benutzt«. Auf den überlieferten Fotografien ist der Wohnraum allerdings völlig leer wiedergegeben, bestimmt vom Licht, das durch die Fensterfront ungemildert eindringt und von der Farbe und dem polierten Holz vielfach reflektiert wird.
Die Übergänge zum japanischen, ausschließlich mit den üblichen Tatami ausgelegten Raum, sind durch eine Vielzahl vermittelnder Elemente definiert: Eine breite Stufe zum Schuheablegen vor den hellen Schiebetüren, eine Tapetentür vom Podest des »westlichen« zu dem des japanischen Zimmers und die Oberlichte aus Zypressenholzstäben bilden die Membranen am Übergang von der einen zur anderen Kultursphäre. Es bestehen also vielfältige Beziehungen dieser beiden Wohn-

»Westlicher« Raum zwischen Tanzsaal und »Japanischem« Raum (oben) und Podest im »Westlichen« Raum mit Oberlicht

Podest mit Futonschränken und Schlafnische im »Japanischen« Raum

Durchblick vom »Westlichen« Podest zum »Japanischen« und Ausblick aus dem Tatamiraum in den Garten

räume untereinander, die den Eindruck großzügiger Durchlässigkeit vermitteln. Diese Komposition erscheint als ein besonders gelungenes Beispiel für die vollendeten Raumproportionen, die Taut in diesem wie in keinem anderen seiner Innenräume zur Reife führte. Seine Formel vom »unerhörten Beziehungsreichtum« der Architektur geht in diesen Räumen auf.

Die große Tatamifläche des letzten, japanischen Zimmers in der Raumflucht wird an zwei Seiten von den landestypischen Papierschiebetüren begrenzt. Sie verursachen das spezifisch diffuse Licht japanischer Häuser. Den rückwärtigen Raumteil bildet in Entsprechung zum »westlichen« Raum ein fünfstufiges Podest mit Wandschränken. In diesem Raum bestehen die Gefache und alle anderen Teile der Holzausstattung aus Zypressenholz mit Lacküberzug. Die verbleibenden Wandflächen sind hell verputzt. Der Tatamiraum ist etwas komplexer aufgebaut als der klarflächige »westliche« Raum. Zur besseren Begehbarkeit der Futonschränke wurde innerhalb der Stufenanlage eine kleine Empore mit niedrigem Geländer eingebaut. Deren Flächen leuchten ebenso hell wie die Gefache der Wandkonstruktion in diesem oberen Raumteil. Ebenerdig neben diesem Aufbau hat Taut eine Nische von 90 x 180 cm (= 1 Tatami) mit heruntergezogener Decke eingefügt, die eventuell als Schlafplatz für eine Einzelperson gedacht war. Im übrigen ist dieses Zimmer vollkommen leer. Man sitzt auf Tatami und schläft auf Futons, die tagsüber in den Wandschränken verstaut werden. An der Schmalseite des Raumes schließt sich hinter vier Schiebeelementen eine Loggia an. Von dort ist das kleine, externe Bad erreichbar, das an diesem Ende der Raumflucht das Pendant zur Sanitäranlage in der Vorhalle bildet.

Bruno Taut hatte sich in diesem ersehnten Auftrag nach langer bauschöpferischer Zwangspause ganz den japanischen Eindrücken hingegeben. Er empfand intensiv die Luftigkeit und Schlichtheit japanischen Wohnbaus und setzte diese Prinzipien im Anbau sensibel um: Er hatte sich vollkommen in die Aufgabe eingefühlt und jedem Raum seinen gestalterischen Charakter entlockt. Doch nicht nur den qualitativen und ästhetischen Anforderungen des Gastlandes zeigte er sich gewachsen; auch die Funktion dieser Raumflucht, nämlich im schwülen japanischen Sommer angenehmen Aufenthalt und geselliges Beisammensein zu ermöglichen, ist optimal erfüllt. Die Hanglage der Räume am Berg garantiert Kühle, die Durchlässigkeit der Außenhaut erfrischenden Luftzug und die Öffnung zum umgebenden Garten meditative Partizipation an der Natur. Soweit sich dieser Komplex aus den Fotografien erschließt, hat Bruno Taut ein höchst ästhetisches, durchkomponiertes Ambiente zwischen japanischer Raumauffassung und deutscher Solidität geschaffen. Die Villa Hyuga (1936) und das »Ettershaus« (1909) markieren Bruno Tauts herausragende Leistungen gestalterischen Könnens im Innenraum.

Ausstattungsobjekte

Nicht erst im japanischen Exil, wo er zwangsläufig ca. 600 kunstgewerbliche Objekte und Einrichtungsgegenstände entwarf, sondern seit Beginn seines Schaffens als Architekt hatte Bruno Taut jedes Ausstattungsdetail selbst entworfen oder ausgesucht. Ein Anliegen der Studie ist es, diesen in der Forschung vollkommen übergangenen Aspekt des Designertums Bruno Tauts zu erschließen. Denn das Verdikt der Taut-Forschung lautet dahingehend, daß sich Bruno Taut nicht mit den »Kleinigkeiten« der Wohnungsausstattung abgegeben habe: »Von Möbelentwürfen weiss ich garnichts, es sei denn, (...) die ›Kleinigkeiten‹, die er in Japan machte, weil er nicht zum Bauen kam. (...) Sicher hat er mal Einrichtungen skizziert, wie in ›Die neue Wohnung‹, aber mit Möbelentwürfen gab er sich nicht ab.«[192]

Das Entwerfen von »Alltagsobjekten« für die verhalten sinnliche, gediegene und doch fast asketische Ästhetik seiner Innenräume macht hingegen eine bedeutende Facette der Künstlerpersönlichkeit Bruno Tauts aus. Es ist die konsequente Erfüllung seines Dogmas, daß der Architekt der »Diktator der Lebensformen« zu sein habe. Er hat allerdings Kunstgewerbe- und Möbelproduktion immer dem Gesamtzusammenhang seiner Raumauffassung, der »synthetischen Idee des Baus« zugeordnet. Er lehnte Möbel und Objekte ab, die einem »Kunstwollen« entsprangen statt den Gegebenheiten des Raumes zu folgen: »Das Gerät aber, das aus der Einheitsidee [von Leben und Kunst] entsteht, wird zunächst nur praktisch und sauber sein wollen. Es wird immer die Einheit mit seinem Zweck suchen, es also z.B. vermeiden, wollüstig üppig in Erscheinung zu treten, wo sein Gebrauch ein sehr simpler ist.«[193]

Zur Pointierung der Fragestellung nach dem Design Bruno Tauts werden die Objekte aus dem Kontext der Innenraumentwürfe herausgelöst und in einen übergreifenden, systematischen Zusammenhang gebracht.

Tauts zahlreiche praktikable Anweisungen zur befriedigenden Gestaltung der Wohnung, zum Absägen, Glätten, Streichen überalterten Mobiliars sowie die detaillierte Schilderung seines eigenen Wohnhauses in Dahlewitz blieben nicht unreflektiert: Bruno Taut galt seiner Zeit *auch* als »Verfechter einer neueren Richtung auf dem Gebiet der (...) Innenausstattung«.[194] Und Tauts türkische Studenten erinnerten sich, daß er bei einer Ausstellung seiner eigenen Projekte in der Akademie zu Ankara auch »Entwürfe von Möbeln und Beleuchtungskörpern und sogar Stoffdessins« präsentierte. Sie bekannten: »Wir haben erst von ihm gelernt, daß ein Architekt sich auch mit Stoffmustern beschäftigen kann. Es hat uns damals sehr gefallen.«[195]

Es wäre allerdings unangemessen, Bruno Taut in vergleichbarem Maße wie Peter Behrens, Henry van de Velde, Josef Hoffmann oder Richard Riemerschmid als »Designer-Architekten« zu bezeichnen. Tauts Möbelentwürfe sind weniger durch seine Künstlerpersönlichkeit charakterisiert als vielmehr von seiner Suche nach dem bestbenutzbaren Möbel bestimmt. Ob als Eigenentwürfe oder »objets trouvés« entsprechen sie tradierten Gebrauchsqualitäten und haben insofern mehr mit Adolf Loos' Mobiliar gemein als mit den Objekten der Kunstgewerbebewegung. Taut hielt es, ähnlich wie Loos, nicht für erforderlich, unter allen Umständen *das neue Möbel* zu kreieren. Von seinen eigenen Entwürfen aus den Jahren 1919/20 und 1933 bis 1936 abgesehen, lag Taut eher daran, mit seinem sicheren Gefühl für den »schönen Gebrauch« das harmonisch Schlichte aus dem Angebot des Marktes herauszugreifen oder Vorhandenes entsprechend umzuformen. Statt für die Neuentwicklung von Anbau-, Siedlungs- oder Designermöbeln plädierte Taut eher dafür, aus dem bestehenden Marktangebot preiswerte Qualitätsmöbel, zum Beispiel Thonet-Stühle, auszusuchen. Sein Konzept war im Prinzip noch einfacher: die im Haushalt vorhandenen Möbelstücke ihres Zierats zu entkleiden und ihre Metamorphose mit Lackfarbe zu vervollständigen. Aus der Überlegtheit jedes Türgriffs oder auch des erkauften Mobiliars in seinen Bauten kann geschlossen werden, daß Bruno Taut in jedem Einzelfalle eine bewußte ästhetische Entscheidung fällte. Er überließ kein Detail dem unsicheren Geschmack anderer. Die Aussage seiner Mitarbeiter, er habe sich um jede Einzelheit gekümmert, ist plausibel. Im Entwurf von Beleuchtungskörpern entwickelte Taut sogar einige Phantasie. Er mag darin von den Licht- und Farbideen Paul Scheerbarts nachhaltig angeregt worden sein.

Sein Engagement in den »Kleinigkeiten« der Wohnungsausstattung läßt sich parallel zur Innenraum-Entwicklung verfolgen. Seinen Höhepunkt erreichte es in **Japan**, wo Taut sich der zugewiesenen Aufgabe gewissenhaft widmete und die Frucht seiner jahrelangen Überlegungen programmatisch zusammenfaßte. Bemüht um Einfühlung in das japanische Formempfinden, entwarf er dort modernes Zubehör zum Alltag. Zunächst analysierte er als Gutachter und künstlerischer Berater am Staatlichen Institut für Industrie-Design *Kogeishidosho* in Sendai mit großem Enthusiasmus die Produkte des modernen japanischen Kunsthandwerks für den Export. Seinen strengen Kriterien entging nicht, ob das jeweilige Stück »seinen Schönheitswert dauernd« behielt und »die restlose Durchbildung bis zur geringsten Einzelheit« befriedigend erreichte. Er meinte: »Auf diesem Gebiet ist wenig mehr als viel«,[196] womit er den Satz paraphrasierte, der Ludwig Mies van der Rohe in den Mund gelegt worden war: »Less is more«. »Jeder Gegenstand soll handlich, bequem und infolgedessen richtig in den Massen und in seiner Funktion sein, vor allem auch in der Anwendung der Materialien, so daß sich daraus die schöne Form ergibt.« Er ließ keinen Zweifel daran, daß die »schöne Form« Ergebnis, nicht Ausgangspunkt kreativen Formgestaltens im Bereich des Designs sein müsse.

Auch in der sonst recht sachlich durchgeführten Begutachtung für Kogeishidosho konnte Bruno Taut seine Polemik nicht zurückhalten, für die er in Deutschland bekannt war: »Wenn aber die Grundformen aus dem Gebrauchszwecke und aus der Funktion heraus geschaffen werden, so fallen die modischen Verzerrungen von Snobs und alle jene Übertreibungen weg, die mehr für den Gebrauch von dressierten Elefanten als von Menschen gemacht zu sein scheinen. An ihre Stelle tritt die durch ihre natürliche Einfachheit elegante Form.«[197] Dieser Satz verdeutlicht in Tauts spezifischer Ausdrucksweise *seine* Art des »Funktionalismus«. Die Kritik am Funktionalismus der »Ku'damm-Schickeria« lieferte er implizit mit. Der vorliegende Text beinhaltet eine weitere Positionsbestimmung Tauts, womit

er sich sowohl außerhalb der Bauhaus-Avantgarde als auch außerhalb der Anbaumöbel-Euphorie vom Ende der zwanziger Jahre stellte: »Die verschiedenen hier aufgezählten Gegenstände [die Kogeishidosho herstellen sollte] sollen nicht so entworfen werden, daß sie zusammen eine künstlerisch individuelle Einheit bilden. Jeder einzelne Gegenstand muß für sich allein durchgearbeitet werden. Qualitätsstücke passen immer zusammen.«[198]
Entsprechend der »Mission«, die Bruno Taut spätestens 1919 ganz deutlich empfunden hatte,[199] versuchte er auch in Japan didaktisch wirksam zu werden. Für die dortigen Verhältnisse schlug er vor, wie früher in Deutschland einen Propagandafilm mit den neuen (Möbel-)Stücken anfertigen zu lassen. In dem von Taut selbst zusammengestellten Werkverzeichnis, das seiner Personalakte der Preußischen Akademie der Künste beigeheftet wurde (1931), hatte er damals selbst angeführt: »Filmmanuskript ›Zeige mir, wie Du wohnst‹ 1924.«[200] Allerdings befürchtete Taut, die »Gebildeten« Japans mit den neuartigen Objekten zu brüskieren. Daher sollte der Film zeigen, »daß durch die modernen Gegenstände kein Verlust an traditioneller Kultur« entstünde.[201]
Erstaunlich häufig findet sich in Tauts japanischen Texten der Terminus »gebildet«. Es seien die »Gebildeten«, die hohe Qualität zu schätzen wüßten; sie sind seine Zielgruppe. Es scheint, als habe er der Masse, die er hatte erziehen wollen, den Rücken gekehrt und resigniert festgestellt, daß diese tatsächlich nur über das Vorbild der »Gebildeten« zu erreichen sei. »Mit ungebildeten Amerikanern und anderen Ausländern braucht Kogeishidosho nicht zu rechnen.«[202] Sein Wille zur wohnkulturellen Erziehung spricht immer wieder deutlich aus seinen Texten im japanischen Exil: »Das japanische Publikum muß in diesem Sinne erzogen werden. Die Gebildeten des Landes haben dabei eine große Aufgabe.«[203]
Die Stücke, die nach Tauts eigenen Entwürfen in Sendai hergestellt worden waren, wurden 1934 in Kyoto ausgestellt. Im November 1933 hatte bereits eine Ausstellung der Gegenstände stattgefunden, die er zuvor bei den Großmeistern des traditionellen japanischen Handwerks als besonders qualitätvoll und formal entwicklungsfähig ausgesucht hatte. Die Bewußtseinsbildung über das Medium sorgfältig überlegter, öffentlicher Ausstellungen leitete Taut demnach auch in Japan ein. Es gibt von ihm einen »Vorschlag für Ausstellungen von Kogeishidosho«[204], worin er die gesamte Raumanordnung, die Ausstattung und die erläuternden Texte für eine solche didaktische Ausstellung entwarf: In einem quadratischen Raum bildete er ähnlich wie beim Stahlwerks-Pavillon in Malmö 1914 eine Enklave aus Stellwänden mit Goldhintergrund. Darüber diente ein leichter weißer Stoff als Zwischendecke des imaginären Pavillons. In diesem »geheiligten Bezirk« sollten »in geschmackvollsten Anordnungen« die Spitzenstücke japanischer Handwerksmeister namentlich ausgestellt werden. Auf der silbernen oder grauen Außenseite dieser mittleren Stellwände sollte sich die Präsentation der besten Produkte von Kogeishidosho in Modellen und Zeichnungen fortsetzen, die ihren Anfang auf zwei gefalteten Wandschirmen in den beiden hinteren Quadranten des Raumes nähme. An diesen ebenfalls silbernen oder grauen Wandschirmen wären auf beiden Seiten Abbildungen der neuen Kollektionen von Lampen, Metallarbeiten und Möbeln symmetrisch, »aber locker« anzubringen. Besonderes Gewicht legte Taut auf die von ihm entwickelten Türdrücker »Entwurf Bruno Taut«, die an hervorragender Stelle präsentiert werden sollten. Die beiden Eingänge zum mittleren Pavillon stellte er sich jeweils von Schrifttafeln gerahmt vor: Oben sollte groß auf goldenem Untergrund »Kogeishidosho«, links und rechts auf senkrechten Schrifttafeln mit schwarzem Grund eine Tautsche Formulierung der Zielsetzung des Instituts prangen. Ringsum entlang der Hauptwände würden auf unterschiedlich angeschnittenen, schwarz bespannten und hinterfangenen Podesten Stühle, Tische und andere Möbelstücke der Produktion vorgestellt.
Für diesen Ausstellungsraum plante Taut wie in Malmö 1914 eine »Kapsel in der Schale« zur weihevollen Präsentation höchster Qualität. Dabei bemühte er sich um die Schlichtheit der Rahmeninstallation, damit die eigentlichen Hauptsachen, die Ausstellungsstücke, ihre ästhetische Wirkung ganz ungehindert entfalten könnten. Da die Wandflächen den Hintergrund für die schlichten, aber materiell wirkungsvollen Einzelstücke der Produktion bilden sollten, nahm er sie farblich ganz zurück auf ein edles und landesübliches, vermutlich wolkig aufgetragenes Gold und Silber.
Im Anschluß an seine mehrmonatige Tätigkeit für Kogeishidosho nahm Bruno Taut am 1. August 1934 seine Arbeit im Betrieb des Industriellen Inoue in Takasaki auf. Dort hatte er die Aufgabe, traditionelle Handwerksbetriebe ausfindig zu machen, die für Inoues Geschäft »Miratiss« in Tokio unter Beibehaltung ihrer Technik »modernes« Kunstgewerbe produzieren sollten. Das Motto für die Herstellung traditioneller Gegenstände für den modernen Gebrauch lautete: »(...) die guten bisherigen Leistungen müssen nur für die neuen Zwecke richtig angewendet werden.«[205] Der damalige Mitarbeiter Tauts in Takasaki, Mihara, etikettierte Tauts Funktion dort mit dem Begriff »Formgestalter«.

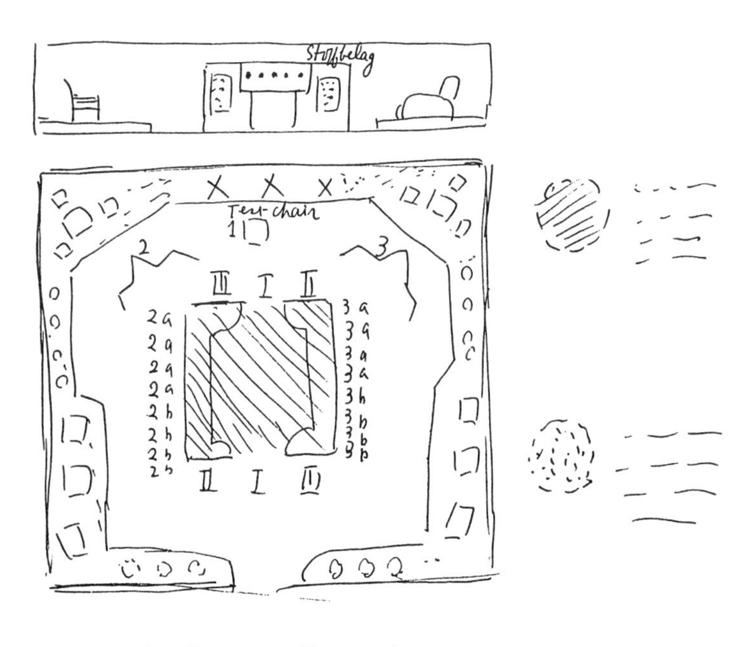

Skizze für einen Ausstellungsraum des japanischen Instituts für Industriedesign, Kogeishidosho, 6. 3. 1934

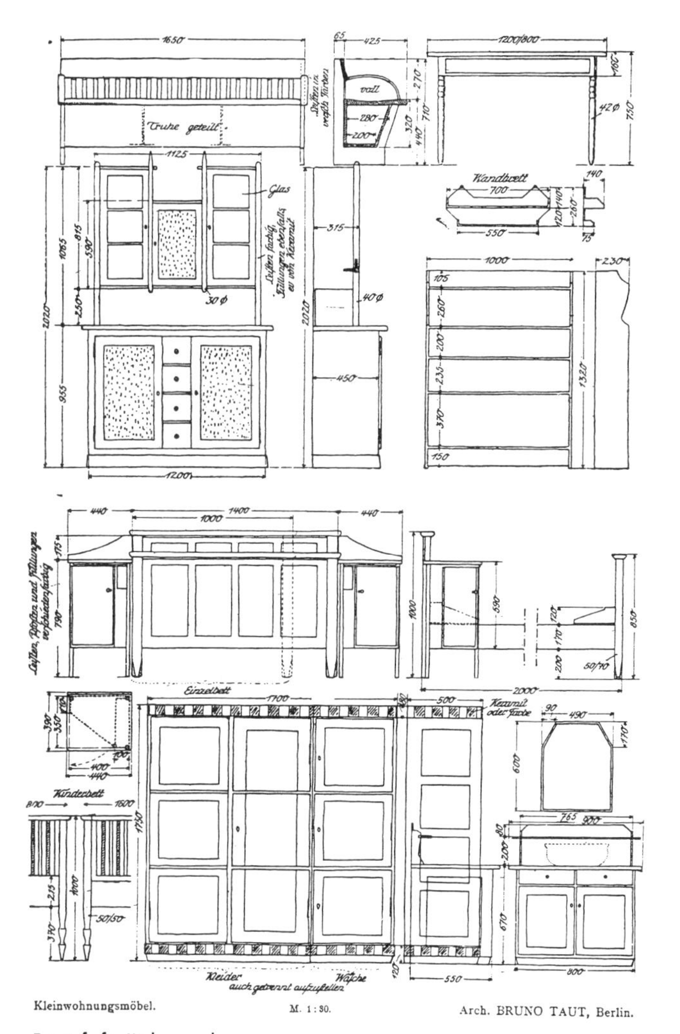

Entwürfe für Küchen- und Schlafzimmermöbel, 1919

Tauts eigener Sachgliederung im Traktat über die Aufgaben der Produktion in Takasaki entsprechend, wird seine kontinuierliche Entwurfstätigkeit für **Möbel, Lampen und kleinere Gebrauchsgegenstände** im folgenden nachgezeichnet.

Bruno Taut erwähnte 1919 in einem Brief an Karl Ernst Osthaus, daß er eine »Zimmereinrichtung« in Angriff genommen habe.[206] Im Jahr darauf schrieb er im Rahmen der »Gläsernen Kette« an seine Freunde: »Jetzt mache ich Arbeitermöbel.«[207] Das Ergebnis dieser Beschäftigung publizierte er 1920 in der Zeitschrift »Die Volkswohnung« im Rahmen eines Grundsatzartikels zur künftigen Wohnungseinrichtung.[208]

Die dort veröffentlichten Konstruktionszeichnungen für einfache **Möbel** übernahm er 1924 in sein Buch »Die Neue Wohnung«.[209] Die genauen Berechnungen, die Taut hierfür angestellt hatte, lassen erkennen, mit welchem Ernst er sich der Problematik des vernünftigen Möbels widmete. Das Ergebnis sind keine von genialer Künstlerhand skizzierten Meisterwerke der Raumkunst, sondern bürgernahe Gebrauchsmöbel in handwerksmäßiger Manier. Im Volkswohnungsartikel nahm Taut erstmals öffentlich Stellung zur Möblierungsfrage. Jedermann sollte seiner Meinung nach darauf achten, daß Möbel weitgehend eingebaut würden und nur die mobilen Objekte im Raum stünden. Denn die Wand müsse endlich von Kistenmöbeln befreit und als »raumumhüllender« Bestandteil wahrgenommen werden. Der Weg zur Reife der Wohnkultur könne nur durch die Schaffung von Möbeln bereitet werden, die überall hinpaßten und in sich immer gut seien. Als Maßstab für das einzelne Möbelstück legte er dessen Ausrichtung auf das Körpermaß und die Bewegung der Benutzer, auf den reinen Gebrauchszweck und die einfachste Reinigung zur Entlastung der Hausfrau sowie auf die Schönheit aus dem tektonischen Bau und den Proportionen heraus an. Die farbige Gestaltung gebe solchen Möbelstücken eine persönliche Note. Taut schlug vor, nur die Rahmen in Naturholz zu belassen und dann die Leisten und Füllungen in unterschiedlichen und klaren Farben zu lackieren.

Der Werdegang dieser Möbelstücke läßt sich mit geringfügigen Modifikationen von 1919/20 über 1925 bis ins Jahr 1936 verfolgen. Stuhl und Lehnstuhl sollten »lediglich auf die Festigkeit und Bequemlichkeit des Sitzes (...) sowie leichte Handhabung berechnet« sein. Aufgrund dessen wirken sie wenig spektakulär und sehr solide. Der Stuhl gliedert sich optisch und funktional in zwei Bereiche. Der zum Sitzen notwendige Teil reicht hinauf bis zum breiten Rückenbrett. Dieses unterstützt »an der richtigen Stelle das Rückgrat«. Darüber, in einem zweiten Teil, läßt Taut die durchgezogenen Hinterbeine in einer schlichten Volute endigen. Er verbindet sie mit einem Rundstab, der in der Mitte einen gedrechselten Handgriff aufweist. Dieser »Aufbau« wurde ausschließlich zum Hantieren mit dem mobilen Objekt geschaffen: »Die Rückenstütze ist erheblich tiefer gelegen als üblich, weil unsere Rücken heute unten die Neigung zur Ermüdung haben. Die Leiste darüber ist lediglich Griff.«[210] Die geschwungenen Vorderbeine enden bündig unter einer glatten Sitzfläche aus Vollholz. Die unteren Querhölzer brachte Taut nach eigenen Aussagen deshalb an, weil der »heutige Mensch«, besonders Kinder, dazu neigten, die Füße dort aufzustützen.

Der zugehörige Lehnstuhl ist aus demselben Prinzip heraus entwickelt. Arm- und Rückenlehnen formieren sich aus der geschlossenen, breiten Holzfläche mit kräftigem Schwung. An den Hinterbeinen beider Sitzmöbel Tauts fällt die Kehlung auf, die er so verblüffend ähnlich zum Beispiel auch an Türfüllungen einiger seiner Siedlungsblocks, im Sommerhaus Haarmann und im Versammlungsraum von »1892« ausführen ließ. In einer Zeit, da die Bauhaus-Möbel bereits in Serie produziert wurden, bestand Taut auf herkömmlichem Sitzkomfort; die Bequemlichkeit seines Mobiliars sollte keinesfalls einer Avantgarde-Position geopfert werden.

Die Konstruktionszeichnungen von Tauts Hand beinhalten außer den Sitzmöbeln zwei Schrankentwürfe, einen Bücher- und einen Kleiderschrank. Der Bücherschrank besitzt Sprossenglastüren in glatter Rahmung und ausziehbare Seitenflächen als Ablagen. Der Kleiderschrank besteht aus zwei Teilen und gewährt ausreichend Raum für hängende Kleider und gestapelte Wäsche. Seine Türen sind in Kassettenfüllungen gegliedert und oben und unten mit einem Würfelfries versehen. Vermutlich galt auch für diese Schränke die Angabe, die Taut zur Gestaltung des Doppelbettes gemacht hatte: »Leisten, Pfosten und Füllungen verschiedenfarbig«. Auch das Vertiko, das

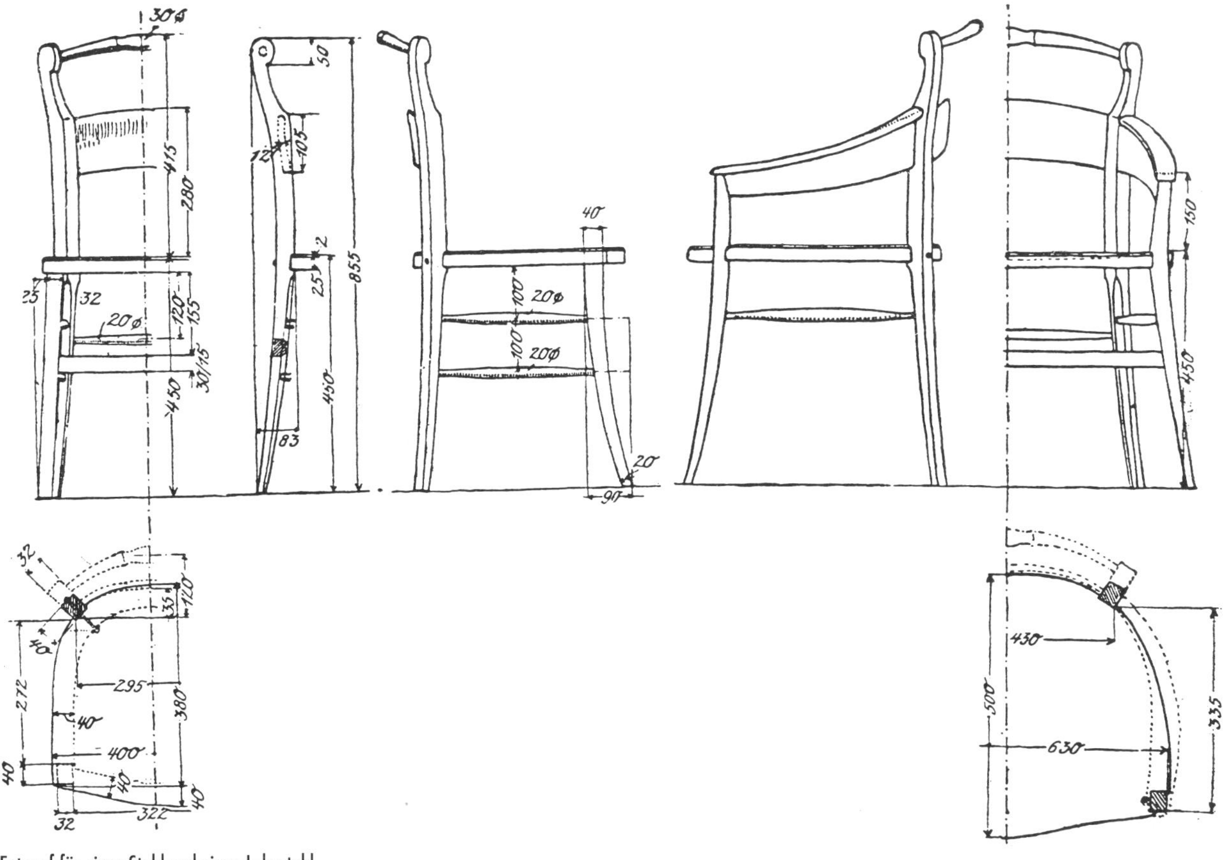

Entwurf für einen Stuhl und einen Lehnstuhl, 1919

er in einer »gereinigten« Form als Ausstattungsstück beibehielt, sollte mehrfarbig gefaßt werden.
Besondere Aufmerksamkeit gilt einem Schreibtisch aus dieser Entwurfsserie, da dieser genauso wie 1920 publiziert im »Blauen Zimmer« in Haus Taut, Dahlewitz II., stand. Über zwei seitliche Holzschränkchen, die nach vorne und hinten mit je einer glatten Tür zu öffnen sind, liegt die rechteckige Schreibplatte auf. Ihre Kanten sind abgeschrägt, und der Sitzplatz ist trapezförmig eingeschnitten. Unterhalb dieser Ausbuchtung befindet sich eine Schublade. Der Schreibtisch stellt das einzige Objekt aus dieser frühen Entwurfsphase dar, das sich Bruno Taut für seinen eigenen Bedarf tischlern ließ.
Im Jahre 1925 beteiligte sich Bruno Taut mit jenen Möbelentwürfen für eine komplette Wohnungseinrichtung an der Weihnachtslotterie des Deutschen Roten Kreuzes sowie an einer Wohnungsausstellung. Das Deutsche Rote Kreuz verloste als ersten Preis der Lotterie unter dem Motto »Wohnung und Hausrat« ein von Max Taut entworfenes Einfamilien(fertig)haus. Die beigefügte Empfehlung lautete dahingehend, »alle Räume (...) bürgerlich praktisch mit den formenstrengen Möbeln von Bruno Taut eingerichtet zu denken«.[211]
Auf Anordnung des Reichskunstwarts Edwin Redslob wurde unter demselben Titel »Wohnung und Hausrat« von der Arbeitsgemeinschaft für Deutsche Handwerkskultur eine Wanderausstellung zur Volksbildung organisiert. Sie sollte »das Publikum um einen kleinen Schritt weiter an die vereinfachte Wohnungseinrichtung (...) führen«.[212] Zu diesem Zwecke wurde sie zuerst im Gesundheitshaus Kreuzberg gezeigt, das im April 1925 eröffnet worden war. Dort sollten im Kapellensaal der ehemaligen Erziehungsanstalt zukünftig wechselnde Ausstellungen zur Wohnungshygiene stattfinden. 1925 lag die durchschnittliche Besucherzahl immerhin bei 200 Personen täglich.[213] Neben Bruno Taut hatten die Möbeldesigner Ernst

Sitzmöbel nach dem Entwurf von 1919; ausgeführt 1925 für die Ausstellung »Wohnung und Hausrat« in Berlin

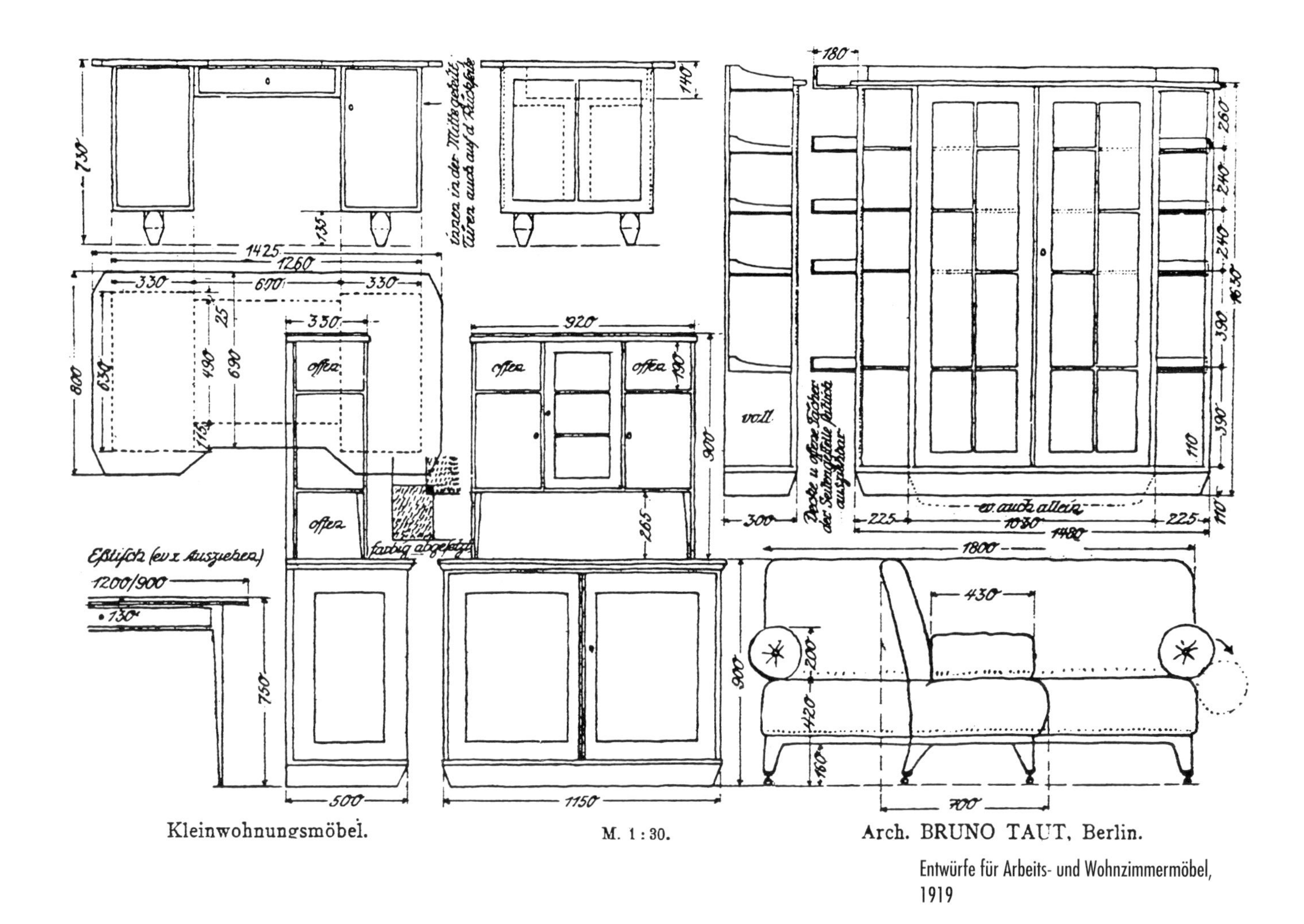

Entwürfe für Arbeits- und Wohnzimmermöbel, 1919

Schreibtisch nach dem Entwurf von 1919 im Arbeitszimmer von Dahlewitz II., 1927

Müller und Fritz Spannagel zur Bestückung dieser didaktischen Initiative beigetragen. Taut ließ jene 1919/20 von ihm entworfenen Möbel 1925 von ortsansässigen Tischlern arbeiten. Damit ist die erste Realisation dieser Möbelentwürfe fünf Jahre nach ihrer Entstehung nachgewiesen.
Die Kollektion Bruno Tauts umfaßte ein Wohn- und Eßzimmer, ein Arbeits- und ein Schlafzimmer, außerdem einen Küchenschrank, von dem keine Abbildung mehr existiert. In allen drei Zimmereinrichtungen kamen die oben beschriebenen Sitzmöbel zur Aufstellung. Im Arbeitszimmer fand sich der besagte Schreibtisch, dessen Maserungseffekte von dunklen Kanten eingefaßt und betont wurden. Beim exakt nachgebauten, verglasten Bücherschrank waren die Schlagleisten gegenüber dem Korpus farbig abgesetzt.
Zum Wohnzimmer gehörte eine Sitzgruppe mit schwarz überzogenem Polstersofa und je ein Sessel oder Stuhl um einen unverzierten, rechteckigen Eßtisch. Zwei einander entsprechende Kommoden mit je fünf kleinen Schubladen zwischen den beiden Türen flankierten die Sitzgruppe. Eine der Kommoden war durch einen Aufsatz zum Büffetschrank ergänzt. Auch dessen Korpus aus Birnbaumholz besaß in der Mittelachse farbig abgesetzte Schubladen. Die Wandgliederung nahm die Farbkompartimentierung der geometrischen Flächen dieser Möbel auf: Von der dunklen Fußleiste bis in Paneelhöhe waren die Seitenwände hell gestrichen; in der Mitte der Stirnwand zog sich die dunklere Farbe der übrigen Wandflächen bis zum Boden, so daß das schwarze Sofa von einem starkfarbenen Kontrast hinterfangen wurde. Die Sitzgruppe war unaufdringlich als Mittelpunkt des Raumes charakterisiert, was ihrer Funktion im Familienleben angemessen erscheint.
Die Abbildung vom Schlafzimmer gewährt nur einen schwachen Eindruck von der Raumgliederung. Laut Bildunterschrift sollen die Decken chromgelb, die Seitenwände und die dunkel

gerahmte Fläche hinter dem Kopfteil des Doppelbettes tiefgrün gewesen sein. Die Stirnwand erscheint hell und seitlich durch einen weiteren Farbton in ca. 40 cm Breite ergänzt. In diesem Raum gingen nur die Stühle auf die Entwürfe von 1919/20 zurück. Bei Kleiderschrank und Doppelbett scheinen die damals vorgesehenen Kassettierungen zugunsten glatter, ruhig wirkender Flächen zurückgenommen worden zu sein. Die Schlafzimmermöbel waren mattgrün lackiert, beim Doppelbett die Pfosten und die seitlichen Ablagen dunkel gegen die Füllungen abgesetzt. Der dreigliedrige Kleiderschrank besaß in der Mitte eine Spiegelfront. Genau gegenüber hing ein kleiner, rechteckig gerahmter Spiegel über der traditionell wirkenden Waschkommode. Dieses Schlafzimmer mag durch die Farbigkeit von Raum und Möbeln erfreulich hell und wenig monumental gewirkt haben.

Wohnzimmermöbel nach den Entwürfen von 1919 bei der Ausstellung »Wohnung und Hausrat«, 1925

Schlafzimmermöbel bei der Ausstellung »Wohnung und Hausrat«, 1925

Beidseitig benutzbarer Geschirrschrank in Dahlewitz II.

Gerade in diesen Möbelentwürfen bewies Bruno Taut die Kontinuität seiner Auffassungen. Er ging hierin seinen ganz eigenen Weg zwischen Avantgarde und Anbaumöbel-Heroen wie Fritz Spannagel, Paul Griesser oder Ferdinand Kramer. Es lassen sich durchaus Zugeständnisse an das von der »Bauhaus-Moderne« verschreckte Publikum erkennen. Eine Frauenzeitschrift kommentierte den Hausrat »dieses entschiedenen Wohnungsreformers« verständnisinnig: »Viele, die vor der Theorie erschrecken, werden bei diesen Möbeln Vertrauen fassen zu den Anregungen von Bruno Taut.«[214] Der Entwerfer nahm selbstkritisch und doch publikumswirksam zur Rückständigkeit seiner Möbel des Jahres 1925 Stellung: Die *verlangten* Entwürfe seien immer noch zu sehr der »alten Gemütlichkeit« verhaftet, die radikale Erneuerung habe noch nicht stattgefunden und sei in dieser Ausstellung auch nicht vehement genug vertreten worden. Die Anpassung an den Publikumsgeschmack, um nicht von vorneherein Ablehnung zu provozieren, habe lediglich dazu geführt, »Verbesserungen innerhalb der bestehenden Gewohnheiten und Verhältnisse« aufzuzeigen. Da die »wirklich neuartige und rationell durchgebildete Wohnung«, die er in der »Neuen Wohnung« problematisiert hatte, keineswegs bereits im Bewußtsein des Publikums verankert sei, glaubte er sich »der Aufgabe nicht entziehen zu können und auch unter den gegebenen Verhältnissen im Sinne einer bewußten Konzession« mithelfen zu müssen.[215]
Dies klingt im Hinblick auf seine traditionell wirkenden Möbel zwar plausibel; bedenkt man aber, daß diese fünf Jahre früher unter einem anderen Blickwinkel entworfen worden waren und den Designentwicklungen dieser letzten Jahre in keiner Weise Rechnung trugen, so wirkt die Argumentation weniger überzeugend. Die Vermutung liegt allzu nahe, daß Taut sein Anliegen – und auch seine kurz zuvor erschienene »Neue Wohnung« – mittels dieser Ausstellung hatte populär machen wollen, doch angesichts der fieberhaften Entwurfsphase für die zahlreichen, parallel geplanten GEHAG-Siedlungen keine

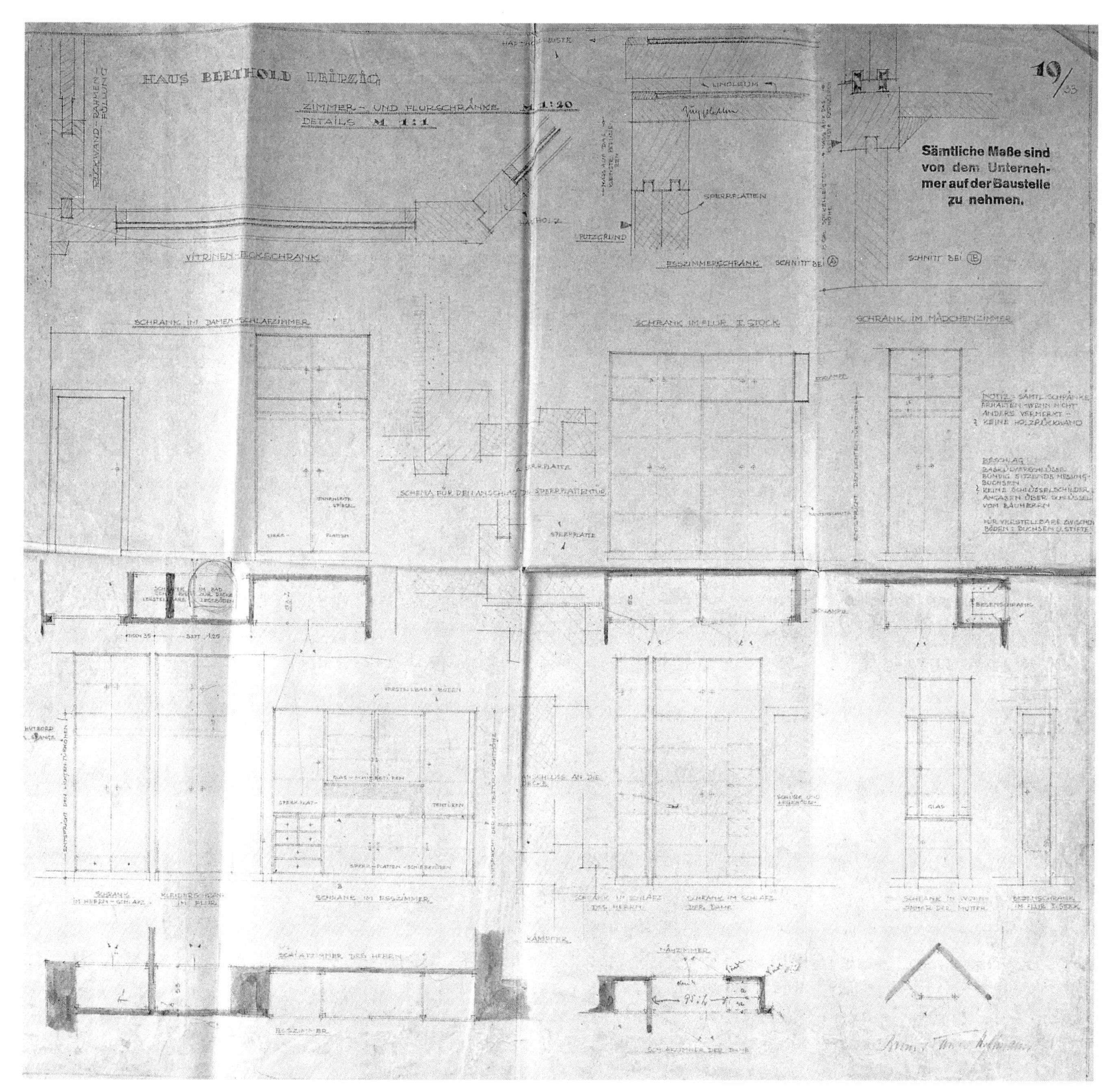

Entwurf für die Einbauschränke im Haus Berthold, 1926/27

Zeit erübrigen konnte, um wirklich adäquate Möbel zu entwikkeln. In den GEHAG-Musterwohnungen fanden Bruno Tauts Möbel von 1925 übrigens keine Aufstellung.

Tauts eingebaute Schranklösungen erscheinen hingegen neuartig und originär, an funktionellen und ästhetischen Ansprüchen des modernen Menschen orientiert. Seiner Neigung zum Einbaumöbel konnte Bruno Taut im Haus Berthold und in seinem eigenen Haus Dahlewitz II. im Jahre 1927 endlich uneingeschränkt nachgeben. Die Originalzeichnungen von Haus Berthold belegen, daß Taut jeden einzelnen der 14,80 laufenden Meter Wandschränke selbst entworfen hatte. Dabei achtete er auf ausgewogene Proportionen der glatten Naturholzflächen und auf eine sinnvolle Nutzung vor allem der oberen Stauräume in den Kleiderschränken. Die Wirtschaftsschränke der Anrichte und des Eßzimmers sind entsprechend ihrer vielfältigeren Nutzung stärker untergliedert als die Kleiderschränke. Besonders einprägsam gestaltete Taut den Schrank im Eßzimmer, dessen Ausführung exakt der Konstruktionszeichnung folgt. Lediglich die Griffe an den Glasschiebetüren im Mittelteil sind aus der Mittelachse an die jeweiligen Außenseiten verschoben. Ursprünglich soll der Schrank schwarz, weiß, grau und blau bemalt gewesen sein. Dieser Büffetschrank ist im Unterschied zu demjenigen in Dahlewitz II. nur eindimensional nutzbar, jedoch vielfältiger gegliedert.

In der Dahlewitzer Eßecke ist die Wand zwischen Hauptraum und Spülküche beidseitig und durchgehend in Schrankkompartimente aufgelöst. Zum Eßtisch hin ist der Einbau ca. zwei Meter hoch und deutlich in zwei Zonen eingeteilt. Die Zone in Kopf- und Reichhöhe besteht aus vier Doppelflügeltüren, die paarig untereinander angeordnet sind. In der Spülküche ent-

Entwurf für ein Strandhotel in Rangsdorf, 1929

spricht die Aufteilung der Schrankwand der auf der Eßzimmerseite. Es wurde jedoch eine dritte Zone bis zur Zimmerdecke als Stauraum für größere Kochgeräte hinzugefügt. Der mittlere Teil dieser Gefachanordnung beinhaltet das Geschirr und ist von beiden Seiten erreichbar. Somit kann das gespülte Geschirr von der Küche her eingestellt und im Eßraum zum Tischdecken herausgenommen werden. Auf demselben Wege wird das benutzte Geschirr der Spüle zugeführt, das Abtragen entfällt. Bruno Taut bezeichnete beide Einbauschränke als »Wandbüffet«. Mit diesem Terminus verblieb in seinem Sprachgebrauch eine Reminiszenz an das gerade von ihm so verpönte »Büffet« der Gründerzeit. Es wurde jedoch optisch und funktional in die Wand integriert und somit in die Fläche gebannt. Auf diese Weise war es auch im raumkünstlerischen Sinne als sinnvoll-funktionstüchtiges Gliederungselement wirksam.
Stühle und Wandschränke waren immer die von Bruno Taut favorisierten Möbelstücke. In Japan hatte Bruno Taut noch einmal reichlich Gelegenheit, verschiedene Standard-Modelle von Stühlen zu entwickeln. Sie wurden in Sendai gefertigt und galten wohl auch als Lehrstücke. Tauts Meinung nach hatte einer Entwurfszeichnung die gründliche persönliche Überprüfung des Sitzkomforts und sämtlicher tektonischer Aspekte voranzugehen: »Ein guter Stuhl z.B. muß mindestens in 20 naturgetreuen Modellen durchprobiert werden«, bevor die Einzelheiten von adäquatem Material etc. geklärt werden können. Dabei sollte die japanische Sitzmöbelproduktion unbedingt an ihrem traditionell eingeschränkten Stuhlrepertoire festhalten. Einer der Vorschläge ist auch für seine Einschätzung des deutschen Stahlrohrmöbels bezeichnend. Er lautete: »z.B. kann der alte federnde Daimiostuhl zu einer Form geführt werden, die dem Stahlrohrmöbel an Komfort, Leichtigkeit und Dauerhaftigkeit überlegen ist.«[216]
Taut hatte in seiner herben Kritik an der Bauausstellung 1931 in Berlin das Stahlrohrmöbel als absurde Mode gebrandmarkt. Sein Sohn Heinrich erinnerte sich diesbezüglich: »Sein Vorzug, (...) daß er [Bruno Taut], was viele Dinge des Wohnens, also auch Möbel, Inventar usw. betrifft, garnicht so ›originell‹ sein wollte. Stahlrohrmöbel, wie sie damals die Kurfürstendamm-Schickeria vom Bauhaus bezog (...), lehnte B.T. als zu konstruiert ab: Ironisch zitierte er gern Morgenstern ›Wenn ich sitze, will ich nicht sitzen, wie mein Sitzfleisch möchte, sondern wie mein Sitzgeist – säße er – den Stuhl sich flöchte‹, alles andere als moderne Zickigkeit.«[217] Da Taut in seinem Entwurf für das Strandbad Rangsdorf von 1929 einen Stahlrohrsessel zur Ausstattung des Hotelzimmers einzeichnete, empfand er das Stahlrohrmöbel im Kontext eines mondänen Bades womöglich als angemessen. Für die Wohnzwecke der Masse aber gab er traditionell erprobten Sitzmöbeln den Vorzug.
Die japanische Tradition allerdings sah ausschließlich für den fürstlichen Daimyo eine erhöhte Sitzgelegenheit vor, während alle übrigen Personen auf dem Boden Platz zu nehmen hatten. Der von Taut exemplarisch hervorgehobene Daimyo-Stuhl entsprach in etwa europäischen »Jägersitzen« oder »Regisseurstühlen« ohne Lehnen: Durch das Aufklappen eines Bambus-Gestänges entfaltet sich eine textile Sitzfläche. Aus diesem Mechanismus heraus entwickelte Taut einen Klappstuhl als Grundform des japanischen Export-Sitzmöbels. Er ist nach dem Prinzip einer Stufenleiter aufgebaut. Die vorderen Holme tragen die glatte, schmale Rücklehne; an den hinteren Holmen ist das Sitzbrett befestigt. Dieses wirkt außerordentlich tief und ist körpergerecht geformt. Zwei Streben stabilisieren unten das einfache Gestell. Dieser Prototyp nach Tauts Entwurf läßt sich, wenn auch ziemlich ungefüg in der Erscheinung, als wohlfunktionierend und einigermaßen bequem denken. Taut kommentierte seinen Prototyp: »Ein Standardstuhl für Massenbedarf, nicht für einen bestimmten Zweck. Bedingung dafür: billig, bequem, fest und gut aussehend.«[218]
In diesem Sinne sollten drei Varianten produziert werden: ein elegantes Modell, ein leichtes Bambusmodell und eines unter Betonung der »Schönheit des Holzes«. Von den Elementartypen, die Bruno Taut entsprechend seiner Checkliste von 1933[219] schuf, sollen hier zwei weitere vorgestellt werden. Diese beiden bei Junghanns publizierten Modelle entsprechen in ihrer Grundform weitgehend den Sitzmöbel-Entwürfen von 1919/20. Der gedrechselte Rundstab als Griff und die Anklänge an Voluten des frühen Stuhlentwurfs wurden bei dem in Japan gefertigten Modell beibehalten. Insgesamt sind jedoch die Beine stärker geschwungen und die Rücklehnen in drei oder fünf schmale Streben aufgelöst; die Sitzflächen erscheinen extrem tief. Die optische Zweiteilung des Stuhls ist gegenüber dem von 1919/20 gemildert, und im Sessel ist sie ganz zurückgenommen: Er bildet eine harmonische Einheit. Offenbar hatte sich das konkrete Erleben japanischer Materialliebe bereichernd auf Tauts Gestaltungen ausgewirkt. Die beiden in Japan hergestellten Sitzmöbel zeigen eine ausgewählt schöne Maserung des Holzes, welche durch die matte Politur der glatten Teile gut zur Geltung kommt. Die aufgelegten Zungen der Armlehnen scheinen auch haptische Reize zu vermitteln, als schmeichelten sie dem Tastsinn. Das angenehm beruhigende Erfühlen des glatten, warmen Materials vermittelt Qualitäten, die auch die japanischen Gürtelanhänger, die Netsukes, besitzen. Zu Tauts kunstgewerblichen Objekten, die im Tokioter Geschäft »Miratiss« verkauft wurden, soll ein »gebildeter Japaner (...) gesagt haben, alles wäre für das Betasten mit der Hand gearbeitet und dann erst fürs Auge – Herr Mihara berichtet das mit Freude als großes Lob.«[220]
In dieser wie in formaler Hinsicht kann der Lehnstuhl aus

Japan als reifes, vollständig neu durchdachtes Möbelstück von zeitloser Gültigkeit gewürdigt werden. Alle drei Sitzmöbel behaupten westlich-traditionelles Gepräge, künstlerische Ambitionslosigkeit und handwerkliche Solidität. Diese Kriterien lassen sich von der fortgeschrittenen Entwicklungsstufe, welche die japanischen Entwürfe Tauts anzeigen, bis zu den Ausstattungen des Sommerhauses Haarmann (1908) und des »Ettershauses« (1909) zurückverfolgen. Bei aller Umstrittenheit der Kontinuität in Tauts Werk können diese Aspekte zweifelsfrei als Konstanten seiner künstlerischen Ausprägung aufgefaßt werden.
Im Kontext der Produktion jener Möbelstücke formulierte Bruno Taut bei Inoue in Takasaki noch einmal grundsätzlich sein Verhältnis zum vernünftigen Möbel. Da diese Quellen bislang unveröffentlicht sind, Tauts Standpunkt aber in aller Deutlichkeit charakterisieren, soll eine längere Passage daraus zitiert werden:
»Der Stuhl ist zum Sitzen da. Seine Arm- und Rücklehne nicht. Er ist ein beweglicher Gegenstand und muß leicht zum Tragen sein. Ebenso wie die Stühle, so werden Tische, Schränke usw. für Menschen gebaut und nicht für Elefanten. Ihre Schönheit in der Form ist um so höher, je mehr sie für Menschen gebaut sind, die sich entsprechend ihrem Kulturniveau benehmen. Die Qualität des modernen Möbels entspricht also im wesentlichen dem Grade seiner Leichtigkeit. Die Formen müssen bequem und praktisch sein. Holz in Stärke, Auswahl und Behandlung muß absolut gerade so sein, wie es nötig ist, nicht mehr und nicht weniger. Die Qualität der Möbel im Westen besteht darin, daß bei denkbar größter Leichtigkeit die größte Festigkeit erreicht wird. In diesen Prinzipien begegnet sich die westliche Qualität durchaus mit der altjapanischen (...). Allerdings darf man nicht den Zweck eines Gegenstandes vergessen und die Festigkeit eines Stuhls in der Weise prüfen, daß man sich auf ihn heraufwirft anstatt sich auf ihn zu setzen oder sich auf seine Armlehne setzt, anstatt den Arm darauf zu stützen und dergl. (...) Die Tendenz beim Bau unserer Stühle ergibt sich aus dem Vorigen, ebenso bei den Tischen, den Schränken und dergleichen. (...) Einfachheit in der Form und Genauigkeit in den Maßen bedeutet keineswegs geringere Arbeit bei der Zeichnung und in der Werkstatt. Im Gegenteil erfordert der richtige Schwung sehr große Mühe in oft wiederholten Probemodellen, bis diese so einfach erscheinende Form wirklich befriedigt. Der Kenner weiß das. Das breite Publikum aber nicht. Es läßt sich durch billige Ornamente und geschmacklose Schnitzereien, die für ein paar Sen zu machen sind, bestechen. Außerdem sind moderne Möbel für das breite Publikum noch etwas Exotisches. Man will gewöhnlich nicht selbst auf diesen Stühlen sitzen, sieht nur nach dem Preis, wenn man im Warenhaus kauft, und prüft nicht, indem man sich auf den Stuhl setzt. So hat sich die Vorstellung gebildet, daß moderne Möbel geschmacklos sein müssen. Im Westen wird keine Hausfrau einen Stuhl kaufen, ohne sich vorher überzeugt zu haben, daß er auch bequem ist. Und sie wird immer ein plumpes und unsolides Stück ablehnen. Das gilt für alle Möbel. Das japanische Publikum muß in diesem Sinne erzogen werden.«[221]
Über seine eindeutigen Bewertungskriterien hinaus gab Taut hier ein merkwürdiges Bild seiner Einschätzung westlicher Kultur. Er schilderte, wie vernünftig sich doch Produkt und Konsument im Westen erwiesen. In Anbetracht seiner Erfahrungen mit der äußerst mangelhaften Rezeption zum Beispiel seiner eigenen Vernunftappelle, kann diesen in der Fremde geäußerten Sätzen lediglich didaktische Bedeutung im Hinblick auf die japanische Konsumhaltung zugemessen werden. Die »Elefanten« der westlichen Kultur kannte er nur zu gut.
Im Gesamtzusammenhang der Innenraumgestaltung Bruno Tauts nimmt also das selbstentworfene Möbelstück, insbesondere der Einbauschrank und das Sitzmöbel, einen wichtigen

Klappstuhl für den japanischen Export, 1933/34 (links).
In Japan gefertigter Stuhl – dem Entwurf von 1919 sehr ähnlich, 1933/34 (Mitte) und im japanischen Institut für Industriedesign gefertigter Lehnstuhl, 1933/34 (rechts)

Rang ein. Sie waren höchst praktisch und benutzernah durchformuliert – unspektakulär, aber solide und sinnvoll. Einbauten galten Taut auch als Raumgliederungselemente, seine Sitzmöbel erfüllten die Loosschen Anforderungen an »mobilste Mobilia«. Zwar blieben seine Entwürfe zumeist an die Bauten gebunden, für die sie geschaffen worden waren, was bedeutet, daß sie bis auf die Standard-Typen in Sendai nicht in Serie gingen und niemals die Popularität erreichten wie zum Beispiel Marcel Breuers Freischwinger B 34 oder die Anbaumöbel von Ferdinand Kramer. Doch bleibt zu konstatieren, daß Taut sich dieser Ausstattungsproblematik von Anfang an selbst widmete, eigene Konstruktionszeichnungen anfertigte und daß alle Entwürfe realisiert wurden. Im Rahmen des Gesamtwerks, sofern man wie bisher darunter vor allem seine städtebaulichen Ensembles subsumiert, treten die Möbelentwürfe in den Hintergrund. Sie belegen dennoch in der Kontinuität und Intensität, mit der Taut sie betrieb, eindeutig seine Grundhaltung: der umfassenden Schaffung des »schönen Gebrauchs« zu dienen.

Bruno Tauts Gedanken zur Produktion modernen Kunstgewerbes in Takasaki umfaßten auch das Objekt **»Lampe«**. Er artikulierte in diesem Zusammenhang seine lang gehegte Vorliebe für diffuses, sanftes Licht: »Japanisches Papier und japanische Seide für den Schirm geben mit anderen Materialien unerreichbare Weichheit des Lichts.«[222] Hinsichtlich der von ihm bevorzugten Stand- und Tischlampen lauten seine Forderungen knapp: »Auch sie müssen wie die Möbel bequem und praktisch sein. Sie müssen die richtigen Maße haben, damit das Licht nicht blendet. Und sie dürfen nicht zu schwer sein.« In den ca. eineinhalb Jahre zuvor geäußerten Vorschlägen für Kogeishidosho hatte Taut zusätzlich die Entwicklung guter Standard-Lampen für die Industrie befürwortet, »etwa wie seinerzeit Peter Behrens für die AEG in Berlin. Doch das erfordert sehr viel Erfahrung und die höchste künstlerische, d.h. schöpferische Reife.« Richtschnur aller Lampenentwürfe müßte laut Bruno Taut das alte japanische Prinzip sein: »Im Allereinfachsten liegt die allergrößte Kunst.«[223]
Ausgehend von diesen bewußten Stellungnahmen aus seiner Spätzeit, kann ein Blick auf seine Lampenentwürfe seit 1906 offenbaren, inwieweit er diesen Gestaltungskriterien in der Praxis bereits gefolgt war.
Grundsätzlich sind zwei Kategorien zu unterscheiden, in welchen Bruno Taut die Kraft des elektrischen Lichts umzusetzen pflegte. Entweder zeigten Ketten, Leitungen und nackte Glühlampen den direkten Weg des Stromes zur Lichtquelle sinnfällig an, oder aber Taut verkleidete die Lichtquelle mit glattem Papier oder Milchglas und erhielt somit eine indirekte Strahlung und diffuses Licht.
Die unverhüllte Darstellung des Lichts entsprach einer fortschrittlichen, mit vielen zeitgenössischen Designern geteilten Auffassung dieses relativ neuen Elements im ersten Jahrzehnt des zwanzigsten Jahrhunderts. Ausgerechnet Paul Schultze-Naumburg erläuterte 1908 in durchaus nachvollziehbarer Weise die ästhetischen Vorteile der nackten Darstellung von Energie in derartigen Beleuchtungskörpern: »Besonders reizvoll erscheint beim elektrischen Licht die Art der Montierung, bei der die einzelnen Lampen wie an Kettchen oder dünnen Drähten etwa in einem Kreis von der Decke herabhängen und so Gelegenheit geben zu einer Fülle von neuen und dekorativen Einfällen aller Art.«[224]
Diese Beschreibung antizipiert zugleich Tauts Gestaltung der beiden Lüster in den Gesellschaftsräumen des »Ettershauses« (1909). In der Originalzeichnung zu diesem Projekt hatte Taut in zeichnerischer Abbreviatur den Leuchter des Musikzimmers vorgegeben. Auf den Fotografien von ca. 1910 ist er tatsächlich wiedererkennbar: Ein großer Messing- oder Bronzering wird von an der Decke zusammenlaufenden Gliederdrähten gehalten. An jedem spiralförmigen Glied hängt jeweils eine flachgeschliffene Kristallglasstange wie eine letzte Reminiszenz an alte venezianische oder böhmische Kristallüster. An dem Ring sind in einfachen, glatten Fassungen acht kugelige, farblose Glühlampen montiert. Diese werden von wellenartig verlaufenden Schnüren unterfangen, die mit Glaskugeln in der Größe der Glühlampen verziert sind. Damit steht der Leuchter formal im Einklang mit dem stuckierten Wellenband des Dekkenornaments. Im weniger klar gestalteten, altdeutsch-dämmrigen Kaminzimmer reflektieren dunkle polierte Holz- statt Glaskugeln das ungebrochene Licht der zwölf Glühlampen, die in glockenförmigen Fassungen an einem breiten, profilierten Holzring angebracht sind. Dem entsprechen die zwölf vertikalen, mit je vier Holzkugeln alternierend bestückten Gliederdrähte, die den Halt an der Decke bewirken. Der Strom wird allerdings nicht über diese dekorativen Kugelketten zu den Glühkörpern geleitet, sondern jeder einzelne steht über eine separate Stromleitung mit der zentralen Verteilerbuchse in Kontakt.
Die übrige Beleuchtung im »Ettershaus« erfolgte über einzelne Glühlampen, die entweder nur starr gefaßt oder von glatten Glaskegeln bekrönt (Leseraum, Speisesaal, Gastzimmer), an langen Ketten von der Decke herab (Wintergarten) oder an einfachen, geschwungenen Bügeln an den Wänden (Kaminzimmer) befestigt waren. Die Ausführungen entsprachen in ihrer Einfachheit den rudimentären Angaben in Tauts Bauzeichnungen. Sie erscheinen wie eine Vorwegnahme der vereinzelten Glühlampen, die Le Corbusier in den überdimensionierten Wohnhallen seiner Villen der zwanziger Jahre verteilte. Banham widmete diesen Glühkörpern in Le Corbusiers Räumen eine ganze Seite seines Essays »The Well-Tempered Environment«.[225] Er geht davon aus, daß »fast bis 1930 in seinen [Le Corbusiers] Augen die nackte Glühbirne immer eine akzeptable Alternative war.« Bruno Taut hatte diese provokante Alternative also bereits zwanzig Jahre zuvor angewandt, bevor irgend jemand an die »Maschinenästhetik« der zwanziger Jahre dachte, bevor »diese Nacktheit der Lichtquelle auch programmatisch gewollt gewesen wäre.«[226]
In Tauts erstem nachweisbaren Versuch, Nutzlampen für ein vorgegebenes Ambiente zu entwerfen, hatte er noch nicht ganz zu dieser Freiheit gefunden, doch wird die Tendenz seiner Auffassung bereits darin erkennbar. So zeichnete er im September 1906 fünf verschiedene Beleuchtungskörper für den Süd- und Ostflügel der Universität Jena. Den jeweiligen Verwendungszweck und die Art der Energieversorgung, ob Gas oder Elektrizität, vermerkte er zu jedem einzelnen Objekt. Das Material für Fassungen und Gestänge gab er als »glattes« oder »blankes Messing« an. Den Schritt zur einfachen Gliederkette hatte er hier noch nicht vollzogen. Material und Verarbeitung ent-

sprachen, wenn auch reduziert, der Tradition und somit dem Habitus der altehrwürdig-neuen Universität. Die Messinggestänge unterschieden sich in ihrer Ausformung je nach Energiequelle: Für die elektrischen Lampen sollten durchgehend glatte Röhren in regelmäßigen Abständen von Gliederelementen unterbrochen werden, die gegeneinandergestellten Tellern glichen. Für die Gas-Arme sah Taut ein komplexeres System vor: Die Abstände zwischen zwei Gliederelementen setzten sich aus vier gleichen, manschettenartigen Einzelteilen zusammen, so daß eine alternierende Folge den starren Armen mit einfachen Mitteln eine lebhafte Struktur verlieh. Aus diesen Bausteinen setzten sich die geraden und die sanft geschwungenen Arme zusammen, an deren Enden jeweils einzelne birnen- oder tropfenförmige Glühlampen ohne jede Verschleierung »nackt« gefaßt waren. Die elektrischen Glühkörper sollten jeweils über dünne Stromkabel mit der Buchse verbunden werden, während die Gaszuleitung offenbar intern durch die Messingröhren erfolgte. Eine Abbildung vom Vestibül der neugestalteten Universität, das übrigens denselben Bildausschnitt zeigt, den Taut für seine Pastellzeichnung gewählt hatte, gibt Auskunft darüber, daß Tauts Entwürfen in der Ausführung weitgehend Folge geleistet wurde. Der zum Glühkörper überleitende Schwung des letzten glatten Messingelements ist auch in der Realisation harmonisch gelungen. Nach Tauts »Bausteinsystem« wurden zwei starre Arme von der Decke heruntergeführt als Halterung für einen längs- und zwei querverlaufende Doppelarme. In derselben Entwurfszeichnung Tauts ist für die Mitte der Decke ein Modell angegeben, das wegen der subtilen Rundung des Milchglaskörpers eindeutig dieser Zeit zwischen Jugendstil und Versachlichung zugehört, ansonsten aber wie ein Prototyp der Deckenlampe überhaupt vollkommen zeitlos erscheint.

Eine späte Wiederaufnahme der faszinierend direkten Beleuchtungsart im Haus Hyuga (1936) kultivierte das »understatement« der nackt eingeschraubten Glühlampe. Im Tanz- und Tischtennissaal der Villa Hyuga hingen über hundert Glühbirnen in einfachster Fassung jeweils einzeln an langen, groben Gliederketten. Diese verbanden sich ihrerseits zu Gliedern einer Lichterkette und müssen den Saal strahlend hell erleuchtet haben.

Die andere Methode, das Licht zu streuen und damit sanftere Effekte zu erzielen, kann weitgehend auf Tauts Bekanntschaft mit Paul Scheerbart zurückgeführt werden. Noch bevor sie sich kennenlernten, hatte Taut 1911 die »sehr eigenen«[227] Beleuchtungskörper für das Kinematographen-Theater am Kottbuser Damm entworfen. In zwei Ringen mit großem Radius waren dort jeweils 18 konkave, durchbrochene Eisenteller unter der Stuckdecke angebracht, die das Licht der jeweiligen Glühbirnen leicht streuten. Die Ringkonstruktion wurde durch eine Mittelachse mit fünf weiteren Eisenschalen stabilisiert. Dem Zweck einer Kinobeleuchtung angemessen, strebte Taut hier eine diffuse Strahlung an.

Unter dem Einfluß der Scheerbartschen »Glasarchitektur« schien sich Taut in den folgenden Jahren einem neuartigen Lichtempfinden zu öffnen. Der Glasphilosoph lehnte das

Lampen nach Tauts Entwurf im Foyer der Universität Jena (oben) und Pastellskizze für das Foyer der Universität Jena, 1906

Lampenentwürfe für die Universität Jena, September 1906

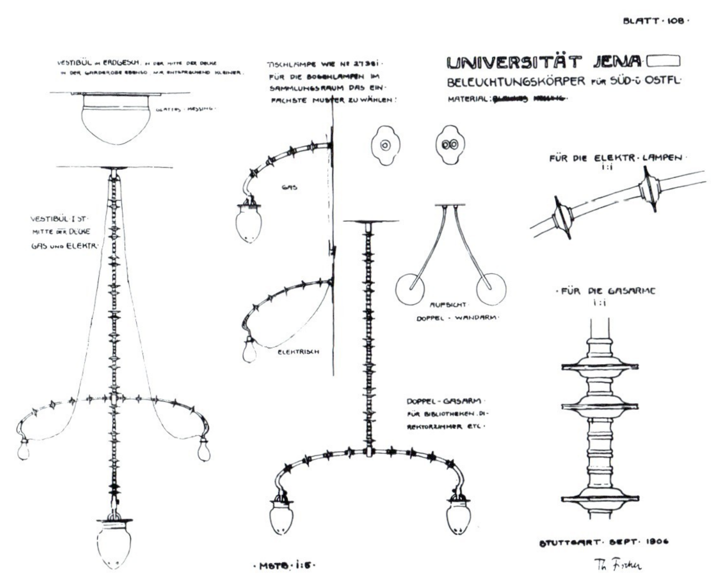

grelle, volle helle Licht, das die Nervosität des modernen Menschen mitverschulde, ab und wollte es durch farbig gedämpftes Licht substituiert sehen: »Gedämpftes Licht ist das Erstrebenswerte.«[228] Bruno Taut machte ernst mit Scheerbarts Postulat des »Farbenlichts«. In zunehmendem Maße verwendete er farbiges, kristallgeschliffenes oder milchiges Glas und Reispapier. Damit führte er die indirekte, diffuse Lichtstreuung in seine Räume ein, die er gerade in den Jahren des gleißend weißen »Internationalen Stils« beibehielt.

Seine ersten Versuche in Scheerbarts Sinne stellten die aus farbigen Glasprismen zusammengesetzten Lampen in der Kuppel des »Glashauses« dar. Stellt man sich das »Glashaus« von innen her erleuchtet in der Dunkelheit vor, so liegt die Assoziation eines überdimensionalen Farblichtkörpers nahe. Die Idee, das Wesen des Lichts im Bau selbst zu versinnbildlichen, fand nach dem Ersten Weltkrieg ihre Fortführung in den Kristalltempeln der »Alpinen Architektur« (1917), der »Auflösung der Städte« (1919) und des »Weltbaumeisters« (1920). Auch sie sollten aus sich heraus in die »kosmische« Nacht hineinleuchten als Symbole für das gereinigte, klare, strahlende Menschentum, dem sie mystische Versenkung und glückselige Erhebung versprachen. Wenn sich auch die Scheerbartsche Vision vom farbigen Licht nicht als allgemein eingeführtes Phänomen durchsetzte, so bewahrte doch Taut dessen Kriterien und überführte sie unbeirrt in die karge Realität der Nachkriegszeit.

Für seine erste Wohnung in Dahlewitz entwarf Taut eine Deckenlampe aus japanischem Reispapier. Die einzelnen Dreiecke aus gefalztem Papier bilden eine flachpyramidale Hängelampe. Jedes Kompartiment war verschieden eingefärbt und wirkte wie ein bunter Lichtfilter. Das ausgestrahlte Licht wiederum wurde von den farbig gestrichenen Zimmerwänden warm aufgenommen oder reflektiert; so ergab sich ein Spiel aus Licht und Farbe, das Taut selbst in einer unbedeutenden Dachkammer sorgfältig inszenierte.

In dem umgestalteten »bürgerlichen« Wohnzimmer, das er in der »Neuen Wohnung« vorführte, ersetzte ein würfelförmiger Papierschirm in absoluter Beschränkung auf die geometrische Grundform die altmodisch-unförmige Stofflampe.

Für die Einzelwohnhäuser entwickelte Taut besondere Lösungen. Die Eßzimmerlampe im Idealentwurf für ein Landhaus strahlte einen Lichtkegel von der Deckenmitte aus, der den inneren Ausschnitt der oberen Mattglasscheibe bestimmte; deren Kreisumfang war deckungsgleich mit dem der unteren Vollglasplatte, die ihrerseits dem Umfang des Lichtkegels exakt angepaßt wurde. Beide Glasscheiben sollten ihrerseits mit zwölf Gliederketten an der Decke fixiert werden. In Dahlewitz II. faßte Taut einzelne Luxfer-Prismensteine mit unterschiedlich kristalliner Pressung in Metallrahmen und hängte sie jeweils an vier Gliederketten unter eine nackte Glühlampe oder unter Leuchtröhren. Heute noch existieren diese Lampen in Dahlewitz II. im Flur und im Bad. Im Badezimmer handelt es sich um einen wie gemugelt wirkenden, ovalen Glasstein mit Randwulst. Lampen nach diesem Prinzip waren in Flur und Bad, im »Blauen Zimmer« und im Wohnzimmer installiert. Über dem Eßtisch faßte eine schwarzlackierte Kegellampe an einer groben Gliederkette ein stark profiliertes, rundes Luxfer-Prisma ein. Innen reflektierend ausgeschlagen, mit drei Glühlampen versehen und belüftbar, spendete dieses Gerät kräftiges Licht, ohne die Speisenden zu blenden. Reyner Banham entdeckte zu Recht in diesen Lampen von Dahlewitz II. einen späten Reflex des Scheerbartschen Einflusses auf Tauts Gestaltungsweise: Diese Freude an »glitter«, Licht und Farbe und an der Entmaterialisierung traditioneller Werkstoffe stünde ebenso in Scheerbarts Nachfolge wie die demonstrative Verwendung von Farbe im ganzen Haus. Diese beiden Komponenten – Lampengestaltung und Wandfarben – hätten ihn von den Dogmatikern des Funktionalismus unterschieden.[229]

Beleuchtungskörper aus einem Luxfer-Prismenstein in Dahlewitz II., 1985

In der Küche von Dahlewitz II. ist bis heute ein damals gängiges Industriemodell als Küchenlampe angebracht, genau das gleiche wie in der Küche des Hauses Berthold. Es kann angesichts der schwunghaften Bauhaus-Produktion von technoiden Lampentypen als anachronistisch bezeichnet werden in seiner behäbigen Tropfenform. Doch entschied sich Taut mit Sicherheit bewußt für diese traditionelle, vollkommen ausgewogene Form.

Für die Schlafzimmer im Obergeschoß von Dahlewitz II. hatte Taut die Beleuchtungsfrage besonders originell gelöst: In etwa zwei Metern Höhe ist jeweils die Ecke eines Mauervorsprungs, den es aufgrund des nischenbildenden Grundrisses in jedem Zimmer gibt, auf etwa 20 cm in Milchglasscheiben aufgelöst. Diese sind in Metallrahmen gefaßt und werden von innen her beleuchtet. Im Flur des Hauses Berthold wird die Auflösung der Kante in Glas sogar über ca. 50 cm gespannt. Diese geniale Lösung, die Lichtquelle mit dem »Weichzeichner« Milchglas zu umfangen und doch die stereometrisch-klare Kantenführung der Wand nicht zu unterbrechen, ist nach Haus Berthold (1927) im Werk Bruno Tauts nicht mehr nachweisbar.

Anhand der außergewöhnlichen Lichtakzente, die das Raumerlebnis bereichern, läßt sich die Außenseiter-Position Bruno Tauts in der Avantgarde der zwanziger Jahre erahnen. Auch hinsichtlich seiner Lampenschöpfungen ging er seinen eigenen Weg außerhalb des funktionalistischen Postulats von ungebrochenem Licht auf weißer Fläche. Gegenüber den Beleuch-

tungsmethoden des rationalistischen Wohnbaus der zwanziger Jahre vermag Banham in Tauts Licht- und Farbenwelt eine Art »humanistischen Romantizismus« auszumachen. Diese Interpretation erscheint durchaus zulässig und treffend. Zumindest fielen Tauts Lampenentwürfe höchst individuell aus. Seinem in Japan formulierten Grundsatz, auch Lampen der größtmöglichen Einfachheit folgend zu gestalten, hatte Taut allerdings bis 1927 selbst nur teilweise entsprochen.
Vermutlich haben die spezifisch japanischen Lichtphänomene eine solche Faszination auf Bruno Taut ausgeübt, daß die nunmehr zwanzig Jahre zurückliegende Anziehung durch das Gedankengut Scheerbarts erst dadurch bewußt abgelöst werden konnte. In Japan gelangen Taut außerhalb der kunstgewerblichen Produktion seine überzeugendsten Lampenobjekte

Ecklampe in Tauts Arbeitszimmer in Dahlewitz II., 1985

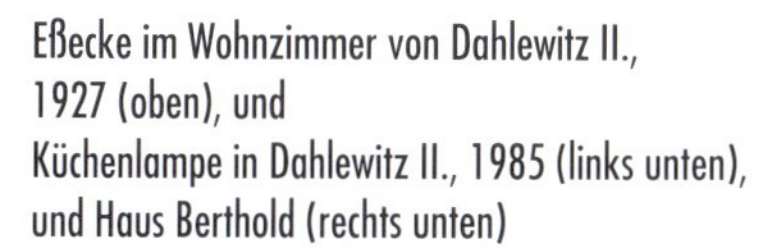

Eßecke im Wohnzimmer von Dahlewitz II., 1927 (oben), und Küchenlampe in Dahlewitz II., 1985 (links unten), und Haus Berthold (rechts unten)

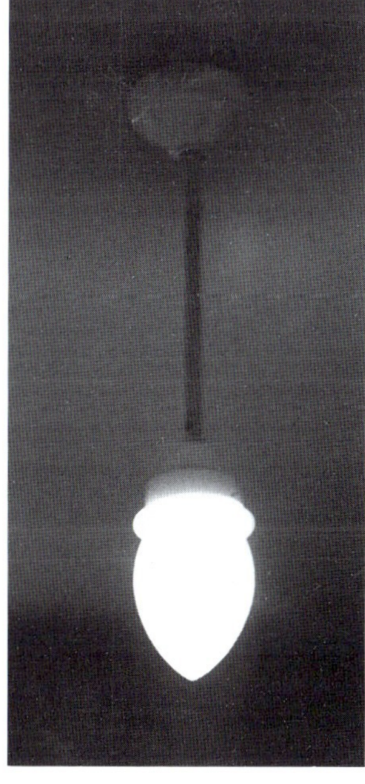

im Rahmen der beiden Umbauten in den Häusern Hyuga und Okura. Die Beleuchtungskörper, die in der Villa Hyuga angebracht sind, erreichen in ihrer absoluten Einfachheit eine erhabene Wirkung. Sie leben durch ihre geometrischen Grundformen in dunkelglänzenden Holzrahmen und die sanftleuchtenden hellen Flächen des Reispapiers. Ein Beispiel dafür ist die Deckenlampe in der Diele vor dem Tanzsaal: Der Kubus ist unmittelbar unter der Decke angebracht. Seitenflächen und Unterseite sind mit hellem Reispapier bespannt, ganz glatte, gelackte Holzleisten bilden den Rahmen. In der Urform der Laterne vereinigt diese Lampe die umgebenden Raumlinien in ihrer Grundform, sie ist ein Teil des gegliederten Raumes selbst.
Die Stehlampe für den Tatamiraum der Villa Hyuga hat Taut laut Mihara einem alten japanischen Vorbild nachgearbeitet.[230] Das Holzgestell ist in traditionellem Verfahren gelackt, der zylindrische Lampenschirm aus Reispapier gefertigt. Dieser Zylinder wird oben und unten von je einem Doppelring gehalten und seitlich durch zwei Holzleisten stabilisiert. Mit hölzernen Ösen, die sich aus den Ringen entwickeln, ist der Schirm zwischen zwei Rundhölzern eingespannt. Diese stehen auf einer kreisrunden Bodenplatte und werden oben von einem glatten Griffbrett zusammengefaßt. Innerhalb dieses Rahmens ist der eigentliche Beleuchtungskörper höhenverstellbar. Dieses Objekt wirkt originär japanisch und ist in seiner Zeitlosigkeit der Wohnkultur Japans angemessen. Von ähnlich bestechender Einfachheit und doch komplex in Aufbau und Wirkung ist die Lampenkonstruktion im Treppenhaus der Villa Okura. Eine senkrecht montierte Holzlatte trägt zwei Opalglaskugeln an ihren beiden Enden. Die Fassungen der Kugeln aus demselben polierten Material wie die Latte sind im Winkel von 90 Grad zueinander angebracht, so daß der Betrachter von jedem Punkt im Treppenhaus aus eine Halbkugel aus glattem weißem Glas sieht, während die zweite Halbkugel durch das umlaufende Band der hölzernen Halterung noch einmal geteilt erscheint.

Lampeninstallation im Haus Okura, Japan, 1935

Schmiedeeiserne Stehlampe für »Miratiss« in Takasaki/Tokio, 1934

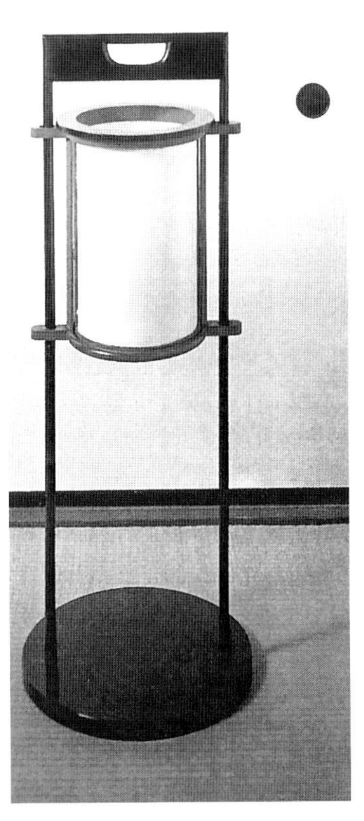

Stehlampe für den Tatamiraum im Haus Hyuga, 1936

Im Rahmen der Kunstgewerbeproduktion in Takasaki entstanden nach Tauts Entwürfen nachweisbar zwei Lampenmodelle: eine Stehlampe aus Schmiedeeisen und eine Tischlampe unter Verwendung von Bambusrohr. Drei flach geschmiedete Füße tragen den von drei ringartigen Wülsten akzentuierten Eisenstab der Stehlampe. Dieser erweitert sich über eine Rosette zu einem leicht unregelmäßigen Ball mit sechs Streben, welche in Schlaufen auslaufen. In ihrer Mitte entspringt eine kräftige, in sich mehrfach gedrehte Schlaufe als Griff. Die Lichtquelle liegt innerhalb der Kugel mit den sechs Rippen, die mit Papier bespannt ist. Dieses Objekt erscheint weder dem japanischen noch dem orientalischen Kulturkreis angenähert; am nächsten kommt es wohl den Berliner Gaslampen.
Die Tischlampe besteht aus einem radartigen Fuß mit sechs Speichen, dem dicken Bambusrohr des Stiels und dem Schirm. Dieser wird von vier Streben getragen. Auf jeder der vier Seiten stabilisieren fünf Querhölzchen das Reispapier. Die Flexibilität des Werkstoffs Bambusrohr kommt in den gebogenen Verstrebungen dieser Lampe deutlich zum Ausdruck. Hier hat sich Taut der Materialien des Gastlandes bedient und sie in eine für dortige Verhältnisse ungewohnte Formensprache gefügt. Mihara berichtet über dieses Modell: »Ein großer Erfolg wurde die Tischlampe (...). Den schönen Lichteffekt des Japanpapiers mochte Taut sehr. Heute noch ist unsere Lampenindustrie davon beeinflußt.«[231] Die Tischlampe steht der Lampe auf dem Teetisch in Dahlewitz II. formal und tektonisch sehr nahe.
Bruno Tauts mystisches Verhältnis zum Licht hat in den verschiedenartigen Lampenobjekten konkrete Formen angenommen. Sie ergänzten die Farbigkeit seiner Räume zu jener Tageszeit, in der nur künstliches Licht Wärme schenken kann.

Teetisch im Wohnzimmer von Dahlewitz II., 1927

Mit der Produktion einiger hundert **kunstgewerblicher Objekte** in Japan leistete Taut einen weiteren Beitrag zur Gestaltung des Innenwohnraums. Obwohl es ihm anscheinend nicht gelang, »die Ideen, um die es ihm vor allem ging, (...) in simplen Gegenständen auszudrücken«,[232] materialisieren diese

Stücke sein Streben nach äußerster Einfachheit unter Beibehaltung eines Höchstmaßes an Qualität unter dem Aspekt: »Kunst als Qualität ist keine ästhetische Abstraktheit, sondern die unentbehrliche Schaffung von Formen für das anständige Zusammenleben der Menschen.«[233] Dabei ist die Materialgerechtigkeit, zum Beispiel die Wirkung der Holzmaserung, ebenso ein Kriterium wie die Besessenheit von einem mystischen Motiv wie der Doppelspirale.

Während seiner Tätigkeit am Institut für Industrie-Design Kogeishidosho in Sendai entwarf Taut auch Türklinken und legte darauf besonderen Wert. In ihrer Funktionsbestimmung entfernt damit verwandt waren die Knöpfe, die er für Kogeishidosho begutachtete und für Inoue in Takasaki entwarf: Beide Objektgruppen finden ihre Aufgabe im Grenzbereich von Innen und Außen: Sie (v)erschließen den Weg ins »Innere«. Zudem gehören sie zu den alltäglichen Notwendigkeiten. Im Unterschied dazu müssen die Gegenstände, die Taut für Inoue entwickelte, zu den täglichen Überflüssigkeiten gezählt werden. Diese sollten lediglich den Komfort steigern und den modernen Anforderungen einer zunehmend westlich orientierten Konsumgesellschaft genügen. Aus jener deutlichen Bewertungsdiskrepanz heraus vermag man Tauts Enthusiasmus für die Arbeit bei Kogeishidosho und seinen wachsenden Mißmut in Takasaki nachzuvollziehen. In Sendai ging es darum, elementare Typen für das »neue Wohnen« auf der Basis japanischer Tradition und moderner Desiderate zu schaffen. Eine derart grundsätzliche Abklärung der Wohnform entsprach Taut zutiefst. In Takasaki dagegen sollte er die handwerklichen Meisterleistungen der ländlichen Werkstätten dem modernisierten Bedarf anpassen. Durch den Entwurf von Objekten, deren Funktionen außerhalb des japanischen Alltags lagen, versuchte Taut, diese Handwerksproduktion vor der Nachahmung schlechter »Kulturdinge« zu bewahren. Zu diesen urdeutschen Objekten gehörten Zeitungsständer, Näh-, Picknick- und Flugzeugkörbe, Eierbecher, Serviettenringe, Zigarettenkästchen, Zierkorken für Weinflaschen, Bonbonnieren etc. Es scheint, als habe er das Schreckbild eines Geschenkartikelladens auf der Potsdamer Straße vor Augen gehabt und nun nach dem Motto »Wehret den Anfängen!« die Übernahme des europäischen Schunds durch die Schaffung ehrlicher Prototypen verhindern wollen. Doch gerade diese Tätigkeit offenbarte ihm, daß er im Grunde *bauen* wollte. Denn nach wie vor galt ihm die *Architektur* als die »Gestalterin der Lebensformen«. In diesem Sinne kann sein Tagebucheintrag anläßlich der Ausstellung seiner Stücke bei »Miratiss« in Tokio verstanden werden: »Eine Menge Skizzen gemacht, und was? Leuchter, Cakes- und Bonbonschalen und -büchsen, Tabakbüchsen und Pfeifenständer, Eierfrühstücksservice, Brieföffner, Briefständer, Puderbüchsen u.a. Es war einmal, da waren wir in der GEHAG schlecht gelaunt, wenn eine Siedlung nur 300 Wohnungen haben sollte.«[234]

Diese Gegenstände waren eben kunstgewerblicher Art; sie hatten nicht die existentielle Dimension der Stühle, Klinken und Lampen, die er für Kogeishidosho erarbeitet hatte.

Von Tauts besonderem Verhältnis zu **Türklinken** war bereits die Rede. In Dahlewitz II. gipfelte seine Fürsorge um solche »Kleinigkeiten« in der eigenhändigen Entwicklung der »Wäschedrahthalter«. Als Türdrücker benutzte er dort hingegen ein Modell, das einerseits an »Sachlichkeit« den Frankfurter Typentürbeschlägen nachstand und andererseits den in Japan als Türdrücker »Entwurf Bruno Taut« bekannten Klinken verwandt erscheint. In Sendai hatte er »Drücker für Innentüren« gezeichnet, wovon in der ersten Erarbeitungsphase Ton- und Holzmodelle angefertigt wurden. Offenbar war mancher Griff den Normteilen der GEHAG-Siedlungen nachempfunden. In Tauts Klinkenentwürfen von 1933 verblieben noch immer Reminiszenzen an die »frühe Sachlichkeit« der Riemerschmid-Ära vor 1910. Bruno Taut war jedoch von seinen Entwürfen durchaus überzeugt: Er drang mehrfach darauf, daß sie explizit als »Entwurf Bruno Taut« ausgewiesen wurden und formulierte folgenden Text für die Beschriftung seiner Türklinkenmodelle im Rahmen einer projektierten Ausstellung: »Es gibt in Japan und Amerika keine guten Türdrücker, auch in Europa wenig: – Diese Formen hier sind so entwickelt, daß die Hand bei leichtem Auflegen keine Anstrengung braucht und daß auch eine Massenanfertigung leicht und billig wird.«[235]

Auch ähnlich elementare Objekte wie **Kleiderknöpfe** können zur selben Zweckerfüllung die unterschiedlichsten Formen annehmen. In Europa galt der Knopf lange Zeit als Schmuckersatz und war Gegenstand dekorativer Handwerksleistungen. Im Zuge der Industrialisierung und der veränderten Kleiderordnungen wurde er, obwohl immer noch vielgestaltig, zum Massenartikel fast ohne Wert. Um 1890 beherrschte Japan, das selbst erst durch die allmähliche Verwestlichung seiner Kleidung Knopfbedarf entwickelte, den chinesischen und indischen Markt mit seinen Knopfprodukten.[236] Als Bruno Taut gut vierzig Jahre später die Situation der japanischen Knopfproduktion begutachtete, lautete sein Urteil: »Ich habe heute (...) die Zeichnungen, die Knöpfe und noch einmal die Gegenstände im Ausstellungsraum angesehen. Fast alles hält weder einen japanischen noch einen europäischen Qualitätsstandpunkt aus. Unter den Knöpfen nur diejenigen, die nicht gezeichnet sind (...) – doch hier ist schon die Farbenzusammenstellung nicht ganz gut – abgesehen von der Frage der Gebrauchsfähigkeit.«[237]

Um diesen Mißstand zu beheben, entwarf Taut am 11. August 1934 in Takasaki für das Tokioter Geschäft »Miratiss« des Kaufmanns Inoue einige Knopfmodelle. In der Entwurfszeichnung gab er hauptsächlich runde, knebel- und spindelförmige Grundformen an. Diese sollten in den Naturmaterialien Holz, Lack und Bambus ausgeführt werden. Darüber hinaus sah er vier verzierte Knöpfe vor. Entwurfsmodell Nr. 11 sollte eine facettierte Schale (= Auflage) erhalten. Es erinnert an die kristallinen Phantasiegebilde, die fünfzehn Jahre zuvor das »Frühlicht« bevölkert hatten. Für die Entwürfe Nr. 17, 18 und 21 war ein Dekor aus verschiedenfarbigen Lackstreifen vorgesehen. Diese vier dekorativen Entwürfe sind am offensichtlichsten der europäischen Knopfmode entlehnt. Möglicherweise entsprangen Bruno Tauts anspruchsvollere »Knopfideen« einem verinnerlichten europäischen Formenrepertoire, worin auch ein Grund dafür liegen könnte, daß diese vier Modelle nicht in Produktion gingen. Ein Vergleich der Entwurfszeichnung mit den tatsächlich ausgeführten Knöpfen zeigt, daß einzelne Vorschläge Tauts für die Massenproduktion offenbar ungeeignet waren. Vergleichsbeispiele aus Lüdenscheid waren sämtlich in Metall ausgeführt, das heißt massenweise in

Blech gestanzt und bombiert, wie es der Tradition der Knopfindustrie dort entsprach. Demgegenüber sollten Tauts Knöpfe in Holz gefertigt und mit verschiedenfarbigen Lackstreifen verziert werden. Das erforderte langwierige Handarbeit und widersprach damit Inoues Ziel, die Qualitäten traditioneller Handwerkskunst in die Maschinenproduktion zu überführen.
Tauts ganz schlichte, flach konvexe Modelle in Scheiben- oder Rechteckformen hingegen empfahlen sich dem Werkstoff Holz und einer maschinellen Produktion. Sie brachten das warme Material, die Reflexe auf der polierten Oberfläche und die Holzmaserung optimal zur Geltung. So entstanden optisch und haptisch gleichermaßen ansprechende Knöpfe aus verschiedenen Hölzern, Bambusrohr und Horn sowie rotem und schwarzem Lack. Etwas aufwendigere Modelle zeichneten sich durch eine geriffelte Lackschale aus. Statt der von Taut im Entwurf vorgeschlagenen Spiralen brachte man allerdings nur parallel verlaufende Stege auf.
Ein Knopf fällt trotz der schlichten Grundelemente besonders auf: Dreizehn ungleich lange Kanthölzchen sind versetzt oder parallel zueinander angeordnet, so daß die Umrißlinie ein gezacktes Oval ergibt. Die Elemente bauen sich stufenartig zum längsten Kantholz hin auf. Dieses dominante Hölzchen bildet den Höhe-, aber nicht den Mittelpunkt der asymmetrischen Komposition, die über einen nahezu architektonischen Charakter verfügt. Das Objekt hat eine deutliche Tendenz zum Schmuckstück, es ist gut als Brosche vorstellbar und sollte möglichst einzeln getragen werden (Nr. 20).
Die übrigen hergestellten Knöpfe nach Bruno Tauts Entwürfen bilden eine Synthese von westlicher Gebrauchsform und japanischer Materialliebe. Sie sind uneingeschränkt als Nutzobjekte zu verstehen und berücksichtigen doch kunstvoll die Besonderheiten des Materials. Diese Knöpfe hätten unbesehen als »Werkbund-Produkte« durchgehen können, sowohl 1907 als auch 1927 oder 1957.

Von den Produkten außerhalb des täglichen Bedarfs, die aus Inoues Betrieb hervorgingen, erregen die Tischuhr, der Brieföffner, die Federschale und die Zigarettenbüchse, heute im Besitz der Akademie der Künste zu Berlin, besondere Aufmerksamkeit.
Das zylinderförmige Deckelgefäß der **Zigarettendose** aus hellem Holz mit großflächigem Maserungsverlauf bringt ohne jeglichen technischen oder ornamentalen Aufwand das Material voll zur Geltung. Da das Stück aus Vollholz hergestellt wurde, ist die Maserung innen und außen gleich deutlich und eindrucksvoll. Die »Dekoration« ist dem Werkstoff und damit dem Objekt als solchem immanent. Trotzdem wirkt das »Zigarettendöschen« nicht in der Weise luxuriös, wie es von Edelholzstücken zu erwarten wäre. Das mag auch an der großen, den Dimensionen eines Kleiderschrankes eher als einer kleinen Rundbüchse angemessenen Struktur der Maserung liegen, vielleicht auch an dem weniger kostbaren Weichholz, das heute deutlich Bestoßungen zeigt. Miharas prononciert vorgetragene »Innovationsthese« bezüglich derartiger Materialwirkung erscheint gerechtfertigt. Er urteilte aus der Kenntnis der Handwerkstradition Japans und der spezifischen Situation Tauts heraus: »(...) das war in Japan noch unbekannt: aus dem Werkstoffcharakter ein dekoratives Element zu entlehnen – darauf reagierten die Leute sofort. (...) in Japan hatte man Sinn dafür. Ich will damit nicht behaupten, Taut hätte als einzi-

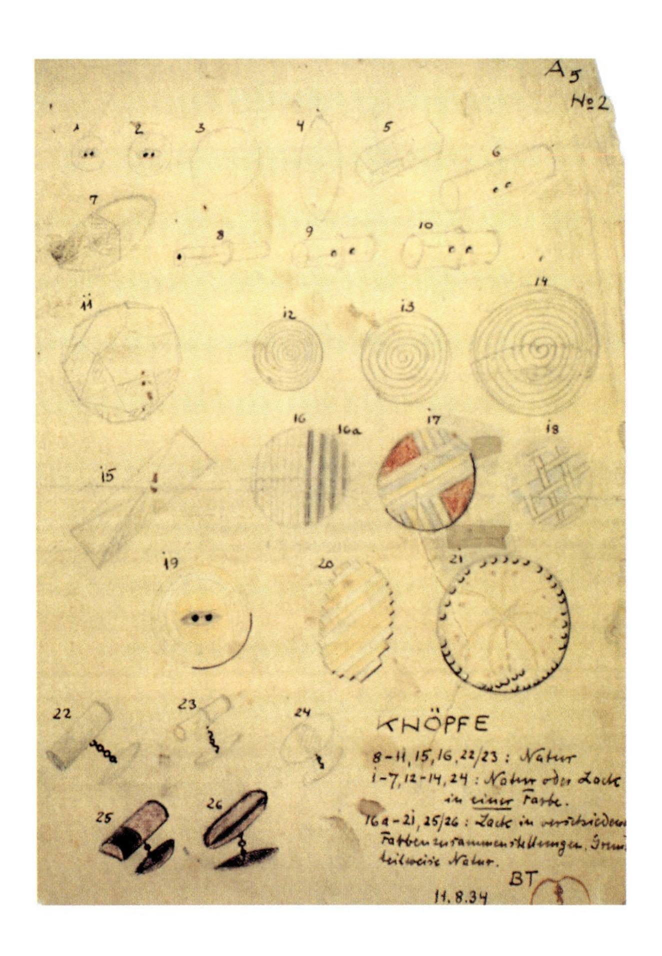

Entwurfszeichnungen für Kleiderknöpfe, 11. 8. 1934 (links), und ausgeführte Kleiderknöpfe (rechts)

ger aus dem Dekorativen des Materials heraus gestaltet, aber in Japan begann er als erster damit.«[238] Das japanische Kunsthandwerk in seiner sublimsten Form beweist sich in erster Linie als hohe Kunst der Verkleidung. Dabei ist an das Lackieren zu denken, an die atemberaubenden Glasuren von Keramik und Porzellan bis hin zu den höchst diffizilen Inrô-Dekoren. Das ursprüngliche Material des Gegenstandes ist hierbei selten Ausdrucksträger.

In anderer Weise als die Zigarettenbüchse bearbeitete Taut das Material der hölzernen **Griffelschale**. Die rechteckige flache Schale ist an den Seiten ca. einen Zentimeter aufgebogen. Die Ablagefläche ist ganz glatt und ausschließlich durch die großfaserige, leicht verwischte Maserung belebt. Sinnigerweise ist aber die Rückseite, mit der die Schale auf dem Untergrund aufliegt, zusätzlich zum Hell-Dunkel-Kontrast der Maserung dekoriert: Drei Reihen von Kerben, die handwerklich unregelmäßig mit dem Stichel angebracht wurden, verzieren die Unterseite. In den Kerbenreihen reflektiert reizvoll das Licht, sofern die Schale nicht ihrer Bestimmung folgend benutzt, sondern von unten betrachtet wird. Links oben wurde eine kleine Ecke flach ausgespart. Darin ist der Stempel Tauts eingebrannt: »B. TAUT INOUE«, der auf 1934 datiert wird.[239]

In diesem Objekt hat Taut ebenso wie in der Zigarettendose die natürliche Einfachheit einer guten Grundform erreicht. Für diese Objekte konnte Taut jedoch nicht die von ihm selbst geforderte »elegante Form« oder gar das »Graziöse«[240] als Hauptmerkmal reklamieren; zumindest aber sind hier in Reduktion auf die Zweckform zwei solide Objekte für den modernen Gebrauch in handwerklicher Manier produziert worden. Sie verleugnen ihre Herkunft von einem Europäer nicht, eignen sich aber gerade daher für den japanischen Export. In Japan selbst sind sie als Beispiele geschmackvoller Alltagsgestaltung akzeptiert worden.

Der **Brieföffner**, von Taut selbst »paper knife« genannt, nähert sich dem Eleganten, »Graziösen« in der Form stärker an. Er ist, wie die beiden vorher beschriebenen Objekte, aus Holz in einem warmen rötlich-hellen Ton und glatt poliert. Der Maserung kommt hierbei eine untergeordnete Rolle zu. Der eigentliche Reiz liegt in der harmonisch geschwungenen Form, die sich fast unmerklich aber wirkungsvoll in zwei Ebenen entwickelt. Die lanzettförmige Schneide geht an ihrem stumpfen Ende mit organischem Schwung in den wulstigen Griff über. An dieser Nahtstelle erweitert sich der abgeflachte obere Grat zunächst rautenförmig und dann zu einer ovalen Mulde. Hier erstreckt sich das dominant vertikale Objekt in die Horizontale, was an diesem Übergang eine formale Konfliktsituation bewirkt und zugleich meistert. Der wulstige Griff nimmt den Schwung der unteren Schneide entgegengesetzt auf und führt ihn in einer kräftigen Rundung zu Ende. Die Mulde dient dem Daumen als Auflage, der an dieser ausgeprägten Stelle des Gerätes seine mechanische Kraft nach oben entwickeln muß, um ein Briefkuvert zu öffnen. Was von oben beinahe behäbig-breitgelagert erscheint, entfaltet aus der Untersicht eine dem mechanischen Vorgang adäquate, optische Dynamik. Der Verlauf der beherrschenden Schwunglinie erinnert an die »Kraftlinien« Henry van de Veldes; dieses Gebrauchsgerät beinhaltet in Formentwicklung, Materialentsprechung und Produzierbarkeit eine positive Werkbund-Rezeption. Auch Mihara sieht hierin Tauts »ästhetischen Maßstab« im Sinne einer »typisch europäischen« Auffassung und Formgestaltung realisiert.[241]

Zigarettendose aus poliertem Vollholz, 1934/36 (oben),
Unterseite der Griffelschale aus poliertem Holz, 1934/36 (Mitte) und
Untersicht auf den Brieföffner, 1934/36

An Tauts eigenen Ansprüchen gemessen, kann man ihm für dieses Papiermesser die »restlose Durchbildung« bescheinigen. Sollte laut seiner Aussage »jeder Gegenstand (...) handlich, bequem und infolgedessen richtig in den Maßen und seiner Funktion sein, vor allem auch in der Anwendung von Materialien, so daß sich daraus die schöne Form ergibt«[242], so kann dies beim Brieföffner als gelungen betrachtet werden.

Eine solide Übereinstimmung von Form und Zweck, Einfachheit im Konstruktiven und Eleganz in der Wirkung bietet die **Tischuhr**, die Taut in Takasaki entwarf, hingegen nicht.

Auf einem anachronistisch geschwungenen Holzpodest sitzt ein rundes Uhrgehäuse aus zwei ineinander gedrehten Spiralen. Die einfarbig helle Spirale läuft horizontal nach links aus, während die zweite als die äußere an der rechten Seite senkrecht auf dem Unterbau steht. Diese zweite Spirale ist in der äußeren Rundung gegen den Uhrzeigersinn dreifarbig: schwarz, rot und hellnatur. Sie markiert auf diese Weise die Stunden- und Fünf-Minuten-Segmente. In den inneren Umdre-

Tischuhr, 1934/36 (oben), und
Tischuhr von Erich Dieckmann, 1931

hungen ist diese Spirale jeweils in der Länge eines Viertelbogens nur noch rot und schwarz ausgeführt. Somit entsteht über den optischen Effekt der Doppelspirale hinaus auch der von alternierend schwarz-hellen und rot-hellen Kreisvierteln. Die Spiralen sind außerdem aus der ebenen Fläche herausgezogen zu einem abgestuften Kegel, dessen Spitze die Zeigerjustierung bildet. Während das Ende des Minutenzeigers über den Kreisumfang hinausragt, windet sich der Stundenzeiger schlangenförmig bis zum äußeren Spiralbogen. Dieser hochkomplizierte, zur Massenproduktion denkbar ungeeignete Aufbau unterlag den Tücken der Technik: Die Uhr funktioniert nicht, da durch die Kegelform des »Zifferblattes« die Spindel übermäßig lang und das Justieren der Zeiger nahezu unmöglich ist.
Unabhängig von der Zweckerfüllung ist hiermit eine Skulptur entstanden, die weder japanisches noch orientalisches Formengut integriert, sondern ausschließlich auf Tauts Imagination beruht. Ob die Unendlichkeit der Zeit oder die vier Lebensalter hineininterpretiert werden, mag jeder Betrachter selbst entscheiden. Vermutlich maß Taut diesem Objekt – vielleicht auch nur spielerisch – Symbolcharakter zu. Darin erinnert es an seinen Ausspruch aus der »expressionistischen« Phase: »Kommt überhaupt etwas gutes Praktisches zustande, wenn man den Spieltrieb ausschaltet?«[243] – manchmal kommt eben auch etwas Unpraktisches und trotzdem Schönes zustande. An diesem Objekt wird exemplarisch deutlich, was für Bruno Tauts Ausstattungen generell gilt: daß er eher originell als systematisch schuf. Mit der Entwicklung modernen Industrie-Designs, etwa mit der Tischuhr von Erich Dieckmann (1931), hat dieses Objekt keinerlei Gemeinsamkeiten.
Im Medium der kunstgewerblichen Gegenstände scheint sich der Kreis zu schließen: Während Taut im Katsura-Palast die neue »Stadtkrone« entdeckte, dilettierte er – den pragmatischen Anforderungen der zwanziger Jahre enthoben – in dem Land seiner jugendlichen Sehnsüchte im Bereich »des schönen Gebrauchs«. Ergänzt man in der Zusammenschau die weiteren bisher publizierten Kunstgegenstände nach Tauts Entwurf, so muß man feststellen, daß sie weder »japanisch in der Auffassung« noch von weltläufigem Flair im Sinne des »International Style« sind. Taut beabsichtigte ganz offensichtlich, materielle und formale Errungenschaften der traditionellen Handwerkskultur auf eine neue, den modernen Lebensumständen angepaßte Qualitätsebene zu führen.

Anmerkungen

1 In: Stein Holz Eisen 41 (1927), S. 4
2 B. Taut: Modern Architecture. London 1929
3 B. Taut: Architekturlehre. Istanbul 1938, 2. Aufl. Tokio 1943, Neuauflage Hamburg/Berlin 1977
4 B. Taut: Architekturlehre, S. 154
5 Masch. Man., AdK Berlin
6 Bauhaus-Archiv Berlin, Sign. 9/367–369
7 B. Taut: Ueber die Magdeburger Kunstgewerbeschule. Eine Denk-Schrift von Bruno Taut. Magdeburg 1922, S. 17
8 B. Taut: Denk-Schrift, 1922, S. 10
9 B. Taut: Die Einrichtung der Volkswohnung. In: Die Volkswohnung 2 (1920), S. 235–238
10 B. Taut: Die Frauen mögen helfen. In: Wohnungskultur (Brünn) 1 (1924/25), Heft 4/5, S. 49 f.
11 B. Taut: Der neue Bauherr. In: Weltbühne 22 (1926), S. 500–502
12 Bericht über die Bautagung in Frankfurt/Main am 28. und 29. März 1927 mit wörtlicher Wiedergabe von Bruno Tauts Vortrag. In: Stein Holz Eisen 41 (1927), S. 291–293 und in: Bauzeitung 37(1927), S. 124
13 B. Taut: Die Jugend muß bauen! In: Wohnungswirtschaft 4 (1927), S. 163–165
14 B. Taut: Durchhalten! In: Fest im Fischtalgrund 1931, S. 9
15 B. Taut: Der Schrei nach dem Bilde. In: Weltbühne 27 (1931), S. 956–959
16 B. Taut: Ästhetik der Architektur. In: Deutsches Bauwesen 4 (1928), Heft 10, S. 223–227
17 B. Taut: Glasarchitektur. In: Die Glocke 6 (1921), S. 1374 f.
18 B. Taut: Farbenwirkungen, 1920, S. 266. Diese Beschreibung entspricht der Abbildung 33 in NW-FaS
19 B. Taut: Neue Siedlungen. In: Frühlicht 2 (1921), S. 51

20 B. Taut: Eindrücke aus Kowno. In: Sozialistische Monatshefte 51 (1918), S. 897–900
21 B. Taut: Wiedergeburt der Farbe. In: Die Farbe am Hause – Der Erste Deutsche Farbentag. Hamburg 1925, S. 11–21
22 B. Taut: Zur Farbenfrage. In: Schlesisches Heim 6 (1925), Heft 2, S. 54–56
23 B. Taut: Die Farbe. In: GEHAG-Nachrichten I.6 (1930), S. 1 f.
24 B. Taut: Gegen den Strom. In: Wohnungswirtschaft 7 (1930), S. 315–324
25 B. Taut: Grenzen der Wohnungsverkleinerung. In: Deutsche Bauzeitung 65 (1931), S. 210–212
26 Sigfried Giedion: Befreites Wohnen. Zürich 1929, Neuauflage Frankfurt/Main 1985. Rezension von Bruno Taut: Die vollkommene Wohnung. In: Wohnungswirtschaft 4 (1927), S. 371 f.
27 B. Taut: Krisis der Architektur. In: Wohnungswirtschaft 6 (1929), S. 105–107
28 B. Taut: Architektonische Vortragsreise im besetzten Gebiet Deutschlands und in Holland. In: Bouwkundig Weekblad vom 23. 6. 1923, S. 293
29 B. Taut: Rationelle Bebauungsweisen und das Seminar für Wohnungsbau und Siedlungswesen auf der Technischen Hochschule Berlin. In: Deutsche Bauzeitung 66(1932), S. 261–264
30 B. Taut: Russlands architektonische Situation. In: Moderne Bauformen 29 (1930), Heft 2, S. 58
31 Ernst Kállai: Die Wohnung. In: Sozialistische Monatshefte 32 (1926), S. 322–326; ders.: Zehn Jahre Bauhaus. In: Weltbühne 26 (1930), S. 135–139; ders.: Grenzen der Technik. In: Weltbühne 27 (1931), S. 503–505
32 B. Taut: The Nature and Aims of Architecture. In: The Studio Vol. 97 (1929), S. 169–174; ders.: English Architecture as I See it. In: The Studio Vol. 98(1929), S. 763–769
33 B. Taut: Architektur des Westens, 1934, S. 6 f.
34 B. Taut: Siedlungsmemoiren. In: Architektur der DDR 24 (1975), Heft 12, S. 761–764 und AdK, 1980, S. 204–211. Kurt Junghanns datiert in seinem Werkverzeichnis, Nr. 259, die »Siedlungsmemoiren« auf August 1936
35 Vgl. den Originaltext, Man., AdK Berlin
36 Publ. in: AdK, 1980, S. 260
37 Marga und Heinrich Lützeler: Unser Heim. Bonn 1939
38 B. Taut: NW-FaS, S. 24. Vgl. auch B. Taut: Bildschreine, 1920, S. 305
39 B. Taut in: Freiheit, Berlin 29. 9. 1920
40 NW-FaS, S. 62
41 Heinrich Taut: Brief an Verf. vom 25. 8. 1985
42 NW-FaS, S. 86
43 Christine Fredericks: Die rationelle Hauswirtschaft (1912). Berlin 1922
44 NW-FaS, S. 86
45 NW-FaS, S. 94
46 NW-FaS, S. 95
47 Nachweislich in der Schollenbibliothek (»Die Freie Scholle«, Mitteilungsblatt der Baugenossenschaft 29 (1931), Nr. 8), und im Schillerpark (1892)
48 B. Taut: NW-FaS 5. Aufl. Leipzig 1928 beinhaltet das Nachwort zur 2. Aufl. vom 12. 9. 1924, die Ergänzung zur 3. Aufl. vom 1. 12. 1924 und die Ergänzung zur 4. Aufl. vom Mai 1925
49 NW-FaS, 5. Aufl. 1928, S. 114
50 NW-FaS, 5. Aufl. 1928, S. 115–124
51 Josef August Lux: Der Geschmack im Alltag. Ein Buch zur Pflege des Schönen. 2. Aufl. Dresden 1910
52 J. A. Lux: Geschmack im Alltag, 1910, S. 116–125
53 Mitt. 1892 13 (1915), Nr. 11, S. 42 f.
54 Erich Leyser: Gemeinnützige Hausratbeschaffung. In: Schlesisches Heim 2 (1921), S. 262 f.
55 R. Adolph: Einküchenwirtschaft, 1919. Walter Curt Behrendt in: Die Volkswohnung 2 (1921), S. 81–83
56 B. Taut in: Freiheit, Berlin 12. 11. 1919
57 Otl Aicher: Die Küche zum Kochen. München 1982, S. 10
58 Günther Uhlig: Kollektivmodell »Einküchenhaus«. Wohnreform und Architekturdebatte zwischen Frauenbewegung und Funktionalismus 1900–1933. Gießen 1981
59 B. Taut: Volkswohnung, 1920, S. 238
60 Gustav Adolf Platz: Wohnräume der Gegenwart. Berlin 1933, S. 56 f.
61 Erna Meyer: Der neue Haushalt. Stuttgart 1926
62 Erna Meyer: Wohnung und Entlastung der Frau. In: Wohnungswirtschaft 4 (1927), S. 86
63 E. Meyer: Haushalt, 1926, S. 64
64 Adolf Behne: Neues Wohnen – Neues Bauen. Leipzig 1927
65 Elfriede Behne: Architekt und Hausfrau oder Wer lernt vom Anderen? In: Wohnungswirtschaft 6 (1929), S. 383–388
66 E. Behne: Architekt und Hausfrau, 1929, S. 383
67 Erna Behne (Hamburg): Wohnkultur. In: Schlesisches Heim 6 (1925), S. 63 f.
68 Ellie Bommersheim: Das Buch von der neuen Wohnung. In: Dt. F. u. F. 20 (1924), S. 141–143
69 Hildegard Ellenbeck: Bruno Taut: Die neue Wohnung. In: Rheinische Blätter für Wohnungswesen und Bauberatung 21 (1925), S. 125
70 Maria von Wicht: Die neue Wohnung, die Frau als Schöpferin. In: Die Christliche Welt 39 (1925), S. 1129
71 M. M. Kretschmer: Die neue Wohnung. In: Jugendziele (KFD Regensburg) 13 (1926), S. 13
72 Lucie Karla Siegfried: Taut und die Hausfrau. In: Dt. F. u. F. 21(1925), S. 85, und Adele Blumenbach: Über die Wohnlichkeit unserer Innenräume. In: Dt. F. u. F. 20 (1924), S. 59
73 Edwin Redslob in: Dt. F. u. F. 20 (1924), S. 202 f.
74 Wohnungswirtschaft 1 (1924), S. 100
75 Eine ausführliche Übersicht über die Initiativen auf diesem Gebiet gibt Meta Corssen: Hauswirtschaft. In: Sozialistische Monatshefte 35 (1929), S. 59–61
76 E. Bommersheim: Buch von der neuen Wohnung, 1924, S. 143; M. M. Kretschmer: Die neue Wohnung, 1926, S. 135
77 Friedrich Huth: Bruno Tauts »gerupfte Hühner«. In: Ostdeutsche Bauzeitung 26 (1928), S. 435 f.
78 Paul Westheim in: Das Kunstblatt 8 (1924), S. 287
79 Weißgerber: Die neue Wohnung. Von Bruno Taut. In: Gesundheits-Ingenieur 47 (1924), S. 617
80 In: Deutsche Bauzeitung 59 (1925), Heft 5, S. 38
81 Otto Schmidt: Der alten Wohnung ein neues Gesicht. Wie macht man's? Was kostet's? Stuttgart 1930, S. 7
82 Vicky Baum: Leute von heute (1927). Zit. nach Christian Ferber (Hrsg.): »Die Dame«. Ein deutsches Journal für den verwöhnten Geschmack 1912–1943. Berlin 1980, S. 165–167
83 I. Reicke: Die Hausfrau in Amerika. In: Frau und Gegenwart, Nr. 10, 8. 3. 1927, S. 14
84 Irma Blass: Der Frauen-Architekt (1925). Zit. nach Christian Ferber: »Die Dame«, 1980, S. 240 f.
85 P. Hoche: Die gepflegte Wohnung. In: Mitt. 1892 28 (1930), Nr. 7, S. 52
86 Wohnungskultur heute noch möglich? In: Mitt. 1892 30 (1932), Nr. 5, S. 36
87 Die Frau im Heim. In: Mitt. 1892 30 (1932), Nr. 5, S. 36

88 B. Taut: Durchhalten, 1931 ; ders.: Schrei nach dem Bilde, 1931; Margarete Hartig: Erziehung zur Wohnkultur. In: Wohnungswirtschaft 7 (1930), S. 383 f.
89 Ute Frank: Die Frau als Schöpferin. Berlin 1979; Ingeborg Beer: Architektur und Alltag. Bremen 1989
90 Otl Aicher: Küche, 1982, S. 15
91 Patrick Zylberman/Lion Murard: Ästhetik des Taylorismus. In: Paris–Berlin, 1977, S. 386
92 Myra Warhaftig: Die Behinderung der Emanzipation der Frau durch die Wohnung und die Möglichkeit zur Überwindung. Diss. Berlin 1978, Köln 1982
93 Werner Durth: Deutsche Architekten. Biographische Verflechtungen 1900–1970. Braunschweig 1986
94 B. Taut: Ueber Arbeitsgemeinschaften bei Berliner Wohnungsbauten. In: Wohnungswirtschaft 7 (1930), S. 4
95 In: GEHAG-Nachrichten I/3
96 B. Taut: Die Kunst der Siedlung. In: Das Neue Reich 2 (1920), S. 8 f.
97 Gertrud Zabel, Gerlingen, im Gespräch mit Verf. am 15. 12. 1987
98 Hans Hoffmann, Berlin, im Gespräch mit Verf. am 23. 9. 1987
99 B. Taut: Siedlungsmemoiren, Japan 1933, Masch. Man., AdK Berlin
100 B. Taut: Architekturlehre (1938), 1977, S. 39 f.
101 Interview 6./7. 5. 1979. Masch. Man., AdK Berlin
102 DAZ Nr. 361 vom 5. 8. 1934
103 Publ. in: Siedlungen der zwanziger Jahre – heute. Vier Berliner Großsiedlungen 1924–1984. Hrsg.: Norbert Huse. Berlin 1984, S. 212 f.
104 B. Taut: Deutsche Bauausstellung Berlin 1931. Verfaßt für »Istwestija«, Moskau. Publ. in: Bauwelt 68 (1977), Heft 33, S. 1107–1110
105 Mitt. 1892 12 (1914), Nr. 1
106 Mitt. 1892 22 (1924), Nr. 5. Siehe auch: Wohnungswirtschaft 2 (1925), S. 3–5
107 Wohnungswirtschaft 2 (1925), S. 5
108 Vgl. Mitt. 1892 23 (1915), Nr. 3, S. 3
109 Rolf Bothe: Erker, Balkons und Loggien und die Bedeutung des Außenwohnraums bei Bruno Taut. In: Neue Heimat 27 (1980), Heft 5, Anm. 36, S. 47
110 Wohnungswirtschaft 2 (1925), S. 5
111 R. Bothe: Erker, Neue Heimat, 1980, Anm. 26, S. 47
112 Lt. Baukommissionsprotokoll vom 25. 9. 1925. R. Bothe: Erker, Neue Heimat, 1980, S. 45
113 Mitt.1892 23 (1925), Nr. 3, S. 3
114 Vgl. Joachim Hauschild: »Modern« war gar nicht so modern. Typische Formen und ihre Entwicklung im Design der 50er Jahre. In: Kunst & Antiquitäten 12 (1988), Heft 6, S. 66–73
115 B. Taut in: EINFA 2(1931), Nr. 4, S. 2–4; EINFA-Nachrichtenblatt 4 (1933), Nr. 5/7, S. 4 f.
116 Thilo Hilpert et al.: Die Hufeisensiedlung. Berlin 1980, S. 68, ohne Quellenangabe
117 EINFA 4 (1933), Nr. 5/7, S. 5
118 A. Behne: Eine Stunde Architektur, 1928, S. 15
119 Zit. nach Th. Hilpert et al.: Hufeisensiedlung, 1980, S. 88
120 In: EINFA 1 (1930), Nr. 5, S. 3
121 Dispensantrag: 29. 7. 1933. Zeichnung: 19. 9. 1933. Rohbauabnahme: Frühjahr 1934. Bauamt Zehlendorf
122 Hermann Hengstmann im Gespräch mit Verf. am 19. 3. 1986
123 Winfried Brenne im Gespräch mit Verf. am 20. 3. 1986
124 B. Taut: Die Farbe in der Siedlung. In: Fest im Fischtal. Festausgabe vom 7. 9. 1930, S. 11
125 Wohngemeinschaft 1 (1927), Nr. 19 vom 7. 7. 1927
126 B. Taut: Die Anlage der modernen Küche. In: Universum (Reclam, Leipzig) 44 (1927), S. 199–201
127 Der Arbeitsraum der Hausfrau. In: EINFA 1 (1930), Nr. 4, S. 4
128 Karl Glaser: Am Anfang war... In: Fest im Fischtal. Festausgabe vom 7. 9. 1930, S. 13
129 Archiv Karl Zietlow, Berlin-Zehlendorf
130 »Die Freie Scholle« Nr. 1 vom Januar 1931
131 Rolf Bothe: Bruno Tauts Schillerpark. Tübingen 1980, Abb. 11, S. 187 (Lageplan vom 2. 10. 1927) und Abb. 14, S. 190 (Lageplan vom März 1929)
132 Genossenschaftsarchiv »Freie Scholle«, Tegel
133 Genossenschaftsarchiv »Freie Scholle«, Tegel
134 Die Freie Scholle Nr. 8, 1933
135 Der Schollenbote 27 (1937), Nr. 4
136 Mitteilungen der Genossenschaft Ideal 1929
137 Mehrere darin genannte Datierungen sind aufgrund von Zeichnungen später anzusetzen
138 Genossenschaftsarchiv »Ideal«, Britz
139 Lt. Rechnung Fa. Gebr. Untermann, Berlin, an »Ideal« vom 21. 6. 1930. Genossenschaftsarchiv »Ideal«, Britz
140 Brief »Ideal« an GEHAG vom 2. 2. 1931, ebd.
141 Brief GEHAG an »Ideal« vom 6. 6. 1931, ebd.
142 B. Taut: Der Aussenwohnraum. In: EINFA 2 (1931), Nr. 4, S. 2–4
143 Genossenschaftsarchiv »Ideal«, Britz
144 TU Berlin, Plansammlung
145 B. Taut: Wie sich Gemeinschaftsgeist in einem Bau verkörpern kann. In: Wohnungswirtschaft 1 (1924), S. 105–107
146 TU Berlin, 2/171, sowie Archiv 1892
147 Bericht über die Nutzung des Gemeinschaftshauses im Jahre 1931. In: Mitt. 1892 29 (1931), S. 15
148 Vgl. Wohnungswirtschaft 7 (1930), S. 270
149 Wohnungswirtschaft 7 (1930), S. 270; EINFA 1 (1930), Nr. 6, S. 3
150 EINFA 1 (1930), Nr. 6, S. 4; Deutsche Bauhütte 34(1930), S. 313 f.
151 Vorwärts, Berlin. Zit. nach: EINFA 3(1932), Nr. 9/10, S. 4
152 K. Junghanns: Bruno Taut, 1983, S. 76 f.
153 Mitt. 1892 31 (1933), Nr. 5, S. 39
154 Mitt. 1892 32 (1934), Nr. 3, S. 18
155 Herlinde Koelbl/Manfred Sack: Das Deutsche Wohnzimmer. Frankfurt/Main 1980
156 B. Taut: Die Villa. In: Der Neubau 7 (1925), S. 109 f.
157 NW-FaS, Abb. 61–63 und S. 81–84
158 Publ. in: Das Ideale Heim 3 (1929), Heft 1, S. 1–6; B. Taut: Die Neue Baukunst, 1927, Abb. 172; ders. in: Bauwelt 19 (1928), Heft 1, S. 751–753. Das Vorprojekt vom September 1924 veröffentlichte Bruno Taut im Nachwort zur 4. Auflage der NW-FaS, 1926, S. 119
159 B. Taut: Sachliche Notizen. In: Das Ideale Heim 3 (1929), S. 6
160 Vgl. NW-FaS, 4. Aufl. 1926, S. 119
161 Brief von Getrude Berthold an Verf. vom 27. 7. 1990
162 Brief G. Berthold, 27. 7. 1990
163 In: Bauwelt 19 (1928), Heft 3, S. 751
164 Alle Zitate: Brief G. Berthold, 27. 7. 1990
165 Das Ideale Heim 3 (1929), S. 1–5
166 Das Ideale Heim 3 (1929), S. 3
167 Das Ideale Heim 3 (1929), S. 5
168 G. Berthold im Gespräch mit Verf. am 12. 7. 1990
169 Publ. in: Bau und Wohnung. Zeitschrift des DWB. Stuttgart 1927, S. 132–137

170 Zit. nach Karin Kirsch: Die Weißenhofsiedlung. Stuttgart 1987, S. 57
171 Publ. in: NW-FaS, 5. Aufl. 1928, S. 115
172 K. Kirsch: Weißenhofsiedlung, 1987, S. 146
173 Reichsforschungsgesellschaft für Wirtschaftlichkeit im Bau- und Wohnungswesen (Hrsg.): Bericht über die Siedlung in Stuttgart am Weißenhof. Sonderheft 6, Gruppe IV., Nr. 3. Berlin 1929, S. 46, 95 f.
174 Der Neubau 10(1928), S. 162
175 Entgegnung von Bruno Taut publ. in: Reichsforschungsgesellschaft: Sonderheft 6, 1929, S. 96/97
176 Paul Bonatz: Leben und Bauen. Stuttgart 1950, S. 146 f. Bruno Taut hatte allerdings nur ein Haus am Weißenhof gebaut, sein Bruder Max zwei. Für die Wandanstriche bestand Taut gewöhnlich auf Leim- oder Mineralfarben
177 Werner Hegemann in: Wasmuths Monatshefte 12 (1928), S. 10
178 Robert Tautz in: Soziale Bauwirtschaft 7 (1927), S. 253
179 Rudolf Pfister in: Der Baumeister 31 (1928), S. 66
180 Edgar Wedepohl in: Wasmuths Monatshefte 11 (1927), S. 391–402
181 Ludwig Hilberseimer: Berliner Architektur der zwanziger Jahre. Berlin/Mainz 1967, S. 50, 90
182 Vgl. Andreas Menrad: Die Weißenhof-Siedlung – farbig. Quellen, Befunde und die Revision eines Klischees. In: Deutsche Kunst und Denkmalpflege 44 (1986), Heft 1, S. 95–108
183 Vgl. K. Kirsch: Weißenhofsiedlung, 1987, S. 147 und Anm. 23 ebd.
184 Vgl. K. Kirsch: Weißenhofsiedlung, 1987, S. 149 und Anm. 37 ebd.
185 Walter Baedeker: Die Weißenhofsiedlung. In: Teer 25 (1927), S. 467
186 Publ. in: Bruno Taut 1880–1938. Tokio 1982 und in: Bruno Taut. Das Gesamtwerk des Architekten, dem Wiederentdecker der Schönheit Japans. Ausstellung in Europa und Amerika zum 100. Geburtstag. Kodeirashi 1984
187 Tagebucheintrag vom 21. 4. 1935. Masch. Man., AdK Berlin
188 Tagebucheintrag vom 28. 4. 1935. Masch. Man., AdK Berlin
189 Tagebucheintrag vom 24. 4. 1935. Masch. Man., AdK Berlin
190 Tagebucheintrag vom 7. 5. 1935. Masch. Man., AdK Berlin
191 Dieses und die folgenden Zitate aus: Bruno Taut, Kodeirashi 1982
192 Heinrich Taut: Brief an Verf. vom 4. 4. 1985
193 B. Taut: Denk-Schrift, 1922, S. 11
194 Vgl. Weißgerber in: Gesundheits-Ingenieur 50(1927), S. 532
195 Zeki Sayar in: Bauwelt 75 (1984), Heft 39, S. 1684
196 B. Taut: Vorschläge für Kogeishidosho. Masch. Man. vom 5. 9. 1933 (M. Speidel)
197 B. Taut: Programm für Kogeishidosho. Masch. Man. vom 14. 11. 1933, S. 2 (M. Speidel)
198 B. Taut: Programm, 1933, S. 6
199 Brief Bruno Taut an K. E. Osthaus vom 14. 11. 1919, KEO-Archiv, KÜ 352
200 AdK Berlin. Weder das Manuskript noch eine filmische Realisation konnten nachgewiesen werden
201 B. Taut: Programm, 1933, S. 7
202 B. Taut: Vorschläge für die kunstgewerblichen Einzelgegenstände. Masch. Man. vom 12. 12. 1933
203 B. Taut: Modernes japanisches Kunstgewerbe. Prinzipien der Produktion in Takasaki. Masch. Man. vom 1. 10. 1935
204 B. Taut: Vorschlag für Ausstellungen von Kogeishidosho. Masch. Man., 6. 3. 1934
205 B. Taut: Prinzipien, 1935
206 B. Taut: Brief an Karl Ernst Osthaus vom 14. 11. 1919. KEO-Archiv, KÜ 352
207 B. Taut (»Glas«): Brief vom 15. 4. 1920. Publ. in: Iain Boyd Whyte (Hrsg.): Briefe der »Gläsernen Kette«. Berlin 1986, S. 87
208 B. Taut: Volkswohnung, S. 235–238
209 NW-FaS, 1924, Abb. 36,37
210 B. Taut: Volkswohnung, 1920, S. 237
211 Vgl. Bauwelt 17 (1926), Heft 22, S. 508
212 B. Taut: Ausstellung Wohnung und Hausrat. In: Wohnungswirtschaft 2 (1925), S. 195
213 Martin Kahle (Hrsg.): Das Gesundheitshaus. Berlin 1925
214 Dt. F. u. F. 22 (1926), S. 212
215 B. Taut: Wohnung und Hausrat, 1925, S. 195
216 B. Taut: Vorschläge für Kogeishidosho, 1933
217 Heinrich Taut: Brief an Verf. vom 25. 8. 1985
218 B. Taut: Bericht über Forschungsarbeit für Möbel. Masch. Man. vom 11. 12. 1933
219 B. Taut: Programm, 1933
220 Tagebucheintrag vom 4. 5. 1935. Masch. Man., AdK Berlin
221 B. Taut: Modernes japanisches Kunstgewerbe, 1935
222 B. Taut: Prinzipien, 1935
223 B. Taut: Bericht über Forschungsarbeit für Möbel (Lampen). Masch. Man. vom 13. 12. 1933
224 Paul Schultze-Naumburg: Häusliche Kunstpflege. 6. Aufl. Jena 1908, S. 88
225 Vgl. Reyner Banham: Die Architektur der wohltemperierten Umwelt. In: Arch+ 21 (1988), Heft 93, S. 55 f.
226 R. Banham: Wohltemperierte Umwelt, 1988, S. 56
227 A. Behne: Bruno Taut, Pan 1913, S. 540
228 Zitate aus Paul Scheerbart: Glasarchitektur. Berlin 1914. München 1971, S. 115,132
229 R. Banham: The Well-Tempered Environment. Chicago 1969, S. 132
230 Vgl. T. Mihara: Bruno Taut, AdK, 1980, S. 141
231 T. Mihara: Bruno Taut, AdK, 1980, S. 141
232 T. Mihara: Bruno Taut, AdK, 1980, S. 142
233 B. Taut: Tagebucheintragung vom 6. 7. 1934. Zit. nach: AdK, 1980, S. 132
234 B. Taut: Tagebucheintragung vom 14. 10. 1935. Zit. nach AdK, 1980, S. 133
235 B. Taut: Vorschlag für Ausstellungen, 6. 3. 1934
236 Walter Hostert: Lüdenscheid und die Knöpfe. Eine kleine Kulturgeschichte des Knopfes. Lüdenscheid 1959, 2. Aufl. 1976, S. 37–43
237 B. Taut: Vorschläge für die kunstgewerblichen Einzelgegenstände, Masch. Man., 12. 12. 1933
238 Vgl. T. Mihara: Bruno Taut. AdK, 1980, S. 139
239 B. Taut: Tokio 1982, S. 77
240 B. Taut: Programm, 1933, S. 4
241 T. Mihara: Bruno Taut. AdK, 1980, S. 142
242 B. Taut: Programm, 1933, S. 2
243 B. Taut: Brief an Karl Ernst Osthaus vom 14. 11. 1919. KEO-Archiv, KÜ 352/1

IV. »... so ist es z.B. mein Wunsch, gar nicht katalogisierbar zu sein ...«

Wirkung und Würdigung

Die Bedeutung Bruno Tauts für die Wohnkultur und Lebensreform im ersten Drittel dieses Jahrhunderts kann gar nicht hoch genug eingeschätzt werden. Er war Anreger und Motor nahezu aller Tendenzen der zwanziger Jahre. Ein ganzes Jahrzehnt diskutierte seine Thesen – Zehntausende Mieter eigneten sich seine Bauten an.
Die publizierten Äußerungen Bruno Tauts und seine Bauten fanden in den zeitgenössischen Kultur- und Architekturzeitschriften großes Echo. So kontinuierlich wie Tauts Produktion verlief auch deren Rezeption in der öffentlichen Meinung. Auf welchen Wegen und mit welcher Tendenz wurde Tauts Werk in den Printmedien aufgenommen?

Eines der Foren für die Diskussion der Wohnungsfrage, die unmittelbar nach dem Krieg aktiv wurden, bildete die Zeitschrift für Kunst und Dichtung »Das Hohe Ufer«. Im ersten Jahrgang 1919 veröffentlichte sie Beiträge zur Wohnkultur im weiteren Sinne, außer von Bruno Taut auch von Walter Gropius, Karl Ernst Osthaus, Hans Poelzig, Heinrich Tessenow und Walter Müller-Wulckow. Letzterer bekräftigte unter anderem Tauts These, daß der Innenraum das »für den Menschen bestimmte Gehäus« und der Mensch das Maß aller Dinge sei. Auch die Beiträge der anderen Künstler verwiesen auf die Notwendigkeit einer Erneuerung der Wohnkultur, bezogen sich jedoch zumeist auf das Bauwesen und den Städtebau im allgemeinen.
Auch die Nachkriegszeitschrift mit dem beredten Namen »Die Volkswohnung« hatte Tauts Anliegen zu dem ihren erhoben. Die aus den Kriegsfolgen unmittelbar erwachsene Frage nach »einfachem Hausrat« wurde hier in Anknüpfung an die Reformbestrebungen der Vorkriegszeit programmatisch diskutiert. Verschiedene Architekten hofften, durch das Medium der »neuen Wohnung« eine neuartige, gleichberechtigte Menschengemeinschaft zu »erziehen«. Die Aktivitäten der Protagonisten liefen zeitweise parallel. Während Taut sich an einer »Zimmereinrichtung« versuchte, veröffentlichte Walter Gropius im »Hohen Ufer« einen Artikel zum Thema »Sparsamer Hausrat und falsche Dürftigkeit«, ein Programm für geschmackvollen billigen Hausrat.[1] Er schlug glatte, solide Möbel vor, die in starken Farben gestrichen und mit heiteren Ornamenten verziert werden sollten, um das Schmuckbedürfnis zu befriedigen. Ein wenig Sozialutopie war auch bei Gropius zu finden: »Das Volk will ja die Farbe. Je mehr sein Klassenstolz wächst, um so mehr wird es verachten, den reichen Bürger nachzuahmen und selbständig einen neuen Stil erfinden. Dieser Sinn im Volk ist der fruchtbare Untergrund für kommende Kunst.« Auch er sah zu diesem Zeitpunkt in der Farbe das geeignete Mittel, aus der Armut und dem Grau des Alltags in ein freundlich-heiteres Milieu zu fliehen.
Eine Replik zu diesem Aufsatz von Ludwig Wagner-Speyer hob dagegen den immer wieder feststellbaren Widerstand des Publikums und der davon abhängigen Tischler gegen einfache, gar farbige Möbel hervor.[2]
Es sei nicht zu erwarten, daß »das Volk« von selbst nach vernünftigen Möbeln verlange, zumal deren Herstellung bis auf weiteres kostspieliger, weil arbeitsaufwendiger bliebe als das Bekleben von Sperrholz mit maschinell gedrechselten Leisten. Daher müsse den »Täuschungsversuchen« der in »einfachsten Verhältnissen Lebenden« ständig durch Belehrung entgegengetreten werden: »Vielleicht, daß sich dann der Geschmack des Volkes mit der Zeit wieder hebt.«[3] Eine günstige Gelegenheit für die »Geschmackserziehung« hätten die kriegsbedingten »Möbelfürsorgestellen« geboten, meinte Wagner-Speyer. August Endell dagegen sah die Verantwortung bei den Kunstgewerbeschulen, denen in der Erstellung »rein sachlicher« Zeichnungen und Musterbücher für kleine Tischler eine »dankbare und wichtige Aufgabe« zukomme.[4]
Diesen Aspekt verstärkte Bruno Taut in seiner »Denk-Schrift« zum »Kunstjobbertum« der Magdeburger Kunstgewerbeschule 1922.[5] Robert Adolph, der Autor einer Publikation zur »Einküchenwirtschaft«, erkannte ebenfalls in der Möbelproduktion das »Außergewöhnliche der gegenwärtigen Entwicklung«. In der »Volkswohnung« sprach er 1921 von der gegenläufigen Bewegung des Handels zum Bedarf und nannte sie »krampfhaft gesteigerte Üppigkeitssucht«.[6]
Damit war das Kernproblem benannt, wogegen Taut mit all seinen Mitteln antrat: Die äußere Armut führte nicht zur Besinnung auf »inneren Reichtum«, sondern wurde wie zwanghaft kompensiert in monströsen Versatzstücken »höherer Wohnkultur«. Die »gedankenlose Überbietungsmode« der Industrie sei vom »erzieherischen Standpunkt« her geradezu »frevelhaft«.[7]
Der »Mangel an Verinnerlichung und Wahrhaftigkeit der allgemeinen Lebensführung« zu bekämpfen, war das Ziel aller Bemühungen Tauts, Mays, des Bauhauses und anderer Reformer.
Etwa 1926 war die Entwicklung der Möbelkultur auf einem

Höhepunkt angelangt, so daß Stadtbaurat Althoff in Breslau glaubte, von den Fortschritten der Wohnungskultur sprechen und sie unmittelbar auf Bruno Taut zurückführen zu können.[8] Nicht alle Anregungen Tauts seien durchführbar und dennoch würde die »Neue Wohnung« inzwischen »tausende von Hausfrauen zum Nachdenken anregen«.[9]

Tatsächlich zeichnen sich die Jahre nach Erscheinen von Bruno Tauts »Neuer Wohnung« im Spiegel der Zeitschriften- und Fachbuchliteratur tatsächlich als diejenigen intensivster Rezeption seines Gedankengutes ab. Die Vorstellung, daß Wohnräume für Menschen gebaut würden und nicht umgekehrt die Bewohner sich der Wohnung anzubequemen hätten, wurde nun vielfach propagiert.[10]

Beinahe wörtliche Aufnahme fand fast jeder der in Tauts »Neuer Wohnung« geäußerten Gedanken sogar in der Münchner »Bauzeitung«. Selbst die Utopie des »spinnerten« Paul Scheerbart klang darin an: »Darum verwende man mehr Glas. Es glitzert, es gleißt, es spiegelt, es kann von der Erdenschwere loslösen und uns in eine erdenferne freischwingende Atmosphäre versetzen.«[11] Einen Punkt der Argumentationen Tauts vermerkte der Autor Eckhart allerdings übel: die extreme Forderung, auch die Blumen aus der Wohnung zu verbannen. Ähnlich empfand es Walther Stein: »Zu weit geht wohl auch Bruno Taut, wenn er in dem berechtigten Streben, das Wohnhaus durch Entfernung von allen Nippsachen, Muschelaufsätzen, Vasen, Reiseandenken, Makartbuketten, von allem ›Krimskrams‹ zu entlasten, auch das Bild entfernt wissen will.«[12] Darin ginge die Abstraktion des modernen Menschen doch etwas zu weit. Auch der Anstrich der Wände sei, vom praktischen Standpunkt betrachtet, abzulehnen, da er zu abriebsempfindlich sei und außerdem Licht schlucke. Teppiche und Kissen lehnte Eckhart nicht ausdrücklich ab, mahnte jedoch vor unüberlegter Ausstaffierung damit. Insgesamt erscheint es, als habe Taut in Eckhart einen Apologeten selbst in Bayern gefunden.

Auch im abgelegenen Bielefeld, insbesondere unter der Regie der Baugenossenschaft »Freie Scholle« und Paul Griessers, Professor an der Kunstgewerbeschule Bielefeld, fand das »neue Wohnen« bereitwillige Aufnahme. Der ortsansässige Lehrer Georg Becker veröffentlichte in der Festschrift zum zwanzigjährigen Bestehen der »Freien Scholle« (1931) einen Artikel, der die »Gestaltung der Wohnung von innen her« propagierte.[13] Becker beklagte in ähnlich drastischer Diktion wie Taut den Einzug von Urväterhausrat mit falscher Pietät und Plüschsofaherrlichkeit in die neugeschaffenen Wohnungen. Er fragte eindringlich nach der Entfaltungsmöglichkeit des Menschen in diesen »Möbelläden«. Unverkennbar hatte Becker die »Neue Wohnung« gelesen, bevor er diesen aufrüttelnden Artikel schrieb.

Reform der Wohnung, Erziehung zur Wohnkultur im Sinne Tautscher Entrümpelung und Wahrhaftigkeit waren die Themen in nahezu allen aufgeschlossenen Bau- und Kulturzeitschriften bis zum Beginn der dreißiger Jahre.[14] Immer wieder gerieten die troddelbewehrten Dekorationen, Büffets und Vertikos ins Schußfeld der Kritik, war die Wohnung Objekt gesellschaftspädagogischen Durchsetzungswillens. Das muffige Gemütlichkeitsideal des Spießers stand auf der Abschußliste, nachdem Bruno Taut den Kampf der Vorkriegszeit um den rechten Geschmack wieder aufgenommen und unermüdlich nach außen getragen hatte. Die Mitstreiter nutzten zum Teil sogar Tauts bildliche Ausdrucksmittel nach dem Vorher-Nachher-Prinzip. So wurde den Mitgliedern der Baugenossenschaft »Ideal« in Berlin-Britz die »Entkleidung« eines Wohnzimmers in zwei Zeichnungen vorgeführt.[15] 1926/27 hatte auch die »Arbeiter Illustrierte Zeitung« nach demselben »Entkleidungsprinzip« eine Arbeiterwohnung bildlich umgewandelt und unter der Rubrik »Für die werktätige Frau« publiziert.[16] Bis in die farbige Wandgliederung hinein wurde hier Tauts »Neuer Wohnung« Folge geleistet, ohne dieselbe oder deren Autor allerdings ausdrücklich als Quelle zu benennen. Offenbar sah die Redaktion hierin eine reelle Chance für sozialhygienische und kulturelle Verbesserungen in der Arbeiterklasse.

Im »Schlesischen Heim« nahm Ulrich Roediger zur farbigen Gestaltung der Wohnung im Sinne Bruno Tauts Stellung.[17] Farbige Wände, je nach Lage zum Licht, und farbig lackierte Möbel hielt auch er für angemessen. In demselben Forum kam Erna Meyer, indem sie Taut selbst referierte, zu dem Schluß: »Höchstes Ziel dieser Entwicklung ist eine menschliche Wohnung, die wieder Sinnbild für die Lebensgesetze ist, die sich hier abspielen (...).«[18]

Erna Behne und Erna Meyer beriefen sich im »Schlesischen Heim« mehrfach auf Bruno Taut. Einige Initiativen in Schlesien scheinen von Taut angeregt und von Erna Meyer und Ernst May umgesetzt worden zu sein.

Ein deutlicher Einfluß Bruno Tauts zeigt sich in den schlesischen Wohnbauten Ernst Mays zwischen 1920 und 1925. May errichtete in Schlesien einige Flüchtlingssiedlungen, die sämtlich innen und außen rot, gelb, grün und blau gestrichen waren. »Die einzelnen Räume der Wohnungen wurden unter vielfachem Wechsel in reinen leuchtenden Farben zueinander abgestimmt.«[19]

May verwandte die Farbe im bewußten Rückgriff auf oberschlesische Traditionen, zur Belebung und Erheiterung der notdürftigen Behausungen. Er plädierte entschieden für das Zusammenwirken von Licht, Farbe und Hausrat: »Mit wenigen gut zueinander abgestimmten Tönen erhält ein Raum freundliches, freudiges Gepräge. Die architektonischen Grundelemente des Raumes werden durch geeignete Bemalung in ihrer konstruktiven Wirkung gesteigert. Das Licht, die Sonne, dieses Urelement, das endlich im Wohnungsbau die ihm gebührende Rolle zuerkannt erhielt, kann durch die Farbe unterstützt und gesteigert werden. Als notwendige Ergänzung zur farbigen Gestaltung der raumbegrenzenden Flächen und konstruktiven Elemente muß zur Erzeugung restloser Harmonie die Farbe des Hausrats treten.«[20] Zu diesem Zeitpunkt ging May also noch konform mit Tauts Gedanken zur Farbigkeit von Wohnungen. Darin rezipierte er Taut wie kein anderer zeitgenössischer Architekt. Einen Hinweis, daß er von Tauts Innenraumkonzeption überzeugt war, lieferte er explizit in seinem Artikel »Der Hausrat des Kleinhauses« von 1925.[21]

Auf Mays Wirken hin hatte der Schlesische Hausfrauenbund bereits 1925 eine »Wohnungsbau-Studienkommission« eingesetzt, um die Zusammenarbeit von Architekten, Hausfrauen und Behörden zu fördern gegen die »bloß repräsentativen Rücksichten« beim Wohnungsbau.[22]

Ähnliche Aktivitäten wie in Schlesien und Berlin ergaben sich

1927 anläßlich der Ausstellung »Die neue Wohnung und ihr Innenausbau« in Frankfurt am Main. Auch die süddeutschen Hausfrauenvereine forderten die Zusammenarbeit von Hausfrau und Architekt. Das Hochbauamt Frankfurt richtete die Arbeitsstelle einer Wohnungspflegerin ein, die Hinweise für den sinnvollen Umgang mit den modernen Wohnungen geben sollte.[23] Im Jahre 1932 erschien sogar ein Interview im EINFA-Nachrichtenblatt über den »neuen Beruf der Möbelberaterin«.[24] Deren »aufbauende und geschmacksfördernd(e)« Arbeit beinhalte, daß »allem Zierat, Türmchen, Aufsätzen (...) unbarmherzig zuleibe gerückt« würde.
In der Zeitschrift »Wohnungswirtschaft« wurde über die Jahre hinweg regelmäßig auf alles aufmerksam gemacht, was mit dem »neuen Wohnen« in Zusammenhang stand. In diesem Forum wiederholte die Haushaltswissenschaftlerin Erna Meyer die Anregungen, die von Taut ausgegangen waren, und stellte ihrerseits Leitsätze für vernünftige Wohnungsumstellungen auf. Auch Leserbriefe an Bruno Taut wurden darin veröffentlicht, welche die »hübsche Farbgebung« der »hellen, freundlichen Stiegenhäuser« sowie die Anlage der Fenster und der Loggien, die Raumgestaltung und Raumgrößen als praktisch auch für »kinderreiche Arbeiterfamilien« lobten und die »vollkommene Harmonie zwischen Architektur und Zweck« bescheinigten.[25]
Der Jahrgang 1928 der »Wohnungswirtschaft« eröffnete die Debatte um den Innenwohnraum mit der bösen Zuschrift eines Bilderhändlers.[26] Dieser zitierte gehässig die Gedanken Tauts, deren Ergebnis »Zuchthaus«, »Pferdestall« oder »Kloster« seien. Die »Modetorheit« und »unvernünftige Marotte« sei eine »Vergewaltigung«, gegen welche man sich nur mittels eines »heimeligen Heims« voller Bilder wehren könne. Der bissige Kommentar seitens der Redaktion (Max Rieck) lautete: »Es ist der Notschrei eines Kitschhändlers, der durch Taut und Genossen auf seinen kinderhütenden Engeln sitzen geblieben ist.«
Neben eigenen Artikeln Bruno Tauts wurde das Problem der Arbeitermöbel im Jahrgang 1929 der »Wohnungswirtschaft« erörtert, darunter Entwürfe von Fritz Spannagel und Adolf Rading, die inzwischen als erschwinglich gelten konnten.[27]
In der »Wohnungswirtschaft« erschienen auch zwei äußerst engagierte, pointiert formulierte Stellungnahmen zum Verhältnis der Arbeiter zur Wohnkultur. Der Autor, Georg Kaufmann, brachte darin Tauts Forderungen in noch beeindruckenderer Deutlichkeit als dieser selbst auf den Punkt. Hatte Bruno Taut das idealisierte »Volksganze« im Blick, so bezog sich Kaufmann explizit und ausschließlich auf den »Proletarier«. Dessen klassenbewußte Haltung gegenüber der bürgerlichen Wohnmodendiktatur zu stärken, war sein Anliegen: »Es geht darum, die Entwicklung des Proletariers vom politisch-ökonomischen zum kulturellen Klassenbewußtsein vorwärts zu treiben. Ein Ausdruck dieser Entwicklung muß die schöpferische Sicherheit und Selbständigkeit in ›Geschmacksdingen‹, in ›Modefragen‹ sein.«[28] Diese vehementen Appelle an das Proletariat beleuchten im Rückblick den tatsächlichen Verlauf der Rezeption von Tauts sachlichen Wohnsitten durch seine Zielgruppe. Aus Kaufmanns Artikel von 1932, vor allem aber aus dem Schlußsatz läßt sich schließen, daß die bereits nachgewiesenen umfassenden Aktivitäten zur Bildung einer neuen Wohnkultur relativ wenig gefruchtet hatten: »Hier liegt eine wenig beachtete Aufgabe sozialistischer Erziehungsarbeit.«[29] Die Chance, die Kaufmann in der Ablehnung von Moden und der Selbsthilfe im Möbelbau sah, faßte er so zusammen: »Selbständigkeit des Denkens und Fühlens ist die Schwelle zur Geschmacksbildung« – eine heute noch bedenkenswerte Aussage.[30] Zu diesem Zeitpunkt war er noch der Ansicht, die Arbeiterschaft könne durch Schulungskurse, Bildungsarbeit und Zeitschriften überzeugt werden. Im Jahr darauf mußte er wohl konstatieren, daß dieses erzieherische Wirken nur durch die Möbelproduktion in einer Planwirtschaft effektiv durchgesetzt werden könne. Soweit war Taut in seinen Forderungen nicht gegangen, doch scheinen Kaufmanns Artikel in vielem die konsequente Fortführung der Thesen Bruno Tauts zu leisten.
Jeder einzelne der Artikel in der »Wohnungswirtschaft« erfüllte ebenso wie diejenigen in EINFA- und GEHAG-Blättern Propagandaleistungen im Sinne der Innenraum-Konzeption Bruno Tauts. Es war eine Zeit kämpferischer Diskussionen um »die Wohnkultur«, wie sie zuvor und danach mit dieser Vehemenz und diesem Anspruch niemals geführt wurden.

Zu Tauts Farbkonzept dagegen ließ sich nicht einmal in Fachkreisen ein Konsens erringen. In der »Deutschen Bauhütte« vom 8. April 1922 hieß es gar: »Dann kam die Herde der Tauteologen und sorgte dafür, daß Deutschlands Farbensinn sich binnen kurzem überfraß. Es entstanden Cafés und Dielen, deren Wände und Beleuchtungskörper solche Farborgien durcheinanderschrien, daß Veitstanz oder Seekrankheit die harmloseren Krankheiten waren, die man allenfalls mit nach Hause nahm.« Walter Curt Behrendt schrieb 1924 über Tauts Arbeiten in Magdeburg, die Ergebnisse seines »berüchtigten Radikalismus« seien zum Teil »problematisch«, »etwas dogmatisch«, und der Farbensinn sei »offenbar nicht die stärkste seiner künstlerischen Fähigkeiten.«[31]
Tatsächlich hatte sich aus der Forderung Bruno Tauts und einiger anderer Künstler, Farbe in den Raum zu bringen, einiges Übel abgeleitet. So fand zum Beispiel 1925 in Berlin die Ausstellung »Farbe und Raum« statt, die dem engen Zusammenhang von Architektur und Malerhandwerk gewidmet war. Verschiedene Malerwerkstätten gestalteten, zum Teil unter Mitarbeit von Architekten, Raummodelle mit der Farbe als »neue(r) Individualisierungs- und Schmuckmöglichkeit«[32]. Hier wurde die Idee Bruno Tauts pervertiert: Farbe wurde nicht angewandt, um heitere Ruhe zu erzielen, sondern größtenteils ohne System in Streifen aufgebracht, bewußt widersinnig abgesetzt und in pastelligen Rausch versetzt.[33] Harmonie und Rhythmisierung, wie Taut sie sogar in seinem bewegtesten Entwurf für das Schreib- und Sprechzimmer in Dahlewitz I. (1919) trotz starker Farbkompartimentierung erreicht hatte, waren hier nicht annähernd zu finden.
Das deutsche Malergewerbe nahm regen Anteil an der von Taut angefachten Farbendiskussion. Das »Fachblatt der Maler« lavierte mehr oder weniger geschickt zwischen den derweil populären Forderungen Tauts, den Fehlgriffen seiner Epigonen, den Interessen der eigenen Berufssparte und damit den Abonnenten des Blattes sowie den potentiellen Kunden. Besondere Beachtung verdient der Hinweis: »(...) ein neues Wort mußte unserem Sprachschatz einverleibt werden – das ›Tauten‹.«[34] Die Lobby der Maler erkannte durchaus die Ziel-

vorstellung, »das ›Tauten‹ aus einer Angelegenheit der äußeren, dinglichen, häuslichen Umgebung zu einer solchen der inneren Beziehungen und damit des persönlichen, des – Gefühls« zu vertiefen im Hinblick auf einen »geschmacklichen Erziehungserfolg« und die »Heranbildung des künftigen Menschen«[35]. Trotzdem sah man sich gezwungen, die »bemerkenswerte Unbekümmertheit« im neuerlich aufgeblühten Umgang mit der Farbe zu rügen: »So sehr das Malergewerbe also auf der einen Seite die Tautschen Bestrebungen begrüßt, so sehr muß es auf der anderen Seite fordern, daß sie nicht in den Händen dilettantischer Theoretiker in Mißkredit kommen.«[36]
Bruno Taut schrieb genau zu diesem Punkt: »Sie [die Farben-Idee] wird dann so angewendet, daß ihre ersten Träger angesichts solcher Auswirkungen ihr den Rücken kehren müssen. Ihr ursprünglicher Anreger aber muß den Buckel für alle Entgleisungen, Verkitschungen usw. herhalten, die ihm womöglich persönlich zur Last gelegt werden. Es scheint bei allen Ideen (...) Gesetz zu sein, daß sich auf diese Weise die Idee selbst schließlich *gegen* ihren Urheber richtet...«.[37]
Das Verhältnis der Maler zu Bruno Taut als dem Initiator der »Farbenbewegung« mußte ein gespaltenes bleiben, zumal der Maler »lieber auf einen geschmacklichen Erziehungserfolg verzichtet als auf einen pekuniären«.[38]

Entsprechend der Resonanz in den Zeitschriften war auch die Anzahl der eigenständigen Publikationen zum Thema »neues Wohnen« in der zweiten Hälfte der zwanziger Jahre bis 1933 überaus groß. Nach Erscheinen der »Neuen Wohnung« von Bruno Taut wurde eine ganze Flut von Wohnungsratgebern und Architekturbüchern publiziert. Bruno Taut war es, der die kursierenden Reformideen nach dem Zusammenbruch des Kaiserreichs aktualisiert und popularisiert hatte. Mit einiger Berechtigung kann seine »Neue Wohnung« (1924) als der »zündende Funke« betrachtet werden, der die Diskussion um das »neue Wohnen« entfachte und geradezu personalisierte. Auf diese Weise stellte er die für die Wohnproblematik mit ihren sozialen, ökonomischen, ästhetischen und psychologischen Implikationen erforderliche Öffentlichkeit her. Von 1926 an erschienen vermehrt Bücher, die Wohnung und Siedlung der neuesten Zeit thematisierten.
Adolf Behne, der Freund und Kritiker Tauts, veröffentlichte 1927 sein Buch »Neues Wohnen – Neues Bauen«, das vermittelnd zwischen Architekt und Mieter wirken sollte. Realistisch wie kaum ein anderer sah Behne, daß dem »überrumpelten Publikum die neue Wohnform der Architekten als Diktatur erscheinen müsse«. »Der Architekt gibt allzu leicht dem zähen Festhalten an schlechten kleinbürgerlichen Gewohnheiten die Schuld; der Mieter aber kann sich wirklich nicht von heute auf morgen umstellen und empfindet leicht die Entschlossenheit des Architekten als schroffe Diktatur.«[39] Das zeitgleiche Erscheinen mit Tauts Buch »Ein Wohnhaus«, von dessen Vorbereitung Behne sicher wußte, sollte vielleicht den darin enthaltenen Anspruch etwas mildern und die Leserschaft um der guten Sache willen besänftigen. Er zeigte sich verständnisvoll für beide Seiten: Selbstverständlich brauche der Mieter nicht als Staffage für moderne Architektur herzuhalten und seine Forderungen an die Dienstleistungen des Architekten nicht zu verschweigen. Der Architekt habe seinerseits die Pflicht, »bessere Wohnsitten heranbilden zu helfen«. Kulturelle Verantwortung von Architekt und Mieter, in Vernunft und Einsicht auf die beste Lösung der Sache bedacht, müsse einen Neubeginn zeitigen und in einer Bauart Ausdruck finden, die der »neuen solidarischen Lebenshaltung« der Mieter in »Offenheit, Vertrauen, Einfachheit« Rechnung trage. Zumindest das Bewußtsein, das Wissen um die Fragen der besseren Organisation des Lebens, könne dem Mieter abverlangt werden. Behne glaubte wie Taut, daß sich aus der besten sachlichen Lösung der Aufgabe die Form ergebe, die »ästhetisch wohlgefällig«, künstlerisch und schön sei. Zweimal bezog sich Behne innerhalb seines Textes explizit auf Bruno Taut, indem er die Gefahr einer neuen Modeentwicklung ansprach: »Einige Architekten, zum Beispiel Bruno Taut, haben gewisse Rezepte gegeben, nach denen sich auch der kleine Mann eine halbwegs moderne Wohnung machen kann durch die Anwendung des Pinsels und der Säge.«[40] Knapp achtzig Seiten weiter kam Behne zu dem Schluß: »Nein, es kommt nicht darauf an, daß ›man weiß‹, daß ›man‹ heute keine Nippes und Genrebildchen haben ›darf‹. Wohin solche Rezeptangabe führt, hat die Tautsche Parole ›Farbe!‹ in krasser Art gezeigt. Denn da wurde der gute brauchbare Kern, der in der Bewegung für die Farbe steckte, sofort erdrückt und erstickt durch die banausenhafte dilettantische Anstreicherei, vor der heute wohl auch dem ersten Anreger angst und bange geworden ist.«[41]
Raum, Luft, Licht und eine vernünftige, sachliche Annäherung von Architektenideal und Wohnstil blieben Behnes Postulat: »Neues Bauen setzt voraus ein neues Wohnen ... neues Wohnen aber setzt voraus den neuen Menschen.«[42] Im Mittelpunkt stand also auch bei ihm nicht Mode, nicht Diktat, sondern allein der Mensch in einer klassenlosen, solidarischen Gemeinschaft.
Der Schweizer Architekt Peter Meyer kam im Kapitel »Das moderne Haus« seines 1927 erschienenen Buches »Moderne Architektur und Tradition«[43] zu ähnlichen Ergebnissen wie Bruno Taut, obgleich er im Rückblick Tauts Phase nach dem Kriege bis 1924 heftig kritisierte.[44] Den utopischen Expressionismus und die Fassadenmalereien in Magdeburg verwarf Meyer, während er im neuen Hausbau und dessen innerer Gestaltung mit Tauts Prinzipien konform ging. Es finden sich Übereinstimmungen sowohl hinsichtlich der Einpassung des Hauses in die natürlichen Gegebenheiten als auch der farbigen Gestaltung innen und außen, der Dogmenfreiheit bei Grundriß-, Fenster- und Dachformen sowie der spärlichen Möblierung. Sie beruhen sicherlich zu einem nicht geringen Teil auf beider Schülerschaft bei Theodor Fischer. Auch Meyers Auffassung zufolge sollte die Wohnung als »Lebensrahmen« für den Menschen in ihrer »Leichtigkeit« und »Klarheit« zur »notwendigen Sauberkeit des Denkens« beitragen.
Walter Müller-Wulckow gab seinerzeit allein vier Bücher zu diesem Thema heraus.[45] Da Müller-Wulckow seine Kernaussagen ganz im Sinne von Tauts Mission zusammenfaßte, muß er in Bruno Taut den Initiator der Bewegung gesehen haben, ohne sich explizit auf ihn zu beziehen.
Im Zusammenhang mit der Werkbund-Ausstellung in Stuttgart-Weißenhof 1927 erschienen zahlreiche Bücher, die sich intensiv mit der Klärung, Verbilligung und Rationalisierung der Wohnungseinrichtung auseinandersetzten. Die Intentionen

Tauts schienen sich verselbständigt zu haben. Die herrschenden Strömungen zusammenfassend, erschien 1928 das Buch »Innenräume« von Werner Graeff.[46] Darin kamen in Aufsätzen einige Protagonisten des »neuen Wohnens« zu Wort, die an den Innenausstattungen der Weißenhof-Häuser beteiligt gewesen waren. Zu Beginn der dreißiger Jahre engagierte sich Graeff mit weiteren Veröffentlichungen für die neue Wohnkultur.[47] Noch 25 Jahre nachdem die Konferenz der Arbeiterwohlfahrts-Einrichtungen die Notwendigkeit einer Abkehr vom Protzertum in der Arbeiterwohnung und statt dessen Schlichtheit und Sachlichkeit postuliert hatte, meinte Graeff, daß nicht einmal die Vorbedingungen dafür inzwischen geschaffen seien.[48] Daher gab er wiederholt konkrete Ratschläge und sogar gezeichnete Anleitungen für den Selbstbau von Möbeln. Er stellte dieselben Forderungen auf wie Taut 1924. Und da diese immer noch zu theoretisch und zu abgehoben von der Realität des Arbeiterhaushaltes gewesen sein könnten, brachte er 1933 in Anlehnung an die Warenbücher des Deutschen Werkbunds und des Dürerbundes ein »Warenbuch für den neuen Wohnbedarf« heraus. Es beinhaltete ein katalogartiges Verzeichnis der Waren, Entwerfer und Preise im Handel.
Auch der Designer Franz Schuster beklagte, daß der »Plunder vergangener Jahrhunderte« noch immer die Durchschnittswohnung beherrsche und war mit Taut einer Meinung, daß die Wohnung Ausdruck eines »geordneten, einfachen, neuen Menschentums« sein solle.[49] Dies erweise sich unter anderem in einer »gewissen Farbenfreudigkeit«. Sowohl Schuster als auch Graeff waren maßgeblich an den Inneneinrichtungen der Weißenhof-Ausstellung beteiligt. Sie gehörten mit Adolf Schneck, Ferdinand Kramer und Paul Griesser zu den Protagonisten des Anbaumöbels.
Ebenfalls 1929 erschien Sigfried Giedions Buch zur »neuen Bewegung« mit dem Titel »Befreites Wohnen«.[50] In seinem Ausruf »Die Massen verlangen heute instinktiv nach Sonne, Licht, Bewegung« erklärte er die Anliegen des »neuen Wohnens« zum Wunschdenken der Massen. Giedion forderte eine »intensivere Fühlung mit Boden, Himmel, Außenwelt«: Alles sollte offen und lichtdurchflutet sein. Aus dem Postulat der Anpassung der Wohnung an die natürlichen Gegebenheiten resultierte für Giedion wie für die meisten Architekten der Avantgarde allerdings die Auflösung ganzer Häuserfronten in glattes, unfarbiges Glas. Bruno Taut dagegen sah in der Wohnung eine Schale der Geborgenheit mit wohlgesetzten Öffnungen zur Landschaft, was ihn grundsätzlich von der Avantgarde unterschied. Die Befreiung von der »Staubwischwohnung« in all ihren Einzelheiten, die Giedion darlegte, entsprach zwar Tauts Forderungen; die Bedingungen aber formulierte Giedion so dogmatisch, wie es Taut als der »dogmenfreieste« (Heinrich Taut) der neuen Architekten nicht getan hätte.[51]
Stärker auf die Bedürfnisse der verarmenden Massen ausgerichtet waren die Publikationen der frühen dreißiger Jahre zum Beispiel von Alexander Schwab, Wilhelm Lotz, Jakob Schallenberger, Hans Eckstein, Josef Frank und Wolfgang Herrmann, um nur einige herauszugreifen. Sie alle nahmen mehr oder weniger volkstümlich, mit dem einen oder anderen Schwerpunkt – moralischem Anspruch, Grundriß, Möbel oder Farben – Tauts Anregungen auf und führten sie weiter aus. Diese Bücher wurden in den siebziger und achtziger Jahren zum Teil neu aufgelegt, was das Interesse der Gegenwart an jenen Fragen der Gestaltung des Innenwohnraums dokumentiert. Zugleich legen die zahlreichen Reprints nahe, daß genau diese Thematik an elementare Probleme der Architektur rührt, die auch heute noch nicht zufriedenstellend gelöst sind.
Herbert Hoffmann variierte sogar den Titel eines Taut-Buches, indem er 1930 »Die Neue Raumkunst in Europa und Amerika« herausgab.[52] Er berief sich explizit auf Bruno Taut, obwohl die Abbildungen seines Bandes eher luxuriöse Ausstattungen zeigen, die Taut so niemals in den Sinn gekommen wären und die er rigoros abgelehnt hätte. Denn die vorgestellten Räume entsprachen nicht oder nur zu einem geringen Teil dem Postulat im Vorwort von der »Echtheit und Wahrhaftigkeit«, denen »in sich selbst ruhende Sicherheit und der klare Wille zur Zweckerfüllung« zugrunde lägen. Es handelte sich bei den vorgestellten Einrichtungen vielmehr zu einem überwiegenden Teil schlichtweg um amerikanischen Art Déco-Kitsch.
Nüchtern und rationell stellte dagegen Ludwig Neundörfer 1930 vor, »wie wir leben wollen«.[53] Veränderung der alten Möbel, Abschaffung des Nippes, Streichen der Wände in leuchtenden Farben waren auch seine Anliegen.[54] Das Wichtigste blieb jedoch, »daß die Wohnung zum Menschen passen muß«. Träger der Reformbewegung waren auch seiner Einschätzung nach die »Geistesarbeiter« und keineswegs die vielzitierten Proletarierkreise. Die »Geistesarbeiter« hätten im Umgestaltungsprozeß eine Mittlerfunktion inne zwischen den Architekten und den Volksschichten, welchen die Bemühungen der Architekten gälten: »Die Bedeutung der Schicht der Geistesarbeiter beruht in ihrer Zwischenstellung. Sie läutert durch ihr In-die-Tat-Umsetzen die Idee, die ja um der Klarheit und Durchschlagskraft willen einseitig sein muß, zu einer Sitte. Als solche ist sie aber erst in der Breite durchführbar.«[55] Bruno Taut mag nach dieser Einschätzung sowohl »in vorderster Linie stehender« Architekt gewesen sein als auch »Geistesarbeiter« mit Breitenwirkung durch sein eigenes bescheidenes Leben im Dahlewitzer Haus von 1927, das im Buch »Ein Wohnhaus« allgemein nachvollziehbar geschildert worden war.
In seiner Publikation »Wohnräume der Gegenwart« verfocht Gustav Adolf Platz die positiven Seiten der Tautschen Theorien, relativierte aber auch manches, was bei diesem überspannt erschien.[56] Dem Purismus der Wand, den Taut »historisch« herzuleiten versucht und für die Gegenwart postuliert hatte, stellte Platz die kulturelle und humane Leistung des bildenden Künstlers entgegen. Diesen Rigorismus lehnte er ab; er versuchte, das Apodiktische in Tauts Forderungen abzumildern, ohne es zu verwässern, und für den Leser annehmbar umzuinterpretieren.[57] Sicherlich war Platz bis in die Einzelheiten von Tauts Anregungen ausgegangen. Das Kapitel »Die Reform des Haushalts (Die Frau als Schöpferin)« trägt Tauts Buchtitel sogar in der Überschrift. Es beginnt mit der Nennung Tauts als dem Initiator der Erneuerungsbewegung. Die bis hier geschilderte Entwicklung faßte Platz so zusammen: »Denn nun schießen Bücher wie Pilze aus dem Boden, die die Wohnungsfrage behandeln und die einfache Lehre der Vernunft (›Rationalisierung‹) in den Massen verbreiten. (...) Allen Gedanken und Büchern über neues Bauen und Wohnen ist ein Gedanke gemeinsam: los vom Überlebten, Gekünstelten und Sinnlosen, Rückkehr zur Vernunft, Einfachheit, Natürlichkeit.«[58]

Als Taut fünfzig Jahre alt wurde, schrieb Adolf Behne in seiner Hommage: »Der Berliner Wohnungsbau dankt Bruno Taut sehr viel: er dankt ihm das hohe künstlerische Niveau, die manierlose, blufflose menschliche Sauberkeit.« Bei ihm, so Behne weiter, sei die Realität an der Utopie zu überprüfen.[59]
Nach dem erzwungenen Abflauen der Wohnungsdiskussion in den Jahren der Nazidiktatur charakterisierte der einzige Nachruf auf Bruno Taut, der nach seinem Tod (1938) in deutscher Sprache abgedruckt wurde, dessen Stellung in der Weimarer Avantgarde so: »Aus Königsberg stammend (...) kam Taut nach Süddeutschland und wurde Schüler Theodor Fischers. Gewiss nicht ganz zufällig, denn Vieles verband sein eigenes Wesen zweifellos mit dem süddeutschen Meister – die Vorliebe für das Regionale, Individualistische, Farbige, nicht selten Romantische und hie und da Versponnene. Darum besitzt Tauts Werk auch nicht die Einheitlichkeit und Uebersichtlichkeit, die der Weltmann und Großstädter Gropius seiner Arbeit zu geben wusste. Taut war ein gutes Stück Philosoph, nicht selten ein Eigenbrötler und in der Reihe der modernen Architekten ein scharfer Kritiker.«[60]
Somit kann Bruno Taut als einer der »volksnahen« Architekten der Weimarer Avantgarde angesehen werden. Die Frage, wie populär die neue Wohnkultur tatsächlich war, stellte bereits Adolf Behne 1931 im Kontext der Bauausstellung Berlin: »Wichtiger, als neue Typen aufzustellen, wäre vielleicht gewesen, jetzt einmal die interessantesten Typen aus Stuttgart [1927] oder Breslau [1929] vorzuführen wie sie heute sind, nachdem lebendige Menschen einige Jahre in ihnen gewohnt haben – natürlich nicht, um die normale oder übernormale Abnutzung festzustellen, sondern um zu erkennen: wie nimmt der Bewohner diese Typen auf, wie korrigiert, reguliert, variiert der lebendige Gebrauch diese Theoreme?«[61]
Der Anregung Behnes folgend, sollen nun aus der Rückschau Erkenntnisse darüber gewonnen werden, wie die Mieterschaft die »neuen Wohnungen« Bruno Tauts aufnahm. Zu diesem Zweck müssen jedoch Behnes allgemein gehaltenen Fragen zur subjektiv empfundenen Wohnqualität hinsichtlich der Taut-Siedlungen präzisiert werden: Wie also arrangierten sich die Erstbewohner von Taut-Siedlungen mit der Farbigkeit der Wohnungen und inwieweit waren sie bereit, Tauts Vorschlägen zur Möblierung Folge zu leisten? Zunächst ergibt sich jedoch die Frage, ob unabhängig von Farbgebung und Möblierung objektive Qualitäten der Wohnungen in den Siedlungen Bruno Tauts nachgewiesen werden können. »Wohnqualität« kann in Abgrenzung zum »Wohngefühl« mit Hilfe objektiver Kriterien erfaßt werden. Sie soll als die graduelle Erfüllungsleistung einer Wohnung im Hinblick auf primäre Bedürfnisse der Bewohner definiert werden. Da Wohnbedürfnisse auch Schwankungen unterliegen, ist es jedoch nur annähernd erreichbar, die Wohnqualität der Taut-Siedlungen in ihrer Entstehungszeit zu erschließen. Die Gefahr liegt allzu nahe, mit einer Zeitzeugin zu urteilen: »Sie [die Bewohner] kamen ja aus schrecklichen Wohnverhältnissen. Da war es, selbst wenn es einem nicht gefiel, war es (sic!) viel besser.«[62]
Die Tatsache, daß die Taut-Wohnungen trotz der gestiegenen Ansprüche heute noch eine so hohe Attraktivität besitzen, daß sie zum Teil vererbt werden und die Wartezeiten für die Zuteilung einer Wohnung zum Beispiel in der »Freien Scholle« bei ca. zwanzig Jahren liegen, indiziert die Befriedigung konstanter, also primärer Bedürfnisse durch diese Wohnungen. Den Leitbildern der Entstehungszeit folgend und die Verhältnisse in Berliner Mietskasernen zugrunde gelegt, können folgende Kriterien zur Bestimmung von Wohnqualität in den zwanziger Jahren festgehalten werden:

Leitbild, Bedürfnis	in Taut-Wohnungen gewährleistet
Licht	Durchfensterung, elektrisches Licht
Luft	Querlüftung, Vor- und Rücksprünge
Sonne	Durchfensterung, keine Keller- und Dachwohnungen
Grün	gestalteter Außenwohnraum
WC	komplettes Badezimmer
Küche	Wohn-, Eß- und Wirtschaftsküchen
Stellplatz für Betten	mindestens in eineinhalb Zimmern
Infrastruktur	Waschhäuser, Trockenboden, Konsum, Gastwirtschaft, Gemeinschaftsräume

Die Wohnqualität im Sinne dieser objektiven Kriterien wurde von den Altmietern in Fragebögen und Interviews von 1987 durchweg positiv beurteilt. Besonders die Aufteilung der Wohnungen wurde erfreut zur Kenntnis genommen, ebenso wie die städtebauliche Anlage der Häuserblocks: »Ich war überrascht über die gute Aufteilung und die der Umgebung angepaßte Lage der Häuser.«[63]
Dazu gehörte die »weiträumige Straßenlage« mit dem »vielen Grün«. Als attraktiv wurden auch die Innentoiletten und eingebauten Bäder bezeichnet. Der Reiz der Siedlungswohnungen lag zu einem nicht geringen Teil in ökonomischen Aspekten begründet. Der serienmäßige Einbau von Doppelfenstern in den Wohnräumen ersparte den Mietern Heizkosten, der Einbau von Spinden die Anschaffung von Kühlgeräten, und die kombinierten Gas-Kohle-Öfen ließen eine Anpassung der Energiezufuhr an die jeweilige finanzielle Lage zu.
Die Mieterbefragungen, die zwischen 1968 und 1980 sporadisch in Taut-Siedlungen durchgeführt wurden,[64] hatten ebenfalls positive Beurteilungen der Gesamtanlagen, der Wohnungsaufteilungen und Einbauelemente ergeben. Dagegen wurden die Grundrisse der Reihenhäuser gelegentlich als zu klein und die Treppen darin als zu steil beurteilt. Letztere seien »primitiv, schmal, gefährlich, weil zu steil«, und einige alte Bewohner müßten deswegen nach Jahrzehnten ihre Häuser verlassen. Davon abgesehen, entsprachen die heute noch ermittelbaren Urteile zur Wohnqualität weitgehend den Aussagen von Herrn S. aus dem »Peitschenknall« der Siedlung »Onkel Tom«: »Die Tautschen Wohnanlagen beurteile ich positiv; schlicht, gediegen, praktisch (...)« – Grundlagen dauerhafter Wohnwerte. Hingegen befriedigten die Wohnungen nach Bruno Tauts Entwurf umweltvermittelte Bedürfnisse wie repräsentative Räume, aufwendige Eingänge und ornamentale Ausstaffierung – absichtlich – nicht.

Damit wird der Fragenkomplex der subjektiven Einschätzung, des »Wohngefühls« berührt. Aus den objektiven Qualitätsurteilen läßt sich die gefühlsmäßige Akzeptanz und individuelle Aneignung der Wohnungen Tauts herausfiltern. Trotz der ablehnenden Haltung gegenüber der ursprünglichen Innenfarbigkeit ergaben die Rundfragen positive Aussagen zum Wohngefühl in der Anfangsphase. Vom ersten Tag an habe man sich sehr wohlgefühlt. Die Aussage von Erstmietern »wo es uns heute noch gut gefällt« fällt so häufig, daß Bruno Tauts Wohnungen tatsächlich auch emotionale Qualitäten aufweisen müssen, die damals wie heute gleichermaßen empfunden wurden. Es muß sich um Konstanten seiner Innenraumgestaltungen handeln, die ungeachtet der bewußten Vernachlässigung visuell vermittelten Sozialprestiges gewürdigt wurden. Das Prestige der Bewohner erhielt dadurch ungeahnten Aufschwung, daß die Taut-Siedlungen in den zwanziger Jahren zu Pilgerzielen des Zeitgeistes wurden und die dort gefeierten Gemeinschaftsfeste Gäste aus ganz Berlin anzogen. Mit der Popularität der Siedlungkomplexe wuchs der Stolz der Bewohner, und die Bewunderung für die Wohnanlagen übertrug sich auf das Selbstgefühl der Mieter. Die Taut-Wohnungen waren in diesem Sinne durchaus imageträchtig.

Zur Farbe als dem wichtigsten Stilmittel Bruno Tauts im Kontext seiner Siedlungsbauten der zwanziger Jahre konnte trotz der jahrelangen forschenden Beschäftigung von Architekturhistorikern mit Tauts Bauten bisher nicht beantwortet werden, ob die von außen zum Teil nach einem belegten Farbkonzept verputzten Siedlungskomplexe auch im Innern ursprünglich systematisch farbig gestrichen waren. Gestützt auf sporadische Farbprobenentnahmen in einzelnen Wohnungen, lauteten die Thesen der Denkmalpflege dahingehend, daß Bruno Taut ebenso wie beim äußeren Farbenplan auch im Innern einem konkreten, nachvollziehbaren Konzept gefolgt sei. Die Innenfarben seien entsprechend einem festgelegten Farbwirkungsschema auf den Lichteinfall und/oder die gegenüberliegende Fassadenfarbe ausgerichtet gewesen.[65]
Um diese Aussagen anhand der Erinnerungen von Erstbeziehern der Taut-Wohnungen zu überprüfen, verschickte die GEHAG Fragebögen zur Innenfarbigkeit ihrer Wohnungen beim Einzug an 46 Erstbezieher in »Onkel Tom« und im »Hufeisen«, die vor 1935 eingezogen waren und seitdem ununterbrochen dort wohnen.

OBJEKT **Siedlung, Straße Whgs.-typ, (Einzugsdt.)**	WOHNSTUBE	SCHLAFSTUBE	KAMMER	KÜCHE	BAD	FLUR
OTH, Am Fischtal 7 Reihenhaus	gelb	grün	1. rot (EG) 2. rot (OG)	–	–	–
OTH, Am Lappjagen 33 Reihenhaus (1930)	rot	grün	–	–	–	rot
OTH, Am Lappjagen 39 Reihenhaus	grün	–	–	–	–	rot
OTH, Reihenhaus, (1927)	gelb	blau	grün	–	–	–
OTH, Am Fischtal 9 Reihenhaus	rot	grün	1. gelb (EG) 2. rosa (OG)	–	–	blau
OTH, Hochsitzweg Reihenhaus	beige	blau	1. grün (EG) 2. gelb (OG)	–	–	–
OTH, Reihenhaus	grün	–	1. gelb (EG) 2. – (OG)	– –	– –	– –
OTH, Wilskistr. 1 1/2-Zi-Whg. (1930)	rot	grün	blau	–	–	gelb
OTH, Wilskistr. 1 1/2-Zi-Whg. (1928)	rot	grün	–	gelb	gelb	gelb
OTH, Waldhüter- pfad (1927)	rot	grün	blau	blau	gelb	gelb
OTH, S.-Hedin-Str. 63b 1 1/2-Zi-Whg. (1934)	rot	gelb	–	blau	grün	gelb

OBJEKT **Siedlung, Straße** **Whgs.-typ, (Einzugsdt.)**	WOHNSTUBE	SCHLAFSTUBE	KAMMER	KÜCHE	BAD	FLUR
OTH, Waldhüterpfad 88 2 1/2–Zi–Whg. (1927)	rot	grün	blau	weiß	weiß	gelb
OTH, Hochsitzweg Reihenhaus	rot	–	rot	gelb	–	gelb
OTH, Reihenhaus	grün	gelb	1. rot 2. rot	gelb	gelb	gelb
OTH, Reihenhaus	gelb	blau	grün	–	–	–
OTH, Argent. Allee 2 1/2–Zi–Whg. (1931)	rot	grün	blau	–	–	–
Hufeisen, L.-Reuter-Ring 2 1/2–Zi–Whg.	rot	blau	grün	weiß	gelb	gelb
Hufeisen, F.-Reuter-Allee 56 1 1/2–Zi–Whg. (1935)	rot	gelb	–	blau	–	–
Hufeisen, F.-Reuter-Allee 68 1 1/2–Zi–Whg. (1935)	blau	–	–	weiß	grün	–
Hufeisen, L.-Reuter-Ring 2 1/2–Zi–Whg. (1934)	blau	rot	grün	–	gelb	–
Hufeisen, Buschkrugallee (1948)	rot	grün	–	weiß	weiß	weiß
Hufeisen, Reihenhaus	rot	blau	grün	–	–	–
Hufeisen, F.-Reuter-Allee 3 1/2–Zi–Whg. (1927)	blau	gelb	1. rot 2. grün	–	–	–
Freie Scholle 2 1/2–Zi–Whg. (1927)	rot	grün	gelb	blau	–	–
Fulda 37/38 3.OG rechts	rot	mauve	1. grün 2. blau	–	–	grün
Fulda 37/38	grün	grün	–	–	–	blau
Ossa 16a EG rechts	rot	rot	–	gelb	–	grün
Ossa 16a EG links	blau	rot	–	gelb	–	grün
Ossa 16a 3.OG rechts	rot	–	–	gelb	–	–
Ossa 15a 3.OG links	grün	rot	–	–	–	–
Ossa 9 EG links	rot	grün	–	grün	–	–

Die Auswertung der statistischen Daten widerlegt die eingangs zitierte These, derzufolge Lichteinfall oder gegenüberliegende Fassadenfarbe als Kriterien der Farbverteilung im Innern der Wohnung einkalkuliert worden wären. Der Tabelle läßt sich lediglich entnehmen, daß alle Wohnungen zum Einzug prinzipiell farbig gestrichen und die eingesetzten Farbtöne der Palette der Außenfarben entnommen waren. Die Analyse der Daten ergibt einen höheren Anteil von rotgestrichenen Wohnzimmern (17) gegenüber grünen (5), blauen (4) und gelben (3). Dies legt die Vermutung nahe, daß der größte Raum der Wohnung im allgemeinen die wärmste und anregendste Farbe erhalten sollte – eventuell im Hinblick auf die dort zu erwartende höchste (geistige) Aktivität. Bei den als Schlafstuben benutzten Kammern überwiegen die grünen (11) und blauen (5) die gelben und roten (je 4). Für die hygienisch sensiblen Bereiche von Küche und Bad war offensichtlich weitgehend Weiß und Gelb vorgesehen. Daraus folgt der Schluß, daß eine Farbgebung aufgrund der *Raumfunktionen* angestrebt war, doch nicht überall konsequent durchgeführt worden sein kann.

Eine genaue Rekonstruktion der Modalitäten bei der Farbzuweisung im Innenraum der GEHAG-Wohnungen war auch mit erweiterten Methoden nicht endgültig möglich. Die Ergebnisse sprechen für eine pragmatische, zum Teil vom Zufall des Baugeschehens abhängige Farbverteilung. Dabei kann als gesichert gelten, daß Bruno Taut über die bauleitende GEHAG darauf drang, den Mietern grundsätzlich farbig gefaßte Wohnungen zu übergeben.

Die subjektive Benennung der vorhandenen Innenfarben erfolgte zwischen den Polen »pastellfarben-matt« und »schreiend bunt«, was nicht allein auf die unterschiedliche Ausführungsqualität, sondern eindeutig auf ganz persönlichem Farbempfinden beruhte. Zwar habe, so meint Kurt Junghanns, eine »eingeweihte Gemeinde« Bruno Taut begeistert gefeiert und die »Musterwohnungen« mit ihren »knalligen Farben« gerne übernommen.[66] Im Hinblick auf persönliche Behaglichkeit allerdings seien die »brutalen Farben« der Wohnungen auf Kritik und Ablehnung gestoßen und wohl schon von den ersten Mietern übermalt worden, wie es im Kontext der einzelnen Siedlungskomplexe bereits thematisiert wurde.

Einige der Erstbewohner lehnten die Farben auch aus »sachlichen« Gründen ab, da insbesondere das Blau und das Ochsenblutrot zu dunkel und lichtschluckend gewesen seien, außerdem wenig praktisch, denn die Wände schmutzten leicht.[67]

Diejenigen Mieter, die gar keinen Einfluß auf den Anstrich mehr hatten nehmen können, lehnten die Art der Wandgestaltung schroff ab: »Kalte, rohe Wände« mit »schrecklichen« Farben hätten nicht den allgemeinen Vorstellungen von »geschmackvollen, heimeligen Wohnungen« entsprochen. Ein engagierter und ganz in Tauts Sinne geistig offener und tätiger Bewohner fand eine ganze Tirade negativer Termini für Bruno Tauts Farbgebung im Innern der Wohnungen: »gräßlich, grauenvoll, grob, krass, bedrückend, primitiv, plakativ, unwohnlich!«[68]

Dem nunmehr auch empirisch nachgewiesenen Farbdiktat Bruno Tauts, das obendrein mit der Auflage verbunden war, die Farben bis zum vollständigen Austrocknen des Baumaterials weder zu überstreichen noch zu überkleben, entzogen sich die Fremdbestimmten sobald wie möglich und völlig unabhängig vom späteren Geschmacksdiktat der Nazizeit. Aus der Firmengeschichte der GEHAG wird berichtet, »daß die Erstmieter sich mit der Gesellschaft in Verbindung setzten, um die farbigen Wände zu tapezieren«.[69]

Die nach Tauts Meinung läuternde Wirkung der Farbe wurde zumeist von vornherein boykottiert und von den Betroffenen weder in ihrer ethischen Dimension begriffen noch als Aufheiterung für ihren Alltag in Anspruch genommen. Offenbar waren trotz aller publizistischen Aktivitäten und der seriellen Durchsetzung der Farbe im Innenraum die Voraussetzungen für ein wirkliches Verständnis des umfassend gedachten Farbkonzepts bei den Rezipienten nicht geschaffen. Tauts künstlerisch-moralisches Wollen war sehr persönlich geprägt – sein Anspruch auf Allgemeingültigkeit mußte als diktatorisch aufgefaßt werden.

Im Unterschied zur Farbigkeit der Wohnungen konnten sich die Mieter den Anweisungen Bruno Tauts zur Möblierung ohne jede Anstrengung entziehen. Wieweit der von Taut propagierten Wohnungseinrichtung Folge geleistet wurde, ist nicht in systematischen Erhebungen festgehalten, sondern erschließt sich aus Gesprächsprotokollen, Fotografien von Wohnungen, deren Ausstattung sich seit dem Einzug der Bewohner um 1930 nicht entscheidend verändert hat, sowie aus Sekundärliteratur. Diese Wege der Annäherung korrigieren das Bild, das die gedruckten Medien der zwanziger Jahre von der allumfassenden Wohnungserneuerung im Sinne des »neuen Wohnens« hervorzurufen sich bemühten.

Bruno Taut mußte bald einsehen, daß seine Einrichtungsmaximen nur sporadisch befolgt wurden, und reagierte besonders betroffen. Anfänglich glaubte er, die Übernahme der Möbelungetüme in die neuen Wohnungen beruhe nicht auf ästhetischen, sondern auf ökonomischen Unsicherheiten.[70] Später jedoch, 1931, sah sich Bruno Taut von einem Defätismus in der Wohnungsgestaltung umgeben, den er nicht mehr allein mit der wirtschaftlichen Krise zu entschuldigen vermochte. Er erkannte die mangelhafte Rezeption seiner Gedanken und Bauten überdeutlich.[71]

Doch in didaktischer Absicht äußerte Taut in diesem Kontext weiterhin die Hoffnung, daß die »reaktionäre Rückwärtsorientierung« zum »Schmücke Dein Heim« wie eine bedenkenlose Mode einfach vorüberginge.[72]

Ähnlich engagierte Zeitgenossen Tauts, sofern sie sich nicht hinter euphorische Fehleinschätzungen zurückzogen, registrierten bald die Diskrepanz zwischen den theoretischen Konzepten, deren Diskussion Taut in Schwung gebracht hatte, und der Aneignung durch die Zielgruppe. Die rechte und die linke Presse war sich darin einig, daß die mangelnde Rezeption der Wohnungen im Sinne der Architekten in der »Bürgerlichkeit« der Baukünstler zu suchen sei. Während die »Rote Fahne« den »bürgerlichen Charakter« der die Wohnsitten des Proletariats vollkommen verkennenden Neubauwohnungen aufs Schärfste verurteilte,[73] sah die rechtsgerichtete »Deutsche Allgemeine Zeitung« das Übel in der mangelnden bürgerlichen Wohlanständigkeit der Mieter begründet.[74]

Bereits zehn Jahre zuvor hatte der Architekt Erich Mendelsohn

Bedenken gegenüber der kulturellen und sozialen Identität seiner Volksgenossen geäußert. In Reaktion auf das Scheitern der Revolution und den Mord an Rathenau schrieb er 1922 resigniert in sein Tagebuch: »Volk von Seichten, die Bürger sind, sobald sie sich satt füttern können, nicht ahnend, daß mit ihrem Fett sich die Fron hochnährt, die sie schnell wieder unterjochen wird. Krieg und Revolution ist verwischt, eingeschmort im Sonntagsbraten.«[75]

Der Publizist Georg Kaufmann erkannte wohl auch den »törichten Nachahmungstrieb« der Proletarier, doch schob er die Schuld der profitorientierten Werbekraft einer Schund produzierenden Möbelindustrie zu.[76] Deren »optische Bestechungsmethoden« wurden mittels Schaufenster, Ullsteinpresse und Kinokitsch unterstützt: »Ein falsches Wohnideal ist mit allen Mitteln der Beeinflussung genährt worden (...)« – mit Hilfe der Massenmedien, die weder progressiven Architekten und Designern, noch sozialistischen Gruppen zu Gebote standen.[77]

Schon 1918 hatte die Bauwelt einen Artikel über »Baukunst im Film« veröffentlicht. Darin wurde die eminent erzieherische Wirkung der Wohnungsausstattungen im Kinofilm erläutert und die Möglichkeit der Volksbildung durch dieses Massenmedium nahegelegt. Da die überladenen Kulissen als Vorbilder wirkten und geheime Träume weckten, müsse der gute Held nunmehr in vornehmen, »künstlerisch durchgebildeten Räumen« zugegen sein, während das verachtenswerte Element »in einem Raum voller Tand, Überladung, Protzerei« auftreten müsse. Fritz Lang folgte dieser Aufforderung zum Beispiel in seinem Film »Dr. Mabuse« (1933). Darin gestaltete er die Wohnung seines Helden nach Prinzipien des Bauhauses, auch die Schreibtischlampen entstammten der Bauhaus-Produktion. Demgegenüber zeigte er die Ganoven umgeben von Neorokoko-Schwulst.

Bruno Tauts Konzepte von der Erneuerung der Wohnung durch Selbsthilfe und Verinnerlichung hatten über das Medium der Bücher und Fachzeitschriften die Zielgruppe nur zu einem geringen Teil erreichen können. Allein Musterwohnungen und gelegentliche Ausstellungen konnten über den elitären Kreis der »Geistesarbeiter« hinaus wirken.

Der Konflikt zwischen Mieter und Architekt kristallisierte sich als eine der Ursachen des unsachgemäßen Umgangs der Bewohner mit den Siedlungswohnungen heraus. Die Mieter selbst artikulierten ihr Unbehagen nicht derart, daß es in den Medien Niederschlag gefunden hätte; sie arrangierten sich auf ihre Weise mit den »bunten, kahlen Tatsachen«. An den Architekten war es nun, über den geringen unmittelbaren Erfolg ihrer Anstrengungen zu räsonieren. Adolf Rading zum Beispiel vertrat die Meinung, daß die Mieter in Lethargie lägen und ihre wahren Bedürfnisse nicht einmal mehr selber kennten. Daher falle dem Architekten die Aufgabe zu, »als Teil der Masse« die tatsächlichen Wohnbedürfnisse im Bau zu artikulieren. Nur auf diese Weise könnten neue Lebensformen durchgesetzt werden.[78] Demgegenüber vermutete Fritz Block, die Architekten hätten sich zu sehr an ihren eigenen Bauproblemen orientiert statt an den Bedürfnissen der zukünftigen Bewohner und somit ästhetische, doch keine lebenspraktischen Probleme gelöst.[79] Zwischen Bruno Tauts verzweifeltem Optimismus und den gegenseitigen Schuldzuweisungen trat Adolf Behne wiederum als brillianter Analytiker der Situation auf: »Er [der Mieter] lehnt sich gegen die Bevormundung durch den Architekten auf (...).«[80] Zu groß sei die »Diskrepanz zwischen seinen auf Behäbigkeit, Gemütlichkeit, familiär-individuelle Intimität gestellten Wänden und Möbeln in der guten Stube und der knappen Großzügigkeit des modernen Architekten.« Damit benannte Behne den eigentlichen kulturellen Konflikt, dem die Architektur der zwanziger Jahre das Opfer bringen mußte, nicht adäquat genutzt zu werden. Er argumentierte weiter: Die Mieter aus kleinen Verhältnissen fühlten sich durch die »Dürftigkeit« der modernen Siedlungswohnungen den Bürgerlichen gegenüber herabgewürdigt. Durch den Mangel an Prestigeornamenten wie Säulchen und Muscheln glaubten sie sich »zum ›Proleten‹ degradiert, als ›Ausschuß‹ behandelt«, sobald der verantwortungsvolle Architekt »keinerlei Schmuckformen anklebt« und auch die Inneneinrichtung in diesem Sinne vorschreiben will. »An mir wird gespart: ist sein einziger Gedanke. (...) Er denkt nicht daran, daß diese Nachahmerei würdeloser ist als die Einfachheit, die Charakter hat.« Die Formen moderner, sozialer Wohnarchitektur und die geforderte Wohnkultur würden »häufig aus keinem anderen Grund abgelehnt, als weil man sie dunkel als Kritik empfindet«. [81] Für die Abwehrhaltung der überrumpelten Mieter hatte Behne durchaus Verständnis. Der Architekt dürfe trotzdem nicht ablassen, gemeinsam mit dem Konsumenten nach der »besten menschenwürdigsten Wohnung« zu streben, damit auch die Beziehungen der Menschen untereinander verbessert würden. »Sachlich bauen bedeutet, sozial bauen, am Anfang beginnend: beim Möbel.«[82] Damit war er wieder bei Bruno Tauts Ausgangspunkt angelangt.

Dieser hatte sich jedoch mit seinen Wohnkonzepten nach und nach in Opposition zu beinahe jedermann gebracht. Mit seinem Plädoyer für den Eigenbau und die Umgestaltung der Möbel hatte er die nicht zu unterschätzende Wirtschaftsmacht der Möbelproduzenten gegen sich aufgebracht. Somit war es ihm auch nicht möglich, die Möbelindustrie als den wichtigsten Transmissionsriemen wohngestalterischer Leitbilder für seine Ziele zu gewinnen. Die geschmacklose Möbelgroßproduktion skrupelloser Industrieller hätte bei weiterer Wirksamkeit Tautscher Appelle ihre beste Einnahmequelle, das Talmi-Möbel, verloren. Denn Taut hatte nicht aufgezeigt, wie mit wenig Aufwand *mehr dargestellt* werden könnte, sondern wie die Maskerade auf den Kern, das Wesentliche und Konstruktive reduziert werden sollte. Damit hatte er einen konstanten Wesenszug europäisch geprägter Sozialisationen verkannt oder mutwillig außer acht gelassen: das vom Neid genährte Repräsentationsbedürfnis, das darauf zielt, die eigene Unvollkommenheit mit Versatzstücken vorgeblich vollkommenerer Gesellschaftsschichten zu kompensieren. Dieses urmenschliche Bedürfnis betrifft in besonderem Maße die »eigenen vier Wände«. Sobald die primären Bedürfnisse gedeckt sind, werden sogleich sozialvermittelte Repräsentationsformen der jeweils höheren Schicht angestrebt, ohne zunächst komplementär zum wirtschaftlichen auch den »geistigen Wohlstand« zu erarbeiten. Es wird somit eine Stufe der Bewußtseinsbildung übersprungen. Auf diesem Hintergrund sind Tauts Forderungen als äußerst unpopulär zu bezeichnen. Zudem waren die kulturellen Horizonte der potentiellen Mieterschaft vielfältig geprägt und die Innovationsbereitschaft sehr gestreut. Die Zielgruppe war anders sozialisiert als der intellektuell-grüblerische, sozial engagierte und doch immer bürgerliche Bruno Taut. Sie ließ sich nicht von *seinen* moralischen Werten zum »neuen Menschentum« formen, denn es handelte sich nicht um *ihre* Werte. Sie hatten nicht vor, sich vom »wohlwollenden Diktator« aus ihren bergenden Klischees und ihrem Unbewußtsein aufrütteln zu lassen, sie beabsichtigten nicht, zu sich selbst zu finden. Die Ergebnisse dieser Auswertung legen vielmehr nahe, daß die Bereitschaft, sich bewußt und tätig zu entscheiden, gerade im unüberlegt verinnerlichten, traditionell beengenden Wohnstil ihre Grenzen fand.

Konnte Taut sein Wohnideal trotz tausender verwirklichter Wohnungen nicht als gesellschaftsrelevantes Leitbild etablieren, so gelang es ihm wohl, der Wohndiskussion der zwanziger Jahre die entscheidenden Impulse zu geben. Er hatte durch sein vielfältiges Wirken ungeheure Dynamik in die verkrusteten Traditionszusammenhänge gebracht. Tauts Denkanstöße allerdings wurden von Personen angenommen, die ohnehin bewußt lebende, engagierte und freidenkende Menschen waren. Die Befreiung, die Tauts Konzept beinhaltete, ist zunächst nur von wenigen der zigtausend Betroffenen als Chance für ihr eigenes Leben aufgenommen worden. Deren Vorbildfunktion wurde im zunehmend faschistischen Klima sofort erstickt. Eine Massenbewegung von schnörkelabsägenden Taut-Jüngern hat den Quellen zufolge nicht stattgefunden. In diesem Kontext erscheint die induktive Methode, die von einigen, sicher vorhandenen Einzelfällen auf allgemeine Tendenzen schließen wollte, unangebracht.[83]

Eine soziokulturelle Erneuerung ähnlichen Ausmaßes wie zum Beispiel die der Wandervogel-Bewegung oder der Angestellten-Kultur hatte Bruno Taut nicht ausgelöst. Über das »Tauten« der »Ku'Damm-Schickeria« und die bewußt introspektive Lebensführung einzelner begeisterter Anhänger ging Tauts *unmittelbare* Wirkung zunächst kaum hinaus.

Die weiterführende Frage nach eventuellen Zusammenhängen zwischen der Usurpation sämtlicher Lebensbereiche durch die Nationalsozialisten und Veränderungen in der Rezeption der Taut-Wohnungen muß zunächst dahingehend beantwortet werden, daß zum Beispiel die Tautspezifische Innenfarbigkeit – wie aufgezeigt – von Anfang an und nicht erst 1933 auf Ablehnung stieß, ganz unabhängig vom aufdämmernden Geist des Dritten Reiches. Diesen darf man den Bewohnern auch nicht ohne weiteres unterstellen, da sie zu einem großen Teil aktive Sozialdemokraten, Kommunisten und Freidenker waren. Insofern ereignete sich 1933 in den Taut-Wohnungen keine bedeutende Wende. Anders in der Außenfarbigkeit der Siedlungskomplexe: Es gibt Hinweise auf vereinheitlichendes Überstreichen der »proletarischen Farben«, wie es für die Siedlungen »Freie Scholle«, »Attilahöhe« und »Schillerpark« belegt werden konnte.

Die neuen Machthaber scheuten sich jedoch nicht, die objektiven Qualitäten der Bauten des »Kulturbolschewisten« Bruno Taut auf ihr Konto zu verbuchen. Bereits im September 1933 hatte die gleichgeschaltete Redaktion des EINFA-Nachrichtenblattes die GEHAG-Wohnung als solche, besonders aber die »Wohnstadt Carl Legien« für den Nationalsozialismus vereinnahmt. Krampfhaft wurde der gestaltete Außenwohnraum als Verbindungsglied des Großstadtmenschen zur Allmutter Gäa umgemünzt und der Kommunikationsraum Bruno Tauts mit der Blut-und-Boden-Ideologie verquickt. Zugleich wurde bekanntgegeben, daß »die Siedlung an der Carmen-Sylva-Straße« – der eingeführte Name der Siedlung, der dem sozialistischen Gewerkschaftsfunktionär Carl Legien huldigte, wurde tunlichst vermieden – neue Straßennamen erhielte. Nach Vorschlägen »alter Frontsoldaten« wurden nun Straßennamen gewählt, die an Orte »heroischer Kämpfe an der Westfront während des Weltkrieges erinnern«.[84] Von nun an trug die Siedlung im Volksmund den Namen »Flandernsiedlung«.

Diesmal geschah das Umdenken im Unterschied zur Erneuerungsbewegung des »neuen Bauens« weit erfolgreicher, weil unausweichlich. Die Beeinflussung war jetzt perfekt organisiert, äußerst subtil und unwiderruflich. Selbst die empirische Sozialforschung wurde in der Wohnungsfrage herangezogen, um das System zu stabilisieren und sich dabei weltoffen und benutzerfreundlich zu zeigen. So war im Jahre 1939 eine Fragebogenaktion durchgeführt worden, in der sich 6000 Berliner Mieter über ihre Wohnsituation äußern sollten. Von den Ergebnissen der Umfrage wollte man im Reichskommissariat für den Wohnungsbau die Ausarbeitung von Normengrundrissen abhängig machen. Unter dem demokratisch anmutenden Titel »Der Mieter hat das Wort«, veröffentlichte und kommentierte Ernst Neufert 1942 die Ergebnisse dieser angeblich ersten Mieterbefragung in Berlin.[85]

Darin unterließ er jegliche Bewertung der Wohnbauten der zwanziger Jahre. Er konstatierte lediglich, daß Tausende von Architekten sich bemüht hätten, etwas immer Besseres oder zumindest immer anderes zu entwerfen. Zum Führerprogramm vom 15. November 1941 sollte nun eine definitive Festlegung des Reichswohnungsbaus auf der Grundlage empirischer Beobachtungen stattfinden. Diese hatten den allgemeinen Wunsch nach Balkons (82,5%) und Abstellschränken statt -räumen (27%) verdeutlicht. Darüber hinaus mußte Neufert feststellen, daß die »Gute Stube« nach wie vor üblich sei. Sofern Kinder im Haushalt aufwüchsen, bliebe die »Gute Stube« zwecks Schonung der »guten Möbelstücke, Erinnerungsstücke, Nippsachen« an normalen Tagen verschlossen. Bei kinderlosen Paaren fungiere sie als besseres Wohnzimmer. Diesen Widersinn tadelte auch Neufert und forderte, die »Gute Stube« nun endlich als Wohn- und Spielraum einzubeziehen. In dieser Absicht verordnete ein Führererlaß die Angliederung einer Küchennische unmittelbar an den Eß- und Wohnraum. Was Taut gelegentlich empfohlen hatte, wurde nun offiziell vollstreckt. Die Liebe zum »hochglanzpolierten, empfindlichen Prachtmöbel« wurde auf effektivere Weise aberzogen, als Bruno Taut es je gewünscht hatte – ungeachtet seiner Forderung nach dem Kunstdiktator. Diesen hatte er im übrigen als absolut integere Persönlichkeit imaginiert.

Neufert ließ keinen Zweifel an der umfassenden Wirksamkeit seines Erziehungsprogramms hin zum »soliden, strapazierfähigen Möbel«: »Auch hier kann vom Staate oder der Partei aus ein heilsamer Einfluß in den Wirtschaftsgruppen auf die Möbelhersteller, in den Schulen auf die Kinder, in der Frauenschaft auf die Mütter und in den Schulungskursen der Betriebe auf die Väter ausgeübt werden. Dann kann man in kurzer Zeit

erwarten, daß die Möbel, die ›mehr hergeben‹, abgelöst werden durch schöne, dauerhafte, solide Möbel, die ›mehr sein als scheinen‹ wollen, nach dem Motto: ›Bescheidenheit ist eine Zier‹. (...) Hier ist noch gewaltige Schulungsarbeit zu leisten, die auch auf den Wohnungsbau letzten Endes von Einfluß ist. Andererseits muß der Wohnungsbau so zielstrebig geplant werden, daß auch die Wohnung von sich aus diesen Bildungszielen entgegenkommt, denn sie soll ja letzten Endes das Gehäus abgeben, in dem sich das kulturelle zukünftige deutsche Leben entfalten soll.«[86]
Eine so umfassende Indoktrination ohne Ausweichmöglichkeit hatte Bruno Taut und seine Kollegen nicht zu Gebote gestanden. Auf dem Weg der totalen sozialen Kontrolle war hingegen die Durchsetzung eines bestimmten Wohnleitbildes höchst aussichtsreich. Neufert beurteilte mitten im Zweiten Weltkrieg die Chancen einer Rezeption dieser verordneten Wohnkultur optimistisch: »Wie man sieht, kommen die Wünsche der Mieter dem Bestreben nach einer neuen soliden Wohnkultur entgegen. Dieser Hinweis ist für die Möbelindustrie besonders wichtig, die immer mit dem Argument kommt, daß die Mieter glanzvolle repräsentable Möbel wünschen. Im Gegensatz dazu scheint ein ausgesprochenes Bedürfnis für solide Möbel vorzuliegen, das bloß von seiten der Industrie bisher nicht im notwendigen Umfang und in einwandfreier Qualität befriedigt wurde.«[87]
Ein anderer Gedanke Bruno Tauts wurde ebenfalls, völkisch variiert, von den Nationalsozialisten aufgegriffen: die Entlastung der Hausfrau durch die rationelle Anlage der Wohnung. Der Leiter des Rassenpolitischen Amtes der NSDAP, Walter Groß, forderte bei der vierten Sitzung seines Arbeitsstabes: »Stärkste Entlastung der Hausfrau durch zweckmäßige Anordnung der Wohnung, Vermeidung überflüssiger Treppen, Höchstmaß von Technisierung und Automatisierung ist auch bevölkerungspolitisch erforderlich, damit nicht die Frau und Mutter von der groben Hausarbeit absorbiert und damit dem Leben des Mannes und einem gewissen Lebensgenuß [!] entfremdet wird.«[88] Nun also forderte man die Rationalisierung der Hausarbeit, um die Verfügbarkeit der Frau als Gebärmaschine sicherzustellen...
In den Kontext der Hausfrauenproblematik, die Taut als erster, wenn auch in ganz anderem Sinne, aufgeworfen hatte, gehört die unten zitierte Passage aus dem Theaterstück »Quo vadis – Wo soll das hin?«. Es wurde als Gastspiel der kabarettistischen »Querpfeifer« am 13. Juni 1941 uraufgeführt und spielte im fiktiven Jahr 1981. Die Kunstfigur Stampe beschreibt darin einem Ankömmling aus Amerika während einer Stadtbesichtigung die Elbuferbebauung Hamburgs: »Mein Lieber, Sie sind Amerikaner. Sie kommen aus einem rückständigen Erdteil ... Na, Sie werden sich ... (durchs Bullauge): Dort, zwei Elbuferdominanten, Schulungsburg Stade und (erregt) ein neues Blinksignal, das Hausfrauenerziehungslager Reiherberg!«[89]

Im realen Jahre 1961, unter offiziell veränderten Gegebenheiten, griff der Bruder Bruno Tauts, Max, die Rezeptionsproblematik nochmals kritisch auf. Er hatte noch nach dem Zweiten Weltkrieg dieselbe »Wohnkultur« zu beklagen wie Bruno Taut knapp dreißig Jahre zuvor: »Man sieht zwar heute eine ganze Reihe von wundervollen Siedlungen, die äußerlich sehr schön sind. Geht man aber hinein, so ist man entsetzt. Da finden sich nach wie vor alle diese Dinge wie Nippsachen und Andenken.«[90]
Max Taut dachte dabei an das neue Hansa-Viertel in Berlin: »Seine Bewohner verstehen es z.T. nicht, die Wohnungen zu bewohnen. (...) Glauben Sie, daß sich diese Leute in ihrem Charakter verändert haben? Nicht die Spur! Das sind genau die Ur-Berliner geblieben, die sie vorher waren. Die Wohnung allein macht es nicht.« Damit beschrieb er exakt das eigentlich zeitlose Dilemma. Er sah die Ursache darin, daß »der Normalverbraucher, der einfache Mann« nicht wisse, daß eine Wohnung erst dann harmonisch ist, wenn sie dem Bewohner selbst und dessen Lebenswahrheiten entspreche. Die Architekten aber hätten weiterhin den Auftrag, sich an den Bedürfnissen der Bewohner zu orientieren. »Wir müssen uns umsehen, was in der Welt geschieht. Wir müssen erkennen, was die Umwelt überhaupt ist. Das ist unser Fehler gewesen, daß wir nicht erkannt haben, was unserer Zeit gemäß war. Das war unser Unglück und unser Untergang.« Ob nun Bruno Taut die Erfordernisse seiner Zeit tatsächlich verkannt hatte oder ob »seine« Mieter nicht reif zur Selbsterkenntnis waren – das läßt sich nicht eindeutig bestimmen. Daß seine Bemühungen für die Wohnkultur aufgrund der gleichbleibenden Strukturen des Repräsentationsbedürfnisses bis heute weitgehend unerfüllt, wenn auch ungebrochen bedenkenswert blieben, läßt sich hingegen empirisch bestätigen.[91]
Bruno Tauts humane Architektur jedenfalls ist gerade im Kontext der herrschenden Wohnungsnot und der drängenden Wohnbauaufgaben im großen Maßstab von höchster Aktualität und Gültigkeit.

Bruno Taut schrieb im japanischen Exil 1936, wie dankbar er sei, durch die Verschiedenartigkeit seiner Aufträge niemals auf »einseitige Prinzipienreiterei« festgelegt worden zu sein, was ihn von seinen Kollegen des »Neuen Bauens« unterscheide: »Ich könnte niemals mehr auf irgendein Prinzip für die Kunst schwören«. Er unterstellte sein Künstlertum suchend und offen dem hohen Ziel der »gesellschaftlichen Formung« einer idealen, pluralistischen Menschengemeinschaft. Somit haben seine Wohnräume immer Nutzcharakter und sind rückgekoppelt an die Bedürfnisse der Bauherren. Durch Farbgebung, liebevolle Details und durch feinsinnige Abweichungen von einer ausschließlich utilitaristisch orientierten Systematik verlieh er ihnen die Kraft, vom bloßen Nutzen weiterzuführen zu einer Ästhetik schöpferischer Teilhabe. Sein Schlüssel dazu war die »mit Raffinement durchgeführte Enthaltsamkeit« in den formalen Mitteln, wodurch sich seine Architekturen als traditionsbewußt und zugleich als unverschämt neuartig präsentieren.
Anfangs entwarf Bruno Taut akribisch jede Einzelheit seiner Bauten sowie deren Innenausstattung selbst; in den Großaufträgen der zwanziger Jahre verlegte er sich darauf, ausgewählte Elemente zu integrieren und auf die Ausführung seiner Anweisungen zu drängen. Die Detailfreude Tauts blieb ungebrochen und demonstrierte seine beständige Aufmerksamkeit gegenüber Tradition und Gefühl. Dabei achtete er darauf, aufdringliche Gefühlswerte zu tilgen und statt dessen fast unmerklich Phantasie in die Wohnwelt einzubringen. Die Detailwirkung manifestiert sich vielfach spürbarer als der Raumein-

druck selbst – oftmals macht gerade die Detailbehandlung die Qualität und Unverwechselbarkeit seiner Räume und Bauten aus.
Die von Taut entworfenen Wohnräume sind zumeist in einem positiven Sinne bescheiden, stark farbig und in menschengerechten Dimensionen mit vertrauten Raumerlebnissen konzipiert. Sie garantieren Identifikationswerte und Geborgenheit in der Kapsel der Privaträume, deren Korrektiv die Weitläufigkeit des gestalteten Außenwohnraums und der Gemeinschaftsräume ist. Somit fallen sie wenig spektakulär aus – nicht hoch ästhetisiert, sondern brauchbar und qualitätvoll. Sie bilden den belebbaren Rahmen, in dem die Freiheit des Individuums garantiert bleibt und die intendierte Befreiung des einzelnen zu sich selbst stattfinden kann. Die Relation von Ästhetik und Funktion erscheint ausgeglichen: Die Innenräume Bruno Tauts erheben ästhetischen Anspruch, ohne »sophisticated« zu sein, und funktionieren raumästhetisch noch heute.
In der prägenden Phase vor 1910 waren die Innenraumgestaltungen Bruno Tauts an der Tradition orientiert, die Theodor Fischer und Hermann Muthesius verkörperten – solide und sachlich, dabei nicht frei von gelegentlichen Romantizismen. Der Hang zu biedermeierlicher Schlichtheit blieb Taut zeitlebens erhalten und von seinen aufsehenerregenden Schöpfungen im Sinne des Expressionismus unberührt. Dabei war er dem Luxus nicht prinzipiell abgeneigt, wie manche seiner Innenräume beweisen. Er entzog sich jedoch dem Absolutheitsanspruch des sogenannten »Gesamtkunstwerks«. Zwar bezog er, wenn immer möglich, andere Künste in seine Architektur mit ein, doch beharrte er nicht auf der künstlerischen Intuition, die ein ganzes Raumensemble *einem* gestalterischen Gedankengang unterwirft: »Gott sei Dank sind wir über das ›Gesamtkunstwerk‹ Richard Wagners längst hinweg. Wir sind aber auch schon darüber hinweggekommen, daß wir überfühlfein bei jeder Bagatelle eine künstlerische Offenbarung erwarten. Wir wollen nicht mehr pinselig sein und nehmen alles, woher wir es gerade bekommen können.« (Bruno Taut). Dabei griff er sehr wohl die »Bagatellen« des Wohnalltags, seine materiellen Bedingungen, auf und schuf sie in einem künstlerischen Akt zu harmonischen Kunstwerken um.
In bescheidenen Bauten wie den Siedlungswohnungen und Einzelhäusern der zwanziger Jahre führte Taut die Malerei als großflächige, intensive Wandfarbigkeit ein und schuf damit monochrome Gemälde. Sofern der Zweck und die Bauherrnschaft es zuließen, beteiligte er aber auch Kunstmaler wie im Ledigenwohnheim Lindenhof. Seine Fassaden, denen er weit mehr Phantasie und kalkulierende Sorgfalt widmete als seine publizierten Formulierungen vermuten lassen, sind oftmals von Werken der Plastik geschmückt. Das »Ettershaus«, die Mietshäuser in Berlin, die zwischen 1908 und 1913 entstanden und deren Fassadenschmuck zum Teil auf den Bildhauer Georg Kolbe zurückgeht, sowie der Siedlungseingang von »Reform« in Magdeburg, der mit einer Portraitbüste von der Hand Rudolf Bellings geziert gewesen sein soll, sind Beispiele für die Beteiligung der freien Künste an der Architektur Bruno Tauts. Vom Sommerhaus Haarmann (1908) bis hin zum Anbau der Villa Hyuga (1936) gelang es Taut auch immer wieder, das holzverarbeitende Handwerk elegant in die Gestaltung seiner Innenräume einzubeziehen.
Die beiden Höhepunkte der Innenraum-Gestaltung Bruno Tauts stellen zweifellos das »Ettershaus« und die Sommerräume des Hauses Hyuga dar. Sie sind der Region jeweils optimal angepaßt, sicher gruppiert und harmonisch ausgestaltet. Taut erreichte dies unter anderem durch das Zusammenschalten der Räume über sorgfältig durchgebildete Membranen, die reizvolle Durchblicke und Raumerlebnisse ermöglichen. Diese Räume bilden unaufdringliche Synthesen von Bedürfnis, gestalterischem Willen und ästhetischer Angemessenheit. Aus dem Blickwinkel der Innenraumgestaltung können diese beiden Bauten als Bruno Tauts Hauptwerke gelten. Sie markieren nicht Anfang und Ende einer steten Entwicklung, sondern erscheinen jeweils als reife Leistungen. Im Grunde genommen hatte Taut bereits um 1910 eine Innenraumqualität erreicht, die er 1936 in den japanischen Sommerräumen nochmals zur Vollendung führte.

Bedürfnisse, die über die Grundfunktionen des menschlichen Lebens hinausgehen, finden in Tauts Bauten Befriedigung und bereichernde Überhöhung im Spiel von Licht und Farbe. Die Farbe hat formale und moralische Funktionen zu erfüllen. Sie ist keine Zutat zu fertiger Architektur, sondern sie wird mit dieser und aus ihr heraus wesentlich entwickelt. Formal erfüllt die Farbe ihre Aufgabe, indem sie in Beziehung gesetzt wird zu den konstruktiven, architektonischen Elementen und zur Gesamtheit der Wohnungsgestalt sowie zu den städtebaulichen und klimatischen Faktoren. Ästhetisch erfüllt die Farbe das Schmuckbedürfnis im Austausch gegen Bild und Ornament. Sie steigert die Qualität des Lichts; das Licht selbst wird zur Farbe. Moralisch hält die Farbe die Waage zwischen Individualität und Solidarität zum Beispiel in einer Siedlungsgemeinschaft. Sie befreit von Klischees der Vorzeit zu neuer geistig-schöpferischer Aktivität, erzieht zu reiner Wahrhaftigkeit im täglichen Wohnen. So wird der Farbe nicht eine festgelegte Funktion zugeteilt, sondern sie ist Träger komplexer Umgestaltungsvorgänge. Die Farbe bildet in Tauts Augen die Basis für den Neuanfang, für die Läuterung des Geistes. Sie demonstriert die Befreiung von bürgerlichen Konventionen und verweist auf die volkstümlichen Wurzeln natürlicher Wohnkultur. Insofern beinhaltet sie einen moralischen Anspruch, ein ethisches Konzept – auch wenn ihr Ausgangspunkt zunächst der simple Verfremdungseffekt gegenüber der notdürftigen Einfachheit war.
Bruno Tauts eigentliches Verdienst liegt in der behutsamen Ästhetisierung des Alltags und den davon ausgehenden gesellschaftsrelevanten Impulsen. Denn er nahm die Wohnungsdebatte des ersten Jahrzehnts nach dem Weltkrieg wieder auf und entfachte sie zu Beginn der zwanziger Jahre aufs neue. Damit gab er als Protagonist dem kulturellen Leben der Weimarer Republik entscheidende Impulse. Darüber hinaus veranlaßte Taut die Frauen zur Selbsthilfe, zur Befreiung aus unreflektierten Wohnzwängen, die deren gesamtes Leben auf Dienstleistungen reduzieren. Insofern greift die Innenraumkonzeption Bruno Tauts sehr viel weiter als die künstlerische Betätigung designierter Innenraumgestalter wie Bruno Paul, Otto Prutscher oder auch Adolf Schneck. Dies erschwert zugleich die Einordnung Bruno Tauts in zeitgenössische Künstlerkreise. Seine Innenräume haben nichts von der Kernigkeit

der Deutschen Werkstätten, nichts von der romantisierenden Schlichtheit des Deutschen Werkbunds. Sie lassen die Rationalität der Bauhausgestaltungen vermissen und schwingen sich nicht zur abstrakten Noblesse Mies van der Rohes auf. Taut wollte auch keine dieser Richtungen der Wohnreform vermitteln. Er vertrat vielmehr seine ganz eigene Linie, die den Menschen sich selbst wieder nahebringen sollte.

Anmerkungen

1 Walter Gropius: Sparsamer Hausrat und falsche Dürftigkeit. In: Die Volkswohnung 1 (1919), Heft 4, S. 105f. und in: Das Hohe Ufer 1 (1919), S. 178–180
2 Ludwig Wagner-Speyer: Farbiger Hausrat. In: Die Volkswohnung 1(1919), S. 144–146
3 L. Wagner-Speyer: Farbiger Hausrat, 1919, S. 146
4 August Endell: Einfacher Hausrat. In: Die Volkswohnung 1 (1919), S. 146 f.
5 B. Taut: Denk-Schrift, 1922
6 Robert Adolph: Hausrat unserer Zeit. In: Die Volkswohnung 3(1921), S. 133–135
7 R. Adolph: Hausrat, 1921, S. 134
8 Althoff: Die Einrichtung des Kleinhauses. In: Der Neubau 8(1926), Heft 22, S. 253–256
9 Althoff: Kleinhaus, 1926, S. 253
10 Siehe unter vielen anderen: H. P. Eckart: Unsere Wohnung. Die Ziele neuzeitlicher Innenausstattung. In: Die Bauzeitung (vereinigt mit Süddeutscher Bauzeitung) 24 (1927), S. 441; Hannes Schoof: Immer wieder: Die neue Wohnung. In: Schlesisches Heim 8 (1927), S. 52–54
11 H. P. Eckart: Unsere Wohnung, 1927, S. 442
12 Walther Stein: Das Deutsche Heim. In: Bild und Wort. Reutlingen 1927
13 Georg Becker: Zu neuen Zielen. In: Zwanzig Jahre Freie Scholle Bielefeld. Hrsg.: Gottlieb Binder. Bielefeld 1931, S. 79–84
14 Vgl. Margarete Hartig: Erziehung zur Wohnkultur. In: Wohnungswirtschaft 7 (1930), S. 383 f.
15 R. Wenzelchen: Reform und Gestaltung der Wohnung. In: Mitteilungen der Baugenossenschaft Ideal Oktober 1931, S. 6 f. Abb. entnommen aus Otto Schmidt: Der alten Wohnung ein neues Gesicht. Stuttgart 1930, S. 22
16 AIZ, Dez. 1926, S. 10; AIZ, Jan. 1927, S. 10
17 Ulrich Roediger: Die farbige Wohnung! In: Schlesisches Heim 6 (1925), S. 56 f.
18 Erna Meyer in: Schlesisches Heim 6(1925), S. 30
19 Ernst May: Die Siedlung Klettendorf bei Breslau. In: Die Volkswohnung 4 (1922), S. 321
20 Ernst May: Die Organisation der farbigen Gestaltung. In: Schlesisches Heim 6(1925), S. 57 f.
21 Ernst May: Der Hausrat des Kleinhauses. In: Rheinische Blätter für Wohnungswesen und Bauberatung 21 (1925), Heft 8, S. 161–163
22 Hausfrau und Wohnung. In: Schlesisches Heim 6 (1925), S. 199
23 Wohnungswirtschaft 4 (1927), S. 74 f. Aktivitäten und Forderungen dieser Art verlauteten aus ganz Europa und Skandinavien
24 EINFA 3 (1932), Nr. 9/10, S. 3 f.
25 Vgl. Wohnungswirtschaft 4 (1927), S. 98, 138,139
26 Wohnungswirtschaft 5 (1928), S. 8 f.
27 Adolf Rading: Möbelnorm als menschliches Problem. In: Wohnungswirtschaft 6 (1929), S. 312 f.
28 Georg Kaufmann: Wohnkultur und Arbeiterklasse. Was die Bauausstellung nicht gezeigt hat. In: Wohnungswirtschaft 8 (1931), S. 206–217. Hier zitiert: S. 209
29 Georg Kaufmann: Möbel, Mode und Klassenbewußtsein. In: Wohnungswirtschaft 9 (1932), S. 64–67
30 G. Kaufmann: Wohnkultur, 1931, S. 206 f.
31 Walter Curt Behrendt: Bruno Tauts Arbeiten für Magdeburg. In: Der Neubau 6 (1924), S. 83 f.
32 Bauwelt 16 (1925), Heft 29, S. 684; Elisabeth Gärtner: Farbe und Raum. In: Schlesisches Heim 6 (1925), S. 377
33 Kunstbeilage zur Bauwelt 16 (1925), Heft 29; Alexander Koch: Farbige Wohnräume. Darmstadt 1926
34 Die Tautschen Bestrebungen in ihrer Beziehung zum Malergewerbe. In: Fachblatt der Maler (Hamburg) 2 (1926), S. 33–35
35 Die Tautschen Bestrebungen, Fachblatt der Maler, 1926, S. 34
36 Die Tautschen Bestrebungen. Fachblatt der Maler, 1926, S. 35
37 B. Taut: Farbenunfug. In: Sozialistische Bauwirtschaft 6(1926), S. 25
38 Die Tautschen Bestrebungen. Fachblatt der Maler, 1926, S. 33
39 Adolf Behne: Neues Wohnen – Neues Bauen. Leipzig 1927, S. 29
40 A. Behne: Neues Wohnen, 1927, S. 30
41 A. Behne: Neues Wohnen, 1927, S. 103
42 A. Behne: Neues Wohnen, 1927, S. 27
43 Peter Meyer: Moderne Architektur und Tradition. Zürich 1927
44 P. Meyer: Architektur und Tradition, 1927, S. 46, 48, 62
45 Walter Müller-Wulckow: Architektur der zwanziger Jahre in Deutschland. 4 Bde. Königstein/Taunus 1929–1932, 2. Aufl. 1975, 3. Aufl. 1985
46 Werner Graeff: Innenräume. Stuttgart 1928
47 Werner Graeff: Zweckmäßiges Wohnen für jedes Einkommen. Potsdam 1931. Ders.: Jetzt wird Ihre Wohnung eingerichtet. Das Warenbuch für den neuen Wohnbedarf. Potsdam 1933
48 W. Graeff: Zweckmäßiges Wohnen, 1931, S. 8
49 Franz Schuster: Eine eingerichtete Kleinstwohnung. Frankfurt/Stuttgart 1929
50 Sigfried Giedion: Befreites Wohnen. Zürich 1929, Frankfurt/Main 1985
51 Vgl. die Kritik Bruno Tauts: Die vollkommene Wohnung. In: Wohnungswirtschaft 4 (1927), S. 371 f.
52 Herbert Hoffmann: Die Neue Raumkunst in Europa und Amerika. Stuttgart 1930. In Entsprechung zu Bruno Taut: Die Neue Baukunst in Europa und Amerika. Stuttgart 1929
53 Ludwig Neundörfer: So wollen wir wohnen. Stuttgart 1930, 2. Aufl. 1931
54 L. Neundörfer: So wollen wir wohnen, 1930, S. 137
55 L. Neundörfer: So wollen wir wohnen, 1930, S. 133
56 Gustav Adolf Platz: Wohnräume der Gegenwart. Berlin 1933
57 G. Adolf Platz: Wohnräume, 1933, S. 56
58 G. Adolf Platz: Wohnräume, 1933, S. 56
59 Adolf Behne in: Wohnungswirtschaft 7 (1930), S. 225
60 In: Das Werk (Schweiz) 26 (1939), Heft 3, Beilage 16, S. XVI
61 Adolf Behne: Abteilung »Die Wohnung unserer Zeit«. In: Zentralblatt der Bauverwaltung 51 (1931), S. 733 f.
62 Frau L. in: Th. Hilpert et al.: Hufeisensiedlung, 1980, S. 68
63 Frau B., Sven-Hedin-Straße in »Onkel Tom«
64 R. Bothe: Erker, Neue Heimat, 1980, Anm.26, S. 47; Th. Hilpert et al.: Hufeisensiedlung 1980, S. 88
65 Winfried Brenne im Gespräch mit Verf. am 30. 3. 1986
66 Kurt Junghanns im Gespräch mit Verf. am 12. 7. 1985

67 In: Werk und Zeit 1977, Heft 4, S. 7
68 Brief von Herrn Sotschek an Verf. vom 11. 2. 1986
69 Brief von Herrn Tabaczynski an Verf. vom 20. 1. 1986
70 B. Taut: Die Jugend muß bauen, 1927, S. 164
71 B. Taut: Durchhalten, 1931, S. 9
72 B. Taut: Schrei nach dem Bilde, 1931, S. 956
73 Für wen wird in Berlin gebaut? In: Rote Fahne, Berlin 1. 4. 1928
74 DAZ, Berlin 31. 1. 1932
75 Erich Mendelsohn. Briefe eines Architekten. Hrsg.: Oskar Beyer. München 1961, S. 55 f.
76 G. Kaufmann: Wohnkultur, 1931, S. 206–217; ders.: Möbel, 1932, S. 64–67
77 G. Kaufmann: Möbel, 1932, S. 65
78 Adolf Rading: Wohngewohnheiten. In: Die Form 2 (1927), Heft 2, S. 47 f.
79 Fritz Block in: Die Form 2 (1927), S. 41
80 A. Behne: Architekt und Mieter, 1926, S. 767 f.
81 A. Behne: Neues Wohnen, 1927, S. 29
82 A. Behne: Architekt und Mieter, 1926, S. 768
83 Vgl. für die induktive Methode Kurt Junghanns: Funktion gegen Repräsentation. In: Form und Zweck 13 (1981), Heft 6, S. 29–31
84 EINFA 4(1933), Nr. 8/9, S. 1 f.
85 Ernst Neufert: Der Mieter hat das Wort. Hrsg.: Generalbauinspektor für die Reichshauptstadt, Albert Speer. Berlin 1942
86 E. Neufert: Der Mieter hat das Wort, 1942, S. 29 f.
87 E. Neufert: Der Mieter hat das Wort, 1942, S. 30
88 Publ. in: W. Durth: Deutsche Architekten, 1986, S. 230
89 Publ. in: W. Durth: Deutsche Architekten, 1986, S. 182
90 Max Taut: Wir wollen keine Schulmeister sein. Schöner wohnen – aber wie? Möglichkeiten und Grenzen des Architekten. In: Aachener Volkszeitung vom 13. 2. 1961
91 H. Koelbl/M. Sack: Das Deutsche Wohnzimmer, 1980

Anhang

Register der analysierten Publikationen Bruno Tauts

Zwei ländliche Kleinkinderschulen. In: Christliches Kunstblatt 47 (1905), S. 265–268

Eine Notwendigkeit. In: Sturm 4 (1913), Heft 196/197, S. 174 f.

Zu den Arbeiten der Architekten Bruno Taut und Hoffmann. In: Moderne Bauformen 12 (1913), S. 121–141

Glashaus (1914). In: Frühe Kölner Kunstausstellungen. Sonderbund 1912, Werkbund 1914, Pressa USSR 1928. Hrsg.: Wulf Herzogenrath. Köln 1981, S. 287–292

Notbauten für ostpreußische Landwirte. Transportable Wohnhäuser. In: Bauwelt 5 (1914), Beilage »Die Bauberatung«, Nr. 8, S. 9–12

Das Problem des Opernbaus. In: Sozialistische Monatshefte 20 (1914), S. 357

Das Signieren von Bauwerken (1914). Zit. nach Adolf Behne: Wiederkehr der Kunst. Leipzig 1919, S. 79 f.

Wohnhausbau in Einheitsformen. Eine Erwiderung. In: Der Baumeister 13 (1915), Heft 8, S. 62 f.

An die sozialistische Regierung. In: Sozialistische Monatshefte 24 (1918), S. 1051

Architektur-Programm. Erste Flugschrift des Arbeitsrates für Kunst. Berlin Weihnachten 1918

Eindrücke aus Kowno. In: Sozialistische Monatshefte 51 (1918), S. 897–900

Architektonisches zum Siedlungswerk. In: Der Siedler 1 (1918/1919), S. 248–257

Gartenstadtkolonie Reform bei Magdeburg. In: Der Siedler 1 (1918/1919), S. 400 f.

Gartenstadtsiedlung Falkenberg in Grünau bei Berlin. In: Der Siedler 1 (1918/1919), S. 307 f.

Alpine Architektur. Hagen 1919

Architektur. In: Das Hohe Ufer 1(1919), Heft 5, S. 125 f.

Beobachtungen über Farbenwirkungen aus meiner Praxis. In: Bauwelt 10(1919), S. 12 f.

Bildschreine. In: Das Hohe Ufer 1(1919), S. 305

Einküchenwirtschaft als soziale Aufgabe. In: Freiheit, Berlin 12. 11. 1919

Die Erde eine gute Wohnung. In: Die Volkswohnung 1(1919), Heft 4, S. 45–48

Ex oriente lux. Aufruf an die Architekten. In: Der Sturm 10 (1919), S. 15–17

Farbenwirkungen aus meiner Praxis. In: Das Hohe Ufer 1(1919), Heft 11, S. 263–266

Rede des Bundeskanzlers von Europa am 24. April 1993 vor dem Europäischen Parlament. In: Sozialistische Monatshefte 25 (1919), S. 816–818

Der Sozialismus des Künstlers. In: Sozialistische Monatshefte 25 (1919), S. 259–262

Die Stadtkrone. Jena 1919

Zum Neuen Theaterbau. In: Das Hohe Ufer 1 (1919), S. 204–208

Drei Siedlungen. In: Wasmuths Monatshefte 4 (1919/20), S. 183–193

Einküchenwirtschaft. In: Freiheit, Berlin 5. 7. 1920

Der Neuaufbau des Leipziger Volkshauses. In: Freiheit, Berlin 29. 9. 1920

Die Auflösung der Städte oder Die Erde eine gute Wohnung oder Der Weg zur Alpinen Architektur. Hagen 1920

Die Einrichtung der Volkswohnung. In: Die Volkswohnung 2 (1920), S. 235–238

Die Folkwang-Schule in Hagen/Westf. Masch. Man., Berlin 1920, KEO-Archiv

Glasbau. In: Stadtbaukunst alter und neuer Zeit 1(1920), S. 120–123

Glaserzeugung und Glasbau. In: Qualität 1 (1920), S. 9–14

Kleinhäuser neben Hochbauten. In: Bauwelt 39 (1920), S. 348

Kosmische Farbenliebe. In: Frühlicht 1920, Heft 14, S. 66

Die Kunst der Siedlung. In: Das Neue Reich 2 (1920), S. 8f.

Architektur neuer Gemeinschaft. In: Die Erhebung. Jahrbuch für neue Dichtung und Wertung. Hrsg.: Alfred Wolfenstein. 2. Buch, Berlin 1920, S. 270–282

Ein Ledigenheim in Schöneberg. In: Stadtbaukunst alter und neuer Zeit 1 (1920), S. 136–138

Mein Weltbild. In: Das Hohe Ufer 2 (1920), S. 152–158

Der Neuaufbau des Leipziger Volkshauses. In: Freiheit, Berlin 29. 9. 1920

Siedlung Ruhland. In: Die Volkswohnung 2 (1920), Heft 13, S. 179–182

Der Weltbaumeister. Architekturschauspiel für symphonische Musik. Hagen 1920

Glasarchitektur. In: Die Glocke 6 (1921), S. 1374 f.

Neue Siedlungen. In: Frühlicht 1921, Heft 2, S. 49–53

Zur Biologie des Kunstgeschmacks. In: Frühlicht 1921, Heft 1, S. 10 f.

Architekturmalereien. In: Frühlicht 1921/22, Heft 2, S. 62 f.

Ein Ledigenwohnheim. In: Bauwelt 13 (1922), S. 241–243

Mein erstes Jahr »Stadtbaurat«. In: Frühlicht 1922, Heft 4, S. 125–131

Ueber die Magdeburger Kunstgewerbeschule. Eine Denk-Schrift von Bruno Taut. Magdeburg Juli 1922

Bruno Taut in: Falkenberg 1913–1923. Denkschrift zum 10jährigen Bestehen. Hrsg.: Robert Tautz. Berlin 1923, S. 21 f.

Architektonische Vortragsreise im besetzten Gebiet Deutschlands und in Holland (Februar 1923). In: Bouwkundig Weekblad vom 23. 6. 1923, S. 293

Baugedanken der Gegenwart. In: Architectura. Weekblad v/h Genootschap Architectura et Amicitia 27 (1923), S. 65–68

Vom gegenwärtigen Geist der Architektur. In: Hellweg 3 (1923), S. 487–489

Architekt oder Ingenieur – oder beide zusammen? In: Wohnungswirtschaft 1 (1924), S. 170 f.

Die Architektur der Arbeiterbewegung. In: Soziale Bauwirtschaft 4(1924), S. 180–182

Bildvorführungen für liegende Zuschauer. In: Bauwelt 15 (1924), S. 743

Ersparnis im Wohnungsbau durch rationelle Einrichtung. In: Wohnungswirtschaft 1 (1924), S. 20–23

Die Frau als Schöpferin in der Wohnung. In: Westermanns Monatshefte 68 (1924), S. 272–276

Glasarchitektur. In: Bauwelt 15 (1924), S. 183 f.

Die industrielle Herstellung von Wohnungen. In: Wohnungswirtschaft 1 (1924), S. 157 f.

Die Neue Wohnung. In: Das Werk 11 (1924), S. 258–261

Die Neue Wohnung – Die Frau als Schöpferin. Leipzig 1924

Die Neue Wohnung – Die Frau als Schöpferin. In: Cicerone 16 (1924), S. 647–659

Rußland und der westliche Wohnbau. In: Das Neue Rußland 1 (1924), S. 10 f.

Wie sich Gemeinschaftsgeist in einem Bau verkörpern kann. In: Wohnungswirtschaft 1 (1924), S. 105–107

Die Frauen mögen helfen. In: Wohnungskultur (Brünn) 1 (1924/25), Heft 4/5, S. 49 f.

Aesthetik der Berliner Wohnbauten. In: Bauwelt 16 (1925), Heft 6, S. 97–99

Ausstellung Wohnung und Hausrat. In: Wohnungswirtschaft 2 (1925), S. 195

Die Frau als Schöpferin. In: Baugilde 7 (1925), Heft 4, S. 184 f.

Lieben Sie Nippes? Eine volkswirtschaftliche Frage von Bruno Taut. In: Dt. F. u. F. 21 (1925), Heft 3, S. 203–207

Die Villa. In: Neubau 7 (1925), S. 109 f.

Wiedergeburt der Farbe. In: Die Farbe am Hause – Der Erste Deutsche Farbentag. Hamburg 1925, S. 11–21

Wiedergeburt der Farbe. In: Bauwelt 16 (1925), S. 674–676

Zur Farbenfrage. In: Schlesisches Heim 6 (1925), Heft 2, S. 54–56

Bauen – Der Neue Wohnbau. Leipzig 1926

Farbenunfug. In: Fachblatt der Maler (Hamburg) 1926, S. 64

Farbenunfug. In: Sozialistische Bauwirtschaft 6 (1926), S. 25

Die Frau als Schöpferin in der Wohnung. Ein Frauengespräch. In: Aufbau 1 (1926), S. 25–29

Eine Lücke in der neuen Berliner Bauordnung. In: Bauwelt 17 (1926), S. 116 f.

Der neue Bauherr. In: Weltbühne 22 (1926), S. 500–502

Die Anlage der modernen Küche. In: Universum (Reclam) 44 (1927), S. 199–201

Arbeiterwohnhaus. In: Bau und Wohnung (DWB). Stuttgart 1927, S. 132–137

Der gedeckte Tisch. In: Wohnungswirtschaft 4 (1927), S. 90 f.

Die Jugend muss bauen! In: Wohnungswirtschaft 4 (1927), S. 163–165

Die Lücke im Baublock – eine Lücke in der Bauordnung von Berlin. In: Bauwelt 18 (1927), S. 791–793

Vom Moskauer Wohnungsbau. In: Bauwelt 18 (1927), Heft 4, S. 78–81

Vortrag auf der Bauaustellung und Bautagung auf der Frankfurter Frühjahrsmesse 1927. In: Stein Holz Eisen 41 (1927), S. 291–293

Die vollkommene Wohnung. In: Wohnungswirtschaft 4 (1927), S. 371 f.

Ein Wohnhaus. Stuttgart 1927

Ästhetik der Architektur. In: Deutsches Bauwesen 4 (1928), Heft 10, S. 223–227

Die Grundrißfrage. In: Wohnungswirtschaft 5 (1928), S. 311–317

Die Neue Wohnung – Die Frau als Schöpferin. 5. Aufl. Leipzig 1928

Wesen und Ziele der Architektur. In: Bauwarte 4 (1928), S. 621 f. und S. 657–660

English Architecture as I See it. In: The Studio Vol. 98 (1929), S. 763–769.Taut, Bruno: Krisis der Architektur. In: Wohnungswirtschaft 6 (1929), S. 105–107

Modern Architecture. London 1929

The Nature and Aims of Architecture. In: The Studio 97 (1929), S. 169–174

Die Neue Baukunst in Europa und Amerika. Stuttgart 1929

Sachliche Notizen. In: Das Ideale Heim 3 (1929), S. 6

Via London – Paris – New York – Neu-Berlin. In: Das Neue Berlin 1 (1929), S. 25–30

Die Farbe. In: GEHAG-Nachrichten I.6. (1930), S. 1f.

Gegen den Strom. In: Wohnungswirtschaft 7 (1930), S. 315–324

Die neue Wohnung (Die Frau als Schöpferin). Mitt. 1892 28 (1930), S. 22–24 und S. 43 f.

Die technische Aufbauschule im Hochschulstudium der Architekten. In: Bauwelt 21 (1930), S. 1665–1667

Ueber Arbeitsgemeinschaften bei Berliner Wohnungsbauten. In: Wohnungswirtschaft 7 (1930), S. 3f.

Die Farbe in der Siedlung. In: Fest im Fischtal. Berlin 1930, S. 8–12

Rußlands architektonische Situation. In: Moderne Bauformen 29 (1930), Heft 2, S. 57–67

Schinkel zum 150. Geburtstag. In: Der Kunstwanderer 29 (1930/31), S. 173

Antwort auf die Frage »Was ist eine Großsiedlung?« In: Gartenstadt 15 (1931), S. 7–11

Deutsche Bauausstellung Berlin 1931. Verfaßt für »Istwestija«, Moskau. In: Bauwelt 68 (1977), Heft 33, S. 1107–1110

Durchhalten! In: Fest im Fischtal. Berlin 1931, S. 9

Die Farbe. In: Die Farbige Stadt 6 (1931), S. 29 f.

Der Aussenwohnraum. In: EINFA 2 (1931), Nr.4, S. 2–4

Grenzen der Wohnungsverkleinerung. In: Deutsche Bauzeitung 65 (1931), S. 210–212

Die Kleinstwohnung als technisches Problem. In: GEHAG-Nachrichten II.5 (1931), S. 1–4

Der Schrei nach dem Bilde. In: Weltbühne 27 (1931), S. 956–959

Rationelle Bebauungsweisen und das Seminar für Wohnungsbau und Siedlungswesen auf der Technischen Hochschule Berlin. In: Deutsche Bauzeitung 66 (1932), S. 261–264

Besuch der Metallwerkstatt (auch Lack). Masch. Man. vom 18. 11. 1933, Manfred Speidel, Aachen

Bericht über Forschungsarbeit für Möbel. Masch. Man. vom 13. 12. 1933, Manfred Speidel, Aachen

Bericht über die Metall-Abteilung. Masch. Man. vom 11. 12. 1933, Manfred Speidel, Aachen

Programm für Kogeishidosho. Masch. Man. vom 14. 11. 1933, Manfred Speidel, Aachen

Siedlungsmemoiren, Japan 1933, Masch. Man., AdK Berlin. Unvollständig in: Architektur der DDR 24 (1975), Heft 12, S. 761–764, und AdK, 1980, S. 204–211

Vorschläge für Kogeishidosho, Masch. Man. vom 5. 9. 1933, Manfred Speidel, Aachen

Vorschläge für die kunstgewerblichen Einzelgegenstände. Masch. Man. vom 12. 12. 1933, Manfred Speidel, Aachen

Die Architektur des Westens mit ihrer Bedeutung für Japan. Vortrag gehalten Mitte Juli 1934 in Tokio. Typoskript, AdK Berlin

Brief an Herrn Saite, Kyoto 8. 1. 1934, Manfred Speidel, Aachen

Vorschlag für Ausstellungen von Kogeishidosho. Masch. Man. vom 6. 3. 1934, Manfred Speidel, Aachen

Was ich in Japan tue (20. 10. 1935). Masch. Man., AdK Berlin

Grundlinien der Architektur Japans. Tokio 1936

Getemono oder Haikara? In: M. Speidel (Hrsg.): Japanische Architektur, 1983, S. 72–74

Das neue Japan – Was seine Architektur sein sollte. In: M. Speidel (Hrsg.): Japanische Architektur, 1983, S. 68–71

Neue japanische Wohnungen? Erster Versuch mit der Okura-Villa in Tokio seit Tauts Ankunft in Japan. Interview vom Sept. 1936. (jap.), Manfred Speidel, Aachen

Architekturlehre. Istanbul 1938, 2. Aufl. Tokio 1943, Neuauflage Hamburg/Berlin 1977

Rezensionen zu Bruno Tauts Publikationen

Allwohn, Adolf in: Freiheit, Berlin 19. 3. 1921

Bauwelt 21 (1930), Heft 18, S. 580

Bauzeitung 37 (1927), S. 222 f.

Behrendt, Walter Curt in: Die Volkswohnung 2 (1921), S. 81–83

Blumenbach, Adele: Über die Wohnlichkeit unserer Innenräume. In: Dt. F. u. F. 20 (1924), Nr.3, S. 57–60

Bommersheim, Ellie: Das Buch von der neuen Wohnung. In: Dt. F. u. F. 20 (1924), S. 141–143

Burlington Magazine, The 56 (1930), S. 43 f.

Cicerone 19 (1927), S. 459

Deutsche Bauzeitung 59 (1925), S. 38

Deutsche Bauzeitung 61 (1927), S. 70 f.

Eberhard in: Kölner Blätter für Berufserziehung 1 (1925), S. 124–126

Ellenbeck, Hildegard: Bruno Taut: Die neue Wohnung. In: Rheinische Blätter für Wohnungswesen und Bauberatung 21 (1925), S. 125

Elkisch in: Stadtbaukunst alter und neuer Zeit 1 (1920), S. 218

Elsässer, Martin in: Der Bücherwurm 1921, S. 48

Die Gartenkunst, 32 (1919), S. 105 f.

GDA – Zeitschrift des Deutschen Gewerkschaftsbundes der Angestellten 3 (1928), S. 136

Giedion, Sigfried in: Cicerone 19 (1927), S. 459

Goettel, Jakobus in: Gartenstadt 11 (1927), S. 83

Huth, Friedrich: Bruno Tauts »gerupfte Hühner«. In: Ostdeutsche Bauzeitung 26 (1928), S. 435 f.

Kästner, Wilhelm in: Moderne Bauformen 21 (1922), S. 289

Keramos 3 (1924), S. 592 f.

Kölnische Volkszeitung vom 17. 4. 1930

Kretschmer, M. M.: Die neue Wohnung. In: Jugendziele (KFD Regensburg) 13 (1926), S. 13

Das Kunstblatt 8 (1924), S. 287

Literarischer Handweiser 64 (1927), Sp.132

Luckhardt, Hans in: Neudeutsche Bauzeitung 15 (1919), S. 172

Migge, Leberecht in: Mitt. 1892 28 (1930), Nr.2, S. 12

Die Neue Generation 20 (1925), S. 191 f.

Nonn, Konrad in: Wasmuths Monatshefte 11 (1927), S. 408

Die Quelle 78 (1928), S. 817

Révue Anglo-Américaine 7 (1929/30), S. 469

Rheinische Blätter für Wohnungswesen und Bauberatung 16 (1920), S. 98

Schlesisches Heim 7 (1926/27), S. 254 f.

Schlesisches Heim 9 (1928), S. 100

Schmitz, Hermann in: Dekorative Kunst 23 (1919), Beilage zu Heft 3

Siegfried, Lucie Karla: Taut und die Hausfrau. In: Dt. F. u. F. 21 (1925), S. 84 f.

Stein Holz Eisen 41 (1927), S. 395

Stradal, Adalbert G. in: Zeitschrift des Österreichischen Ingenieur- und Architekten-Vereines 80 (1928), S. 322

Times, Literary Supplement. London 1930, S. 183

Wasmuths Monatshefte 8 (1924), S. 391–402

Weißgerber: Die neue Wohnung. Von Bruno Taut. In: Gesundheits-Ingenieur 47 (1924), S. 617

Westdeutsche Bauschau 1 (1927), Heft 29, S. 25

Westdeutsche Wochenschrift 1 (1919), S. 85 f.

Westfälisches Wohnungsblatt 17 (1927), S. 424

Wicht, Maria von: Die neue Wohnung, die Frau als Schöpferin In: Die Christliche Welt 39 (1925), S. 1129

Zechlin, Hans Josef in: Wasmuths Monatshefte 11 (1927), S. 380–385

Zeitschrift für Wohnungswesen 26 (1928), Heft 8, S. 111

Auswahlbibliographie

Arbeiter Illustrierte Zeitung, Dez. 1926, S. 10

Arbeiter Illustrierte Zeitung, Jan. 1927, S. 10

Adolph, Robert: Einküchenwirtschaft als soziale Aufgabe. Berlin 1919

Adolph, Robert: Hausrat unserer Zeit. In: Die Volkswohnung 3 (1921), S. 133–135

Aicher, Otl: Die Küche zum Kochen. München 1982

Althoff: Die Einrichtung des Kleinhauses. In: Neubau 8 (1926), Heft 22, S. 253–256

Altmann-Loos, Elsie: Adolf Loos, der Mensch. Wien/München 1968

Arbeiterfreund, Der 24 (1906)

Arbeitsraum der Hausfrau, Der. In: EINFA 1 (1930), Nr.4, S. 4

Architekt Bruno Taut. In: Das Werk (Schweiz) 26 (1939), Heft 3, Beilage 16, S. XVI

Architekturprogramm von Bruno Taut, ein Zukunftsbild, Das. In: Profanbau 1919, S. 104

Asmus, Gesine (Hrsg.): Hinterhof, Keller und Mansarde. Reinbek 1982

Aufgabe der Rationalisierung im Haushalt, Die. In: Wohnungswirtschaft 5 (1928), S. 292

Avenarius, Ferdinand: Zehn Gebote zur Wohnungseinrichtung. In: Kunstwart 13 (1900), S. 341–344

Baedeker, Walter: Die Weißenhofsiedlung. In: Teer 25 (1927), S. 467

Baer, Casimir H.: Kleinbauten und Siedlungen. Stuttgart 1919

Baltzer, Franz: Das japanische Haus. Berlin 1903

Banham, Reyner: Die Revolution der Architektur. Theorie und Gestaltung im ersten Maschinenzeitalter. Hamburg 1964

Banham, Reyner: The Well-Tempered Environment. Chicago 1969, 2. Aufl. 1982

Banham, Reyner: Die Architektur der wohltemperierten Umwelt. In: Arch+ 21 (1988), Heft 93, S. 20–97

Bartning, Otto: Von den zwei Bauherren der Siedlung. In: Die Volkswohnung 1 (1919), S. 3f.

Bau und Wohnung. Zeitschrift des DWB. Stuttgart 1927

Baum, Vicky: Leute von heute (1927). Zit. nach Christian Ferber (Hrsg.): »Die Dame«. Berlin 1980 S. 165–167

Bauwelt 16 (1925), Heft 29, S. 674–676

Bauwelt 16 (1925), Heft 29, S. 684

Bauwelt 17 (1926), Heft 22, S. 508

Becker, Georg: Zu neuen Zielen. In: Zwanzig Jahre Freie Scholle Bielefeld. Hrsg.: Gottlieb Binder. Bielefeld 1931, S. 79–84

Beer, Ingeborg: Architektur und Alltag. Vom sozialen und frauenfreundlichen Anspruch im Siedlungsbau der zwanziger Jahre auf dem Hintergrund der gesellschaftlichen Wirklichkeit. Diss. Bremen 1989

Behne, Adolf: Bruno Taut. In: Pan. Wochenschrift. Hrsg.: Alfred Kerr, 3 (1913), Heft 23, S. 538–540

Behne, Adolf: Bruno Taut. In: Der Sturm 4 (1913), S. 182 f.

Behne, Adolf: Das Monument des Eisens von Taut & Hoffmann auf der IBA in Leipzig. In: Kunstgewerbeblatt N.F. 25 (1914), S. 86–88

Behne, Adolf: Gedanken über Kunst und Zweck, dem Glashause gewidmet. In: Kunstgewerbeblatt N.F. 27 (1915/16), Heft 1, S. 1–4

Behne, Adolf: Wiederkehr der Kunst. Leipzig 1919

Behne, Adolf: Bruno Taut. In: Der Sturm 10 (1919), Heft 4, S. 13–15

Behne, Adolf: Farbige Fassaden. In: Sozialistische Monatshefte 27 (1921/22), S. 430 f.

Behne, Adolf: Vorsicht! Frisch gestrichen! In: Weltbühne 31 (1925), S. 596 f.

Behne, Adolf: Architekt und Mieter. In: Sozialistische Monatshefte 32 (1926), S. 767 f.

Behne, Adolf: Neues Wohnen – Neues Bauen. Leipzig 1927

Behne, Adolf: Wege zu einer besseren Wohnkultur. In: Sozialistische Monatshefte 33 (1927), S. 121–123

Behne, Adolf: Eine Stunde Architektur. Stuttgart 1928

Behne, Adolf in: Wohnungswirtschaft 7 (1930), S. 225

Behne, Adolf: Bemerkungen. Adolf Loos. In: Weltbühne 26 (1930), S. 960

Behne, Adolf: Abteilung »Die Wohnung unserer Zeit«. In: Zentralblatt der Bauverwaltung 51 (1931), S. 733 f.

Behne, Adolf: Form und Klassenkampf. In: Sozialistische Monatshefte 37 (1931), S. 362–365

Behne, Adolf: Ein Architekt marschiert auf Rom. In: Berliner Tageblatt vom 25. 10. 1932

Behne, Elfriede (Berlin): Architekt und Hausfrau oder Wer lernt vom Anderen? In: Wohnungswirtschaft 6 (1929), S. 383–388

Behne, Erna (Hamburg): Wohnkultur. In: Schlesisches Heim 6 (1925), S. 63 f.

Behrendt, Walter Curt: Bruno Tauts Arbeiten für Magdeburg. In: Neubau 6 (1924), S. 83 f.

Behrens, Peter, Henry de Fries: Vom sparsamen Bauen. Berlin 1918

Berlin um 1900. Ausstellung Akademie der Künste Berlin. Berlin 1984

Berlin und seine Bauten IV. Wohnungsbau B. Die Wohngebäude – Mehrfamilienhäuser. Berlin/München/Düsseldorf 1974

Berlin und seine Bauten IV. Wohnungsbau C. Die Wohngebäude – Einfamilienhäuser und Hausgärten. Berlin/München/Düsseldorf 1975

Berliner Geschichtswerkstatt (Hrsg.): Der Lindenhof. Untersuchung von Nachbarschaftszusammenhängen und ihrer Veränderung durch die national-sozialistische Machtergreifung. Berlin 1985

Berliner Geschichtswerkstatt (Hrsg.): »Das war eine ganz geschlossene Gesellschaft hier«. Der Lindenhof: Eine Genossenschafts-Siedlung in der Großstadt. Berlin 1987

Blass, Irma: Der Frauen-Architekt (1925). Zit. nach Chr. Ferber (Hrsg.): »Die Dame«. Berlin 1980, S. 240 f.

Bie, Oskar: Die Wand und ihre künstlerische Gestaltung. Berlin 1904

Birkner, Otmar: Poelzig über seine Kollegen. In: Werk 6/1971, S. 409–412 f.

Böhm, Käthe: Was die Hausfrau vom Wohnungsbau wissen muss. In: Berliner Hausfrauenkalender 1930. Berlin 1929, S. 93 f.

Bonatz, Paul: Leben und Bauen. Stuttgart 1950

Borngräber, Christian: Der soziale Anspruch des Neuen Bauens ist im Neuen Frankfurt gescheitert. In. Paris-Berlin 1900–1933. München 1977, S. 373–379

Borsi, Franco: Bruno Taut. Costruire. La nuova ediliza abitativa. Bologna 1983

Bothe, Rolf: Bruno Tauts Schillerpark, »eine bewußte Scheußlichkeit«? In: Festschrift für Martin Sperlich zum 60. Geburtstag. Tübingen 1980, S. 179–200

Bothe, Rolf: Erker, Balkons und Loggien und die Bedeutung des Außenwohnraums bei Bruno Taut. In: Neue Heimat 27 (1980), Heft 5, S. 38–47

Breuer, Marcel: Das Innere des Hauses. In: Bauwelt 22 (1931), Heft 19, S. 615 f.

Brinckmann, Justus: Kunst und Handwerk in Japan. Berlin 1889

Brinckmann, Justus: Einführung in die Altjapanische Kunst. Düsseldorf 1902

Bruno Taut. Anonym. In: Kunst und Künstler 18 (1920), Heft 10, S. 465 f.

Bruno Taut 1880–1938. Ausstellung Akademie der Künste Berlin. Berlin 1980. (AdK, 1980)

Bruno Taut 1880–1938. Tokio 1982

Bruno Taut. Das Gesamtwerk des Architekten, dem Wiederentdecker der Schönheit Japans. Ausstellung in Europa und Japan zum 100. Geburtstag. Kodeirashi 1984

Bruno Taut: Costruire. La nuova ediliza abitativa. Saggio introduttivo di Franco Borsi. Bologna 1986

Buddensieg, Tilmann: Messel und Taut. Zum Gesicht der Arbeiterwohnung. In: Werk-Archithese 12 (1974), S. 23–29,55

Buddensieg, Tilmann: Von der Industriemythologie zur »Kunst in der Produktion«. In: Jahresring 25 (1978/79), S. 46–72

Buddensieg, Tilmann: Ein Berlin-Besuch des jungen Bruno Taut. Ein Brief an seinen Bruder Max Taut vom 2. 3. 1902. In: Festschrift für Martin Sperlich zum 60. Geburtstag. Tübingen 1980, S. 161–178

Buddensieg, Tilmann: Bruno Tauts Versuche einer gemeinschaftsbildenden Architektur. Das Gesicht der Arbeiterwohnung. In: Neue Heimat 27 (1980), Heft 5, S. 48–53,98–100

Buddensieg, Tilmann: Seit Schinkel hat kein Architekt Berlin so geprägt wie Bruno Taut. In: Neue Heimat 27 (1980), Heft 5, S. 20–23

Buddensieg, Tilmann: Das Wohnhaus als Kultbau. In: Peter Behrens und Nürnberg. Nürnberg 1980, S. 37–47

Buddensieg, Tilmann (Hrsg.): Berlin 1900 bis 1933. Architektur und Design. Berlin 1987

Buddensieg, Tilmann: Mies und Messel. Zu einem fehlenden Kapitel in der Biographie von Mies van der Rohe. In: Kunst um 1800 und die Folgen. Werner Hofmann zu Ehren. München 1988, S. 346–351

Bullock, Nicholas: First the Kitchen, Then the Facade. In: AA Files 1984, Heft 6, S. 58–67

Bullock, Nicholas: The Movement for Housing Reform. Cambridge 1985

Burckhardt, Lucius (Hrsg.): Der Werkbund in Deutschland, Österreich und der Schweiz. Form ohne Ornament. Stuttgart 1978

CIAM. Congrès Internationaux d'Architecture Moderne: Die Wohnung für das Existenzminimum. Frankfurt/Main 1929, Basel/Stuttgart 1979

Casalinga riflessiva, La. La cucina razionale come mito negli anni '20 e' 30. Ausstellung Rom 1983

Chronik der Gartenstadtkolonie Reform, 1.Teil 1909–1928, S. 11. Masch. Man. im Genossenschaftsarchiv der Siedlung Reform, Magdeburg

Corssen, Meta: Hauswirtschaft. In: Sozialistische Monatshefte 35 (1929), S. 59–61

Dal Co, Francesco : Bruno Taut (1880–1938): l'utopia e la speranza. In: Domus/Casabella 44 (1980), Heft 2, S. 26–32

Die Dame. Ein deutsches Journal für den verwöhnten Geschmack. 1912 bis 1943. Hrsg.: Christian Ferber. Berlin 1980

Denner, Franz: Die arbeitssparende Wohnung. Zweckmässige Formen für Wohnung und Hausgerät, Architektur und Technik. Berlin 1929

Deutsche Allgemeine Zeitung, Berlin 31. 1. 1932

Deutsche Bauhütte 34 (1930), S. 313 f.

Deutsche Bauzeitung 47 (1913), S. 626 f.

Die Deutsche Gartenstadtbewegung. Hrsg.: Deutsche Gartenstadtgesellschaft. Berlin 1911

Dexel, Grete und Walter: Das Wohnhaus von heute. Leipzig 1928

Dexel, Grete und Walter: Der Bauhaus-Stil – Ein Mythos 1921–1965. Starnberg 1976

Dr. Justus in: Bauamt und Gemeindebau 9 (1927), S. 327

Düllberg, Ewald: Die Farbe als funktionelles Element der Architektur. In: Neubau 6 (1924), S. 105–109,121–124

Düssel, Karl Konrad in: Deutsche Kunst und Dekoration 31 (1927), S. 96

Durth, Werner: Die Inszenierung der Alltagswelt. Braunschweig 1977

Durth, Werner: Deutsche Architekten. Biographische Verflechtungen 1900–1970. Braunschweig 1986

EINFA-Nachrichtenblatt 1 (1930) bis 4 (1933)

Ebeling, Siegfried: Der Raum als Membran. Dessau 1926

Eckart, H.P.: Unsere Wohnung. Die Ziele neuzeitlicher Innenausstattung. In: Die Bauzeitung (vereinigt mit Süddeutscher Bauzeitung) 24 (1927), S. 441 f.

Eckstein, Hans: Neue Wohnbauten. Ein Querschnitt durch die Wohnarchitektur in Deutschland. München 1932

Eine neue Mode. In: Frankfurter Nachrichten, 9. 7. 1931

Endell, August: Einfacher Hausrat. In: Die Volkswohnung 1 (1919), S. 146 f.

Entwurf und Bauleitung im Wohnungsbau. In: GEHAG-Nachrichten I.3 (1930), S. 1f.

Erdberg-Consten, Eleanor von: Grundsätze des Wohnens im westlichen und östlichen Raum: Baustil und Bautechnik in Amerika und Japan. Köln/Opladen 1964

Ernst May und das Neue Frankfurt 1925–1930. Hrsg.: Deutsches Architekturmuseum Frankfurt. Frankfurt/Main 1986

Das Ettershaus. In: Lokalzeitung Bad Harzburg vom 2. 8. 1910

Das Ettershaus. In: Siemens-Mitteilungen 1926, Heft 79

Fader, Emil: Auf dem Weg zu einem neuen Baustil. Berlin 1927

Der Falkenberg. Nr. 3, 25. 5. 1916

Fant, Ake: Framtidens Bygg nad 1913–1923. Stockholm 1977

Farbe am Haus. Der Erste Deutsche Farbentag in Hamburg. Berlin 1925

Farbe und Raum. Erster Deutscher Farbentag auf der 9. Jahresversammlung des Deutschen Werkbundes in Stuttgart am 9. September 1919. Berlin 1919

Festschrift Falkenberg 1913–1963. Hrsg.: Nationale Front. Berlin-Ost 1963

Finsterlin, Hermann: Innenarchitektur. In: Frühlicht 1921/22, Heft 2, S. 35 f.

Fischer, Alfred: Wohnen als Lebensäußerung. In: Stein Holz Eisen 41 (1927), S. 499 f.

Fischer, Theodor: Was ich bauen möchte. In: Kunstwart 19 (1906), S. 5–9. Und in: Hohe Warte 3 (1907), S. 326–328

Fischer, Theodor: Wohnhausbauten. Leipzig 1912

Fischer, Theodor: Ueber Wohnen und Gewohntsein. In: Zeitschrift für Wohnungswesen in Bayern 25 (1927), Heft 1/2, S. 7 f.

Fischer, Theodor: Gegenwartsfragen künstlerischer Kultur. Augsburg 1931

Fischer, Theodor: Vom Wirken und Werten. München 1946

Frank, Ute: »Die Frau als Schöpferin« – Rationalisierung der Hausarbeit und Neues Bauen. Diplomarbeit Berlin 1979

Die Frau im Heim. In: Mitt. 1892 30 (1932), Nr.5, S. 36

Die Frau 42 (1934/35), S. 507

Fredericks, Christine: Die rationelle Hauswirtschaft (1912). Berlin 1922

Die Freie Scholle 1931, Nr.1

Die Freie Scholle 1931, Nr.9

Die Freie Scholle 1933, Nr.8

Fries, Henry de: Raumschöpfung. In: Schlesisches Heim 2 (1921), S. 260–263

Frühe Kölner Kunstausstellungen. Sonderbund 1912, Werkbund 1914, Pressa USSR 1928. Hrsg.: Wulf Herzogenrath. Köln 1981

Fuchs-Röll, W. in: Bauamt und Gemeindebau 9 (1927), S. 239

Für wen wird in Berlin gebaut? In: Rote Fahne, Berlin 1. 4. 1928

Gärtner, Elisabeth: Farbe und Raum. In: Schlesisches Heim 6 (1925), S. 377

GEHAG 1924–1957. Entstehung und Entwicklung eines gewerkschaftlichen Wohnungsunternehmens. Berlin 1957

GEHAG-Nachrichten I (1930) bis II (1931)

Die GEHAG-Wohnung. Ausstellung Berlin 1931

Gaunt, William: A Modern Utopia? Berlin – The New Germany – The New Movement. In: The Studio 98 (1929), S. 859–865

Gause, Fritz: Königsberg so wie es war. Düsseldorf 1972

Geisert, Helmut: Architektur der Großstadt. In: Berlin um 1900. Berlin 1984, S. 210–226

Gessner, Albert: Das deutsche Mietshaus. Ein Beitrag zur Städtekultur der Gegenwart. München 1909

Das Gesundheitshaus. Einführung in das Aufgabengebiet der sozialen Hygiene unter besonderer Berücksichtigung der Gesundheitsfürsorge im Verwaltungsbezirk Kreuzberg der Stadt Berlin. Hrsg.: Martin Kahle. Berlin 1925

Giedion, Sigfried: Mechanisation Takes Command. Oxford 1948

Giedion, Sigfried: Befreites Wohnen. Zürich 1929, Frankfurt/Main 1985

Glaser, Karl: Am Anfang war... In: Fest im Fischtal. Berlin 1930, S. 12 f.

Das Glashaus für die Kölner Werkbund-Ausstellung. In: Bauwelt 5 (1914), Heft 1, S. 25 f.

Goettel, Jakobus: Kleinstwohnungen in Hoch- und Flachbauweise. In: Neubau 10 (1928), S. 173–177

Goettel, Jakobus: Beitrag zur Erhöhung des Wohnwertes der Kleinwohnungen. In: Wohnungswirtschaft 7 (1930), S. 34–37

Goettel, Jakobus: Kleinwohnungen. In: Der Neubau 12 (1930), S. 112–115

Graeff, Werner: Innenräume. Stuttgart 1928

Graeff, Werner: Zweckmäßiges Wohnen für jedes Einkommen. Potsdam 1931

Graeff, Werner: Jetzt wird Ihre Wohnung eingerichtet. Das Warenbuch für den neuen Wohnbedarf. Potsdam 1933

Gropius, Walter: Sparsamer Hausrat und falsche Dürftigkeit. In: Die Volkswohnung 1 (1919), Heft 4, S. 105 f., und in: Das Hohe Ufer 1 (1919), S. 178–180

Gülsen, Ömer et al.: Erinnerungen an Bruno Taut. In: Bauwelt 75 (1984), Heft 39, S. 1675

Günther, Sonja: Erste Vorschläge zum neuen Wohnen. In: Berlin 1900–1933. Die visuellen Künste. Hrsg.: Eberhard Roters, Fribourg 1983, S. 27–30

Günther, Sonja: Das Deutsche Heim. Gießen 1984

Gurlitt, Cornelius: Das Bauen mit Glas. In: Stadtbaukunst alter und neuer Zeit 1 (1920), S. 43 f.

Gusovius, Paul: Der Landkreis Samland. Würzburg 1966

Haag-Bletter, Rosemarie: The Interpretation of the Glass-Dream-Expressionist Architecture and the History of the Crystal Metaphore. In: Journal of the Society of Architectural Historians 40 (1981), S. 20–43

Haag-Bletter, Rosemarie: Expressionism and the New Objectivity. In: Art Journal 43 (1983), S. 108–120

Haenel, Erich, Heinrich Tscharmann: Das Einzelwohnhaus der Neuzeit. Leipzig 1913

Hänlein, Theodor: Die Ausstellung des Deutschen Werkbunds in Köln. In: Die Grenzboten 73 (1914), S. 216

Häring, Hugo: Vom neuen Bauen. Über das Geheimnis der Gestalt. Berlin 1957

Hajos, Elisabeth Maria, Leopold Zahn: Berliner Architektur der Nachkriegszeit. Berlin 1928

Hartig, Margarete: Erziehung zur Wohnkultur. In: Wohnungswirtschaft 7 (1930), S. 383 f.

Hartmann, Kristiana: Die Deutsche Gartenstadtbewegung. Kulturpolitik und Gesellschaftsreform. Diss. Berlin 1973, München 1976

Hartmann, Kristiana (und Franziska Bollerey): Bruno Taut – Vom phantastischen Ästheten zum ästhetischen Sozial(ideal)isten. In: AdK, 1980, S. 15–85

Hartmann, Kristiana: Bruno Taut und die Berliner Tradition. In: Le Choses. Berliner Hefte zur Architektur 5 (1989), Heft 3/4, S. 78–85

Hauschild, Joachim: »Modern« war gar nicht so modern. Typische Formen und ihre Entwicklung im Design der 50er Jahre. In: Kunst & Antiquitäten 12 (1988), Heft 6, S. 66–73

Hausfrau und Wohnung. In: Schlesisches Heim 6 (1925), S. 199

Haustechnische Rundschau 31 (1926/27), S. 294

Hegemann, Werner in: Wasmuths Monatshefte 12 (1928), S. 10

Hegemann, Werner: Schmitthenner, Bruno Taut usw.: Sklaven eines falsch verstandenen Klassizismus? Grundrißanalysen im Geiste Alexander Kleins. In: Wasmuths Monatshefte 12 (1928), S. 344–348

Hell und Dunkel im Wohnraum. In: Fachblatt der Maler (Hamburg) 2 (1926), S. 185

Henrici, Karl: Von innen nach aussen oder von aussen nach innen? In: Süddeutsche Bauzeitung 13 (1903), S. 177–191

Hesse-Frielinghaus, Herta et al.: Karl Ernst Osthaus. Leben und Werk. Recklinghausen 1971

Hilberseimer, Ludwig: Berliner Architektur der zwanziger Jahre. Berlin/Mainz 1967

Hillinger, Franz: Das Werk Bruno Tauts. Masch. Man. o.J., AdK Berlin

Hilpert, Thilo et al.: Hufeisensiedlung Britz 1926–1980. Dokumente aus Forschung und Lehre. Berlin 1980

Hirdina, Heinz: Rationalisierte Hausarbeit. Die Küche im Neuen Bauen. In: Jahrbuch für Volkskunde und Kulturgeschichte N.F.11, 26 (1983), S. 44–80

Hoche, P.: Die gepflegte Wohnung. In: Mitt. 1892 28 (1930), Nr.7, S. 52

Hoffmann, Herbert in: Moderne Bauformen 31 (1932), S. 612

Hoffmann, Herbert: Die Neue Raumkunst in Europa und Amerika. Stuttgart 1930

Hostert, Walter: Lüdenscheid und die Knöpfe. Eine kleine Kulturgeschichte des Knopfes. Lüdenscheid 1959, 2. Aufl. 1976

Hüter, Karl-Heinz: Neues Bauen in Magdeburg. In: Form und Zweck 15 (1983), Heft 2, S. 25–39

Hüter, Karl-Heinz: Architektur in Berlin 1900–1933. Dresden/Stuttgart 1988

Huse, Norbert: »Neues Bauen« 1918 bis 1933. Moderne Architektur in der Weimarer Republik. München 1975

Das Ideale Heim 3 (1929), Heft 1, S. 1–6

Illustrierte Zeitung 141 (1914), Nr. 3699

Japanische Architektur. Geschichte und Gegenwart. Hrsg.: Manfred Speidel. Stuttgart 1983

Jatho: Vom Jugendstil zur Wohnlichkeit von morgen. In: Die Bauschau 3 (1928), S. 5–11

Johannes, Heinz: Neues Bauen in Berlin. Berlin 1931

Junghanns, Kurt: Interview mit Karl Hinsche vom 12. 6. 1964. Masch. Man. im Genossenschaftsarchiv der Siedlung »Reform« in Magdeburg

Junghanns, Kurt: Bruno Taut zum 100. Geburtstag. In: Architektur der DDR 29 (1980), Heft 4, S. 209–216

Junghanns, Kurt: Vor fünfzig Jahren: Erste proletarische Bauausstellung in Berlin 1931. In: Architektur der DDR 29 (1980), Heft 5, S. 305–307

Junghanns, Kurt: Funktion gegen Repräsentation. In: Form und Zweck 13 (1981), Heft 6, S. 29–31

Junghanns, Kurt: Der Deutsche Werkbund – Sein erstes Jahrzehnt. Berlin 1982

Junghanns, Kurt: Bruno Taut 1880–1938, 2. Aufl. Berlin 1983

Kadatz, Hans-Joachim: Max Taut – Bruder und Zeitgenosse Bruno Tauts, Wegbereiter des modernen Stahlbetonbaus. In: Architektur der DDR 29 (1980), Heft 4, S. 221–225

Kállai, Ernst: Die Wohnung. In: Sozialistische Monatshefte 32 (1926), S. 322–326

Kállai, Ernst: Zehn Jahre Bauhaus. In: Weltbühne 26 (1930), S. 135–139

Kállai, Ernst: Grenzen der Technik. In: Weltbühne 27 (1931), S. 503–505

Kambach, Edith: Zweckmäßigkeit in der Haushaltsführung. In: Wohnungswirtschaft 6 (1929), S. 226 f., und in: Mitt. 1892 28 (1930), S. 2–4

Kanacher, Ursula: Wohnstrukturen als Anzeiger gesellschaftlicher Strukturen. Eine Untersuchung zum Wandel der Wohnungsgrundrisse als Ausdruck gesellschaftlichen Wandels von 1850 bis 1975 aus der Sicht der Elias'schen Zivilisationstheorie. Frankfurt/Main 1987

Kaufmann, Georg: Wohnkultur und Arbeiterklasse. Was die Bauausstellung nicht gezeigt hat. In: Wohnungswirtschaft 8 (1931), S. 206–217

Kaufmann, Georg: Möbel, Mode und Klassenbewußtsein. In: Wohnungswirtschaft 9 (1932), S. 64–67

Kaufmann, Ignaz: Die Farbe im Wohnraum. In: Bauzeitung 37 (1927), S. 263–266

Keramische Monatshefte 3 (1903), Heft 3, S. 33–35

Kerkhoff, Ulrich Wilhelm Michael: Theodor Fischer. Eine Abkehr vom Historismus oder Ein Weg zur Moderne. Diss. Bonn 1982, Stuttgart 1987

Kirsch, Karin: Die Weissenhofsiedlung. Werkbund-Ausstellung Die Wohnung Stuttgart 1927. Stuttgart 1987

Klein, Alexander: Versuch eines graphischen Verfahrens zur Bewertung von Kleinwohnungsgrundrissen. In: Wasmuths Monatshefte 11 (1927), S. 296, und 15 (1931), S. 538–541

Knupp, Karl-Heinz: Die Architekturphantasien Paul Scheerbarts. Ein Beitrag zum Verhältnis von literarischer Fiktion und Architektur. Diss. Hamburg 1980

Koch, Alexander (Hrsg.): Farbige Wohnräume der Neuzeit. Darmstadt 1926

Koelbl, Herlinde, Manfred Sack: Das Deutsche Wohnzimmer. Frankfurt/Main 1980

Koetz, Arthur in: Teer 25 (1927), Heft 35, S. 569–573

Kosel, Gerhard: Mein Lehrer Bruno Taut. In: Architektur der DDR 29 (1980), Heft 4, S. 204–208

Krabbe, Wolfgang R.: Gesellschaftsveränderung durch Lebensreform. Strukturmerkmale einer sozialreformerischen Bewegung im Deutschland der Industrialisieriungsperiode. Göttingen 1974

Kühne, Lothar: Kurt Junghanns über Bruno Taut. In: Weimarer Beiträge 31 (1985), S. 333–344

Kunst auf den zweiten Blick. Mikrostrukturelle Gestaltung am Bau nach der Architekturlehre von Bruno Taut. Ausstellung Bonn 1984

Das Kunstblatt 12 (1928), S. 62

Lamberts, Brigitte: Das Waschdampfwerk Reibedanz Berlin. Die Stellung des Baus im Frühwerk von Bruno Taut. MA. Bonn 1987 (Masch. Man.)

Lancelle, A.: Bruno Taut 1880–1938. In: AIT 88 (1980), Heft 5, S. 415–417

Lang, Hugo: Der Bild-Schrein. Eine kleine Auseinandersetzung mit Bruno Taut. In: Innendekoration 31 (1920), Heft 11, S. 362–366

Lassen, Heinz: Heinz Lassen. Architekt. Arbeiten aus den Jahren 1905–1915. Berlin o.J. (1915)

Leyser, Erich: Gemeinnützige Hausratbeschaffung. In: Schlesisches Heim 2 (1921), S. 262 f.

Lichtwark, Alfred: Palastfenster und Flügelthür. Berlin 1899

Lichtwark, Alfred: Die Erziehung des Farbensinnes. 4. Aufl. Berlin 1914

Lincke, Gertrud: Über die Mitarbeit der Frauen bei der Aufgabe: Wie schafft man billige und gesunde Wohnungen? In: Dt. F. u. F. 22 (1926), S. 204–209

Lindahl, Göran: Von der Zukunftskathedrale zur Wohnmaschine. Deutsche Architektur und Architekturdebatte nach dem Ersten Weltkrieg. In: Figura N.S. 1 (1959), S. 226–282

Linke, Felix: Die neue Architektur. In: Sozialistische Monatshefte 20 (1914), S. 1133–1139

Linnecke, Richard: Zwei Jahre GEHAG-Arbeit. In: Wohnungswirtschaft 3 (1926), S. 53–60

Loos, Adolf: Die Potemkinsche Stadt. Verschollene Schriften 1897–1933. Hrsg.: Adolf Opel. Wien 1983

Loos, Adolf: Das Sitzmöbel. In: Neue Freie Presse vom 19. 6. 1898

Loos, Adolf: Die Frau und das Haus. In: Neue Freie Presse vom 3. 11. 1898

Loos, Adolf: Von der Sparsamkeit. In: Wohnungskultur (Brünn) 1 (1924/25), Heft 2/3

Loos, Adolf: Sämtliche Schriften. Bd.1: Ins Leere gesprochen 1897–1900. Trotzdem 1900–1930. Wien 1962

Lotz, Wilhelm: Wie richte ich meine Wohnung ein? Modern, gut, mit welchen Kosten? Berlin 1930

Luckhardt, Hans und Wassili: Zur neuen Wohnform. Berlin 1930

Lützeler, Marga und Heinrich: Unser Heim. Bonn 1939

Lunatscharski, Anatol: Die Revolution und die Kunst. Dresden 1962

Lux, Josef August: Der Geschmack im Alltag. Ein Buch zur Pflege des Schönen. 2. Aufl. Dresden 1910

Mahlberg, Paul: Zur Farbe. In: Kunst und Künstler 18 (1920), Heft 6, S. 286,289

Mann, Thomas: Der Zauberberg. Frankfurt/Main 1981

Margarete Hartig: Erziehung zur Wohnkultur. In: Wohnungswirtschaft 7 (1930), S. 383 f.

Margis, Hildegard: Die Frau als Heimgestalterin. In: Wohnung – Wirtschaft – Gestaltung. Ein Querschnitt durch die Leipziger Siedlungswoche März 1927. Berlin/Leipzig/Wien 1927, S. 75–78

May, Ernst: Die Siedlung Klettendorf bei Breslau. In: Die Volkswohnung 4 (1922), S. 321

May, Ernst: Flüchtlingswohnungen in Oberschlesien. In: Neubau 6 (1924), S. 69–74

May, Ernst: Der Hausrat des Kleinhauses. In: Rheinische Blätter für Wohnungswesen und Bauberatung 21 (1925), Heft 8, S. 161–163

May, Ernst: Die Organisation der farbigen Gestaltung. In: Schlesisches Heim 6 (1925), S. 57 f.

May, Ernst: Die Wohnküche. In: Der Neubau 7 (1925), S. 129–132

May, Ernst: Die Wohnung für das Existenzminimum. Frankfurt/Main 1930, 2. Aufl. Stuttgart 1933

Mendelsohn, Erich: Briefe eines Architekten. Hrsg.: Oskar Beyer. München 1961

Menrad, Andreas: Die Weißenhof-Siedlung – farbig. Quellen, Befunde und die Revision eines Klischees. In: Deutsche Kunst und Denkmalpflege 44 (1986), Heft 1, S. 95–108

Meyer, Adolf. Ein Versuchshaus des Bauhauses in Weimar. München 1925

Meyer, Edina: Paul Mebes: Miethausbau in Berlin 1906–1938. Berlin 1973

Meyer, Erna: Der neue Haushalt. Ein Wegweiser zu wirtschaftlicher Hausführung. Stuttgart 1926

Meyer, Erna: Wohnung und Entlastung der Frau. In: Wohnungswirtschaft 4 (1927), S. 84–86

Meyer, Erna: Wissenschaftliche Betriebsführung im Haushalt. In: Schlesisches Heim 9 (1928), S. 131 f.

Meyer, Peter: Moderne Architektur und Tradition. Zürich 1927

Migge, Leberecht: Deutsche Binnenkolonisation. Berlin 1926

Mihara, Tokuguen: Bruno Taut: Herstellung von Kunsthandwerk in Takasaki. In: AdK, 1980, S. 137–142

Mitteilungen der Genossenschaft Ideal 1929–1931

Mitteilungen des Berliner Bau- und Sparvereins von 1892 1 (1902) bis 33 (1935). (Mitt. 1892)

Müller, Erdmann: Das Ettershaus und seine Vorgeschichte. In: Mitteilungen aus den Gesellschaften Siemens-Halske, Siemens-Schuckertwerke Juli 1914, S. 1–5

Müller-Wulckow, Walter: Aufbau-Architektur. Berlin 1918

Müller-Wulckow, Walter: Architektur der zwanziger Jahre in Deutschland. 4 Bde. Königstein/Taunus 1929–1932, 2. Aufl. 1975, 3. Aufl. 1985

Münz, Gustav: Ludwig/Künstler, Der Architekt Adolf Loos. Darstellung seines Schaffens nach Werkgruppen. Chronologisches Werkverzeichnis. Wien/München 1964

Muthesius, Hermann: Kleinhaus und Kleinsiedelung. München 1919

Muthesius, Hermann: Die Schöne Wohnung. Beispiele neuer Deutscher Innenräume. München 1922

Nase, Karl: Wohnkultur und Schule – Ein Stück Gesamtunterricht. In: Berliner Lehrerzeitung 11 (1930), Nr. 44, S. 353–356

Nerdinger, Winfried: Theodor Fischer. Architekt und Städtebauer 1862–1938. Berlin 1988

Das Neue Frankfurt/Die Neue Stadt. Reprint. Aachen 1977

Das Neue Frankfurt/Die Neue Stadt. Eine Zeitschrift zwischen 1926 und 1933. Hrsg.: Heinz Hirdina. Dresden 1984 (DNF)

Neufert, Ernst: Der Mieter hat das Wort. Hrsg.: Generalbauinspektor für die Reichshauptstadt, Albert Speer. Berlin 1942

Neumeyer, Fritz: Ludwig Mies van der Rohe. Das kunstlose Wort. Berlin 1986

Neumeyer, Fritz: Aufbruch zur Moderne: Neues Bauen in Berlin. In: Berlin 1900–1933. Tilmann Buddensieg (Hrsg.), Berlin 1987

Neundörfer, Ludwig: So wollen wir wohnen. Stuttgart 1930, 2. Aufl. 1931

Niess, Wolfgang: Volkshäuser. Ein Beitrag zur Verräumlichung politisch- kultureller Initiativen. In: Arch+ 16 (1984), Nr. 74, S. 14 f., 75

Özer, Bülent: Casa dell' Anima. A Home of the Soul. In: Domus 611/1980, S. 28

Osborn, Max: Die neue Universität in Jena. Jena 1908

Paulick, Richard: Wie wohnen wir gesund und wirtschaftlich? Nach dem gleichnamigen Kulturfilm. Berlin 1927

Paulsen, Friedrich: Licht und Farbe. In: Schlesisches Heim 9 (1928), S. 108–111

Pehnt, Wolfgang: Die Herrschaft der Zwecke. Anmerkungen zum Funktionalismus. In: Merkur. Deutsche Zeitschrift für europäisches Denken 25 (1971), Heft 274, S. 133–144

Pehnt, Wolfgang: Die Architektur des Expressionismus. Stuttgart 1973

Pehnt, Wolfgang: Kern und Schale. In: Pantheon N.S. 40 (1982), S. 16–23

Pfister, Rudolf in: Der Baumeister 31 (1928), S. 66

Pfister, Rudolf: Theodor Fischer. Leben und Wirken eines deutschen Baumeisters. München 1968

Pieske, Christa: Katalog der Ausstellung »Bilder für jedermann – Wandbilder 1840–1940«. Berlin 1988

Pitz, Helge, Winfried Brenne: Siedlung Onkel Tom. Einfamilienhäuser 1929. Architekt Bruno Taut. Berlin/Florenz 1980

Platz, Gustav Adolf: Wohnräume der Gegenwart. Berlin 1933

Posener, Julius: Innenarchitektur. In: Vossische Zeitung vom 4. 9. 1932

Posener, Julius: Kritik der Kritik des Funktionalismus. In: Werk-Archithese 64 (1977), Heft 3, S. 16–22

Posener, Julius: Berlin auf dem Weg zu einer neuen Architektur – Das Zeitalter Wilhelms II. München 1979

Posener, Julius: Vorlesungen zur Geschichte der neuen Architektur. Arch+ Sondernummern I.-III. (1980) zum 75. Geburtstag von Julius Posener, Hefte 48, 53, 59

Posener, Julius: Vorlesungen zur Architektur. Aufsätze und Vorträge 1931–1980. Braunschweig 1981

Professor Tauts Riesenhonorare. In: Berliner Börsenzeitung vom 8. 1. 1931

Die Proletarische Lebenskunst am Scheidewege, (»Eine« Aufgabe der Hausausschüsse). In: Mitteilungen der Baugenossenschaft Ideal, August 1930, S. 6–8

Putz, Oskar: Über das Verhältnis von Farbe und Architektur am Beispiel Bruno Taut. In: Um Bau 6 (1984), Heft 8, S. 37–64

Rading, Adolf: Wohngewohnheiten. In: Die Form 2 (1927), Heft 2, S. 47 f.

Rading, Adolf: Möbelnorm als menschliches Problem. In: Wohnungswirtschaft 6 (1929), S. 312 f.

Rasch, Hans und Bodo: Wie bauen? Stuttgart 1928

Redslob, Edwin: Handwerk und Technik als Gestalter unserer Wohnung. In: Dt. F. u. F. 20 (1924), S. 202 f.

Reichforschungsgesellschaft für Wirtschaftlichkeit im Bau- und Wohnungswesen (Hrsg.): Bericht über die Siedlung in Stuttgart am Weißenhof. Sonderheft 6, Gruppe IV., Nr. 3. Berlin 1929

Reicke, I.: Die Hausfrau in Amerika. In: Frau und Gegenwart Nr. 10, 8. 3. 1927, S. 14

Rheinische Zeitung Nr. 113 vom 16. 5. 1914 und Nr. 126 vom 3. 6. 1914

Rieck, Max: Kitsch in Not! Durch die neuen Kaninchenkasten! Wo bleibt das heimelige Heim? In: Wohnungwirtschaft 5 (1928), Heft 1/2, S. 8 f.

Rieger, Hans-Jörg: Die farbige Stadt. Beiträge zur Geschichte der farbigen Architektur in Deutschland und der Schweiz. Diss. Zürich 1976

Roediger, Ulrich: Die farbige Wohnung! In: Schlesisches Heim 6 (1925), S. 56 f.

Roediger, Ulrich: Beitrag zur Lösung der Kücheneinrichtungsfrage. In: Schlesisches Heim 7 (1926), S. 320 f.

Roediger-Gesenius, H. in: Schlesisches Heim 2 (1921), S. 363 f.

Roth, Alfred: Begegnung mit Pionieren. Basel/Stuttgart 1973

Rukschcio, Burkhard, Roland Schachel: Adolf Loos. Leben und Werk. Wien 1982

Rühl, Konrad: Erinnerungen an Bruno Taut. In: Baukunst und Werkform 12 (1959), Heft 9, S. 485–494

Salotti, Gian Domenico (Hrsg.): Bruno Taut. Una Casa di Abitazione. Mailand 1986

Sauer, Marina: Die Bildhauerin Clara Rilke-Westhoff. Diss. Heidelberg 1984, Bremen 1986

Sayar, Zeki, in: Bauwelt 75 (1984), Heft 39, S. 1684

Schallenberger, Jakob: Berliner Wohnbauten der letzten Jahre. Berlin 1931

Scheerbart, Paul: Glasarchitektur. Berlin 1914. München 1971

Schlichter Hausrat! In: Dt. F. u. F. 22 (1926), S. 211 f.

Schmidt, Otto: Der alten Wohnung ein neues Gesicht. Wie macht man's? Was kostet's? Stuttgart 1930

Schneck, Adolf: Das Möbel als Gebrauchsgegenstand. Stuttgart 1928

Der Schollenbote. 27 (1937), Nr. 4

Schoof, Hannes: Immer wieder: Die neue Wohnung. In: Schlesisches Heim 8 (1927), S. 52–54

Schultze-Naumburg, Paul: Häusliche Kunstpflege. 6. Aufl. Jena 1908

Schumacher, Angela: Otto Haesler und der Wohnungsbau der Weimarer Republik. Recklinghausen 1982

Schuster, Franz: Eine eingerichtete Kleinstwohnung. Frankfurt/Stuttgart 1929

Schwab, Alexander (pseud. Albert Sigrist): Das Buch vom Bauen. Wohnungsnot, neue Technik, neue Baukunst. Städtebau aus sozialistischer Sicht (1930). Düsseldorf 1973

Schwitters, Kurt: Stuttgart, Die Wohnung 1927. In: i 10 (Amsterdam) 1 (1927), S. 347 f.

Schütte-Lihotzky, Margarete: Das vorgebaute, raumangepaßte Möbel. In: Schlesisches Heim 7 (1926), S. 294–297

Schütte-Lihotzky, Margarete: Rationalisierung im Haushalt. In: Das Neue Frankfurt 1 (1926/27), Heft 5, S. 58–61

Schütte-Lihotzky, Margarete: Rationalisierung im Haushalt. In: Das Neue Frankfurt 1 (1926/27), S. 120–123

Schütte-Lihotzky, Margarete: Arbeitsersparnis im Haushalt durch neuen Wohnungsbau. In: Wohnungswirtschaft 4 (1927), S. 87–90

Schütte-Lihotzky, Margarete: Erinnerungen aus dem Widerstand 1938–1945. Hamburg 1985

Semper, Victor: Bruno Taut und die Arbeiterarchitektur. Masch. Man. o.J., AdK Berlin

Speer (Oppeln): Farbe? In: Schlesisches Heim 7 (1926), S. 249 f.

Stahl, Gisela: Von der Hauswirtschaft zum Haushalt oder wie man vom Haus zur Wohnung kommt. In: Wem gehört die Welt? Berlin 1977

Stahlmöbel in der Wohnung. In: EINFA 1 (1930), Nr. 2, S. 3

Stahlmöbel noch zu teuer. In: EINFA 1 (1930), Nr. 3, S. 5

Stamm, Günther: Jacobus Johanes Pieter Oud. Bauten und Projekte. Mainz 1984

Stein, Walther: Das Deutsche Heim. In Bild und Wort. Reutlingen 1927

Stern, Walter: Der Taut, die Ethik und das Zweckmäßige. Zum Vortrag Bruno Tauts am 28. März 1927. In: Westdeutsche Bauschau 1 (1927), S. 29 f.

Stieler, Alfred: Berliner Siedlungen. In: Westermanns Monatshefte 72 (1928), S. 509–516

Taut, Heinrich: Die architektonischen und weltanschaulichen Konzeptionen Bruno Tauts. In: Bildende Kunst. Beilage zu: Kunstwissenschaftliche Beiträge 10 (1980), S. 10–16

Taut, Heinrich: Bruno Taut – Mein Vater und Freund. In: Architektur der DDR 29 (1980), Heft 4, S. 217–220

Taut, Max: Wir wollen keine Schulmeister sein. Schöner wohnen – aber wie? Möglichkeiten und Grenzen des Architekten. In: Aachener Volkszeitung vom 13. 2. 1961

Die Tautschen Bestrebungen in ihrer Beziehung zum Malergewerbe. In: Fachblatt der Maler (Hamburg) 2 (1926), S. 33–35

Tautz, Robert (Hrsg.): Falkenberg 1913–1923. Denkschrift zum zehnjährigen Bestehen. Berlin 1923

Tautz, Robert in: Soziale Bauwirtschaft 7 (1927), S. 253

Tautz, Robert: Der Neue Wohnungsbau. Anregungen für die Gestaltung des neuen Wohnungsbaues. In: Soziale Bauwirtschaft 8 (1928), S. 60–63

Tautz, Robert: Versuchssiedlungen. Die Gagfah-Ausstellung in Berlin-Zehlendorf. In: Soziale Bauwirtschaft 8 (1928), S. 299 f.

Tautz, Robert in: Mitt. 1892 32 (1934), Nr. 6/7, S. 45 f.

Tessenow, Heinrich: Die Farbe im Stadtbild. In: Aufbau 1 (1926), S. 102–105

Tränkle, Margret: Wohnkultur und Wohnweisen. Tübingen 1972

Uhlig, Günther: Kollektivmodell »Einküchenhaus«. Wohnreform und Architektur debatte zwischen Frauenbewegung und Funktionalismus 1900–1933. Gießen 1981

Unsere Wohnung. Die Ziele neuzeitlicher Innenausstattung. In: Die Bauzeitung (vereinigt mit Süddeutsche Bauzeitung) 24 (1927), Heft 49, S. 441 f.

Völckers: Kritik des zusätzlichen Wohnungsbauprogramms der Reichsregierung. In: Stein Holz Eisen 44 (1930), S. 398–401

Waechter, Heinrich H.: Reflexionen ueber Tauts Einfluss auf die Mentalitaet eines Architekten. Masch. Man. 1980, AdK Berlin

Wagemann, Ines: Der Architekt Bruno Möhring 1863–1929. Diss. Bonn 1988 (Masch. Man.)

Wagner-Speyer, Ludwig: Farbiger Hausrat. In: Die Volkswohnung 1 (1919), S. 144–146

Warhaftig, Myra: Die Behinderung der Emanzipation der Frau durch die Wohnung und die Möglichkeit zur Überwindung. Diss. Berlin 1978, Köln 1982

Wedepohl, Edgar in: Wasmuths Monatshefte 11 (1927), S. 391–402

Weißbach, Karl, Walter Mackowsky: Das Arbeiterwohnhaus. Anlage, innere Einrichtung und künstlerische Ausgestaltung. Arbeiterkolonien und Gartenstädte. Berlin 1910

Wem gehört die Welt? Kunst und Gesellschaft in der Weimarer Republik. Berlin 1977

Wenzelchen, R.: Reform und Gestaltung der Wohnung. In: Mitteilungen der Baugenossenschaft Ideal Oktober 1931, S. 6f.

Das Werk (Schweiz) 26 (1939), Heft 3, Beilage 16, S. XVI

Werk und Zeit, 1977, Heft 4

Der Westdeutsche Impuls. Kunst und Gesellschaft in der Weimarer Republik. Berlin 1977

Westermanns Monatshefte 69 (1924), S. 328

Westheim, Paul in: Das Kunstblatt 8 (1924), S. 287

Westheim, Paul: Die Wohnung. Zur Stuttgarter Ausstellung. In: Das Kunstblatt 11 (1927), S. 333–341

Whyte, Iain Boyd: Bruno Taut und die sozialistischen und weniger sozialistischen Wurzeln des Sozialen Wohnungsbaus. In: Neue Heimat 27 (1980), Heft 5, S. 28–37

Whyte, Iain Boyd: Bruno Taut – Baumeister einer neuen Welt. Stuttgart 1981

Whyte, Iain Boyd (Hrsg.): Die Briefe der »Gläsernen Kette«. Berlin 1986

Wichmann, Hans: Aufbruch zum neuen Wohnen. Deutsche Werkstätten und WK-Verband 1898–1970. Basel/Stuttgart 1978

Wie denkt der EINFA-Mieter? In: EINFA 3 (1932), Heft 11/12, S. 5

Die Wohnung des Arbeiters. Arbeiter-Bibliothek, Heft 12. Mönchen-Gladbach 1906

Wohnungskultur heute noch möglich? In: Mitt. 1892 30 (1932), Nr. 5, S. 36

Wohnungswirtschaft 1 (1924) bis 7 (1930)

Wolf, Paul: Wohnung und Siedlung. Berlin 1926

Zeitzeichen: Bruno Taut, Architekt, geboren am 4. Mai 1880. Masch. Man. Westdeutscher Rundfunk, Köln 1980

Zentralblatt der Bauverwaltung 28 (1908), S. 90

Die zwanziger Jahre des Deutschen Werkbunds. Hrsg.: Deutscher Werkbund und Werkbund-Archiv. Gießen 1982

Zylberman, Patrick, Lion Murard: Ästhetik des Taylorismus. Die rationelle Wohnung in Deutschland (1924–1933). In: Paris-Berlin, 1977, S. 384–390.

Bildnachweis

Akademie der Künste, Berlin, Fotoarchiv Arthur Köster	S. 10, 100, 107
Amerika Gedenk Bibliothek, Berlin	S. 40
Architektursammlung der Technischen Universität, München	S. 10, 139
Bauamt Berlin-Neukölln	S. 114
Bauamt Berlin-Steglitz	S. 27
Bauamt Berlin-Zehlendorf	S. 25, 26
Bauhaus-Archiv, Berlin	S. 63, 79
Berliner Spar- und Bauverein, Berlin	S. 43, 93, 109, 111, 112
Bildarchiv Foto Marburg	S. 43
Bildarchiv Preußischer Kulturbesitz, Berlin	S. 48, 59
Deutsches Patentamt, Berlin	S. 55
Çaglar Engin	S. 13
Freie Scholle	S. 101, 102
Familie Heilers	S. 102
Ideal, Berlin	S. 103, 104, 106, 107
Franz Jaschke, Berlin	S. 114
Kunstgewerbemuseum, Berlin	S. 146
Landesbildstelle Berlin	S. 94, 96
Labor Niggemeyer, Berlin	S. 106, 107, 115
Paulmann und Jungebluth, Berlin	S. 41, 58, 131, 132, 133, 134
Plansammlung der Universitätsbibliothek der Technischen Universität, Berlin	S. 43, 44, 45, 108
Harald Rothenberg	S. 22, 23
Gian Domenico Salotti, Milano	S. 62
Christoph Sandig, Leipzig	S. 117, 118, 119, 135
Manfred Speidel, RWTH Aachen	S. 130, 144
Siemens Museum, München	S. 19, 29, 30, 31, 32, 33, 34, 35, 36, 37, 38, 39, 40
Stadt und Land	S. 115
Familie Streil	S. 116, 117, 119, 120
UM-BAU Oskar Putz, Wien	S. 63
Fritz Wetter	S. 90, 121

Aus folgenden Publikationen wurde herausfotografiert:

Bauwelt	S. 41
Katalog BT 1980, AdK	S. 56, 67
BT Kodeirashi 1984	S. 58, 137, 142
DNF	S. 104
Fest im Fischtal	S. 99
Der Gute Geschmack	S. 18
Junghanns 1983	S. 22, 57, 136
Katalog Tokyo 1982	S. 69, 70, 125–128, 137, 142
Heinz Lassen 1905–1915	S. 22
Lindenhof/Geschichtswerk	S. 50
Neue Blätter	S. 55
Neue Wohnung – Frau als Schöpferin	S. 60, 61, 64, 80, 81, 116, 118, 122
Nerdinger 1988	S. 19, 139
Profanbau	S. 139
Ruf zum Bauen	S. 59
Stadtbaukunst	S. 50
Volkswohnung	S. 131, 132, 133
Ein Wohnhaus	S. 133, 141, 142
Wohnungswirtschaft	S. 109